Arnd-Michael Nohl

# Konzepte interkultureller Pädagogik

Eine systematische Einführung

3., aktualisierte Auflage

Verlag Julius Klinkhardt
Bad Heilbrunn • 2014

*Meinen Kindern Can Lukas und Defne Marie gewidmet.*

Dieser Titel wurde in das Programm des Verlages mittels eines Peer-Review-Verfahrens aufgenommen. Für weitere Informationen siehe www.klinkhardt.de.

Bibliografische Information der Deutschen Nationalbibliothek
Die Deutsche Nationalbibliothek verzeichnet diese Publikation
in der Deutschen Nationalbibliografie; detaillierte bibliografische Daten
sind im Internet abrufbar über http://dnb.d-nb.de.

2014.Kl. © by Julius Klinkhardt.
Das Werk ist einschließlich aller seiner Teile urheberrechtlich geschützt.
Jede Verwertung außerhalb der engen Grenzen des Urheberrechtsgesetzes ist ohne Zustimmung des Verlages unzulässig und strafbar. Das gilt insbesondere für Vervielfältigungen, Übersetzungen, Mikroverfilmungen und die Einspeicherung und Verarbeitung in elektronischen Systemen.

Druck und Bindung: AZ Druck und Datentechnik, Kempten.
Printed in Germany 2014.
Gedruckt auf chlorfrei gebleichtem alterungsbeständigem Papier.

ISBN 978-3-7815-1996-1

# Inhaltsverzeichnis

Vorwort .................................................................................................. 7

1 Einleitung ........................................................................................... 9

2 Assimilationspädagogik .................................................................... 17
   2.1 Assimilationspädagogik in Nationalstaaten ................................ 18
   2.2 Assimilation in Deutschland: Ausländerpädagogik ..................... 21
   2.3 Das Gesellschaftsmodell der Assimilationspädagogik:
       Soziale Stabilität durch gemeinsame Werte und Normen ............ 35
   2.4 Zur Aktualität der Assimilationspädagogik ................................ 42

3 Klassische interkulturelle Pädagogik ................................................ 47
   3.1 Interkulturelle Pädagogik in verschiedenen Ländern .................. 48
   3.2 Die Entdeckung kultureller Unterschiede in der
       bundesdeutschen Pädagogik ..................................................... 50
   3.3 Theoretisch fundierte Ansätze interkultureller Pädagogik .......... 61
   3.4 Das Modell der multiethnischen Einwanderungsgesellschaft ..... 72

4 Antidiskriminierungspädagogik ....................................................... 89
   4.1 Diskriminierung und die Konstruktion ethnischer Unterschiede ........ 89
   4.2 Ethnische Diskriminierung am Beispiel der Schulen einer
       deutschen Stadt ....................................................................... 98
   4.3 Das Gesellschaftsmodell: Einwanderung in der funktional
       differenzierten Gesellschaft ..................................................... 110
   4.4 Aufklärung der Bildungsorganisationen und Pädagogik
       als Einwanderungshilfe ........................................................... 115

5 Weiterführungen der interkulturellen Pädagogik .................. 125
   5.1 Reflexive interkulturelle Pädagogik .................. 125
   5.2 Migrationspädagogik .................. 128
   5.3 Intersektionalität und Diversity-Pädagogik .................. 131

6 Pädagogik kollektiver Zugehörigkeiten .................. 137
   6.1 Kultur und kollektive Zugehörigkeiten .................. 138
   6.2 Interkulturelle Sozialisation, Lernen und Bildung .................. 166
   6.3 Milieu und Organisation .................. 183
   6.4 Diskriminierung, Macht und Partizipation .................. 200
   6.5 Kollektive Zugehörigkeiten und pädagogische Professionalität .......... 227

7 Literatur .................. 245

# Vorwort zur zweiten Auflage

Wenn ein Buch guten Zuspruch findet, gibt dies seinem Autor die Möglichkeit, in einer zweiten Auflage Fehler zu korrigieren und neue Gedanken einzuarbeiten. Dabei gehen im Falle des vorliegenden Buches, vier Jahre nach Drucklegung der ersten Auflage, meine Überarbeitungen über das Einfügen einzelner Sätze oder Paragraphen hinaus und schlagen sich in der Kapitelstruktur nieder:
Als ich die „Konzepte interkultureller Pädagogik" für eine Übersetzung ins Türkische vorbereitete, fiel mir auf, wie eng meine Argumentation an der deutschsprachigen Diskussion entlang aufgebaut war. Ich unterzog daher das Buch einer umfassenden Revision, die dann auch für die 2. Auflage der deutschsprachigen Fassung prägend werden sollte.
So habe ich nunmehr in den Kapiteln 2 bis 5 versucht, auch die internationale Diskussion zu berücksichtigen. Auf diese Weise stehen die dort behandelten Konzepte nicht nur auf ‚breiteren Beinen'; auch finden sich nun Unterkapitel zu den Konzepten der interkulturellen Pädagogik in anderen, vornehmlich angelsächsischen Ländern (2.1 u. 3.1).
Der Vergleich mit anderen Ländern hat zudem zu einer Umbenennung geführt: Während in Deutschland die Bezeichnung „Ausländerpädagogik" ein angemessener und eingeführter Begriff ist, erscheint dort, wo *einheimische* Minderheiten assimiliert werden sollen (wie etwa die ‚Aborigines' in Australien oder die ‚Indianer' in den USA), die Bezeichnung „Assimilationspädagogik" adäquater und zugleich umfassender.
An der „Pädagogik kollektiver Zugehörigkeiten" (Kapitel 6) habe ich in den vergangenen Jahren vornehmlich hinsichtlich ihrer organisations- und professionstheoretischen Aspekte gearbeitet, wobei einige kürzlich abgeschlossene bzw. laufende Dissertationen meiner Mitarbeiter/innen für mich sehr inspirierend waren. Sie werden auch an einem Buch mitarbeiten, das ich im nächsten Jahr im Klinkhardt-Verlag unter dem Titel „Pädagogik kollektiver Zugehörigkeiten" publizieren möchte. Dieses Buch soll dazu dienen, die theoretischen Gedankengänge des Konzeptes zu erweitern, empirische Anschlüsse sichtbar zu machen und es in den Diskussionen der allgemeinen und interkulturellen Pädagogik zu verankern. In diesem Sinne wird es eine Fortsetzung und Vertiefung der „Konzepte interkultureller Pädagogik" sein.

Ich hoffe, dass die Lektüre dieser zweiten Auflage der „Konzepte ..." alten und neuen Lesern und Leserinnen hilft, einen Überblick über die interkulturelle Pädagogik zu gewinnen, Ideen für eigene wissenschaftliche Arbeiten zu entwickeln und/oder die pädagogische Berufspraxis zu reflektieren.

Arnd-Michael Nohl

## Vorwort zur dritten Auflage

Wenn die Disziplin, in die ein Buch einführen soll, sich so reichhaltig entwickelt wie die interkulturelle Pädagogik, so stellt dies den Autor vor die Aufgabe, jüngst erschienene Literatur in einer Neuauflage zu berücksichtigen. Ich habe daher versucht, zumindest einige wesentliche Beiträge zur interkulturellen Pädagogik, die seit der zweiten Auflage veröffentlicht wurden, in meine Argumentation einzubeziehen. Dies betrifft insbesondere denjenigen Ansatz, den ich hier als Antidiskriminierungspädagogik bezeichne, wie auch die Weiterführungen der interkulturellen Pädagogik (hier insbesondere den Intersektionalitätsansatz). Der von mir entwickelte Ansatz der Pädagogik kollektiver Zugehörigkeiten ist für diese Auflage – aufgrund neuer theoretischer und empirischer Arbeiten – ebenfalls an einigen Stellen einer Revision unterzogen worden. Eine umfassende Veröffentlichung hierzu, wie sie im Vorwort zur zweiten Auflage angekündigt wurde, steht aber noch aus und wird mich in den kommenden Jahren beschäftigen.

Kontroversen befördern die Entwicklung einer Disziplin. Ich hoffe, in diesem Band nicht nur die Gegensätze zwischen unterschiedlichen Konzepten interkultureller Pädagogik leichter verständlich gemacht, sondern auch einen eigenen Beitrag zu diesen geleistet zu haben.

Arnd-Michael Nohl

# 1 Einleitung

Eines Tages erschien ein Student in meiner Sprechstunde, um sich für die Zwischenprüfungsklausur anzumelden. Nach dem von ihm gewünschten Thema für diese schriftliche Klausur gefragt, gab er an: Interkulturelle Pädagogik. Da ich ihn nicht kannte, fragte ich: „Was wissen Sie denn von interkultureller Pädagogik?" Er antwortete: „Da geht es darum, wie man die Ausländer an die Deutschen anpassen kann."
Ich gebe diese Erinnerung hier nicht wieder, um ein *bestimmtes* Konzept interkultureller Pädagogik ins Lächerliche zu ziehen. Problematisch an der Antwort des jungen Mannes erscheint mir nicht nur, dass er unter interkultureller Pädagogik etwas versteht, das auf die einseitige Anpassung von Migranten an die Einheimischen zielt; fragwürdig ist auch die Annahme, es gäbe *ein* bestimmtes Konzept interkultureller Pädagogik.
Dass dem nicht so ist, dass es mehrere Konzepte interkultureller Pädagogik gibt, wird schon im Titel dieses Buches deutlich, der wohlweislich den Begriff „Konzept" im Plural nennt. Es ist das Ziel dieses Buches, Ihnen unterschiedliche Konzepte interkultureller Pädagogik nahe zu bringen. An dieser Stelle soll nicht unerwähnt bleiben, dass der Student, von dem ich berichtete, diese unterschiedlichen Konzepte mit viel Mühe im Selbststudium recherchieren und lernen musste, dann aber auch eine sehr gute Klausur vorlegen konnte. Ich hoffe, Sie werden nach Lektüre dieses Buches es leichter haben, Studienerfolge zu erzielen.

**Theoriepluralität und Professionalisierung der Pädagogik**
Wenn in einem Buch mehrere, einander zum Teil widersprechende Konzepte interkultureller Pädagogik präsentiert werden, könnte man dies als theoretische Schwäche oder gar Konzeptionslosigkeit der Erziehungswissenschaft betrachten, die sich nicht auf ein Konzept einigen kann, oder, noch schlimmer: Nicht weiß, was sie will. Wie Sie sehen werden, sind alle in diesem Buch vorgestellten Konzepte interkultureller Pädagogik aber sehr wohl theoretisch fundiert und (zumeist) in sich schlüssig. Der Grund, warum es wichtig ist, nicht nur ein – oder gar das einzige – Konzept interkultureller Pädagogik kennen zu lernen, liegt darin, dass professionelle Pädagogen und Pädagoginnen gut beraten sind, die Handlungsprobleme ihrer Berufspraxis nicht nur durch die Linse *eines* theoretischen Konzeptes

zu betrachten, sondern *unterschiedliche* Konzepte mit ihren jeweiligen Blickwinkeln auf die Handlungsprobleme anzuwenden. Denn das eine Konzept könnte in eine Sackgasse münden, aus der ein anderes Konzept vielleicht wieder herausführt (Koller 2008, S. 48ff).

Es wäre ein wichtiger Beitrag zur *Professionalisierung* interkultureller Pädagogik, wenn Sie als zukünftige Pädagogen und Pädagoginnen lernen, Problemstellungen der Berufspraxis durch die Linsen der unterschiedlichen Konzepte interkultureller Pädagogik zu betrachten. Dazu gehört dann auch, zu prüfen, ob die theoretischen Fundamente des jeweiligen Konzeptes angemessen sind und welche Prämissen sowie Folgen dieses Konzept hat (vgl. Diehm/Radtke 1999, S. 189).

> *Professionalisierung:* Ob die Pädagogik eine Profession wie die klassischen Professionen der Medizin und Jurisprudenz ist, ist umstritten. Einigkeit herrscht in der Erziehungswissenschaft aber über die Professionalisierungsfähigkeit und -bedürftigkeit der Pädagogik (vgl. Combe/Helsper 1997). Eine Komponente der Professionalisierung von (interkultureller) Pädagogik ist die Balance zwischen allgemeinem theoretischen Wissen und empirischem Bezug auf den spezifischen Fall des Klienten.

An dieser Stelle soll nicht verschwiegen werden, dass diese abwägende Arbeit mit heterogenem theoretischen Wissen nur eine – und nicht einmal die schwierigste – Komponente der Professionalisierung von (interkultureller) Pädagogik ist. Eine weitere – in langwieriger Praxis einzuübende – wichtige Komponente ist der Umgang mit empirischem Wissen, bei dem es um die Frage geht: Wie kann ich Situationen pädagogischen Handelns und die in sie involvierten Personen empirisch so erfassen, dass ich der Spezifik von Situation und Person gerecht werde (vgl. Schütze 1992 u. Oevermann 1997). Ich werde am Ende dieses Buches zeigen, warum empirisches Wissen so wichtig für die interkulturelle Pädagogik ist, auch wenn ich nicht die Absicht habe, in diesem Buch in empirische Methoden einzuführen.

**Überblick über vier Konzepte interkultureller Pädagogik**

In diesem Buch werden Sie vier Konzepte interkultureller Pädagogik im Detail kennen lernen, von denen die ersten drei für das Entstehen dieser Disziplin von besonderer Bedeutung sind und das letztere ihrer weiteren Entwicklung dient. Als Erstes werde ich die „Assimilationspädagogik" vorstellen. In diesem Konzept, das als eine erste Reaktion auf die Einwanderung von Arbeitsmigrant(inn)en und ihren Familien bzw. auf die Anwesenheit von ethnischen Minderheit in Nationalstaaten entstand, werden insbesondere die Kinder der Minderheiten als Fremde betrachtet, deren Kultur sich von den kulturellen Standards der Mehrheitsgesellschaft unterscheide. Diese Verbundenheit mit der Kultur des Herkunftslandes bzw. der ethnischen Minderheit wird per se als *Defizit* angesehen, das sich nicht nur in den mangelnden Sprachkenntnissen, sondern auch in (schichtspezifischen) restringierten, d.h. beschränkten Sprachcodes und in einer der Bildung fernen Kultur manifestiert. Dieses Defizit der Migrantenkinder bzw. der Angehörigen von ethnischen Minderheiten zu kompensieren und sie auf diese Weise an die kulturellen Standards der Mehrheitsgesellschaft anzupassen, ist das Hauptziel der Assimilationspädagogik.

Als Zweites gehe ich auf die „klassische interkulturelle Pädagogik" ein. In diesem Konzept wird die Kultur der Migrant(inn)en bzw. der ethnischen Minderheit und ihrer Kinder nicht als defizitär, sondern in ihrer *Differenz* zur Kultur der einheimischen Mehrheitsgesellschaft betrachtet. Da die Gesellschaft durch die Einwanderung bzw. die Minderheiten kulturell pluralisiert worden sei, ohne dass eine dieser Kulturen (auch nicht die Mehrheitskultur) als überlegen gelten könne, müsse man die heranwachsende Generation dazu befähigen, mit der kulturellen Pluralität umzugehen. Interkulturelle Pädagogik, die die Differenz zwischen den Kulturen hervorhebt, richtet sich an alle Gesellschaftsmitglieder, d.h. auch an die Einheimischen und die Mehrheitsangehörigen.

Bei dem dritten Konzept, das ich „Antidiskriminierungspädagogik" nenne, handelt es sich um einen Ansatz, der darauf besteht, dass die Wahrnehmung und Thematisierung kultureller Differenz (zwischen Migranten und Einheimischen) in der Schule – wie in anderen pädagogischen und nichtpädagogischen Organisationen des Wohlfahrtsstaates auch – oftmals zu institutioneller *Diskriminierung* führe. Das heißt, Migrantenkindern würde etwa der Zugang zu einer besseren Schule gerade mit dem (impliziten oder expliziten) Hinweis auf ihre kulturelle Zugehörigkeit verweigert. Dieser Ansatz plädiert daher für die Beobachtung pädagogischer Organisationen (durch das pädagogische Personal wie durch zivilgesellschaftliche Organisationen) mit dem Ziel, institutioneller Diskriminierung vorzubeugen bzw. diese dort, wo sie geschieht, zu thematisieren und für Abhilfe zu sorgen.

Die Schlagworte dieser drei Konzepte lauten also: 1. Defizit, 2. Differenz und 3. Diskriminierung. Ich hoffe, Sie haben schon aus den kurzen Beschreibungen und dem häufigen Gebrauch des Konjunktivs entnommen, dass ich allen drei Konzepten skeptisch gegenüber stehe und keines für der Weisheit letzten Schluss halte. Ich werde daher in diesem Buch – nach einem knappen Blick auf neuere Ansätze der interkulturellen Pädagogik – ein viertes Konzept ausarbeiten, das ich „Pädagogik kollektiver Zugehörigkeiten" nenne. Ich hoffe, mit meinem eigenen Konzept einige positive Aspekte der Beschäftigung mit Defiziten, Differenzen und Diskriminierung aufgreifen, weitere wichtige Komponenten interkultureller Pädagogik hinzufügen und das Ganze in einen systematischen Ansatz gießen zu können. Den Lesern und Leserinnen bleibt es vorbehalten, auch dieses Konzept aus der kritischen Distanz eines/einer professionalisierten Pädagogen/Pädagogin heraus zu betrachten.

## Gesellschaftsmodelle interkultureller Pädagogik

Schon in meinen kurzen Beschreibungen der ersten drei Konzepte interkultureller Pädagogik habe ich deren gesellschaftliche Bezüge angedeutet. Wenn die Neuhinzugekommenen, d.h. die Migrantenkinder, als per se defizitär angesehen werden, oder wenn ihre Kultur als different aber gleichwertig betrachtet wird, oder wenn (vermeintliche) kulturelle Zugehörigkeit als ein Anlass für institutionelle Diskriminierung dargestellt wird, dann arbeiten diese Konzepte mit mehr oder weniger expliziten Modellen der Gesellschaft, in der wir leben:
Die Diagnose von kulturbedingten Defiziten bei Migranten und anderen ethnischen Minderheiten beruht auf der Vorstellung, in der Aufnahmegesellschaft gäbe es einen verbindlichen Standard an (kulturellen) Normen, Werten und Wissensbeständen, der einzuhalten sei. Die Prämisse, es gelte die prinzipielle Gleichwertigkeit aller Kulturen in unserer Gesellschaft anzuerkennen und mit kulturellen Differenzen leben zu lernen, verweist auf das Gesellschaftsmodell einer multikulturellen Gesellschaft, das die ethnisch-kulturelle Pluralisierung auf die Einwanderung zurückführt. Der Blick auf die institutionelle Diskriminierung von Menschen, denen eine andere ethnisch-kulturelle Zugehörigkeit zugeschrieben wird, lebt von einem Gesellschaftsmodell, das die Eigensinnigkeit des Erziehungssystems und der Organisation Schule unterstreicht, für die Leistung, aber nicht kulturelle Zugehörigkeit eine Rolle spielen müsse.
Auch mein Konzept einer Pädagogik kollektiver Zugehörigkeiten bezieht sich auf ein Gesellschaftsmodell. Dieses geht zwar auch von einer kulturellen Heterogenität der Gesellschaft aus, sieht Kultur aber nicht nur als ethnisch, sondern als mehrdimensional (generationell, geschlechtsspezifisch etc.) an. Daher gilt hier kulturelle Heterogenität auch als ein Phänomen aller modernen Gesellschaften, seien sie nun durch Einwanderung geprägt oder nicht. Berücksichtigt werden in diesem Modell auch die Rolle von Organisationen und deren ambivalenter Bezug zur Kultur.

## Gesellschaftstheorie in der Erziehungswissenschaft

Die hier nur kurz skizzierten Gesellschaftsmodelle halte ich nicht nur deshalb für wichtig, weil interkulturelle Pädagogik mit ihrem Bezug auf kulturelle Zugehörigkeiten immer schon auf das Soziale und Gesellschaftliche von Lern- und Bildungsprozessen rekurriert. Auch eine Erziehungswissenschaft, die kulturelle Zugehörigkeiten völlig ausklammert, ist stets gesellschaftlich und historisch situiert, sie richtet ihren Ansatz also auf eine bestimmte Gesellschaftskonstellation aus. Diese Ausrichtung auf ein Modell der Gesellschaft muss sie nicht – wie ich dies hier tue – explizieren. Vielmehr bleibt ein solches Gesellschaftsmodell häufig implizit, d.h. in den Prämissen, Inhalten und Konzepten der Erziehungswissenschaft versteckt. Es lohnt sich, dieses Gesellschaftsmodell zu explizieren und sich auf diese Weise reflexive Klarheit über die gesellschaftstheoretischen Annahmen unterschiedlicher pädagogischer Ansätze zu verschaffen (vgl. Flitner 1966, S. 336). Wenn man „den Sinngehalt einer historisch gegebenen Wirklichkeit" (ebd.) erfassen möchte, könnte man auch auf empirische Analysen oder – wie dies häufig gemacht wird – auf eine Art ad hoc-Empirie („Zeitdiagnose") zurückgreifen. Es ist aber auch möglich, statt nach einer *empirischen* (Zeit-) Diagnose der Gesellschaft (die ich auf diesem Generalisierungsniveau für kaum möglich halte), nach demjenigen *Theorie*modell zu fragen, dass (für die Belange der Erziehungswissenschaft) die Gesellschaft und das Handeln in der Gesellschaft am besten zu interpretieren in der Lage ist. Dann müsste die Erziehungswissenschaft ihre eigenen gesellschaftstheoretischen Hintergrundannahmen reflektieren und deren Prämissen, Inhalte und Folgen analysieren. Denn ohne Theorien des Sozialen ist Erziehungswissenschaft und pädagogische Praxis kaum vorstellbar.

Aus diesem Grunde geht es mir in diesem Buch darum, nicht nur an der ‚Oberfläche' der Konzepte interkultureller Pädagogik zu bleiben. Vielmehr möchte ich auch den gesellschaftstheoretischen Hintergrundannahmen nachspüren, die die Potenziale und Grenzen dieser Konzepte bedingen. Ich werde immer wieder folgende Frage stellen: In welcher Gesellschaft glauben wir eigentlich zu leben, wenn wir dieses oder jenes Konzept interkultureller Pädagogik unserer Berufspraxis zugrunde legen?

**Zum Aufbau des Buches**

In *Kapitel 2* wird das erste Konzept vorgestellt, das zu einem Zeitpunkt entstand, als der Terminus „interkulturelle Pädagogik" noch nicht eingeführt war. Dass in Bezug auf dieses Konzept stattdessen von „Assimilationspädagogik" die Rede ist, hat aber auch mit den Inhalten dieses Konzeptes zu tun: Die Assimilationspädagogik findet sich in Gesellschaften, die sich durch eine einzige nationale Kultur geprägt sehen. Dort stellen einheimische wie auch eingewanderte Minderheiten eine Irritation dar. Eine Form, dieser Irritation zu begegnen, ist die Assimilationspädagogik. Deren unterschiedliche Facetten, die in verschiedenen Ländern in Erscheinung treten, sollen in diesem Kapitel untersucht werden. Im Mittelpunkt steht dabei die „Ausländerpädagogik", eine Ausprägung, die dieses Konzept im deutschen Sprachraum bekommen hat. Am deutschen Beispiel wird auch das Gesellschaftsmodell der Assimilationspädagogik untersucht.

*Kapitel 3* beschäftigt sich mit dem ursprünglichen, und daher hier ‚klassisch' genannten Konzept der interkulturellen Pädagogik, das u.a. aus der Kritik an der Assimilationspädagogik heraus entstanden ist. Anstatt die Minderheitsangehörigen und ihre Kinder als defizitär und Bedrohung zu betrachten, fokussiert die klassische interkulturelle Pädagogik die Kulturen der Migrant(inn)en und Minderheiten und geht (zunächst einmal) davon aus, dass diese gleichwertig seien. Aus diesem Grund geht es der klassischen interkulturellen Pädagogik um das wechselseitige Verständnis zwischen Menschen unterschiedlicher Kulturen; sie richtet sich mithin an Einwanderer, Minderheitsangehörige und Einheimische bzw. Mehrheitsangehörige. Fundiert ist diese Pädagogik in einem Gesellschaftsmodell, das zwar die Unterschiedlichkeit der Kulturen hervorhebt, hier allerdings vornehmlich die durch die Einwanderung mitgebrachten ethnisch konnotierten Kulturen in Betracht zieht.

Eben dieses Modell einer multiethnischen Einwanderungsgesellschaft wird vom dritten hier vorzustellenden Konzept, das ich als „Antidiskriminierungspädagogik" bezeichne, kritisiert. In *Kapitel 4* werde ich zeigen, wie die Antidiskriminierungspädagogik die Annahme, es gäbe kulturelle Zugehörigkeiten und diese hätten eine hohe Bedeutung für Erziehung und Bildung, in Frage stellt. Sie entlarvt Kultur und Ethnie als bloße Konstruktionen, derer sich die Bildungsorganisationen bedienen. Eigentlich ginge es den Bildungsorganisationen nur darum, ihre organisationsinternen Probleme (Klassenzuweisung, Schülerüber- oder unterzahl etc.) zu lösen, doch benutzen sie ethnisierende Wortbedeutungen, um diese Problemlösungen zu legitimieren. Die Antidiskriminierungspädagogik plädiert daher dafür, auf ethnisierende Zuschreibungen zu verzichten und die Bildungsorganisationen daraufhin zu beobachten, ob sie Menschen bestimmter ethnischer Zugehörigkeiten diskriminieren. Diesem Konzept unterliegt das Modell einer Gesellschaft, die in unterschiedliche, autonome Teilsysteme funktional differenziert ist, sodass eine Integration in die Gesellschaft als ganzer so nicht mehr möglich erscheint.

Da die interkulturelle Pädagogik diese Kritik durch die Antidiskriminierungspädagogik aufgenommen und zu ihrer Weiterentwicklung genutzt hat, wird es an dieser Stelle notwendig, in *Kapitel 5* auf drei Weiterführungen der interkulturellen Pädagogik kurz einzugehen: Auf die reflexive interkulturelle Pädagogik, die Migrationspädagogik und auf die Diversity-Pädagogik. Allen drei Ansätzen ist eine Skepsis gegenüber dem Gebrauch kulturalisierender und ethnisierender Beschreibungen der Migrant(inn)en zu eigen, ohne dass sie auf diese ganz verzichten würden.

Das vierte in diesem Buch ausführlich vorzustellende Konzept wird unter dem Titel „Pädagogik kollektiver Zugehörigkeiten" eingeführt. In *Kapitel 6* möchte ich zeigen, wie einige wichtige Elemente der zuvor diskutierten Konzepte interkultureller Pädagogik aufgegriffen und deren problematische Aspekte vermieden werden können. Möglich wird dies in einer Pädagogik, die neben der ethnisch-kulturellen Unterscheidungslinie auch andere Dimensionen kollektiver Zugehörigkeit aufgreift und sie für Sozialisation, Lernen und Bildung nutzbar macht. Notwendig ist hier – neben der Milieuebene kollektiver Zugehörigkeiten – auch die Berücksichtigung von Organisationen des Bildungssystems und anderer gesellschaftlicher Teilsysteme sowie den dort stattfindenden Diskriminierungen. Dies wird schließlich in einige Vorschläge zur pädagogischen Professionalität überführt.

# Einleitung

**Dank**

Auch wenn Bücher zumeist von einzelnen Autor(inn)en geschrieben werden, beruhen sie doch nicht alleine auf individuellem Wissen, sondern auf Erkenntnissen, die in wissenschaftlichen Milieus entstehen. Mit Danksagungen an einzelne Personen kann diesem Umstand leider nur unvollständig Rechnung getragen werden.

Von besonderer Bedeutung für die Entstehung dieses Buches war Gerd R. Hoff, der mir als Dekan des Fachbereichs Erziehungswissenschaft und Psychologie der Freien Universität Berlin die Gelegenheit zur Vorbereitung und Durchführung jener Vorlesung gab, in der das erste Manuskript für dieses Buch entstand. Ihm hatte ich auch die erste Auflage dieses Buches gewidmet. Die Studierenden, mit denen ich während der Vorlesung ausführlich diskutieren konnte, halfen mir nicht nur, meine Überlegungen verständlich zu machen, sondern forderten mich auch dazu heraus, sie weiterzuentwickeln. Selbiges gilt für die Studierenden, die meine Seminare zu neueren Konzepten interkultureller Pädagogik an der Helmut-Schmidt-Universität Hamburg besuchten.

Für die Entwicklung des Konzeptes, das in diesem Buch unter dem Titel „Pädagogik kollektiver Zugehörigkeiten" firmiert, waren die Diskussionen mit Ralf Bohnsack, Anja Weiß, Oliver Schmidtke, Karin Schittenhelm, Iris Nentwig-Gesemann, Werner Vogd, Burkhard Schäffer, Heike Radvan, Anne-Christin Schondelmayer, Ulrike Ofner, Florian von Rosenberg, Cornelia Geißler und Winfried Marotzki, Yvonne Henkelmann, Saleh Khalailah, Anja Mensching, Nazlı Somel und Sarah Thomsen sehr wichtig.

Die Lesbarkeit des Buches wurde von Gülizar Czarnecki und Eva Edskes, die unterschiedliche Versionen des Manuskripts in mühevoller Kleinarbeit Korrektur gelesen haben, erheblich verbessert. Bei der zweiten Auflage haben diese Arbeit Katja Ebert, Lars Rosenbaum und Franca Seufferle übernommen. Wolfgang Nieke hat mit seinen Kommentaren wichtige Anregungen für die Überarbeitung der zweiten Auflage beigesteuert. Die dritte Auflage hat Alexandra Gigil Korrektur gelesen.

Allen Genannten sei herzlich gedankt. Auch wenn dieses Buch unter anderem die Erkenntnisse eines wissenschaftlichen Milieus widerspiegelt, obliegt die Verantwortung für Fehlleistungen jeglicher Art dennoch alleine dem Autor.

# 2 Assimilationspädagogik

*In Gesellschaften, die sich durch eine einzige nationale Kultur geprägt sehen, stellen Minderheiten eine Irritation dar. Dies gilt zumal für ethnische Minderheiten, gleich ob sie einheimisch oder aufgrund von Migrationsbewegungen in das Land gekommen sind. Eine Form, dieser Irritation mit politischen und pädagogischen Mitteln zu begegnen, ist die Assimilation dieser Minderheiten, insbesondere der Kinder unter ihnen.*

*Der Versuch der Assimilation geht oftmals mit der Herabwürdigung der Lebensweise dieser Minderheiten einher. Deren Kulturen werden als unmodern, roh, dysfunktional oder bildungsfern beschrieben. Menschen, die in diesen Kulturen aufwachsen, müssten daher – so die Annahme – zwangsläufig Defizite aufweisen. Diese Defizite zu kompensieren ist ein Ziel der Assimilationspädagogik. Die Kompensation der Defizite führt dabei zugleich zur Assimilierung der Minderheiten an die in der Mehrheitsgesellschaft als Manifestation der nationalen Kultur begriffenen Normen und Werte.*

*Die unterschiedlichen Facetten, in denen die Assimilationspädagogik in Erscheinung tritt, sollen in diesem Kapitel untersucht werden. Zunächst wird ein kurzer Blick auf Beispiele assimilationistischer Pädagogik in verschiedenen Ländern der Welt geworfen (Kapitel 2.1), um dann das Hauptaugenmerk der deutschen Ausprägung der Assimilationspädagogik, der Ausländerpädagogik, zu schenken (Kapitel 2.2). Abschließend geht es dann um das – am deutschen Beispiel dargelegte – Modell der Gesellschaft, das der Assimilationspädagogik zugrunde liegt (Kapitel 2.3), und um deren Aktualität (Kapitel 2.4).*

## 2.1 Assimilationspädagogik in Nationalstaaten

Die Assimilationspädagogik ist nicht aus einem einheitlichen pädagogischen Entwurf entstanden, sondern eine von Land zu Land unterschiedliche Form der Reaktion auf die Anwesenheit von (ethnischen) Minderheiten, die spezifisch für den (werdenden) Nationalstaat, gleichzeitig aber historisch unterschiedlich ausgeprägt ist.
Die Assimilierung von (ethnischen) Minderheiten ist eng mit der Sprachenproblematik verbunden.

„Bei jenen Ansätzen, die als assimilationistische Strategie zu bezeichnen sind, setzt die zentrale Regierung die Mehrheitssprache (oder die Sprache jener Gruppe, die als ‚Gründungsnation' zählt) als einzige offizielle Sprache und erwartet, dass die ‚Minderheitensprachen' mit der Zeit aus dem Alltagsgebrauch verschwinden. In diesem Prozess wird die ‚Schulpflicht' zum Mittel der Assimilation und des Linguzids" (Sprachmords) (Üstel 1999, S. 27).

In *Frankreich* wurde nach der Gründung der Republik – so Füsun Üstel – außer dem Französischen keine Sprache in der Schule oder dem gesellschaftlichen Leben akzeptiert.

„Diesem Verständnis gemäß hat die von den Jakobinern geprägte Französische Republik des 19. Jahrhunderts die Schüler und Schülerinnen, welche in den Schulen im Nordwesten des Landes kein Französisch sprachen, nicht nur bestraft, sondern auch nicht davor gezögert, in den Behörden folgende Warnschilder aufzuhängen: ‚Spucken und bretonisch Sprechen ist verboten'" (ebd., S. 28).

Wie an diesem Beispiel deutlich wird, geht die sprachliche Assimilierung mit dem Versuch einher, auch sonstige (unterstellte) Verhaltensweisen der Minderheiten („Spucken") zu verändern. Hierfür findet sich ein besonders prägnantes Beispiel in den *USA*, und zwar in Bezug auf die Assimilierung der *Indianer*. Wie Lomawaima (1995, S. 334) feststellt, wurde vor 1776 (der Gründung der USA) die Assimilation der Indianer durch vier verschiedene Maßnahmen vorangetrieben: Man separierte die Indianer in „gut kontrollierte Communities", wo man sie in der Sprache der Kolonialisten, d.h. der Spanier, Franzosen und Engländer, alphabetisierte. Dies wurde von einer christlichen Missionierung begleitet; zudem versuchte man die einheimische Indianerbevölkerung so zu steuern, dass sie die wirtschaftlichen Bedürfnisse der Kolonialherren erfüllten.
Wenngleich diese Zwangsassimilierung später durch pädagogische Maßnahmen abgelöst wurde, in denen die Kultur der Indianer stärker Berücksichtigung finden sollte, ist auch das Internat-System („Boarding School"), das bis ins 20. Jahrhundert andauerte, von dem Assimilierungsgedanken geprägt. Ein solches Internat ist das „Hampton Institute of Virginia", dessen Entwicklung zwischen 1878-1929,

jener Zeit, in der Indianer noch in Reservaten festgehalten wurden, Deirdre Almeida (1997) analysiert:
In den Reservaten konnten die Indianer ihre überlieferten Formen des Lebens und Wirtschaftens nicht mehr beibehalten, z.b. konnten sie die Natur nicht mehr für die Nahrungs- und Kleidungsproduktion nutzen (etwa durch die Jagd). Hiermit verlor auch die informelle Erziehung, mit der die ältere Generation der Indianer der Jüngeren die für das Leben notwendigen Kenntnisse beibrachte, ihre Funktionalität. In diese Lücke stießen nun die Internate, in denen Indianerkinder, von ihren Familien getrennt, außerhalb der Reservate von Weißen erzogen wurden.

„Das Ziel dieser Internate war es, den amerikanischen Ureinwohnern Englisch beizubringen, ihnen grundlegende akademische Kenntnisse zu lehren und sie in gute, hart arbeitende Christen zu verwandeln" (1997, S. 763).

In den Sommerferien wurden die Kinder nicht zu ihren Eltern, sondern in die Familien von Weißen geschickt, wo die Jungen auf dem Feld und die Mädchen im Haushalt arbeiten sollten. Obgleich die Organisationen, die derartige Internate gründeten, nicht unbedingt böse Absichten verfolgten (so nannte sich eine Organisation „*Friends* of the American Indian"), führte ihre Politik der Amerikanisierung dazu, dass die Ureinwohner/innen vollständig in den Wertekanon und das Wirtschaftsleben der Weißen eingegliedert wurden:

„Die Internate zerstörten die traditionellen Rollen der amerikanischen Ureinwohnerinnen, da die Mädchen europäisch-amerikanische Techniken des Kinderaufziehens, der Haushaltsführung und der Essenszubereitung lernen sollten. Die Begründung dieser Unterweisung war nicht nur, den amerikanischen Ureinwohnerinnen bei der Assimilation in die Mehrheitskultur zu helfen, sondern auch ihre Fähigkeiten so zu begrenzen, dass ihnen nach der Rückkehr in das Reservat nur noch die Möglichkeit bliebe, als Dienerin in einem europäisch-amerikanischen Haushalt zu arbeiten" (ebd., S. 764).

Wie auch noch in anderen Beispielen für die Assimilationspädagogik deutlich werden wird, ist die Assimilierung also oftmals mit einer Positionierung der Assimilierten in den untersten Schichten der Gesellschaft verknüpft. Die Assimilationspädagogik gegenüber den amerikanischen Ureinwohner(inne)n ist zwar vor allem in der Zeit der Reservate (bis 1929) strukturell in der US-Bildungspolitik verankert gewesen. Es hat aber auch nach 1929 immer wieder Versuche gegeben, die Indianer an die Werte und Sprache der Mehrheitsgesellschaft zu assimilieren (vgl. Deyhle 1995). Denn dieser Assimilationspädagogik lagen, wie Adams (1988) zeigt, deutliche und lange währende Motive einer protestantischen Ideologie zugrunde, die die „zivilisierten" Weißen von den „wilden" Indianern unterschied, letztere aber für zivilisierbar hielt. Dieses „Zivilisations-Primitivitäts-Paradigma" (ebd., S. 10) implizierte zum einen, dass man die Kultur der Indianer nicht für anerkennenswert hielt, zum anderen, dass man mit ihr auch den Raub des Indianerlandes wenn nicht legitimieren, so doch zumindest plausibilisieren konnte. Diese Assimilierungspolitik wurde und wird auch gegenüber den *Mexikanern* verfolgt, die in die reichen *USA* einwanderten. Die Mexikaner/innen nahmen in deren Wirtschaftssystem eine ziemlich untergeordnete Position ein (viele waren und sind in der Landwirtschaft als Helfer beschäftigt). In dieser untergeordneten Position spiegelte sich auch das ungleiche Verhältnis zwischen Mexiko und den USA wider. Folgt man Garcia (1995, S. 378), ist dies ein Grund dafür, dass man in den USA die Mexikaner/innen nicht nur hinsichtlich ihrer Sprache und Kultur an die US-Amerikaner/innen anpassen wollte, sondern geradezu deren „unerwünschte Kultur" vernichten wollte.

Die „Amerikanisierung" der mexikanischen Einwanderer umfasste insbesondere die Lehre der englischen Sprache, gekoppelt mit der Erziehung in „amerikanischen Werten" (ebd., S. 378). Es ging den US-Pädagogen jedoch keineswegs einfach nur um die Auslöschung einer fremden Kultur. Ihre pädagogischen Maßnahmen waren zugleich getragen von einem gutgemeinten Engagement für die Kinder der Mexikaner/innen. Man

> „nahm an, dass, wenn man die Werte, Sprache und Kultur der Gruppe verändere, man die Defizite in den Bildungsleistungen der Schüler/innen beheben könne, die diese Gruppe repräsentieren. Letztendlich sollten diese Gruppen in der einen großen und zweckdienlicheren ‚amerikanischen' Kultur verschmelzen" (ebd., S. 378).

In *Australien* gab es nach dem 2. Weltkrieg zunächst keine spezifischen Programme für *Einwandererkinder*. In den frühen 1970er Jahren wurde dann aber das „Child Migrant Education Program" eingeführt, mit dem „frühere Spezialklassen für Englisch als zweite Sprache in den Primar- und Sekundarschulen mit hoher Immigrantendichte ersetzt" wurden und eine „aktive Assimilierung" angestrebt wurde (Allan/Hill 1995, S. 768). Anfang der 1980er Jahre ging man dann aber zu einer multikulturelleren Pädagogik über, die die kulturellen Hintergründe der Migrantenkinder stärker respektierte.

Weitaus aggressiver war die Assimilationspolitik der australischen Bevölkerungsmehrheit gegenüber den Ureinwohner(inne)n des Landes, den *„Aborigines"*. Ihre Kinder wurden – den Indianern in den USA ähnlich – ihren Eltern entrissen und in Internaten bzw. weißen Familien aufgezogen. Andere kamen mit ihren Eltern in die Großstädte Australiens und wurden dort assimiliert (vgl. Morgan 2006). Hinter dieser Politik verbargen sich unterschiedliche Motive: Während manche der weißen Assimilationisten den Eingeborenen auf diese Weise Chancengleichheit ermöglichen wollten, versuchten andere, die Gruppe der Eingeborenen innerhalb der weißen Mehrheitsbevölkerung aufzulösen bzw. untergehen zu lassen.

Im englischen ‚Mutterland', *Großbritannien*, wurde nach dem Krieg gegenüber eingewanderten Minderheiten zunächst eine Politik des „Laissez-faire" betrieben

(Figueroa 1995, S. 780), bevor schließlich spezifische Programme für Kinder aus Minderheiten aufgelegt wurden. Die assimilationistische Haltung in Großbritannien charakterisiert Figueroa (1995, S. 781) folgendermaßen:

> „Im britischen assimilationistischen Denken nimmt man üblicher Weise an, dass es einen einzigen ‚British way of life' gibt, dass dieser, in der imperialen Tradition, all jenem, was die Immigrantinnen mitbringen, überlegen ist, und dass letztere sich ihm vollständig anpassen sollten – auch wenn sie trotzdem aus ‚rassischen' Gründen nicht akzeptiert werden mögen."

In dieser Haltung spiegelt sich die eigentümliche Verbindung von Separation und Assimilation wider, wie sie für viele Konzepte der Assimilationspädagogik charakteristisch ist: Während einerseits kulturelle Assimilation angestrebt wird, hält man andererseits die zu Assimilierenden geographisch und wirtschaftlich auf Distanz. Wichtig für dieses Konzept ist vor allem die Größe der Immigrantengruppe. So gab es in Großbritannien in den 1960er Jahren regionale Versuche, die Quote der Immigrantenkinder pro Schule nicht über 30 % steigen zu lassen (vgl. ebd., S. 782). In dem „English for Immigrants"-Report wurde dies auch mit den Interessen britischer Eltern, die die Karriereaussichten ihrer eigenen Kinder nicht ‚beschädigt' sehen wollten, begründet. Als Lösung wurden dann auch separate Schulklassen für Minderheitenkinder vorgeschlagen.

Doch schon gegen Ende der 1960er Jahre wandte man sich von dieser aktiven Assimilierung ab und Versuchen zu, die die Integration von Minderheiten mit ein wenig mehr Respekt für deren Kulturen verband. Gleichwohl wurden die sozialen Probleme vornehmlich bei den Kindern aus den eingewanderten Minderheiten gesehen, während Fragen der rassistischen Diskriminierung weitgehend außen vor blieben.

## 2.2 Assimilation in Deutschland: Ausländerpädagogik

Wanderungsbewegungen sind auch in der Geschichte der Bundesrepublik Deutschland eine Konstante. Nach dem Krieg waren zunächst große Zahlen von Deutschen aus Osteuropa und vor allem aus der Sowjetischen Besatzungszone bzw. der dann gegründeten DDR nach Westdeutschland geflüchtet. Nach dem Mauerbau versiegte dieser Zustrom an potentiellen Arbeitskräften und die florierende westdeutsche Wirtschaft drängte darauf, neue Arbeitskräfte zu erhalten. Dies war der Beginn der Arbeitsmigration aus den armen Ländern Süd- und Südosteuropas, aus Italien, Jugoslawien, Griechenland, Spanien, Portugal und seit 1960 auch aus der Türkei. Von 1960 bis 1972 kamen jährlich zwischen 100.000 und 270.000 Personen aus diesen Ländern in Deutschland an. Bei der Interpretation dieser Zahlen ist zu beachten, dass eine erhebliche Rotation der Arbeitskräfte zu verzeichnen war, dass also viele Menschen auch wieder in ihre Herkunftsländer zurückgekehrt sind. Denn in den ersten Jahren trug die „Gastarbeit" ihren Namen zu Recht: Sowohl die deutsche Wirtschaft und Politik als auch die „Gastarbeiter" und „Gastarbeiterinnen" selbst gingen davon aus, dass sie nur kurzfristig nach Deutschland gekommen waren, um nach einigen Jahren wieder zurückzukehren. Man sollte nun meinen, die Pädagogik hätte sich zu dem Zeitpunkt mit der Einwanderung zu befassen begonnen, als Ausländer/innen in größeren Zahlen in die Bundesrepublik einreisten, um dort zu arbeiten. Doch dem ist nicht so. Die pädagogische Beschäftigung mit Migration begann erst, als die Migrant(inn)en ihre *Kinder* nachholten, und dann auch nur sehr zögerlich und unwillig. Dieser pädagogische Ansatz, der zuvorderst auf die Assimilierung der „ausländischen" Kinder zielte, wurde „Ausländerpädagogik" genannt.

1973 waren etwa 37,4 % dieser Personen Frauen, und nur 21 % waren Kinder. Dies sollte sich ändern, als die Bundesregierung beschloss, die Zuwanderung zu stoppen. Denn – als wäre es eine Ironie der Geschichte – dies war der Moment, an dem die Migration nach Deutschland dauerhaft wurde: Mit dem Anwerbestopp 1973 provozierte die Bundesregierung unter den „Gastarbeitern" Verunsicherung über ihren zukünftigen Aufenthalt und den ihrer Familien. In der Folge zogen sie ihre Familien, d.h. ihre Ehepartner/innen und Kinder, nach. Dies spiegelt sich auch in den Zahlen zu den schulpflichtigen ausländischen Kindern wider, die von 241.816 im Jahre 1970 auf 674.593 im Jahre 1979 stiegen. Hatten im Jahre 1960 noch lediglich 0,4% der Schüler/innen einen ausländischen Pass, so stieg mit dem Familiennachzug deren Anteil auf 3 % in 1973 (vgl. Hoff 1995, S. 826).

### Die umstrittene Schulpflicht für „Gastarbeiterkinder"

Wenn oben von *schulpflichtigen* Kindern gesprochen wird, ist dies nicht ganz korrekt. Lange war umstritten, ob die Kinder der „Gastarbeiter(inn)en" überhaupt ein Recht und eine Pflicht zum Schulbesuch haben. Erst 1964 wurde durch die *Kultusministerkonferenz* beschlossen, dass auch die ausländischen Kinder der Schulpflicht unterliegen. Dies geschah nicht aus eigenem Antrieb, sondern weil die Bundesrepublik an das UNESCO-„Übereinkommen gegen Diskriminierung im Unterrichtswesen" von 1960 gebunden war (vgl. Czock 1993, S. 67).

> *Kultusministerkonferenz und Kulturhoheit der Bundesländer:* Das Grundgesetz sieht vor, dass die Kulturhoheit und damit auch die Gestaltung des Bildungssystems den Bundesländern vorbehalten ist. Damit aber die Schulformen und Schulabschlüsse eine gewisse Einheitlichkeit und Vergleichbarkeit aufweisen, wurde die Kultusministerkonferenz (KMK) eingerichtet, in der unter anderem die Schulpolitik unter den Kultusminister(inne)n der Bundesländer abgestimmt wird.

Mit der Schulpflicht zugewanderter Kinder war die Schule vor eine *Heterogenität der Schülerschaft* gestellt, die sie als Problem wahrnahm: Üblicherweise versucht die Schule, homogene Lerngruppen zu organisieren, da sie davon ausgeht, diese seien besser zu unterrichten. Dies bedeutet, dass sie das Einschulungsalter standardisiert (d.h. dass alle Kinder mit 6 Jahren in die Schule kommen) und danach nach Alter und Leistung homogene Klassen zusammenstellt. Diese Tendenz zur *Homogenisierung* war auch schon bei der Frage der Koedukation deutlich geworden: Hatte man früher häufig Mädchen und Jungen getrennt beschult, gab es erst seit den 1960er und 1970er Jahren das Bemühen, geschlechtergetrennte Schulen abzuschaffen. Mit dem Auftreten der ausländischen Kinder war dann eine zentrale Prämisse der Homogenisierung radikal in Frage gestellt: Die Gemeinsamkeit der deutschen Sprache. Es konnte nicht davon ausgegangen werden, dass die ausländischen Kinder bereits mit der deutschen Sprache vertraut waren. Die Schulen reagierten hierauf mit einer Doppelstrategie: Bei Kindern im Einschulungsalter vertrauten sie darauf, dass diese das Deutsche in den ersten Schuljahren schnell erlernen werden, zumal zusätzlicher Unterricht in der deutschen Sprache im Bedarfsfall vorgesehen war. Ältere Kinder, die also im Alter über 7 Jahren erstmals die deutsche Schule besuchten, wurden in so genannte *Vorbereitungsklassen* eingeschult, in denen sie die notwendigen Deutschkenntnisse erwerben sollten. So heißt es in einem Beschluss der Kultusministerkonferenz vom 3. Dezember 1971:

> „Ausländische Kinder, die in ihrer Heimat noch nicht schulpflichtig waren und in der Bundesrepublik schulpflichtig werden, nehmen in der Regel von Anfang an am Unterricht für deutsche Kinder in der Klasse 1 teil. Das gilt auch für Schüler, die im Verlauf des Schuljahres in die Klasse 1 eintreten. Ausländische Kinder, die einer der Klassen 2 bis 9 zuzuordnen wären, aber wegen Sprachschwierigkeiten dem Unterricht in einer deutschen Klasse nicht folgen können, sollen in Vorbereitungsklassen aufgenommen werden" (zit. n. Müller 1974, S. 186).

Deutlich wird hier der Versuch, die Schulklassen möglichst homogen zu halten. Wo dies aufgrund der Heterogenität der Sprachen nicht mehr zu gewährleisten ist, wird das Heterogene, vom Standard der deutschen Sprache Abweichende, (zunächst) in Vorbereitungsklassen ausgegliedert.

Doch war dies angesichts der großen Zahl ausländischer Kinder offenbar nicht genug der Homogenisierung. Unabhängig von ihren sprachlichen Fähigkeiten war dem bereits zitierten Beschluss der Kultusministerkonferenz zufolge darauf zu achten, dass der „Anteil der ausländischen Kinder in einer Klasse ... ein Fünftel nicht übersteigen" solle (zit. n. Müller 1974, S. 185). Damit wurde schon damals – den Regelungen in Großbritannien der 1960er Jahre ähnlich (siehe Kapital 2.1) – auf die Sorgen einheimischer Eltern reagiert, die einen zu hohen Ausländeranteil in den Klassen ihrer Kinder für bedrohlich und schädlich hielten. Die Folge dieses Beschlusses war jedoch, dass in jenen Schulbezirken, in denen die Zahl ausländischer Kinder in bestimmten Altersgruppen ein Fünftel überstieg, diese Kinder aus den deutschen Klassen ausgeschlossen und in so genannten *Nationalklassen* und *Ausländerklassen* beschult wurden (vgl. Czock 1993, S. 67ff).

> In *Nationalklassen* wurden Kinder eines Herkunftslandes beschult, wobei hier neben der deutschen Sprache auch auf der Nationalsprache unterrichtet wurde. In *Ausländerklassen* wurden Kinder aus unterschiedlichen Herkunftsländern beschult. Als Sprache war hier nur das Deutsche vorgesehen, das aber eben nicht nur Unterrichtssprache, sondern auch unterrichtete Sprache war.

Ausländer- und Nationalklassen wurden nicht in allen Bundesländern und nicht überall in derselben Form eingeführt. Obwohl sie eher als eine Ausnahme gelten sollten (nämlich für den Fall, dass der Anteil ausländischer Kinder über 20 % stieg), wurden sie bisweilen auch zur Regelbeschulungsform für ausländische Kinder (vgl. ebd., S. 67ff). Auch in diesen Beschulungsformen zeigt sich also die Tendenz der Organisation Schule, ihre Klassen möglichst homogen zu halten.

Es wird hier aber auch deutlich, dass die Assimilierung eingewanderter Minderheiten bisweilen auch mit deren Separierung – so widersprüchlich dies ist – verknüpft sein kann. Wie schon in Kapitel 2.1 anhand der Beispiele aus unterschiedlichen Ländern gesehen, wird die eingewanderte Minderheit mit Assimilierungsforderungen konfrontiert, zugleich aber – im Sinne einer Separation – auf geographische und wirtschaftliche Distanz zur Mehrheit gehalten. Assimilierungsdruck und Segregationspraxis treten hier in einer widersprüchlichen Mischung auf (vgl. Hoff 1995).

**Doppelstrategie: Anpassung und Förderung der Rückkehrfähigkeit**

Die Beschulung der ausländischen Kinder zielte allerdings nicht nur darauf, sie dem (sprachlichen) Standard in den deutschen Klassen anzupassen. Da die Migration von Arbeitskräften von Seiten der deutschen Politik weiterhin als ein vorübergehendes Phänomen betrachtet wurde, d.h. weil davon ausgegangen wurde, dass die Migration insgesamt, aber auch in Bezug auf den einzelnen Menschen, nicht dauerhaft sei, sondern die „Gastarbeiter/innen" eines Tages wieder zurückkehren würden, versuchte die Bildungspolitik, diese Rückkehr – aus durchaus nicht nur humanitären Gründen – zu erleichtern: Die Förderung der Rückkehrfähigkeit ging daher mit der Förderung der Anpassung an die Erfordernisse der deutschen Schule einher. Der bayerische Ministerialrat G. Mahler bringt dieses doppelte Anliegen der deutschen Bildungspolitik folgendermaßen auf den Punkt:

> „Von Anfang an war klar, daß der Schule in diesem Bildungsbereich eine Doppelaufgabe gestellt war: Zum einen mußte den ausländischen Schülern systematisch Deutschunterricht erteilt werden, um sie zu befähigen, die im deutschen Bildungssystem für sie liegenden Chancen wahrzunehmen, zum anderen mußten sie auch in ihrer Muttersprache weitergebildet werden, um ihrer heimatlichen Kultur und Gesellschaft nicht entfremdet zu werden" (zit. n. Harant 1987, S. 253).

Diese Rückkehrfähigkeit wurde entweder ohnehin dadurch gesichert, dass die Kinder in Nationalklassen beschult wurden, oder sie erhielten am Nachmittag Ergänzungsunterricht in der Nationalsprache des Herkunftslandes. Dieser Unterricht wurde fälschlicher Weise als „muttersprachlicher Ergänzungsunterricht" bezeichnet: Viele der Kinder kamen aus sprachlichen Minderheiten ihres Herkunftslandes (wie etwa die Kurd(inn)en aus der Türkei) und lernten auf diese Weise ihre zweite Fremdsprache.

Mit der Homogenisierung der Regelklassen ging die Identifizierung von Defiziten bei den ausländischen Kindern und deren Kompensation einher. Es wurde einiges an Anstrengungen unternommen, um diesen Kindern gegenüber ihren deutschen Altersgenossen gleichwertige Bildungschancen zu eröffnen. Da aber der Bildungsstandard nicht verändert werden sollte, da also das, was an Bildung von einem einheimischen Kind bislang erwartet wurde, nicht in Frage gestellt wurde, schien die einzige Möglichkeit darin zu bestehen, die ausländischen Kinder zu fördern und auf diese Weise an die eingespielten Bildungsstandards anzupassen.

**Zwei Alternativen: Bildungserfolg oder sozialer Sprengstoff**
Genauso wenig wie die Rückkehrfähigkeit der ausländischen Kinder wurde ihre Förderung und Anpassung an die Bildungsstandards der deutschen Schule lediglich aus humanitären Gründen angestrebt. Ein Ministerialdirigent aus dem Bundesministerium für Arbeit und Sozialordnung formulierte es 1976 so:

> „Es ist nicht nur eine humanitäre Frage, ob unser Land den insgesamt 1 Million ausländischen Kindern und Jugendlichen gute Entwicklungschancen bietet, sondern eine Frage der sozialen Stabilität unseres Landes (…) Jeder, der in Kategorien sozialer Prozesse denken kann, der weiß, daß das, was sich hier anbahnt, sozialer Zündstoff mit Zeitzünder ist" (zit. n. Czock 1993, S. 60).

Dieser Formulierung liegen zwei Gedankengänge zugrunde: Erstens sind die ausländischen Kinder und Jugendlichen ein Problem des Bildungssystems – und nicht der Politik oder Wirtschaft (vgl. Czock 1993, S. 62). Und zweitens gibt es für den Ministerialdirigenten – und die politische Klasse, für die er spricht – nur zwei Möglichkeiten: Entweder die ausländischen Kinder und Jugendlichen erhalten „gute Entwicklungschancen" innerhalb dessen, was die Bundesrepublik an Standards in ihrem Bildungssystem und ihrer Gesellschaft insgesamt setzt, oder sie werden zum „sozialen Zündstoff".

Damit werden soziale Prozesse, die von der Politik so nicht vorgesehen sind und nicht in ihr Gefüge an Normalitätserwartungen hineinpassen, unmittelbar als gefährlich und explosiv betrachtet. Wo keine Anpassung erfolgt, kann es nur Zerrüttung der Gesellschaft geben – so lautet die Devise. Ich werde hierauf zurückkommen, wenn ich das Gesellschaftsmodell der Assimilationspädagogik untersuche.

## Defizitannahme und kompensatorische Pädagogik

Es gibt eine Vielzahl von Veröffentlichungen, in denen sich Ausländerpädagog(inn)en Gedanken darüber machen, wie die Migrantenkinder pädagogisch zu behandeln seien. Gemein ist den meisten dieser Arbeiten, dass sie *Defizite* auf Seiten der Migrantenkinder identifizieren, die im Rahmen einer *kompensatorischen Pädagogik* zu beheben seien. Im Zentrum meiner folgenden Betrachtung steht ein Aufsatz von Stefan Harant zu „Schulproblemen von Gastarbeiterkindern". In diesem Artikel spiegeln sich die zentralen Annahmen und Konzepte der Ausländerpädagogik nicht nur pointiert wider. Insofern Harant seine Überlegungen, die er ursprünglich 1976 verfasst hat, in kaum veränderter Form auch in der Neuauflage im Jahre 1987 publizierte, dokumentiert sich hier auch die Dauerhaftigkeit ausländerpädagogischer Denkweisen. Zudem kann man Harant nicht einfach Böswilligkeit oder Rassismus unterstellen. Der Autor, der einmal Referent der bayrischen SPD-Landtagsfraktion war, setzt sich vielmehr kritisch mit der bayerischen, von der CSU geprägten Schulpolitik auseinander. Gerade deshalb sind seine Überlegungen jedoch sehr aufschlussreich für die selbstverständlichen und unhinterfragten Annahmen der Ausländerpädagogik.

Die Defizitannahmen der Ausländerpädagogik erstreckten sich vor allem auf drei Bereiche: Am offensichtlichsten (und zugleich am leichtesten zu bewältigen) waren die *Sprachdefizite*: Den ausländischen Kindern fehlte es einfach an Deutschkenntnissen – dies war ein Fall für die Fremdsprachendidaktik. Doch war nicht nur die Sprache im Sinne von „language" unzureichend, auch im Sprachgebrauch bzw. *Sprachcode* wurden Defizite festgestellt: Der beschränkte bzw. „restringierte Sprachcode" der Kinder von Arbeitsmigranten entsprach nicht dem ausgearbeiteten bzw. „elaborierten Sprachcode", der in der Schule verlangt war. Dies rührte, drittens, aus Defiziten der *Primärsozialisation* her, wie sie (aus der Sicht der Ausländerpädagogen) für Migrantenkinder typisch erschienen: Der Sozialisation in den Herkunftsfamilien fehle es an jener Bildungsorientierung, die den deutschen Familien zugeschrieben wurde.

## Defizitäre Primärsozialisation

Stefan Harant (1987, S. 248) sieht einen „kulturellen Widerspruch", den er vor allem an den Unterschieden zwischen der Primärsozialisation in der Familie und der Sekundärsozialisation in der Schule festmacht:

> „Die primäre Sozialisation vollzieht sich bei Gastarbeiterkindern normalerweise innerhalb der Gastarbeiterfamilie, wobei die Grundpersönlichkeit des Kindes stark ausgeformt wird. Dabei werden insbesondere kulturspezifische Denkstile, affektive Grundhaltungen, Verhaltensorientierungen und Sprache des Herkunftslandes vermittelt" (ebd.).

Den Gegensatz der Herkunftskultur zur deutschen Kultur beschreibt er dann folgendermaßen: „Verallgemeinert bedeutet dies, daß sich der Gegensatz zur Kultur der Bundesrepublik in den Dichotomien agrarisch – hochindustrialisiert, rural – urban, religiös – säkularisiert ausdrückt" (ebd.). Wie sich die Ausländerpädagogik die Primärsozialisation in den Migrantenfamilien vorstellt, lässt sich an zwei Beispielen demonstrieren. Harant selbst weist darauf hin, dass

> „die gezielte Förderung der geistigen Entwicklung des Kindes nicht unmittelbar zu den kulturell vermittelten Aufgabenstellungen der türkischen Familie gehört. Türken kennen kaum Kinderspielzeug, was sich auch im Fehlen einer Spielzeugindustrie in der Türkei offenbart. Deshalb sehen türkische Eltern weder Sinn noch Notwendigkeit, pädagogisch wertvolles Spielzeug zu kaufen. Somit dürfte auch die Funktion von Spiel und Spielzeug, nämlich die geistige und soziale Entwicklung des Kindes zu fördern, den türkischen Eltern aus kulturellen Gründen nicht ohne weiteres verständlich zu machen sein" (ebd., S. 247; vgl. ähnlich auch Sargut 1974).

*Sozialisation* bezeichnet „den Prozeß der Entstehung und Entwicklung der Persönlichkeit in wechselseitiger Abhängigkeit von der gesellschaftlich vermittelten sozialen und materiellen Umwelt. Vorrangig thematisch ist dabei..., wie sich der Mensch zu einem gesellschaftlich handlungsfähigen Subjekt bildet" (Geulen/ Hurrelmann 1980, S. 51). Unter Primärsozialisation versteht man die Sozialisation in der Familie, Sekundärsozialisation erfolgt in der Schule, aber auch in der Gleichaltrigengruppe. Neuere Sozialisationstheorien gehen davon aus, dass Sozialisation niemals abgeschlossen ist, und sprechen daher von einer nachschulischen Tertiärsozialisation.

In einem 1974 erschienenen Handbuch mit dem Titel „Ausländerkinder in deutschen Schulen" (Müller 1974), das ansonsten auch durchaus kritische und über den Konsens der Ausländerpädagogik weit hinausgehende Thesen aufweist, findet sich in einem Kapitel zur „Sozialisation in den Heimatländern, Kulturkonflikte und Vorurteile" auch ein Aufsatz über italienische Migranten. Dort heißt es:

> „Bei vielen Italienern aus der Unterschicht ist die ehemalige scuola elementare mit fünf Jahren bis zum Schulabschluß noch fest im Bewußtsein. Es ist deshalb nicht verwunderlich, wenn viele Kinder – meistens Mädchen – nach der fünften Klasse nicht mehr in der Schule erscheinen. Sie hüten dann kleinere Geschwister oder müssen mitverdienen" (Niedermayer-Ansaloni 1974, S. 46).

Und weiter:

> „Bildungsanregungen und Anleitung sind bei den Familienverhältnissen nicht zu erwarten. Tagsüber sind die Kinder unbeaufsichtigt und darüber hinaus mit der Haushaltsführung beschäftigt. Abends bleibt in der engen Wohnung kein Platz und keine Zeit

für die Beschäftigung mit den Kindern. Hausaufgaben werden nachlässig oder gar nicht gemacht: Für den Lehrer Resultat der häuslichen Verhältnisse, für die Eltern Beweis der Überforderung in der fremdsprachigen Schule und deren Versagen" (ebd., S. 47).

Gerade im zweiten Beispiel wird deutlich, dass die Annahme einer defizitären Primärsozialisation nicht alleine auf den (national-)kulturellen Hintergrund der Migrantenfamilien bezogen wird. Auch die Schichtzugehörigkeit der Migrantenfamilien, die ja zugleich stets Arbeiterfamilien sind und zudem oftmals aus ländlichen, agrarisch geprägten Gegenden stammen, spielt eine wichtige Rolle.
Der Rekurs auf kulturelle Zugehörigkeit ist in der Ausländerpädagogik also noch nicht so gefestigt und theoretisch aufgeladen, wie wir dies später bei der klassischen interkulturellen Pädagogik (in Kapitel 3) sehen werden.
Harant zufolge „kumuliert der kulturelle Widerspruch" zwischen Herkunfts- und Gastland bei Schulbeginn:

> „Der kulturelle Unterschied offenbart sich zwischen dem, was in der Schule des Gastlandes vermittelt wird, und den in der Familie erlernten und verwendeten Verhaltens- und Denkweisen. Die Intensität des Konflikts hängt ab vom Grad der kulturellen Distanz zwischen Herkunfts- und Residenzland auf genereller Ebene und vom Grad der Assimilation der Eltern an die Residenzkultur, insbesondere vom Kenntnisstand der deutschen Sprache auf personaler Ebene" (1987, S. 250).

Für die Kinder drohe in dieser Situation die „Gefahr sozialer Desorientierung, der Flucht in Aggression, Resignation und der ‚sozialen Anomie'" (ebd.), d.h. der sozialen Regellosigkeit.
Auch und gerade in Bezug auf die Primärsozialisation werden also die Gefahren nicht nur für die Kinder, sondern für die Gesellschaft beschworen. In einer Gesellschaft, für die die Geltung einer einheitlichen, deutschen Kultur mitsamt einheitlicher Normen und Werte (etwa in Bezug auf das, was ein Kind in der Familie lernen sollte) in Anspruch genommen wird, muss jede Abweichung von dieser Kultur und ihren Normen als Bedrohung erscheinen. Die auf eine homogene Kultur sowie gemeinsame Werte und Normen eingeschworene Gesellschaft sieht sich angesichts der durch Einwanderung importierten abweichenden Formen der Primärsozialisation in ihrem Bestand gefährdet. Deshalb der Rekurs auf „soziale Anomie", d.h. auf den Zustand der Regellosigkeit und der gesellschaftlichen Desintegration.

**Defizitärer Sprachgebrauch**

Dass die Ausländerpädagogik sich nicht alleine auf die (national-)kulturelle Zugehörigkeit der Migrantenkinder, sondern auch auf deren Schichtzugehörigkeit bezieht, wird insbesondere in den Überlegungen zum Sprachgebrauch bzw. Sprachcode deutlich. Stefan Harant argumentiert zunächst, dass „Gastarbeiterkinder" in einem „sozialen Milieu aufwachsen, das ihre zukünftigen Aufstiegschancen stark vermindert und bereits so ihre zukünftige soziale Immobilität prädisponiert" (1987, S. 245). Zur Begründung verweist er auf Arbeiten des Soziolinguisten Basil Bernstein und schreibt: „Gastarbeiterkinder erlernen demnach den ‚restringierten [begrenzten; AMN] Sprachcode' der Unterschichten im Gegensatz zur ‚elaborierten' [ausgearbeiteten; AMN] bzw. differenzierten Sprachform der Mittelschichten" (ebd.; im Original kursiv). Zum besseren Verständnis dieses apodiktischen Satzes, der ja die „Gastarbeiterkinder" per se auf den „restringierten Sprachcode" festlegt, ziehe ich ein längeres Zitat von Basil Bernstein heran, in dem dieser seine Thesen zum restringierten und elaborierten Sprachcode zusammenfasst.

Für die sprachliche Form der Mittelschichtskinder erscheinen Bernstein folgende Merkmale charakteristisch:

„1. Die logische Modifikation und der logische Akzent werden durch eine grammatikalisch komplexe Satzkonstruktion vermittelt, vor allem durch die Verwendung von Konjunktionen und Nebensätzen.
2. Häufiger Gebrauch von Präpositionen, die sowohl rein logische Beziehungen als auch zeitliche oder räumliche Nähe anzeigen.
3. Häufige Verwendung der unpersönlichen Pronomen ‚es' und ‚man'.
4. Diskriminierende Auswahl aus einer Reihe von Adjektiven und Adverbien.
5. Der expressive Symbolismus, der durch diese sprachliche Form bedingt wird, verleiht dem Gesagten weniger logische Bedeutung als affektive Unterstützung.
6. Die individuelle Qualifikation wird verbal durch die Struktur und die Beziehungen innerhalb und zwischen den Sätzen vermittelt. Die subjektive Absicht wird unter Umständen in Worten erläutert.
7. Es handelt sich um eine Form des Sprachgebrauchs, die auf die Möglichkeiten hinweist, die einer komplexen begrifflichen Hierarchie inhärent sind und die die Organisation der Erfahrung erlauben" (Bernstein 1970, S. 22).

In der Arbeiterklasse finde sich demgegenüber folgender Code:

„1. Kurze, grammatisch einfache, oft unfertige Sätze von dürftiger Syntax, die meist in der Aktivform stehen.
2. Verwendung einfacher und immer derselben Konjunktionen (so, dann, und).
3. Häufige Verwendung kurzer Befehle und Fragen.
4. Seltener Gebrauch der unpersönlichen Pronomen ‚es' und ‚man'.
5. Starre und begrenzte Verwendung von Adjektiven und Adverbien.
6. Die Feststellung einer Tatsache wird oft im Sinne einer Begründung und einer Schlußfolgerung verwendet, genauer gesagt, Begründung und Folgerung werden durcheinandergeworfen, und am Ende entsteht eine kategorische Feststellung, wie ‚Du gehst mir nicht aus dem Hause.' ‚Laß das in Ruhe.'
7. Die individuelle Auswahl aus einer Reihe traditioneller Wendungen oder Aphorismen spielt eine große Rolle.
8. Feststellungen werden als implizite Fragen formuliert, die dann eine Art Kreisgespräch auslösen, bei dem sich die Gesprächspartner ihrer gegenseitigen Sympathie

versichern, das heißt man redet in gegenseitiger Übereinstimmung im Kreis herum. Zum Beispiel: ‚Stell dir vor?' ‚Das hätte ich nicht gedacht?' Oder: ‚Na, was sagen Sie von der Lotte? – Ist ein schlimmes Unglück. – Haben Sie recht. Ist wirklich ein schlimmes Unglück. Und die armen Eltern. – Ja die armen Eltern. Was dachte sich das Mädchen dabei? – Dachte sich gar nichts, tat eben, was sie wollte. – Ein Unglück nenne ich das, ein schlimmes Unglück für das ganze Haus.'
9. Der Symbolismus besitzt einen niedrigen Grad der Allgemeinheit.
10. Die persönliche Qualifikation wird aus der Satzstruktur weggelassen oder ist nur implizit vorhanden; folglich wird die subjektive Absicht nicht mit Worten explizit gemacht oder erläutert" (Bernstein 1970, S. 22f).

Harant schließt nun, indem er bei den „Gastarbeiterkindern" eindeutig einen restringierten Sprachcode diagnostiziert, der im Gegensatz zum elaborierten Code der Lehrer/innen stehe, auf eine „schichtenspezifische Bildungsbarriere":

„Kinder aus der Unterschicht sind im Schulunterricht gezwungen, die Informationen vom elaborierten Sprachgebrauch des Lehrers in die eigene restringierte Sprache zu transformieren ... Komplexe Lerninhalte, die in differenzierteren Sprachkonfigurationen dargestellt werden, können kognitiv nicht erfaßt werden, was sich wiederum negativ auf die schulische Leistungsmotivation auswirkt" (1987, S. 246).

In diesem Zitat, in dem erneut deutlich wird, dass die Ausländerpädagogik die Schichtzugehörigkeit besonders hervorgehoben hat, sind zwei Thesen impliziert: Erstens wird ein enger Zusammenhang zwischen sprachlicher und kognitiver Entwicklung postuliert, dem zu Folge ein bestimmter Sprachgebrauch nur ein bestimmtes Maß an kognitiver Entwicklung erlaube. Kurz gesagt: Was ich nicht sprachlich ausdrücken kann, kann ich auch nicht denken. Zweitens geht Harant davon aus, dass einem spezifischen Maß an kognitiver Entwicklung nur ein bestimmter Sprachcode (restringierter oder elaborierter) entspreche. Das heißt dass ein und dieselbe kognitive Struktur (z.B. eine konditionale Verknüpfung zweier Fakten) nicht durch mehrere unterschiedliche, aber funktional äquivalente Sprachcodes ausgedrückt werden könne. Mit diesen Thesen konnte sich Harant weitgehend auf Bernstein berufen, der auch von einer engen Verbindung zwischen Sprache und Kognition ausging (vgl. Bernstein 1970, S. 20f).
Heidrun Czock weist in ihrer Untersuchung zur Ausländerpädagogik darauf hin, dass diese These – die im Übrigen in den 1960er Jahren auch oftmals auf die Situation von Kindern einheimischer Unterschichten angewendet wurde – durchaus umstritten ist. So habe William Labov gezeigt, dass die Gruppen der Unterschicht „nicht defizitär, sondern anders sprechen". Er konnte die „funktionale Äquivalenz der jeweiligen Sprachverwendung für die jeweils unterschiedlichen sozialen Kontexte nachweisen" (Czock 1993, S. 83). Ob diese Gegenthese von Labov auf ihrem Generalisierungsniveau haltbar ist, kann und muss hier nicht geklärt werden. Wichtig ist festzuhalten, dass die Thesen Bernsteins und Harants sehr gut in

die zentralen Grundsätze der Ausländerpädagogik hineinpassen, da sie die Defizitannahme, die ohnehin schon in Bezug auf Sprache und Sozialisation bestehen, komplettieren.

**Defizite in der deutschen Sprache**

Eine dritte Komponente der Defizitannahmen in der Ausländerpädagogik ist der Mangel an deutschen Sprachkenntnissen bei ausländischen Kindern. Die Frage ist hier nicht so sehr, *ob*, sondern *wie* die Kinder Deutsch lernen sollen. Trotz der sehr unterschiedlichen Modelle zum Zweitspracherwerb dominierte in den 1970er Jahren die Kontrastiv-Hypothese, wie Heidrun Czock (1993, S. 96) schreibt: Dieser zufolge

„würde die Grundsprache (Erstsprache) eines Sprachlerners seinen Erwerb der Zweitsprache in der Weise beeinflussen, daß in der Grund- und Zweitsprache identische Elemente und Regeln leicht und fehlerfrei zu lernen seien, jedoch unterschiedliche Elemente und Regeln Lernschwierigkeiten hervorrufen und leicht zu Fehlern führen würden. Interferenzen seien die Folge, d.h. der Sprachlerner würde die Elemente und Regeln der Grundsprache auf die zu erlernende Zweitsprache übertragen und mithin typische Fehler produzieren" (ebd., S. 94f).

Zwar war diese Hypothese – ähnlich wie konkurrierende Hypothesen – wissenschaftlich ungesichert, doch sehr praktisch: Sie legte

„eine Bearbeitung der Zweitspracherwerbs-Probleme von Migrantenkindern durch ... formalisierte Sprachtrainings-Programme nahe. Das Spracherwerbs-Problem war damit auf eine technische Dimension reduzierbar, über möglichst genaue Kenntnis von Interferenzen (Übertragungsfehlern) wäre eine gezielte Bearbeitung möglich" (ebd., S. 96).

**Beispiel für eine ausländerpädagogische Maßnahme**

Ein gutes Beispiel für eine Trainingsmaßnahme, die sich in die ausländerpädagogischen Fördermaßnahmen einfügt, ist der „koordinierte deutsch-türkische Leselehrgang". Christel Kottmann-Mentz, damals Lehrerin in Essener Vorbereitungsklassen für türkische Schüler, berichtet darüber und begründet die Koordination der deutschen und türkischen Leseübungen mit der Kontrastiv-Hypothese: Die deutsch- und türkischsprachigen Leseübungen

„dürfen nicht unverbunden nebeneinander herlaufen, da das ausländische Kind die Zweitsprache Deutsch auf der Basis seiner Muttersprache lernt, d.h. Gesetzmäßigkeiten der Laut-, Wortbildung und des Satzbaus zunächst spontan nach den Erfahrungen aus seiner Muttersprache auf die deutsche Sprache überträgt; z.B. ‚Ich Toilette gehen', sagen fast alle türkischen Schulanfänger anstatt: ‚Ich möchte zur Toilette gehen'" (Kottmann-Mentz 1984, S. 65).

Dies läge daran, dass es im Türkischen keine Präpositionen gäbe und Modalverben anders gebildet würden. Neben diesen Kontrasten zwischen dem Deutschen und dem Türkischen macht die Lehrerin einige Defizite bei den türkischen Kindern fest: Zunächst könnten sie weder die deutschen Wörter und Sätze noch die Laute im Deutschen. Zudem würden sie „sich sehr zurückgezogen verhalten", sodass man ihnen gut zusprechen müsse, damit sie überhaupt ihren Mund aufmachten. Schließlich seien die türkischen Kinder, da sie „keinen Kindergarten besucht haben und die Kindererziehung in türkischen Familien anders ausgerichtet ist als die deutscher Kinder", nicht ausreichend fähig, „Formen zu erfassen und wiederzugeben", „Laute aufzufassen, zu unterscheiden und wiederzugeben", sowie „Zeichen als Bedeutungsträger zu erfassen und in Handlung/Sprache umzusetzen" (ebd., S. 67). Die Lehrerin gibt hier Beispiele für die Kontraste in Lauten und Satzstrukturen:

**Tabelle 1:** Kontraste zwischen Deutschem und Türkischen, nach Kottmann Mentz 1984, S. 71

| | Deutsch | Türkisch |
|---|---|---|
| Im Bereich der Laute | Unterschiede von kurzen und langen Vokalen, z.B.: Radiergummi/Lehrer/Papier | Kurz-lang-Opposition ist unbekannt |
| | Unterschiedliche Bedeutung der Buchstaben z.B. beim „s" und „z". „s" kann im Deutschen stimmhaft (Anlaut) und stimmlos (Inlaut, Auslaut) ausgesprochen werden. | „s" ist im Türkischen immer stimmlos. „z" wird wie das deutsche stimmhafte „s" gesprochen |
| Im Bereich der Satzstrukturen | Aussagesatz Ich heiße Ali. S – P – N (N=Gleichsetzungsnominativ) | Aussagesatz Adım Ali(dir) S – N – P Die Kopula steht am Ende und kann, vor allem in der Umgangssprache, wegfallen. |
| | Fragesatz Wo ist die Toilette? FP – P – S (FP=Fragepronomen) | Fragesatz Tuvalet nerede(dir)? Toilette wo (ist)? S – FP – P Fragepronomen steht an der Stelle des erfragten Satzteiles, Kopula (Endstellung) kann wegfallen, kein bestimmter Artikel |
| | Aufforderungssatz Male die Lehrerin P – Akk-Objekt Verb steht am Anfang | Öğretmenin resmini yap! Lehrerin meiner Bild ihres mach! Verb steht am Ende |

Aus diesem Grund beginne der Leselehrgang nicht mit Lesen, sondern mit der Lautbildung. Die Kinder lernen, die Laute der deutschen Sprache zu bilden und von dem Türkischen zu unterscheiden. Ebenso lernen sie, die unterschiedliche Satzstellung im Deutschen und Türkischen voneinander zu unterscheiden. Wie Kottmann-Mentz sich einen Unterricht, der kontrastiv vorgeht, vorstellt, lässt sich anhand eines praktischen Unterrichtsbeispiels erkennen, das sie anführt. Es geht hier um Phoneme und Grapheme. Sofern diese in den beiden Sprachen unterschiedlich seien, müssten sie

„kontrastiv eingeführt werden und audiovisuell und auch motorisch und natürlich vor allem auch schriftlich so lange in verschiedenen Übungsformen trainiert werden, bis sie graphisch und phonetisch sicher identifiziert werden können, und zwar jeweils innerhalb der entsprechenden Sprache" (ebd., S. 84).

Als Beispiel nimmt sie die Buchstaben „j" im Deutschen und „y" im Türkischen (das Folgende zit. aus: ebd., S. 84ff):

Sachanalyse
Das deutsche (j) und türkische (y) sind zwei unterschiedliche Buchstaben für denselben Laut. Bei dem Laut -j- handelt es sich um einen Reibe- und Vordergaumenlaut. Im Wort kann das (j) die Stellung als An- oder Inlaut einnehmen. jedoch nicht als Auslaut: z.B. Junge, Jacke, Jäger. Im Deutschen ist die Anzahl der Wörter mit dem Laut -j- klein, im Türkischen gibt es sehr viele Wörter mit (y). Es empfiehlt sich wegen des häufigen Gebrauchs im Türkischen, den (j)-(y)-Laut möglichst früh einzuführen. Auch nach der Einführung muß der richtige Gebrauch des (j) den Schülern durch Übungen bewußt gemacht werden. Häufig vorkommende falsche Schreibweise für (j): yar – Jahr, yug – jung, yets – jetzt.

*Stundenskizze für die Einführung auf kontrastivem Weg*
Lernziele:
1. Die Schüler sollen erkennen, daß das deutsche Schriftzeichen (j) und das türkische Schriftzeichen (y) für denselben Laut stehen.
2. Die Schüler sollen (j) und (y) optisch in deutschen und türkischen Wörtern identifizieren können.
3. Die Schüler sollen den Laut -j- in deutschen und türkischen Wörtern akustisch identifizieren können.
4. Die Schüler sollen überschaubares Wortmaterial richtig gebrauchen können, mit (j) und (y)

Wortmaterial:

|  | (j) |  |
|---|---|---|
| (y) |  |  |
| der Junge | yatak – | das Bett |
| der Jäger | yaprak – | das Blatt |
| die Jacke | yem – | das Futter |
| das Jahr | yılan – | die Schlange |
| Jung | yol – | der Weg |
|  | yumurta – | das Ei |
|  | yedi – | sieben |

Arbeitsmaterial:
Gegenstände, Jojo, yaprak – Blatt, yem – Futter, Bildkarten und Folien zu den Wörtern der Wortliste.

Stundenverlauf:
Einstieg zur Einführung der neuen Wörter: Lehrer erzählt Rätsel. Die Lösungswörter fangen mit (j) oder (y) an. Der Mann hat grüne Kleider an. Er hat ein Gewehr. Er schießt Hasen und Rehe. (Jäger) – Jeden Abend schläfst Du darin. Es hat vier Beine. (yatak – Bett) – Wieviele Tage hat die Woche? (yedi – sieben)

Erarbeitung der Buchstaben (j) und (y)
Die Schüler heften die Bildkarten mit den Lösungsbildern an die Tafel. Sie ordnen die entsprechenden Wortkarten zu. Die Schüler erkennen die unterschiedlichen Buchstaben am Wortanfang und kreisen sie rot und blau ein. Die Lehrerin erklärt, daß (j) und (y) sich gleich anhören, aber unterschiedlich geschrieben werden. Die Schüler üben das optische und akustische Identifizieren und Diskriminieren auf einem Arbeitsblatt.

## 2.3 Das Gesellschaftsmodell der Assimilationspädagogik: Soziale Stabilität durch gemeinsame Werte und Normen

Die Assimilationspädagogik ist, wie alle Ansätze der Erziehungswissenschaft, eng mit sozialwissenschaftlichen Annahmen verknüpft, die eine spezifische theoretische Perspektive auf die Gesellschaft ausmachen. Diese expliziten und impliziten Grundannahmen gilt es nun herauszuarbeiten. Dabei wird sich ein Modell der Gesellschaft herauskristallisieren, das den Hintergrund abgibt, vor dem Kinder aus Migranten- und Minderheitsfamilien primär als defizitär und kompensationsbedürftig erscheinen können: Ein Modell der Gesellschaft, in dem soziale Stabilität durch homogene Werte und Normen garantiert werden soll. Ich möchte dieses Modell am Beispiel der bundesdeutschen Gesellschaft untersuchen.

## Das assimilationspädagogische Gesellschaftsmodell im Spiegel einer Studie zur zweiten Generation

Ein günstiger Ausgangspunkt für die Analyse des assimilationspädagogischen Gesellschaftsmodells ist die Arbeit von Achim Schrader, Bruno W. Nikles und Hartmut M. Griese mit dem Titel „Die Zweite Generation. Sozialisation und Akkulturation ausländischer Kinder in der Bundesrepublik". Sie erschien im Jahr 1976 und wurde innerhalb der Ausländerpädagogik breit rezipiert.

Dass diese Autoren in ihren zentralen Prämissen mit der Assimilations- bzw. Ausländerpädagogik übereinstimmen, wird schon im Problemaufriss der Studie deutlich. Es geht ihnen „um die Auseinandersetzung der ausländischen Kinder mit unserer Kultur", wobei sie den „Versuch einer theoretischen Konzeptionalisierung der Sozialisations- und Akkulturationsprobleme der ausländischen Kinder" (Schrader/Nikles/Griese 1976, S. 12) vorlegen möchten. Damit ist bereits festgelegt, dass die Probleme der Sozialisation auf Seiten der Kinder zu identifizieren sind, während „unsere Kultur", d.h. die deutsche Kultur, als feststehende, unhinterfragbare und zudem einheitliche Größe erscheint.

Hauptsächlich geht es den Autoren darum, die Theorie der Akkulturation mit der Sozialisationstheorie so zu verknüpfen, dass sich Aussagen über die Kinder der Einwanderer machen lassen. Die Akkulturations- bzw. Integrationstheorie übernehmen Schrader et al. vornehmlich von Talcott Parsons, die Sozialisationstheorie fußt auf dem Werk von Dieter Claessens, dessen Ansatz Parsons sehr nahe steht.

### Integrationsbegriff von Talcott Parsons

In der Sozialtheorie von Talcott Parsons bedeutet der Zustand der Integration die „Einheit des Sozialsystems durch Festlegung der Positionen der Elemente und ihrer funktionalen Beiträge für dieses System" (Schrader et al. 1976, S. 46). Parsons fragte danach, welche Funktion einzelne Elemente (Rollen, Institutionen, Personen) für das Gesellschaftssystem haben. Wie dient z.B. ein Arbeiter dem Erhalt des Gesellschaftssystems? Ist die Gesellschaft durch Jugendkriminalität gefährdet? Wie sind Institutionen in die Gesellschaft eingebunden?

Unterstellt war damit, dass die Gesellschaft als ein einheitliches System zu sehen sei, das sozusagen von einem Kern aus alle Elemente der Gesellschaft an sich binde und auf diese Weise ihren Zentrifugalkräften entgegen wirke. Den Kern der Gesellschaft aber machen nach Parsons die gemeinsamen Werte und Normen aus. Dies ist nicht normativ zu verstehen (im Sinne von: gemeinsame Werte sollen den Kern einer Gesellschaft ausmachen), sondern durchaus als Beobachtung bzw. Tatsachenfeststellung (im Sinne von: es ist eben so):

> „Parsons und die in seiner Tradition arbeitenden Soziologen haben selbstverständlich lediglich behauptet, daß soziale Ordnungen von Werten und Normen zusammengehalten werden und daß in jeder Ordnung Abweichungen davon in irgendeiner Form

zum Thema werden – mal hart bestraft, mal eher verspottet, mal kopfschüttelnd kommentiert. Parsons und seine Kollegen haben natürlich nicht gemeint, daß Abweichung immer bestraft werden soll!" (Joas/Knöbl 2004, S. 106).

Wenn Gesellschaft also „die Unterwerfung aller unter ein nicht weiter ableitbares, rational nicht begründbares und daher auch nicht kritisierbares Wertsystem" (Joas 1999, S. 256) bedeutet, so hat dies für den Integrationsbegriff gewichtige Implikationen: Sie erschöpft sich nicht in einer bloßen „Partizipation an der Gesellschaft", sondern erstreckt sich auch auf die „Partizipation an der Kultur" (Schrader et al. 1976, S. 43). Schrader et al. gehen daher davon aus, dass im „struktur-funktionalen Ansatz [von Parsons; AMN] die Prozesse der Integration und Assimilation eng miteinander verbunden sind und die Integration notwendige Voraussetzung von Assimilierungsvorgängen darstellt" (ebd., S. 43). Im Sinne dieser Theorie ist *Integration* vornehmlich die einfache Teilhabe an gesellschaftlichen Prozessen, die für sich genommen noch nicht eine Übernahme der gesellschaftlichen Werte beinhaltet, während *Assimilation* eben diese Übernahme der gesellschaftlichen Normen und Werte (im Rahmen ihrer Kultur) meint.

**Sozialisationstheorie von Dieter Claessens**
Diese Integrations- und Assimilationstheorie verknüpfen die Autoren dann mit der Sozialisationstheorie von Dieter Claessens. Ich umreiße zunächst einige zentrale Aussagen von Claessens, um dann zu zeigen, wie diese von Schrader et al. für ihre Zwecke benutzt werden.
Auch Claessens geht von einer Gesellschaft aus, die um einen Kernbestand an Werten herum zentriert ist. Die Familie sei das Medium par excellence für die Weitergabe von Werten. Dadurch, dass die Familie ein sehr überschaubares, einfaches Sozialsystem sei, könnten hier Werte erst „,handlich' gemacht" werden, zumal die wertbezogenen Widersprüche innerhalb einer Gesellschaft in der Familie eher „,aufgehoben'" würden (Claessens 1972, S. 16f). Würden Werte in all ihrer Abstraktheit bloß gelehrt, wüsste niemand, wie sie anzuwenden sind; in der Familie aber werden Werte in konkreten Situationen (z.B. bei der Frage, ob man am Mittagstisch erst anfängt, wenn allen serviert worden ist) angewandt.
Zustimmend verweist Claessens darauf, dass

> „die Kernfamilie bei Parsons nie als unabhängiges System gedacht ist. Die Eltern treten innerhalb der Kernfamilie nicht nur in Familienrollen auf, sondern sind stets voll beteiligt an anderen Strukturen der Gesellschaft, wodurch sie dem Kind gegenüber erst als ,socializing agents' wirken können" (ebd., S. 100).

Indem Kinder in die Familie hineinwachsen, werden sie also zugleich in die Gesellschaft einsozialisiert. Dies setzt natürlich voraus, dass man die (Normal-)Familie als kleinste soziale Einheit der Gesellschaft betrachtet. Dass bei Migrantenfa-

milien die Lage nach dieser Theorie sich etwas anders gestaltet, werden wir noch sehen.
Die Tradierung (Überlieferung) gesellschaftlicher Werte innerhalb der Familie ist nun nicht intendiert oder zeitlich befristet, sondern vollzieht sich ständig. Selbst dann, wenn Familien sich von den Werten der Gesellschaft abgrenzen, tradieren sie diese.

„Es kann hier also das Paradoxon ‚gelebt' werden, daß bei häufiger praktischer Untergehung oder Hintergehung von gesellschaftlichen Normen die Autorität der darüberstehenden Werte grundsätzlich nicht berührt sondern eher sogar gestärkt wird" (ebd., S. 178).

Gerade dieses Selbstverständlichste einer Kultur, das selbst dem kritischsten Geist entgeht, wird auf diese Weise von Generation zu Generation tradiert. Dabei eignet sich die Familie – als für das Kind selbstverständliche Lebensform – besonders gut für die Übertragung der relativ selbstverständlichen kulturellen Werte der Gesellschaft.
Schrader et al. (1976, S. 56) folgen Claessens Sozialisationstheorie, weil jener gerade die Bedeutung der Familie für die Sozialisation besonders betont und „auf die Tradierung und Internalisierung kultureller Elemente", die sich dort vollziehen, eigens verweist. Claessens unterscheide zwischen „Soziabilisierung", „Enkulturation" und „sekundärer sozialer Fixierung". Soziabilisierung meint das Entstehen eines Urvertrauens in den anderen Menschen (meist anhand der Mutter) im Sinne eines „sozialen Optimismus" (Schrader et al. 1976, S. 57). Enkulturation meint jenen Sozialisationsabschnitt, in dem sich das Kind der „spezifisch kulturell geprägten Familie und näheren Verwandtschaft" zuwendet (ebd., S. 76) und in deren Milieu einsozialisiert wird. Hier erwirbt das Kind seine kulturelle Rolle bzw. „Basispersönlichkeit" (ebd., S. 67): „Seine einmal übernommene kulturelle Rolle kann der einzelne nicht mehr abwerfen: Er ist Deutscher, Franzose, Türke oder Italiener!" (ebd., S. 58).
Das familiale Milieu ist zugleich der Ort, an dem das Kind in die Übernahme sozialer Rollen außerhalb der Familie eingeübt wird. Solche sozialen Rollen werden in der „sekundären sozialen Fixierung" übernommen. Ihnen fehlt die Selbstverständlichkeit der innerfamilial angeeigneten kulturellen Rolle, handelt es sich doch beispielsweise um die in der Schule erworbenen „instrumentellen Fertigkeiten und Kenntnisse", die das Kind „zur Erfüllung beruflicher und erwachsener Pflichten in der Gesellschaft benötigt" (ebd., S. 60). Sofern das Kind die kulturelle Rolle eines Deutschen in der Familie eingeübt hat und später dann in die deutsche Gesellschaft einsozialisiert wird, ergibt sich genau jenes Szenario, das ich weiter oben anhand von Claessens Sozialisationsmodell und Parsons Gesellschaftsmodell nachgezeichnet habe:

Die Familie übt das Kind genau in jene Werte und Normen ein, deren Einhaltung in der Gesellschaft erwartet wird. Wenn also die familial erworbene kulturelle Rolle zu der Gesellschaft und deren Werten passt, wird das soziale System der Gesellschaft stabilisiert, Integration vollzieht sich quasi automatisch. Doch wenn das Kind in die kulturelle Rolle eines „Türken" oder „Italieners" eingeübt wird, dann aber als Migrant in die deutsche Gesellschaft einsozialisiert wird, wird die Lage kompliziert.

**Akkulturation und Kulturkonflikt nach Schrader, Nikles und Griese**

Dass die Lage kompliziert ist, wenn es sich um die Sozialisation von Migrantenkindern handelt, veranlasst Schrader et al. keineswegs zu einer Revision ihrer theoretischen Grundannahmen, d.h. der von ihnen herangezogenen Integrations- und Sozialisationstheorie. Vielmehr versuchen sie, „idealtypisch drei unterschiedlich verlaufende Enkulturationsprozesse bei ausländischen Kindern" (1976, S. 67) zu differenzieren, indem sie deren Einreisealter mit ihren sozialisations- und integrationstheoretischen Annahmen verknüpfen.

> Die *Minderheitensubkultur* „interpretiert die Situationen in der neuen Gesellschaft durch die Werte der Heimatkultur oder entwickelt neue, sofern solche nicht vorhanden sind" (Schrader et al. 1976, S. 26). Wenngleich sie sich von Ethnie zu Ethnie unterscheiden kann, weist sie auch Gemeinsamkeiten auf, weil sie eine Reaktion auf die Minderheitensituation der Einwanderer und ihre niedrige gesellschaftliche Stellung ist.

Zum Verständnis ihrer Überlegungen ist es noch wichtig zu erwähnen, dass Schrader et al. nicht alleine die Kultur des Herkunftslandes und jene des Aufnahmelandes in Rechnung stellen, sondern auch der „Minderheitensubkultur der Einwanderer" (ebd., S. 26) eine große Bedeutung zumessen. Es kommt nun darauf an, ob die Kinder innerhalb der Familie in die Kultur ihres Herkunftslandes, in die Minderheitensubkultur oder die Kultur des Aufnahmelandes enkulturiert werden.
Die drei idealtypischen *Enkulturationsprozesse* sehen folgendermaßen aus:
1. Schrader et al. gehen bei Kindern, die nicht nur im Herkunftsland durch die Familie, sondern auch durch die Schule sozialisiert wurden, von einer „abgeschlossenen monokulturellen Enkulturation" aus, die zu einer „eindeutig determinierten monokulturellen Basispersönlichkeit" geführt habe (ebd., S. 68). Akkulturation im Aufnahmeland beschränke sich hier auf instrumentelle Fertigkeiten, d.h. auf die „Übernahme ‚sozialer Rollen'" im Sinne von Claessens (ebd., S. 70). Eine Veränderung der Wertorientierungen und Kultur in Richtung auf die Aufnahmegesellschaft halten die Autoren nicht für möglich.

## Das Gesellschaftsmodell der Assimilationspädagogik

2. Wenn ein Kind im Vorschulalter in die Bundesrepublik einreise, würde es aus der ihm vertrauten familialen Umgebung und deren Milieu herausgerissen und komme in die Minderheitensubkultur in der Bundesrepublik. „Die Folge ist eine unterbrochene Enkulturation und ein *Enkulturationsdefizit* bezüglich der Heimat- wie der Minderheitensub- und der Fremdkultur" (ebd., S. 68; H.i.O.). Es komme in diesem Fall zu einer „kulturell diffusen Basispersönlichkeit" (ebd.), sodass diese Kinder „Fremde" blieben und sich „je nach sozialer Situation mit der Heimat- oder Fremdkultur" (ebd., S. 71) identifizierten (siehe Abbildung 1).

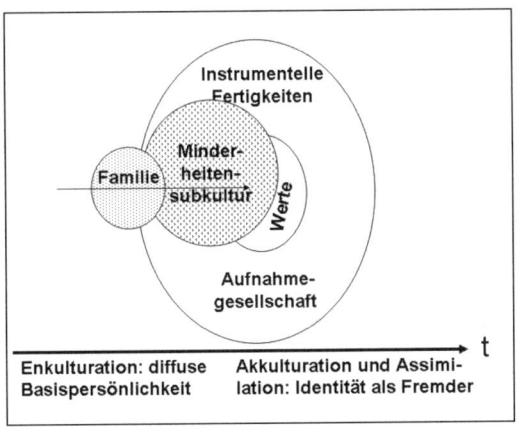

**Abbildung 1:** En- und Akkulturation bei Einreise im Vorschulalter

3. Das Kleinstkind wachse sogleich in die Minderheitensubkultur und – vermittelt über die Kinderspielgruppen – in die Fremdkultur hinein, wobei letztere aber weniger prägend sei. „Sie übernehmen entsprechend eine *vorläufige kulturelle Mischrolle* ... und entwickeln eine *vorläufige Basispersönlichkeit*, die noch für eine weitere Strukturierung offen ist. Auf dieser Grundlage kann der weitere Sozialisationsprozeß zu einer Übernahme der Fremdkultur, also zur *Assimilation* führen" (ebd., S. 69; H.i.O.). Schrader et al. stellen damit die These auf, „daß sich nur der assimilieren kann, der bereits unter dem Einfluß einer Mischkultur enkulturiert worden ist" (ebd.). Nur dann könne ein Kind zum „'Neu-Deutschen'" (ebd., S. 71) werden.

Dieses Modell der Enkulturation von Migrantenkindern fand sicherlich auch deshalb viel Widerhall, weil es den Ausländerpädagogen und -pädagoginnen erlaubte, die Kinder, mit denen sie es zu tun hatten, genauestens zu klassifizieren. Entscheidend für die Enkulturation des Kindes war diesem Modell zufolge ein objektiv bestimmbares Kriterium, nämlich das Einreisealter. Mit dem Grad der Einsozialisierung in die Herkunftskultur schwanden die Chancen des Kindes, zu einem „Neu-Deutschen" zu werden.

> *Familiennachzug:* Da die meisten Arbeitsmigrant(inn)en zunächst alleine in die BRD gekommen waren und ihre Familien im Herkunftsland zurückgelassen hatten, wollten sie, sobald ihre Migration langfristiger als geplant wurde, ihre Familien nachziehen. Da das Grundgesetz alle (nicht nur deutsche) Familien schützt, war dies möglich, wenngleich es immer wieder politische Diskussionen zu der Frage gab, bis zu welchem Alter Kinder nachgezogen werden durften.

Wie Heidrun Czock (1993, S. 91) schreibt, war die Arbeit von Schrader et al. für den Diskurs der Ausländerpädagogik äußerst wertvoll: Zum einen konnte man das *Nachzugsalter* von Kindern einschränken, zum anderen Lehrer so fortbilden, dass sie „den Migrantenkindern eine adäquate Hilfestellung bei der Verarbeitung ihres Kulturschocks und den sich anschließenden Identitäts-Problemen geben" können.

**Soziale Stabilität durch gemeinsame Werte und Normen**

Betrachtet man das Gesellschaftsmodell, das der Ausländer- bzw. Assimilationspädagogik unterliegt, indem man die soziologische Arbeit von Schrader, Nikles und Griese sowie deren Referenztheorien von Claessens und Parsons heranzieht, so fallen mehrere charakteristische Merkmale auf:

1. Die Gesellschaft mag noch so ausdifferenziert sein, d.h. in unterschiedliche Bereiche der Wirtschaft, Politik, Religion, Bildung etc. gegliedert sein, sie hat ein Zentrum, das ihr Stabilität verleiht.
2. Dieses Zentrum konstituiert sich durch gemeinsame, für alle verbindliche Werte und Normen, die letztlich von einer gemeinsamen, der Mehrheitskultur überwölbt werden.
3. Die Familie ist eine wichtige Sozialisationsinstanz, weil sie die zentralen Normen und Werte der Gesellschaft an die nachwachsende Generation auf ganz praktischem Wege (d.h. ohne sie im engeren Sinne – kognitiv – zu lehren) weitergibt und handhabbar macht. Dies gilt allerdings nur für einheimische Familien der Mehrheitsgesellschaft, d.h. für Familien, denen schon die etablierte Kultur zu Eigen ist.
4. Bei einheimischen Mehrheitsangehörigen wird insofern schon immer die Integration erleichtert, da sie über die Familie in die Gesellschaft hineingeführt werden. Gleichwohl kann es auch hier, wo entweder die Familie oder die Individuen selbst sich zu sehr von dem verbindlichen Korpus gesellschaftlicher Normen und Werte entfernen, zur Desintegration kommen. (Auf diese Weise – nämlich als Desintegrationsphänomen – wird auch kriminalisierungsfähiges, normabweichendes Verhalten erklärt.)
5. Bei Migrant(inn)en ist die Integration insofern erschwert, weil ihnen die Einsozialisierung in die Gesellschaft durch das Medium einer einheimischen Familie fehle. Je stärker die Migrantenkinder in der Herkunftskultur einsozialisiert

seien, desto schwerer falle ihnen eine affektive Identifizierung mit den Normen und Werten der Aufnahmegesellschaft.
6. Hier wird dann eine rein instrumentelle Integration, die sich nur auf Fähigkeiten und Fertigkeiten des Migranten bezieht und die sozusagen ein usurpatorisches (ausnutzendes) Verhältnis zur Aufnahmegesellschaft impliziert, von einer kulturellen Assimilation unterschieden. Erst bei einer kulturellen Assimilation wird man zum „Neu-Deutschen", der die verbindlichen Normen und Werte der Aufnahmegesellschaft nicht nur instrumentell beachtet, sondern verinnerlicht hat. Analog kann dies für das Verhältnis von ethnischen Minderheiten und Mehrheitsgesellschaft gelten.
7. Die Stabilität der Gesellschaft hängt in dieser Sichtweise davon ab, dass alle Gesellschaftsmitglieder einen gemeinsamen Korpus von Normen und Werten verinnerlicht haben.
8. Nichtassimilierte „Ausländer" und Angehörige von Minderheiten bedrohen mithin die Stabilität der Gesellschaft.

Vor dem Hintergrund dieses Gesellschaftsmodells wird auch einsichtig, weshalb die Ausländerpädagogik so heißt, wie sie heißt. In einer Gesellschaft, die sich (dem Ideal nach) auf eine Kultur und einen gemeinsamen Korpus an Normen und Werten gründet, können Neuankömmlinge nur auf zweierlei Weise behandelt werden. Handelt es sich um die per Geburt neu ankommenden eigenen (einheimischen) Kinder, werden sie durch die Familie in die Gesellschaft einsozialisiert. Handelt es sich um neu ankommende Migranten, so müssen sie – vermeintlich um den Bestand der eigenen Gesellschaft nicht zu gefährden – zunächst als nicht dazugehörig, d.h. als Ausländer behandelt werden. Ausländerpädagogik sieht Migranten als Ausländer, weil sie auf diese Weise die Frage, ob sich die Gesellschaft kulturell pluralisiert oder bereits plural ist, ausklammern bzw. nach außen verlegen kann. Insofern trägt sie diesen Namen zu Recht.

## 2.4 Zur Aktualität der Assimilationspädagogik

Man ist versucht, über die Assimilationspädagogik im Perfekt, möglichst sogar im Plusquamperfekt zu schreiben. Doch würde dies über die Kontinuität der assimilationspädagogischen Denkweise hinwegtäuschen. Sie lebt, ebenso wie ihr Gesellschaftsmodell, weiter. Im politischen und pädagogischen Diskurs trifft man immer wieder auf Stellungnahmen insbesondere (aber nicht nur) zur Einwanderungsfrage, in denen per se von der Notwendigkeit gemeinsamer Werte und Normen für die Stabilität der Gesellschaft ausgegangen wird. Jene Menschen und Gruppen, die diese Werte und Normen ablehnen bzw. abzulehnen scheinen,

werden dann schnell als „desintegriert" und als „sozialer Sprengstoff", mithin als Gefahr bezeichnet.
Der Beginn einer solchen Wiederkehr des ‚pyrotechnischen Diskurses' in der Einwanderungsdebatte wird u.a. durch eine Titelgeschichte des Spiegels mit der Überschrift „Gefährlich fremd" markiert. Im Zentrum dieser Geschichte stand die Studie von Heitmeyer u.a. (1997), die auf Reislamisierungstendenzen, islamische Überlegenheitsansprüche und Gewaltbereitschaft bei Jugendlichen türkischer Herkunft hinwiesen.

**Abb. 2:** Titelblatt des Spiegel von 1997

In einem Artikel für die Wochenzeitschrift „Die Zeit" schrieben die Autoren damals: „Es besteht die Gefahr, daß religiös-politische Gruppen [gemeint sind islamische Gruppen; AMN] eine schwer durchschaubare ‚Parallelgesellschaft' am Rande der Mehrheitsgesellschaft aufbauen könnten" (Heitmeyer et al. 1996, S. 13). Sie sprechen in diesem Zusammenhang von der „Sprengkraft der vorhandenen und möglicherweise wachsenden Akzeptanz islamisch-fundamentalistischer Sichtweisen" und fragen, wie weit „junge Türken" „dem sozialen und politischen System der Bundesrepublik bereits den Rücken gekehrt haben" (ebd.). Jenseits der Frage, wie man die Studie von Heitmeyer et al. aus wissenschaftlicher Perspektive einschätzen sollte (zur Kritik vgl. Nohl 2001, S. 13ff; Bukow/Ottersbach 1999), wird auch hier Folgendes deutlich: Die deutsche Gesellschaft wird als einheitliches „soziales und politisches System" betrachtet, in der all jene Gruppierungen, die anderen Werten (etwa denen eines fundamentalistischen Islam) anhingen, schon damals zu „Parallelgesellschaften" zu werden drohen.

Ein ähnliches Denkmuster taucht auch in der so genannten Leitkulturdebatte auf. Ursprünglich ein Begriff, der von dem Sozialwissenschaftler Bassam Tibi geprägt worden war, erlangte er im Jahre 2000 Popularität, als der damalige Unionsfraktionsvorsitzende Friedrich Merz (2000) für die „deutsche Leitkultur" plädierte und vor „Parallelgesellschaften" warnte. Es setzt sich in der öffentlichen Diskussion um eine Reihe von Büchern fort, in denen die Lebensweisen von Einwanderern als vornehmlich durch den Islam geprägt bezeichnet und dann einer z.T. polemischen, stets aber heftigen Kritik unterzogen werden (siehe kritisch dazu: Schneiders 2012). Unter dem Beifall insbesondere von konservativen Politikern wurde hier eine „Anpassung der Minderheiten an die Mehrheitsgesellschaft" (Rommelspacher 2010, S. 466) von Autorinnen wie Necla Kelek (2005) gefordert, die selbst als Angehörige dieser Minderheiten und damit als glaubwürdige Zeugen gelten.

Diese Assimilationserwartung, die ja letztlich darauf setzt, dass Menschen durch pädagogische Maßnahmen an die Werte und Normen der Mehrheitsgesellschaft angepasst werden können, wird allerdings durchaus auch durch Sanktionsdrohungen begleitet und untermauert. Hierzu zählt etwa der Versuch, die eher wissensbasierten Einbürgerungstests durch einen Gesinnungscheck speziell für Muslime zu ergänzen (dazu: Shakush 2010, S. 369ff). Impliziert wird hiermit, dass Migrant(inn)en, die sich nicht an die – wie auch immer zu definierende – Mehrheitsgesellschaft anpassen, tendenziell aus der Gesellschaft ausgeschlossen werden sollen.

Auch wenn dieser gesellschaftliche Diskurs hinsichtlich der ‚Islamkritik' Parallelen zum Publikumserfolg von Thilo Sarrazins Thesen („Deutschland schafft sich ab") aufweist, gibt es zwischen beiden doch einen entscheidenden Unterschied: Das auch heute noch aktuelle assimilationspädagogische Gesellschaftsmodell hat eine pädagogische Perspektive, insofern prinzipiell davon ausgegangen wird, dass es den Einwanderern möglich ist, sich anzupassen. Diese Perspektive, dass sich Menschen ändern können, fehlt der „sozialbiologistisch" grundierten Veröffentlichung von Sarrazin (Bade 2012, S. 122). Das assimilationspädagogische Gesellschaftsmodell, wie ich es am Beispiel Deutschlands skizziert habe, findet sich in unterschiedlichen Facetten auch in anderen Ländern weiterhin oder bisweilen sogar erneut: Waren die Niederlande etwa über lange Zeit ein Vorreiter, was die Anerkennung ethnischer Minderheiten und die interkulturelle Pädagogik anbetrifft, änderte sich dort mit Beginn der 1990er Jahre die Diskussion. Insbesondere gegenüber den *Neueinwanderern* setzte man nun auf eine Politik der „strukturellen Integration" (in den Arbeitsmarkt) und der „kulturellen Assimilation", wie sie sich vor allem in den Kursen für Neueinwanderer manifestierte (Schedler/Glastra 2000, S. 55).

Nach einer Experimentierphase wurde Ende der 1990er Jahre beschlossen, all jene Neueinwanderer, die einer sozialen Desintegration und der finanziellen Abhängigkeit vom Staat Gefahr liefen, zur Teilnahme an Eingliederungskursen zu verpflichten (vgl. ebd., S. 58). Diese Eingliederungskurse dienen nicht nur der Sprachvermittlung, sondern auch der Landeskunde und dem Vertrautmachen mit den niederländischen Werten und Normen. Sie wurden 2006/2007 durch Sprach- und Landeskundetests für Einwanderungswillige wie auch für bestimmte, bereits eingewanderte Bevölkerungsgruppen ergänzt (Spotti 2011). Die Proponenten der kulturellen Assimiliation, so Schedler und Glastra (2000, S. 62), gehen dabei davon aus, dass die Einführung der

> „Neuankömmlinge in die symbolische Welt der niederländischen Werte später auch deren Partizipation in anderen Bereichen der holländischen Gesellschaft, wie der Bildung und dem Arbeitsmarkt, verbessern wird und sie von klandestinen oder antidemokratischen Aktivitäten fernhalten werde".

Unhinterfragt blieb jedoch, wie die niederländische Kultur aussehe, an die die Neueinwanderer assimiliert werden sollten (vgl. ebd.).

> Das „Konzept für einen bundesweiten Integrationskurs" des Bundesamtes für Migration und Flüchtlinge sieht – neben einem Sprachkurs – einen sechzigstündigen Orientierungskurs vor, dessen Ziele in sechs Überschriften geordnet werden: 1. „Verständnis für das deutsche Staatswesen wecken"; 2. „Positive Bewertung des deutschen Staates entwickeln"; 3. „Kenntnisse der Rechte und Pflichten als Einwohner und Staatsbürger vermitteln"; 4. „Fähigkeit herausbilden, sich weiter zu orientieren"; 5. „Zur Teilhabe am gesellschaftlichen Leben befähigen"; 6. „Interkulturelle Kompetenz erwerben". Neben der Vermittlung von Wissen und Können geht es „maßgeblich" um „affektive Lernziele, die auf eine positive Bewertung und Zustimmung zu den vermittelten Prinzipien abstellen", wobei aber eine „Abgrenzung zur politischen Indoktrination" gefordert wird (Bundesamt 2013, S. 7).

Ähnlich den Niederlanden finden sich auch in den deutschen *Integrationskursen* Elemente einer assimilierungspädagogischen Denkweise. Seit Anfang 2005 kann der Besuch dieser Kurse für Neueinwanderer wie auch für alteingesessene Migrant(inn)en zur Pflicht gemacht werden (§ 44a des Aufenthaltsgesetzes). Ein Großteil des Kurses ist für das Erlernen der deutschen Sprache vorgesehen, doch auch die Wissens- und Wertevermittlung kommen nicht zu kurz. Vom Besuch eines Integrationskurses kann die Verlängerung der Aufenthaltserlaubnis wie auch die Höhe von Hilfen zum Lebensunterhalt (Sozialhilfe) abhängen (vgl. auch Wagner 2007; Hentges 2010).

Vor dem Hintergrund der skizzierten gesellschaftlichen Debatten und migrationspolitischen Maßnahmen nimmt es nicht Wunder, dass mittlerweile von einem „Neo-Assimilationismus" gesprochen wird. Diese Diskurse forderten eine „Zwangsakkulturation",

> „also eine eigene Anstrengung der Zuwanderer, ihre Herkunftskultur zu verlassen und sich der Mehrheitskultur möglichst vollständig anzupassen. Wer dies nicht mag oder kann, wird Sanktionen unterworfen, die bis zur dauerhaften Ausweisung gehen sollen. Die pädagogischen Bemühungen wenden sich zunehmend von der interkulturellen Erziehung und Bildung ab und hin zu einer Integrationsförderung mit Akkulturationsunterstützung." (Nieke 2008a, S. 21; vgl. auch Baros 2006).

**Zusammenfassung und Literaturvorschläge:**
*Die Assimilationspädagogik entstand als eine Reaktion auf die Irritation, die Minderheiten und Einwanderer in neuer Gesellschaft auslösen, die sich durch eine einzige nationale Kultur geprägt sehen. In diesem Konzept werden insbesondere die Kinder der (eingewanderten) Minderheit als Fremde betrachtet, deren Kultur sich von den*

*kulturellen Standards der Mehrheitsgesellschaft unterscheide. Diese Befangenheit in der Herkunftskultur wird per se als Defizit angesehen, das sich nicht nur in den mangelnden Sprachkenntnissen, sondern auch in (schichtspezifischen) restringierten, d.h. beschränkten Sprachcodes und in einer der Bildung fernen Kultur manifestiert. Dieses Defizit zu kompensieren und die Minderheitenkinder auf diese Weise an die kulturellen Standards in der Mehrheitsgesellschaft anzupassen, ist das Hauptziel der Assimilationspädagogik. Dabei beruht die Diagnose von kulturbedingten Defiziten bei Minderheiten auf der Vorstellung, in der Mehrheitsgesellschaft gäbe es einen verbindlichen Standard an (kulturellen) Normen, Werten und Wissensbeständen, der einzuhalten sei, damit die Stabilität der Gesellschaft nicht gefährdet werde.*

*Zum detaillierteren Verständnis der Assimilationspädagogik sei folgende Literatur empfohlen:*

Czock, H. (1993): Der Fall Ausländerpädagogik. Erziehungswissenschaftliche und bildungspolitische Codierung der Arbeitsmigration. Frankfurt am Main
*Es handelt sich hier um eine kritische Analyse der Ausländerpädagogik aus der Sicht der Antidiskriminierungspädagogik.*
Reimann, H./Reimann, H. (Hg.) (1987): Gastarbeiter. Analyse und Perspektiven eines sozialen Problems. Opladen
*In diesem Buch kommen die Perspektiven der Ausländerpädagogik und ihrer Gesellschaftstheorie schon im Titel zu Tage.*
Otto, H.-U./Schrödter, M. (Hg.) (2006): Soziale Arbeit in der Migrationsgesellschaft: Multikulturalismus – Neo-Assimilation – Transnationalität. Sonderheft 8 der Neuen Praxis. Lahnstein
*Dieses Buch untersucht, inwieweit der Assimilationismus auch noch im neuen Jahrtausend die bundesdeutsche Einwanderungsgesellschaft prägt, und stellt ihn in den Kontext neuerer Konzepte von Interkulturalität und Transnationalität.*

# 3 Klassische interkulturelle Pädagogik

*Die Annahme, dass die Kulturen von Einwanderern und einheimischen Minderheiten defizitär seien, wurde in verschiedenen Ländern in Frage gestellt. Damit wurde zugleich auch der Assimilationspädagogik die Legitimationsgrundlage entzogen. An ihre Stelle trat die interkulturelle Pädagogik oder – wie sie in manch angelsächsischem Land genannt wird – die multikulturelle Pädagogik („multicultural education"). Anstatt von der Minderwertigkeit der Minderheiten- und Einwandererkulturen auszugehen, betrachtete die interkulturelle Pädagogik jene als different, als unterschiedlich, aber prinzipiell gleichwertig. Wenn nun jede Kultur der anderen ebenbürtig ist, gibt es für die Assimilierung von Minderheiten an die Mehrheitskultur keine Rechtfertigung mehr. Da man aber weiterhin davon ausging, dass Menschen stets in kulturelle Zusammenhänge eingebunden sind, musste man darüber nachdenken, wie man mit diesen kulturellen Einbindungen und ihrer Unterschiedlichkeit umgehen könnte. Es entstand eine interkulturelle Pädagogik, die trotz aller unterschiedlicher Ausprägungen über einige gemeinsame Eigenschaften verfügte: Sie richtete sich an alle Mitglieder der Gesellschaft, nicht nur die Einwanderer und sonstigen Minderheiten; sie betrachtete die kulturelle Eingebundenheit der Menschen als eine Ressource, nicht als Nachteil; sie zielte auf die Verständigung zwischen den Kulturen; und hierzu forderte sie, dass man lernen müsse, Menschen anderer Kulturen zu verstehen und mit ihnen zusammen zu leben.*

*In diesem Kapitel gehe ich zunächst auf einige Beispiele interkultureller Pädagogik in verschiedenen – angelsächsischen – Ländern ein (Kapitel 3.1), um dann das deutsche Beispiel der interkulturellen Pädagogik näher zu untersuchen (Kapitel 3.2) und deren theoretische Fundamente zu erörtern (Kapitel 3.3). Am deutschen Beispiel werde ich auch das Gesellschaftsmodell der interkulturellen Pädagogik herausarbeiten, das als eine multiethnische Einwanderungsgesellschaft bezeichnet werden kann (Kapitel 3.4).*

## 3.1 Interkulturelle Pädagogik in verschiedenen Ländern

In *Großbritannien* entwickelte sich die „multicultural education" u.a. aus der Kritik an der assimilationistischen Pädagogik heraus. Man behauptete nunmehr, dass die Einwandererkinder durch die assimilationistische „Arbeit des britischen Bildungssystems abqualifiziert" würden (Figueroa 1995, S. 784). Indem man die Sprachen und Kulturen der Einwandererkinder pauschal als defizitär bezeichnet habe, habe man die linguistischen und kulturellen Unterschiede missachtet, die zwischen Minderheiten und Mehrheiten herrschen. Diese Debatte begann in Großbritannien bereits Ende der 1960er Jahre, wobei hier die rechtliche Emanzipation der Einwanderer aus Commonwealth-Staaten eine hohe Bedeutung hatte. In den 1970er Jahren begann dann der Kampf um eine „multicultural education", die ich hier trotz der semantischen Unterschiede ebenfalls „interkulturelle Erziehung" nennen will (vgl. ebd., S. 788).

In *USA* war, folgt man Banks, die in den 1960er Jahren aufkommende Kritik am Assimilationismus auch mit weltpolitischen Umwälzungen verknüpft, da sie mit der Emanzipation früherer Kolonien zu tun gehabt habe. Der Kampf der Intellektuellen dieser ehemaligen Kolonien für eine Emanzipation wurde zum Vorbild für die Eliten innerhalb der ethnischen Gruppen in den USA. Diese ethnischen Eliten hatten vormals immer für eine Assimilation gekämpft, da ihr Elitenstatus letztlich dadurch gesichert worden war, dass sie sich der Mehrheit besonders gut angepasst hatten. Doch – vor dem Hintergrund des Beispiels der kritischen Intellektuellen in den ehemaligen Kolonialstaaten – sah man den Assimilationismus nunmehr als eine Waffe der Unterdrücker und entwickelte eine politische Kritik an ihm. Hinzu kamen weitere Gründe:

> „Viele Minderheiten verloren auch ihr Vertrauen in die assimilationistische Ideologie, weil sie angesichts dessen, was sie als unerfüllte Versprechungen ansahen, desillusioniert waren. Der Aufstieg ethnischen Bewusstseins und Stolzes trug auch zur Ablehnung der assimilationistischen Ideologie durch die ethnischen Minoritäten in den 1960er Jahren bei" (Banks 2007, S. 120).

Aus der Kritik an der Assimilationspädagogik heraus wurden dann Ansätze einer interkulturellen Pädagogik entwickelt. Wie eine solche multikulturelle Erziehung aussehen kann, lässt sich anhand des in den USA einflussreichen Konzeptes von James Banks (2007) zeigen. Banks beschreibt die multikulturelle Erziehung anhand von fünf Dimensionen:

1. Die Integration der Inhalte, bei der es darauf ankomme, dass in allen Fächern – auch den naturwissenschaftlichen – „Beispiele, Daten und Informationen aus einer Bandbreite an Kulturen und sozialen Gruppen" genutzt werden, „um die zentralen Konzepte, Prinzipien, Verallgemeinerungen und Theorien im jeweiligen

Gegenstandsbereich oder der Disziplin zu illustrieren" (2007, S. 131). 2. „Wissenskonstruktion":

> „Ein multikultureller Fokus auf die Wissenskonstruktion beinhaltet die Diskussion der Wege, auf denen implizite kulturelle Annahmen, Referenzrahmen, Perspektiven und Verzerrungen innerhalb einer Disziplin die Wissenskonstruktion beeinflussen."

Das heißt, es geht darum, wie die „Wissenskonstruktion durch Faktoren wie Rasse, Ethnizität, das soziale Geschlecht und die soziale Klasse" beeinflusst wird (ebd., S. 132). Des Weiteren geht es, 3., um die „Reduktion von Vorurteilen" (ebd., S. 133), und, 4., um eine „Pädagogik des Ausgleichs", mit der die Lehrer/innen „Techniken und Unterrichtsmethoden nutzen, die die Bildungserfolge von Schüler(inne)n aus unterschiedlichen ethnischen Gruppen und sozialen Klassen erleichtern" (ebd., S. 137). Man kann hieran sehen, dass auch die multikulturelle Erziehung nicht ganz auf kompensatorische Pädagogik für Minderheitenkinder verzichtet. Zu guter Letzt geht es laut James Banks, 5., noch darum, „Schulkultur und soziale Strukturen zu unterstützen". Hier soll die Schule als Ort des Wandels erlebbar gemacht werden (ebd., S. 137).

In *Australien* war es die Wahl einer – allerdings nur kurzlebigen – sozialdemokratischen Regierung, die der multikulturellen Erziehung einen ersten Anschub gab. „Sie signalisierte die Ablehnung des alten Paradigmas der Assimilation … um die ethnische Vielfalt Australiens zu feiern". Allan und Hill (1995, S. 768) geben an, dass dann der (unter einer konservativen Regierung entstandene) Galbally-Bericht von 1978 einen Meilenstein auf dem Weg zu einer multikulturellen Erziehung darstellte. Der Report fasste vier Grundprinzipien zusammen:

> „1. Alle Mitglieder der australischen Gesellschaft müssen dieselben Chancen haben, um ihr volles Potential zu verwirklichen, und müssen gleichen Zugang zu Programmen und Dienstleistungen haben.
>
> 2. Jede Person sollte in der Lage sein, ihre Kultur ohne Vorurteile oder Benachteiligungen zu pflegen, und sollte dazu ermutigt werden, andere Kulturen zu verstehen und zu begrüßen.
>
> 3. Bedürfnissen von Einwanderern sollten im Allgemeinen durch Programme und Dienste Rechnung getragen werden, die für die gesamte Gemeinde verfügbar sind. Allerdings sind zur Zeit spezielle Dienste und Programme notwendig, um die Gleichheit des Zugangs und der Versorgung sicherzustellen.
>
> 4. Dienstleistungen und Programme sollten unter voller Einbeziehung der Klienten konzipiert und betrieben werden. Selbsthilfe sollte so oft dies geht angeregt werden, um Einwanderern dabei zu helfen, schnell selbständig zu werden" (1995, S. 766).

> Zur *Terminologie:* Wenn hier von einer klassischen interkulturellen Pädagogik die Rede ist, dann soll dies weniger auf deren dauerhafte Gültigkeit (im Sinne eines ‚Klassikers') denn darauf verweisen, dass in diesem Kapitel die frühen bzw. ursprünglichen Fassungen der interkulturellen Pädagogik vorgestellt werden.

Gemeinsam ist diesen historisch und von Staat zu Staat unterschiedlichen Formen der klassischen interkulturellen Pädagogik, dass in ihnen alle Kulturen prinzipiell als gleichwertig erscheinen und das Zusammenleben von Menschen unterschiedlicher Kulturen gefördert werden soll. Damit werden nach der lediglich auf die Einwanderer bzw. Minderheiten zielenden Assimilationspädagogik nunmehr alle Mitglieder der multikulturellen Gesellschaft zur Zielgruppe der interkulturellen Pädagogik. Am Beispiel Deutschlands möchte ich nun das Konzept dieser klassischen interkulturellen Pädagogik näher untersuchen.

## 3.2 Die Entdeckung kultureller Unterschiede in der bundesdeutschen Pädagogik

In Deutschland hatte zwar schon 1974 Jan Vink davon gesprochen, dass es im Rahmen einer „interkulturellen Pädagogik" darauf ankomme, „bei den deutschen und ausländischen Kindern Verständnis [zu; AMN] wecken ... für die verschiedenen kulturell bedingten Verhaltensmuster und Normen" (1974, S. 132f). Und ein Jahr zuvor z.B. war ein Themenheft „Gastarbeiter" der Reihe „Religionspädagogisches Modell" erschienen, das darauf zielte, Schüler „zum Abbau falscher Einstellungen und Vorurteile dieser sozialen Minderheit [der Migranten; AMN] gegenüber" zu befähigen (Strube 1973, S. 15f). Doch verhallten diese Worte weitgehend ungehört. Erst Ende der 1970er, Anfang der 1980er Jahre kamen – unter anderem durch europäische Initiativen angeschoben – Überlegungen zu einer interkulturellen Pädagogik auf, die dann angesichts der Kritik an der assimilationistischen Ausländerpädagogik auch einiges Echo fanden.

### Von der Assimilationspädagogik zur interkulturellen Pädagogik

Die Fäden der Diskussion um die assimilationistische Ausländerpädagogik und die neuen Ansätze zur interkulturellen Pädagogik greifen Lutz Götze und Gabriele Pommerin in geradezu mustergültiger Form auf: Ausländerpädagogik, so schreiben sie, sei eine „Pädagogik", „die Integrationshilfen für Ausländer entwickelt". Sie laufe damit jedoch „Gefahr, im Sinne eines falsch verstandenen Autonomiebestrebens ihres Gegenstandsbereichs die Pädagogik aus einem gesamtgesellschaftlichen Zusammenhang herauszulösen und sie damit zu entpolitisieren" (1986, S. 110f). Im Zuge dieser *Pädagogisierung politischer Probleme*

(vgl. dazu auch Griese 1984) würden neue Tätigkeitsbereiche für Pädagogen und Pädagoginnen geschaffen (vgl. Hamburger et al. 1984). Es entstehe der ‚Ausländerexperte', der offenbar eine „Alibifunktion" übernehme, während „sich weder die führenden Politiker noch die Mehrheit der deutschen Bevölkerung für die fortschreitende multikulturelle Entwicklung unserer Gesellschaft (mit-)verantwortlich fühlen" (Götze/Pommerin 1986, S. 111). Diese Ausländerpädagogik erscheint der „multikulturellen" Gesellschaft also unangemessen.
Zur interkulturellen Pädagogik bzw. zum interkulturellen Lernen schreiben sie dagegen:

> „Interkulturelles Lernen geht im Kern davon aus, ... daß Ausländer wie Deutsche von der Existenz so vieler Menschen unterschiedlicher Nationalität, Sprache und Kultur in unserer Gesellschaft betroffen sind und sich der Bewältigung der daraus resultierenden Lebenschancen und Probleme nach besten Kräften stellen müssen, ja, weit darüber hinaus, daß diese Situation eine *gegenseitige* Lernchance für alle Beteiligten impliziert" (ebd., S. 111f; H.i.O.).

Ebenfalls einen durchaus politischen Impetus haben die Schriften von Helmut Essinger. Dieser beschäftigt sich gar nicht mehr mit der Ausländerpädagogik, sondern stellt die These auf, dass „die Migration von Angehörigen anderer Völker und Kulturen ... eine multiethnische und multikulturelle Gesellschaft" (1986, S. 239) zur Folge habe. In dieser „interkulturellen Situation" (ebd.) plädiert er für eine auf „Dialog und Begegnung gründende, die Provinzialität der eigenen Herkunft sprengende und zur Solidarität mit ethnischen und kulturellen Minderheiten befreiende Erziehung" (ebd.).
Zwar sind damit auch politische Ziele („Solidarität") benannt, doch zugleich wird hier die kulturelle Perspektive massiv in den Vordergrund gestellt. Dabei fällt auf – und dies werde ich im Kapitel 3.4 noch näher erörtern –, dass die Multikulturalität unserer Gesellschaft von Essinger wie von Götze/Pommerin als eine Folge der Einwanderung gesehen wird. Kultur ist hier vornehmlich eine Frage der Ethnizität, wie sich schon im Hinweis auf das „Multiethnische" und die „Nationalität" dokumentiert.

**Kulturelle Differenz oder soziale Ungleichheit**

Ob die Einwanderung eher als eine Angelegenheit der kulturellen Differenz oder als ein Problem sozialer Ungleichheit zu behandeln sei, war jedoch Anfang der 1980er Jahre noch keineswegs geklärt. Mit der Debatte zu dieser Frage verknüpft waren Versuche der Ausländerpädagog(inn)en, ihre eigene Existenz zu legitimieren.
Ursula Boos-Nünning, Ursula Neumann, Hans Reich und Fritz Wittek (1984), die damals noch als Ausländerpädagog(inn)en firmierten, wehrten sich gegen die Forderung von Hartmut Griese (1984), die Ausländerpädagogik zugunsten einer

Einwanderungspolitik abzuschaffen. Zwar gestanden sie ein, dass man politische Probleme nicht pädagogisch lösen könne (vgl. Boos-Nünning 1984, S. 9). Doch beharrten sie auf dem Anspruch, die Kulturen der Migrant(inn)en unter Berücksichtigung der „konkreten sozialstrukturellen Bedingungen" (ebd., S. 18), innerhalb derer sie leben, zu integrieren. Mit dem Hinweis auf die Sozialstruktur hoben Boos-Nünning et al. darauf ab, dass die Arbeitsmigrant(inn)en – wie der Begriff schon sagt – zur Arbeiterschicht gehören. In dieser Sichtweise war die westdeutsche Gesellschaft u.a. durch Schichtunterschiede geprägt. Eine Möglichkeit, sich die Sozialstruktur der damaligen BRD in einem Schichtmodell vorzustellen, ist die so genannte „Bolte-Zwiebel" (Abbildung 3):

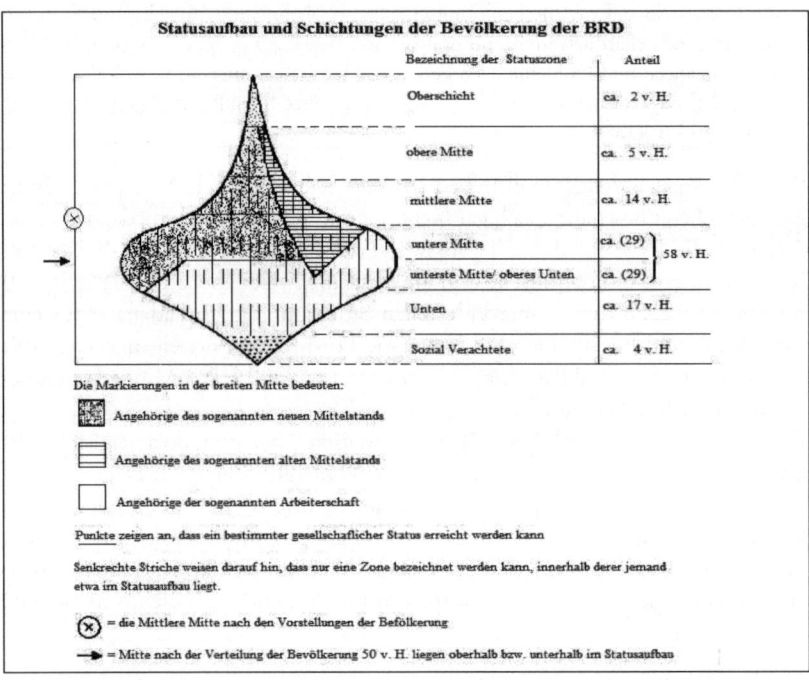

**Abbildung 3:** Die Schichten in der Bundesrepublik Deutschland der 1960er Jahre, nach Karl Martin Bolte (1967)

Genau genommen gehörten die Arbeitsmigrant(inn)en zum „Subproletariat" (wie es die damalige Soziologie nannte). Sie waren sozialstrukturell noch unterhalb der Schicht der einheimischen Arbeiter angesiedelt.

*Soziale Ungleichheit* und *Unterschichtungsthese:* Wenn Menschen zusammen leben, entstehen soziale Beziehungen und soziale Positionen. Diese Positionen (z.b. die einer Hausfrau, eines Bankdirektors etc.) bringen ungleich verteilte Chancen und/oder Beschränkungen für die betroffenen Personen mit sich. Mit dem Schichtmodell (z.b. Unter-, Mittel-, Oberschicht) wird diese soziale Ungleichheit grob bezeichnet. In der Gesellschaft nehmen Hilfsarbeiter und Arbeiter die untersten Schichten ein. Mit der Einwanderung entstand jedoch – so die These – eine Schicht von migrierten Hilfsarbeitern und Arbeitern noch unterhalb der Einheimischen, da die Migrant(inn)en nur dann und dort eingesetzt wurden, wo Einheimische nicht zur Verfügung standen.

Schon 1974 hatte Neufert darauf hingewiesen, dass das Verhältnis zwischen Migranten und Einheimischen auch durch diese Unterschichtung bestimmt sei:

„Den deutschen Arbeitern aber bietet sich mit der Deklassierung der Gastarbeiter wieder einmal mehr die Gelegenheit, sich von den Ausländern positiv abzugrenzen – als Qualifiziertere, als ‚Arbeiteraristokratie'. Sie fühlen sich als soziale Aufsteiger und sehen sich in ihrem Aufsteigerglauben bestätigt. Dies wiederum vertieft die Kluft zwischen ausländischen und deutschen Arbeitern, erschwert die Erkenntnis der gemeinsamen Lage und Interessen sowie eine gemeinsame Durchsetzung dieser Interessen" (1974, S. 20).

Wenn Neufert davon spricht, dass sich den deutschen Arbeitern „wieder einmal mehr die Gelegenheit" zur Abgrenzung biete, so steckt hierin ein impliziter Verweis auf die deutsche Geschichte, genauer: Auf den Mord an den europäischen Juden im ‚Dritten Reich' und die ihm vorausgegangene Deklassierung der Juden im öffentlichen Leben. Diese Perspektive auf *soziale Ungleichheit* und *soziale Deklassierung* von Bevölkerungsgruppen muss präzise von der Perspektive auf kulturelle Differenz unterschieden werden.
Boos-Nünning et al. gestanden nun zwar der interkulturellen Pädagogik zu, dass sie Recht mit der These habe, es sei unmöglich, „Kulturen in eine hierarchische Bewertungsskala einzuordnen" (1984, S. 29f). Man könne also nicht (wie dies etwa in Modernisierungstheorien des Öfteren gemacht wird) die Kulturen auf einer Skala zwischen schlecht und gut oder traditionell und modern (oder zwischen anderen Kategorien) einordnen. Außerdem sei die Beachtung der „Migrantenkulturen" (im Unterschied zu Herkunftskulturen), wie sie von der interkulturellen Pädagogik gefordert werde, durchaus sinnvoll (vgl. ebd.).
Doch fehle der interkulturellen Pädagogik jegliche Sensibilität für Fragen sozialer Ungleichheit, wie man sie im Rahmen der Einwanderung zu diskutieren habe. Die „Verfechter interkultureller Pädagogik [neigen; AMN] allzu sehr dazu, der realen sozialen Ungleichheit der kulturellen Gruppen nichts anderes als das emphatische Pochen auf die ‚Gleichheit an Würde' der Kulturen entgegenzusetzen" (ebd., S. 30). Boos-Nünning et al. plädieren dagegen weiterhin für eine kompensatorische Pädagogik, die soziale Ungleichheit nicht nur thematisiere, sondern

auch den Migrant(inn)en helfe, die sich aus ihrer Unterschichtung ergebenden sozialen Probleme zu bewältigen. Ziel einer „politisch bewußten Ausländerpädagogik" müsse es sein, „ausländischen Kindern und Jugendlichen die Kompetenzen zu vermitteln, die sie brauchen, um sich in der Aufnahmegesellschaft individuell und kollektiv behaupten und durchsetzen zu können" (ebd., S. 29).

Diese Kontroverse zwischen Vertreter(inne)n der Perspektive auf soziale Ungleichheit und den Protagonist(inn)en einer Pädagogik, die für kulturelle Differenz sensibel ist, manifestiert sich hier als ein Disput zwischen Ausländerpädagog(inn)en und interkulturellen Pädagog(inn)en. Die interkulturellen Pädagogen behaupten nun, dass die kulturelle Sichtweise die ökonomische, auf soziale Ungleichheit achtende Perspektive in sich aufnehme. Und nicht nur das: Eine rein ökonomische Sichtweise verkürze „das Migrationsproblem insgesamt, denn die zunächst ökonomisch bedingte Migration stellt sich als kulturelles Problem dar" (Essinger/Graf 1984, S. 20). Die Perspektive interkultureller Pädagogik sei insofern die angemessenere:

> „Das Einbringen des Faktors ‚Kultur' in die Migrationsdiskussion differenziert das Gesamtproblem insofern, als die Migranten nicht länger ausschließlich als Arbeitskräfte gesehen werden können, die man je nach Bedarf bzw. Nicht-Bedarf holen bzw. zurückschicken kann. Die Tatsache, daß jeder einzelne Mensch ein kulturelles Wesen ist, das in seiner Enkulturation bestimmte kulturell geprägte Werte und Normen, Techniken und Traditionen, Verhaltensweisen und Arbeitstechniken erlernt hat, macht jede Arbeitsmigration auch zu einer Kulturmigration" (ebd.).

In diesem Zitat werden mehrere Dinge deutlich: Erstens wird der Fokus auf Kultur als emanzipatorisches Projekt angesehen, in dem Migrant(inn)en von reinen Arbeitskräften zu Menschen werden; zweitens zeigt sich hier die Annahme, dass die Gesellschaft einwanderungsbedingt multikulturell wird; drittens beginnen Essinger/Graf ihre Argumentation zwar mit der ökonomischen Perspektive sozialer Ungleichheit, erwähnen sie im Folgenden aber überhaupt nicht mehr. Aus der Arbeitsmigration wird so zunächst „auch" und – wie noch zu sehen sein wird – später vor allem, und dann ausschließlich, eine „Kulturmigration".

Letztlich hat die interkulturelle Pädagogik im wissenschaftlichen Diskurs gegenüber der Ausländerpädagogik obsiegt. Ursula Boos-Nünning und Ursula Neumann gehören heute zu den prononcierten Vertreter(inne)n der interkulturellen Pädagogik. Wie ich bereits im vorangegangenen Kapitel deutlich gemacht habe, dauert in der pädagogischen Praxis und im öffentlichen Diskurs zur Einwanderung die ausländerpädagogische Denkweise jedoch an.

## Interkulturelle Pädagogik als am Frieden und Gemeinwesen orientierte Erziehung für alle

In der frühen interkulturellen Pädagogik trafen sich unterschiedliche, nicht nur pädagogisch motivierte Strömungen. Zu den wichtigsten Ansätzen gehören sicherlich die Friedenspädagogik, wie sie auch im Rahmen der Friedensbewegung Popularität erlangte, und die Community-Education, deren Tradition aus der Reformpädagogik, aber auch aus der Pädagogik der Befreiung nach Paolo Freire rührt.

> *Definition der ethnischen Gruppe* bei Max Weber (1972, S. 237): „Wir wollen solche Menschengruppen, welche auf Grund von Ähnlichkeiten des äußeren Habitus oder der Sitten oder beider oder von Erinnerungen an Kolonisation und Wanderung einen subjektiven Glauben an einen Abstammungsgemeinschaft hegen, derart, dass dieser für die Propagierung von Vergemeinschaftungen wichtig wird, dann, wenn sie nicht ‚Sippen' darstellen, ‚ethnische' Gruppen nennen, ganz einerlei, ob eine Blutgemeinsamkeit objektiv vorliegt oder nicht."

Manfred Hohmann bezieht den *Community-Ansatz* unmittelbar auf das Ethnicity-Konzept und schreibt, dass hiermit „auf einen größeren Zusammenhang abgehoben" wird,

„in dem das ‚ganze Leben' der ‚communities' im ‚multi-ethnischen' Aufnahmestaat (samt ihrer Geschichte, ihrer Rückbindung zur Herkunft, ihrer sozialen Lage) sichtbar werden kann; die Affinität einer solchen Analyse zum pädagogischen Konzept der ‚community education' liegt auf der Hand" (1989, S. 13).

Hier wird der Begriff der „Community" vor allem als ethnische Community ausgedeutet. Das heißt, die Gemeinschaften, um die es in der interkulturellen Pädagogik gehe, seien die *ethnischen Gruppen*.
Allerdings entspricht dieser Begriff der ethnischen Gemeinschaft nicht unbedingt dem, was mit community-education ursprünglich gemeint war. So weist Hohmann an anderer Stelle auf die Gemeinwesenorientierung der Erziehung hin, „die den vollen Lebenszusammenhang der Edukanden und Klienten berücksichtigt" (1989, S. 14). Es kann hier nicht davon ausgegangen werden, dass der „volle Lebenszusammenhang" lediglich ein ethnischer ist. Unklar bleibt allerdings, welche Aspekte der „volle Lebenszusammenhang" über die Ethnie hinaus noch aufweist. Die Community-Perspektive gibt der interkulturellen Pädagogik letztlich die Möglichkeit, einen Bezug zur Herkunft aller Kinder (insbesondere aber der Migrantenkinder) zu finden, der nicht von vornherein defizitorientiert ist, sehr wohl aber Probleme der Migrant(inn)en aufgreifen kann. Mit dieser Perspektive lässt sich insbesondere auch die spezifische Sozialisation von Migrantenkindern in der Familie und der sie umgebenden community thematisieren. Allerdings werden die-

se (Sozialisations-) Probleme vornehmlich als ethnische und nicht als schichtspezifische Schwierigkeiten betrachtet.

Neben oder mit der Community-Education verknüpft, finden sich in der frühen interkulturellen Pädagogik Ansätze der *Friedenserziehung*. Während sich die Community-Education vor allem auf die jeweilige Community bezieht, also nicht notwendiger Weise auf die Austauschprozesse zwischen den Gemeinschaften, geht es der Friedenserziehung gerade um die *inter*kulturelle Dimension. Essinger/Graf zählen die Ziele einer Friedenserziehung auf: „Abbau von Vorurteilen" (1984, S. 24), „Erziehung zur Empathie", „Erziehung zur Solidarität" (ebd., S. 26), „Erziehung gegen das Nationaldenken" (ebd., S. 28), „Erziehung zur Konfliktfähigkeit" (ebd., S. 29).

*Utopie der interkulturellen Erziehung* von Jürgen Zimmer, einem der Gründerväter interkultureller Pädagogik: „Mal angenommen, wir hätten schon eine entwickelte interkulturelle Erziehung, dann würde eine Schule mit ausländischen und deutschen Kindern in Berlin-Kreuzberg ungefähr so arbeiten: Sie würde die Kulturen der Herkunftsländer als gleichwertig akzeptieren und die Kinder auf ein Leben in multinationalen Gesellschaften vorbereiten. Von Musik und Geschichte über Sport und Geographie bis hin zur vergleichenden Religionskunde würden Elemente dieser Kulturen aufgenommen. Nicht ohne kritische Auseinandersetzung im Kollegium, aber doch so, daß die Schule die Chance kultureller Bereicherung sehen und wahrnehmen würde. Die Alltagsprobleme, die Konfliktsituationen ausländischer Kinder wären wichtiger Teil des Lernens. Sie würden nicht in den ‚heimlichen Lehrplan' abgedrängt, sondern in Gesprächen und Projekten aufgegriffen: Die Hemmungen der Mädchen, sich zum Turnen umzuziehen, die Rangeleien zwischen Griechen und Türken, die Ablehnung von Schweinefleisch ... Diese Schule wäre familienfreundlich. Sie würde Eltern, Großeltern, Verwandte und Nachbarn einladen, internationale Kochkurse organisieren, Freizeitangebote für Kinder und Erwachsene anbieten, mal zu unkonventionellen Zeiten offen halten, Feste feiern und Eltern auch in Angelegenheiten beraten, die jenseits von Pädagogik liegen. Sie wäre ein kleines Stadtteilzentrum" (1984, S. 237).

**Beispiel für frühe Ansätze der interkulturellen Pädagogik**
Ein gutes Beispiel für diese Frühzeit der interkulturellen Pädagogik ist das Buch von Gaby Franger und Hubert Kneipp (1984) zu „Miteinander leben und feiern. Ausländische und deutsche Kinder feiern Feste". Hierin finden sich Feste aus mehreren Ländern beschrieben, ebenso wie Erfahrungsberichte darüber, wie man diese Feste im Kindergarten oder in der Schule gefeiert hat. So etwa der Bericht: „Und so haben wir unser Nouruz in Deutschland gefeiert" (ebd., S. 273-277):

**Und so haben wir unser Nouruz in Deutschland gefeiert**
Eigentlich wussten wir herzlich wenig von Persien, auch wenn der Iran in den letzten Jahren häufig die Schlagzeilen in Presse und Fernsehen lieferte. – Aber, wir hatten Marco, ein iranisches Kind, in unserem Kindergarten.
Als wir die Anregung bekamen, doch auch einmal ein Fest eines anderen Landes zu feiern, und als die Idee – das persische Nouruz-Fest – sich dann über ein schon geplantes Frühlingsfest verwirklichen ließ, waren wir erst einmal begeistert. Doch schnell merkten wir, dass es doch recht mühsam ist, sich mit all dem vertraut zu machen, was wir dann den Kindern vermitteln wollten.
So sprachen wir mit Marcos Eltern, die sich sehr freuten, dass wir Nouruz feiern wollten. Bücher und Bildbände über Iran wurden gewälzt, Schallplatten mit iranischer Musik – die uns am Anfang sehr fremd war – wurden angehört. Und plötzlich sahen wir auch Fernsehsendungen über Iran mit anderen Augen und anderem Interesse an.
Um die Eltern über unser Vorhaben zu informieren, planten wir einen Dianachmittag über Persien. Und allmählich, ganz langsam, begannen wir dann in den Gruppen mit unseren Kindern über unser geplantes Fest zu reden. Den Schwerpunkt legten wir in die Gruppe, in der Marco war. Mit dieser Gruppe wollten wir den Nouruz-Tisch richten und dann die anderen beiden Gruppen einladen.
Im Spiel – wir machten eine Reise, auf der wir viele Tage waren – erkundeten wir das ferne, fremde Land. (Dazu holten wir auch immer wieder einmal Dias hervor). Marco, der selber nur noch schwache Erinnerungen an seine Heimat hat, berichtete immer Neues, das er von den Eltern erfragt hatte. Eine Pinnwand für Fotos von Marcos Haus, Eltern und Großeltern und für Bilder, die die Kinder in Zeitungen und Zeitschriften fanden – beim Suchen wurden auch die Eltern tüchtig beschäftigt – wurde angebracht.
[…]
Je näher das Fest rückte, umso geheimnisvoller wurde es im Kindergarten. Die beiden Gruppen, die »zu Besuch« gingen, waren eifrig dabei, ihre Gastgeschenke vorzubereiten, und die Gruppe, die das Fest »ausrichtete«, war besorgt, dass ja alles bis zum Festtag vorhanden sei. Auch ein Probekochen wurde veranstaltet, denn, ob so etwas Exotisches wie shole sard auch gelingen würde, wurde bezweifelt, und dann wollten wir ja auch sehen, wie viel die angegebene Menge ergibt, denn wir hatten 75 Kinder im Kindergarten, und alle sollten essen können so viel sie wollten. […] Und dann war endlich der Festtag da: Wir haben eine schöne große Eingangshalle, in der wollten wir das soffreh richten und feiern. Alles war zusammengetragen worden und jetzt stand alles in der Küche bereit. Als haft sin hatten wir: sib – Äpfel, sir – Knoblauch, sonbol – Hyazinthe, sabsi – grüne Kräuter, serke – Essig, sekeh – Münzen und somagh – Gewürz. Sogar einen schönen dicken Goldfisch im Goldfischglas hatten wir. Alles war da, nur das Brot wollte die Leiterin noch schnell frisch aus der Bäckerei holen. Unser shole sard hatten wir schon am Tag zuvor mit viel Begeisterung gekocht – es sollte mit Brot kalt angeboten werden. So gingen wir ans Richten des soffrehs. Vom letzten Sommerfest hatten wir noch weiße Papiertischdecken […] Vorsichtig und feierlich brachten die Kinder nun alles an. Immer wieder wurde abgeschätzt, ob man den Blumenstrauß doch besser in die Mitte stellen sollte, ob das Goldfischglas auch gut zu sehen sei, und die bunten Eier sollten doch auch zur Geltung kommen. Nun, es dauerte schon einige Zeit bis die Gruppe

mit ihrem Werk zufrieden war. Als dann die Leiterin die Kerzen anzündete, musste die Gruppe erst einmal staunend, fast ganz still, das soffreh betrachten. Ein großer Kreis mit Stühlen war inzwischen von den Erwachsenen gestellt worden, und die zwei »Gastgruppen« wurden in ihren Zimmern schon ganz unruhig. Doch dann war es auch für sie so weit: Eine Platte mit persischer Musik wurde aufgelegt, und Marco und seine Freunde klopften an die Gruppenzimmer, um die anderen Kinder in die Halle zu bitten, Da war erst einmal ein großes Staunen. Zwar hatten auch die Kinder dieser Gruppen über den Nouruz-Tisch gesprochen und auch Bilder gesehen, sie hatten wohl auch gemerkt, dass es in der dritten Gruppe recht geheimnisvoll zugeht; als sie nun aber mit Gedränge das soffreh bewunderten, waren die Augen groß. Und noch einmal wurde aufgezählt und entdeckt, was es da alles zu sehen gab.

Doch dann kam auch schon bald die Frage: »Wann bekommen wir denn etwas zu essen?« An diesem Tag brauchten die Kinder kein Frühstück mitzubringen, dafür einen Teller und einen Löffel. […] So begann ein fröhliches Schmausen. […] Leise ging es an diesem Vormittag bestimmt nicht zu – es war ein fröhliches host – aber als dann Marcos Vater, der auch gekommen war, und eine Perserin, die wir eingeladen hatten, einen persischen Tanz tanzten, da war es doch plötzlich einmal still, und die Kinder hatten wieder etwas zum Staunen. Doch schon bald wurde der Rhythmus mitgeklatscht, und einige wagten sogar mitzutanzen.

Und dann verschafften sich die beiden eingeladenen Gruppen Ruhe, denn sie hatten ja Gastgeschenke mitgebracht, die sie überreichen wollten: Eine Gruppe sang ein Frühlingslied, und die andere überreichte ein großes Bild, das gemeinsam hergestellt worden war. Da freute sich Marcos Gruppe natürlich sehr und wollte gleich im Gruppenraum einen Platz für das Bild suchen. […]

In der Reflexion über das Projekt stellten wir fest, dass es den Kindern viel Spaß gebracht hat. Wir glauben, dass ihnen durch das Hinführen auf dieses Fest ein bisschen bewusst geworden ist, dass es in den Heimatländern der Kinder anderer Nationalitäten, die wir noch in unserem Kindergarten haben, auch schön ist und dass es sich lohnt, sich mit diesen Ländern zu beschäftigen. Für die Eltern unserer Kinder war es eine Selbstverständlichkeit, dass wir die Kinder mit einer anderen Kultur vertraut machen wollten. Sie haben uns vor allem dadurch unterstützt, dass sie mit ihren Kindern zu Hause über das Geschehen im Kindergarten sprachen und beim Sammeln von Bildern bereitwillig auf ihre Kinder eingingen.

Wir, die Erzieherinnen stellten fest, dass es für uns eine Bereicherung war, sich einmal mit einer fremden Kultur auseinanderzusetzen. Das Weitergeben an die Kinder empfanden wir als Vertiefung. Und da uns das Projekt gelungen erschien, schwebt uns für unsere Planung schon wieder ein anderes Land vor, das wir den Kindern nahe bringen möchten.

### Begegnungs- oder Konfliktpädagogik

Praktische und theoretische Ansätze, die darauf vertrauen, dass es durch den Kontakt zwischen den Kulturen (etwa durch gemeinsame Feste) zu einem wechselseitigen Verständnis und dem (quasi automatischen) Abbau von Vorurteilen kommt, können als „Begegnungspädagogik" bezeichnet werden. Ich folge hier der Diktion von Manfred Hohmann, der Begegnungspädagogik dort am Werke sieht, wo es um die „Repräsentation einer Kultur gegenüber Angehörigen (wenigstens) einer anderen Kultur" geht, wo ein „interkultureller Austausch" und sogar eine „interkulturelle Bereicherung" angestrebt wird, wie „utopisch" dies auch immer sei. Von der „Begegnungspädagogik" grenzt Hohmann die „Konfliktpädagogik" ab, der es um die „Bekämpfung von Ausländerfeindlichkeit, Diskriminierung und Rassismus, die Beseitigung von Ethnozentrismus und Vorurteilen, die Herstellung von Chancengleichheit und die Förderung von Emanzipation" gehe (1989, S. 15f).

Diese Unterscheidung zwischen Begegnungs- und Konfliktpädagogik ist zwar ein hilfreicher erster Versuch, die interkulturelle Pädagogik zu vermessen. Doch reicht er keineswegs aus. Erstens gibt es sicherlich auch in der „Begegnungspädagogik" den Anspruch, Vorurteile abzubauen. Und umgekehrt wird eine Konfliktpädagogik nicht ohne Begegnungen zwischen den Kulturen auskommen. Hier ist die Trennschärfe der Begriffe also in Frage gestellt. Zweitens wird man innerhalb der Konfliktpädagogik noch einmal zwischen zwei grundsätzlich verschiedenen Ansätzen unterscheiden müssen: Zum einen gibt es jene pädagogischen Ansätze, die Vorurteile bekämpfen, dabei aber auf dem Kulturbegriff und der interkulturellen Perspektive beharren. Zum anderen jene Ansätze, die Rassismus gerade dadurch bekämpfen möchten, dass sie den Kulturbegriff in Frage stellen und die interkulturelle Perspektive als Rassismus in neuen Gewändern bezeichnen (siehe hierzu Kapitel 4).

Hohmanns Unterscheidung zwischen Begegnungs- und Konfliktpädagogik war dennoch sehr populär und wurde von vielen Wissenschafter(inn)en zitiert. Meines Erachtens liegt dies auch daran, dass die interkulturelle Pädagogik in den 1980er Jahren zwar sehr bedeutend geworden war und den erziehungswissenschaftlichen Diskurs zur Einwanderung allmählich dominieren konnte, doch erhebliche theoretische Schwächen aufwies. Bis Anfang der 1990er Jahre war die interkulturelle Pädagogik – sieht man von kleineren Aufsätzen ab – stark normativ orientiert. Sie forderte das Interkulturelle ein, ohne aber das eigene Fach weitergehend zu reflektieren und theoretisch zu fundieren. Erste Ansätze einer solchen theoretischen Reflexion aber leistete Hohmann. Dass sich erst in den 1990er Jahren Wissenschaffende verstärkt um eine theoretische Fundierung und Reflexion der interkulturellen Pädagogik bemühten, ist das Thema des Kapitels 3.3.

**Etablierung der interkulturellen Pädagogik in der Bildungspolitik**
Noch 1984 hatte Helmut Essinger (1984, S. 4) darüber geklagt, dass

> „gegenwärtig bei den politisch verantwortlichen Gremien jeder Entwurf einer Interkulturellen Erziehung auf Ablehnung stößt. Hier wird weiterhin einer monoethnisch und monokulturell ausgerichteten Erziehung das Wort geredet."

Doch schon im selben Jahr sollte auf der europäischen Ebene eine Empfehlung verabschiedet werden, die auf Dauer auch in der Bundesrepublik ihre Wirkung entfaltete.
Laut „Empfehlung Nr. R 18 (84) an die Mitgliedsstaaten über die Ausbildung von Lehrern zu einer Erziehung für interkulturelle Verständigung, insbesondere in einem Kontext der Migration", empfiehlt der Ministerrat unter anderem den Regierungen der Mitgliedsstaaten

„1. die interkulturelle Dimension und die Dimension des Verständnisses zwischen Kulturgemeinschaften in die Aus- und Weiterbildung der Lehrer aufzunehmen".

„2. in der Lehrerausbildung und in den Schulen die Entwicklung und Verwendung von Materialien zu begünstigen, die zur Unterstützung eines interkulturellen Ansatzes geeignet sind, um auf diese Weise ein wirklichkeitsgerechteres Bild der verschiedenen Kulturen zu vermitteln, deren Träger die ausländischen Schüler sind; ...".

Den Regierungen der Aufnahmeländer wird empfohlen,

„1. in die Erstausbildung der Lehrer Elemente aufzunehmen, die sie befähigen, Kindern anderer sprachlicher Herkunft die Sprache des Aufnahmelandes wirkungsvoller zu vermitteln, und das Verhalten von Schülern besser zu verstehen, die aus Ländern kommen, in denen Kultur und Lebensweise sich von denen der jeweiligen Aufnahmegesellschaft unterscheiden;"

„2. sich, sofern nötig, darum zu bemühen, daß die Möglichkeiten für Lehramtsstudenten und Lehrer verbessert werden, sich Grundlagen einer der Sprachen der Herkunftsländer anzueignen und diese Lernprozesse in einer Weise zu reflektieren, daß sie sich einer anderen Kultur öffnen und die Schwierigkeiten verstehen lernen, die die Kinder der Migranten haben" (zit. n. Hohmann/Reich 1989, S. 265ff).

Ähnlich wie schon zuvor bei der Frage der Schulpflicht von ausländischen Kindern ging auch diesmal der internationale Beschluss einer Entscheidung der nationalen Kultusministerkonferenz voraus. Erst am 25.10.1996 waren die Kultusminister einmütig bereit, einen Beschluss zur interkulturellen Pädagogik zu verabschieden. Dieser Beschluss trägt den Titel „Interkulturelle Bildung und Erziehung in der Schule". Er ist ein umfangreicheres Dokument, in dem zunächst die bisherigen Aktivitäten der Kultusministerkonferenz aufgelistet und dann die gesellschaftliche Ausgangslage skizziert wird. Dort heißt es zum Beispiel:

„In Geschichte und Gegenwart haben Menschen fremder Herkunft auch in Deutschland die kulturelle Entwicklung beeinflußt. Viele von den in den vergangenen Jahrzehnten zugezogenen Migrantinnen und Migranten wollen auf Dauer bleiben und als Mitbürgerinnen und Mitbürger mit allen Rechten und Pflichten in Deutschland leben. Im Alltag prägen die zugewanderten Menschen die hiesige Gesellschaft, in der kulturelle Vielfalt zur Realität geworden ist."

Und weiter:

> „Konflikte um die Verteilung von Gütern, Angst vor sozialer Konkurrenz und dem Verlust der eigenen kulturellen Identität, nationalistische Einstellungen und rassistische Vorurteile sind vor allem in Krisensituationen der Nährboden für offene und verdeckte Aggressionen gegen Minderheiten und rassistisch motivierte Anschläge" (zit. n. Krüger-Potratz/Puskeppeleit 1999, S. 61).

Als Ziele setzt der Beschluss Folgendes fest:

> „Auf dieser Grundlage sollen die Schülerinnen und Schüler
>
> - sich ihrer jeweiligen kulturellen Sozialisation und Lebenszusammenhänge bewußt werden;
> - über andere Kulturen Kenntnisse erwerben;
> - Neugier, Offenheit und Verständnis für andere kulturelle Prägungen entwickeln;
> - anderen kulturellen Lebensformen und -orientierungen begegnen und sich mit ihnen auseinandersetzen und dabei Ängste eingestehen und Spannungen aushalten;
> - Vorurteile gegenüber Fremden und Fremdem wahr- und ernstnehmen;
> - das Anderssein der anderen respektieren;
> - den eigenen Standpunkt reflektieren, kritisch prüfen und Verständnis für andere Standpunkte entwickeln;
> - Konsens für gemeinsame Grundlagen für das Zusammenleben in einer Gesellschaft bzw. in einem Staat finden;
> - Konflikte, die aufgrund unterschiedlicher ethnischer, kultureller und religiöser Zugehörigkeit entstehen, friedlich austragen und durch gemeinsam vereinbarte Regeln beilegen können" (zit. n. ebd., S. 63).

Der Beschluss endet mit ausführlichen Empfehlungen zur Umsetzung dieser Ziele.

## 3.3 Theoretisch fundierte Ansätze interkultureller Pädagogik

In den 1990er Jahren erschienen mehrere Forschungsarbeiten, die sich einer theoretischen Reflexion und Fundierung der interkulturellen Pädagogik widmeten (vgl. u.a. Prengel 1993; Kiesel 1996; Auernheimer 2003). Eine dieser Arbeiten werde ich in diesem Abschnitt vorstellen und diskutieren: Ein Buch von Wolfgang Nieke mit dem Titel „Interkulturelle Erziehung und Bildung. Wertorientierungen im Alltag", erstmals erschienen im Jahr 1995. Da es mir um die klassische interkulturelle Pädagogik, die insbesondere in den 1990er Jahren theoretisch begründet wurde, geht, zitiere ich hier aus der unveränderten zweiten Auflage von 2000, wohlwissend, dass der Autor die 2008 erschienene dritte Auflage maßgeblich überarbeitet hat (siehe Nieke 2008a).

Die Ausgangsfragestellung von Nieke lässt nicht nur deutlich werden, um welche Problematik es dem Autor geht, sondern auch, wie er sie lösen möchte. Nieke fragt: „Wie kann zu einem verantwortlichen und vernünftigen Umgang der Angehörigen von Mehrheit und Minderheiten in einer Gesellschaft angeleitet werden?" (Nieke 2000, S. 9). Diese Frage habe zwei Dimensionen: „Eine auf die Ungleichheit der Macht zwischen Mehrheit und Minderheiten bezogene" und eine „auf die Differenz der Selbst- und Fremddefinitionen bezogene, mit denen sich Mehrheit und Minderheiten jeweils selbst und in Abgrenzung dazu die jeweils anderen bestimmen und identifizieren" (ebd.).
Mit dieser Fragestellung grenzt sich Nieke sogleich von jenen Ansätzen interkultureller Pädagogik ab, die das Interkulturelle lediglich mit Bereicherung identifizieren und Konflikte kaum thematisieren. Zudem deutet sich hier an, dass er solcherlei Konflikte nicht einfach als Kulturkonflikte deutet, sondern das Machtgefälle angesichts der gesellschaftlichen, auf Bevölkerungszahlen beruhenden Position der jeweiligen Gruppen als wesentlich für sie annimmt. Noch bevor überhaupt von „Kultur" die Rede ist, weist er darauf hin, dass es hier nicht nur darum geht, wie Menschen sich und ihre Gruppe sehen, sondern auch um die Sichtweise der Gruppenfremden. Diese Selbst- und Fremddefinitionen dienen, das deutet Nieke an, vornehmlich der wechselseitigen Abgrenzung.
Soweit die Problemstellung. Doch auch die Art und Weise, wie Nieke die genannten Probleme lösen möchte, deutet sich bereits in seiner Fragestellung an: Die Aufgabe der Pädagogik sieht er in einer ‚Anleitung', und zwar in einer solchen, die die Menschen in der Gesellschaft zu einem „verantwortlichen und vernünftigen Umgang" miteinander befähigt. Verantwortung und – noch mehr – die Vernunft markieren, wie wir sehen werden, die zentralen Linien seiner Argumentation.

**Kultur als die kollektiven Deutungsmuster einer Lebenswelt**
Es macht die Komplexität und Attraktivität von Niekes Ansatz aus, dass er sich nicht sogleich Begriffe zurecht legt, die ohne Umstand in einen vernünftigen Umgang von Mehrheiten und Minderheiten zu überführen wären. Keineswegs klammert er den Kulturbegriff zugunsten einer machttheoretischen Analyse von Majoritäten und Minoritäten aus, und keineswegs bevorzugt er einen Kulturbegriff, in dessen Zentrum die Ratio (Vernunft) steht.
Vielmehr fragt der Autor zunächst nach einem Begriff der Kultur, mit dem bezeichnet werden kann, wie sich Menschen auf kollektive Weise in ihrem Leben orientieren. Ein solcher Kulturbegriff darf dann auch nicht zu eng an den der Ethnie, Nation oder Sprache gebunden sein (vgl. ebd., S. 49), da die kollektiven Lebensorientierungen ja nicht ausschließlich in dieser Dimension zu finden sind. Nieke findet eine geeignete Definition des Kulturbegriffs in der Lebensweltheorie. Kultur gilt ihm als „die Gesamtheit der kollektiven Deutungsmuster einer Lebenswelt (einschließlich materieller Manifestationen)" (ebd., S. 50). Nach

Alfred Schütz und Thomas Luckmann bedeute Lebenswelt „die Gesamtheit der fraglosen Gewißheiten des Alltags bei der Orientierung in der physischen und sozialen Umwelt" (Nieke 2000, S. 51).

„Diese Gewißheiten sind so selbstverständlich, daß der einzelne sich ihrer nicht bewußt ist und es überhaupt erst werden kann, wenn sie durch eine Konfrontation mit ihrer offenbaren Unzulänglichkeit bei ihrer Aufgabe der Orientierungs- und Handlungssicherheit oder mit der Gewißheit aus einer anderen Lebenswelt als bisher selbstverständliche Gewißheit aufscheinen" (ebd.).

Eine *Gewissheit des Alltags* ist zum Beispiel die Vorbereitung des Frühstücks: Ich wische den Tisch ab, koche Kaffee, decke, während er brüht, den Tisch, hole dann die Zeitung und setze mich zu Tisch – dies alles, ohne auch nur einen einzigen Gedanken an die Zubereitung des Frühstücks zu verschwenden. Diese Gewissheit verliert sich, wenn der Kaffee aufgebraucht ist; ich muss darüber nachdenken, ob ich lieber Instantkaffee trinke oder erst einkaufen gehe. Diese Gewissheit verliert sich auch, wenn ein Freund zu Besuch ist. Denn er trinkt keinen Kaffee, sondern Tee, und isst kein Müsli, sondern Käse, Oliven und Brot.

Die „Deutungsmuster" einer jeden Lebenswelt wirken also auch und gerade dann, wenn man nicht über sie nachdenkt. Sie orientieren das Denken und Handeln in alltäglichen Situationen. Solange sie funktionieren, besteht kein Anlass zu ihrer Reflexion. Es ist sogar äußerst wichtig, dass man seine eigenen, lebensorientierenden Deutungsmuster nicht reflektiert, da man ansonsten vor lauter Nachdenken nicht mehr handeln könnte. Dass Kultur also vornehmlich etwas ist, über das man nicht nachdenkt, sondern in dem man lebt, ist eine für die interkulturelle Pädagogik sehr wichtige Feststellung. Denn dies weist darauf hin, dass die interkulturelle Pädagogik, selbst dann, wenn sie auf den Gebrauch der Vernunft setzt, letztlich immer auch die selbstverständlichen, unhinterfragten Aspekte der Kultur zu ihrem Gegenstand hat. Und nicht nur das: Dies bedeutet auch, dass interkulturelle Pädagogik, will sie im Alltag wirksam werden, sich nicht in einer auf Reflexion beschränkten Denksportaufgabe erschöpfen kann, sondern auf die Veränderung von *kulturellen Selbstverständlichkeiten* wird zielen müssen.
Zwei Situationen sind Anlass zur Reflexion: Zum einen solche Situationen, in denen die Funktionalität bisheriger Gewissheiten nachlässt, in denen also das Handeln nicht mehr derart routiniert weiterlaufen kann wie gewohnt. Zum anderen dann, wenn man mit Alternativen zu den eigenen eingespielten Handlungspraktiken konfrontiert wird, wenn man also Menschen anderer Lebenswelten und deren Gewissheiten wahrnimmt, die sich von den eigenen unterscheiden.
Diese Definition des Kulturbegriffs hat den Vorteil, dass sie sich auch, aber nicht nur, auf ethnisch-kulturelle Begegnungen beziehen lässt. Zwei Lebenswelten können sich in ethnischer Hinsicht voneinander unterscheiden, und wenn sie auf-

einander treffen, kann man der eigenen Gewissheiten verlustig gehen. Doch die Differenz ethnisch geprägter Lebenswelten kann hier nur als eine besondere Ausprägung ganz allgemeiner Lebensweltunterschiede gelten. Denn auch dann, wenn Menschen unterschiedlicher Lebenswelten (etwa unterschiedlicher Regionen oder Sozialschichten) *innerhalb* einer ethnischen Gruppe einander begegnen, kommt es zur Entzauberung eigener Gewissheiten. Wenn die Praxis der Menschen durch die Deutungsmuster ihrer Lebenswelt orientiert wird, dann handelt es sich nicht um bloßes – sinnloses – Verhalten, sondern um ein sinnstrukturiertes Handeln (vgl. Nieke 2000, S. 55). Die Sinnhaftigkeit des Handelns basiert auf dem ihm zugrunde liegenden Deutungsmuster. Ein Außenstehender muss, um sich den Sinn einer Handlung zu erschließen, das ihm zugrunde liegende Deutungsmuster nachvollziehen bzw. verstehen. Notwendig hierfür ist allerdings, dass auch der Außenstehende über Deutungen verfügt, die mit denjenigen des Handelnden „in Zusammenhang gebracht werden können" (ebd., S. 56). Dies ist aber nur dann ohne weitere (Verstehens-)Anstrengungen der Fall, wenn die individuellen Deutungsmuster der beteiligten Personen in gemeinsamen kollektiven Deutungsmustern fundiert sind.

> Ein *kollektives Deutungsmuster* liegt zum Beispiel dort vor, wenn mehrere Menschen einer Lebenswelt zum Frühstück Kaffee trinken. Hieraus kann sich ein *individuelles Deutungsmuster* herausgebildet haben, wenn man den Kaffee nicht in der Kaffeemaschine brüht, sondern ihn mit kochendem Wasser direkt in die Thermoskanne aufgießt.

In deutlicher Differenz zum Lebensweltbegriff bei Schütz/Luckmann, der viel stärker an das Individuum gebunden ist, gelten bei Nieke die kollektiven Deutungsmuster als die zeitlich und hierarchisch vorrangigen. Er geht davon aus, dass die kollektiven Deutungsmuster bereits da sind und individuelle Deutungsmuster durch den einzelnen Menschen

> „in aktiver Aneignung und Auseinandersetzung mit den vorgefundenen und zu übernehmenden kollektiven Mustern der Welt- und Handlungsorientierung als Varianten dieser kollektiven Muster umgeformt und weiterentwickelt"

werden, wobei es bisweilen auch zur Entstehung neuer individueller und kollektiver Deutungsmuster kommen könne (Nieke 2000, S. 56). Die Entstehung individueller Deutungsmuster ist für Nieke also eine Frage der „Entwicklung, Sozialisation und Bildung" einer „einzigartigen Persönlichkeit" (ebd.).
Ein kurzer Einschub: Nieke nennt hier in einem Zuge die (pädagogisch bedeutsamen) Begriffe der Entwicklung, Sozialisation und Bildung, ohne sie zu differenzieren oder zu definieren. Es deutet sich hier an, dass Nieke seinen sehr überzeugend ausgearbeiteten Begriff der Kultur leider nicht explizit auf diese pädagogischen Grundprozesse bezieht. Zum Beispiel könnte man annehmen, dass

ein Mensch in die kollektiven Deutungsmuster einer Lebenswelt hineinsozialisiert wird, auf der anderen Seite aber sich auch in Auseinandersetzung mit diesen kollektiven Deutungsmuster eigene, individuelle Deutungsmuster aneignen und so bilden kann. Dies arbeitet Nieke jedoch nicht aus (siehe aber Nieke 2008b).

**Infragestellung eingespielter Gewissheiten durch Fremde**
Wenn man Kultur im Sinne von Lebenswelt versteht, dann wird unmittelbar einsichtig, dass es „auf jedem Territorium mit einer größeren Ansammlung von Menschen jeweils mehrere Lebenswelten und Kulturen geben [wird; AMN], die sich voneinander abgrenzen, aber auch genötigt sind, sich miteinander zu arrangieren" (Nieke 2000, S. 65). So gesehen, ist Interkulturalität der Normalfall einer jeden Gesellschaft, und keine lediglich durch Einwanderung initiierte Ausnahmesituation. Damit hat der Lebensweltbegriff eigentlich das Potential, die interkulturelle Pädagogik von ihrer Fokussierung auf Fragen der Einwanderung zu lösen und zu einer Beschäftigung mit der Pluralität der Lebenswelten im Allgemeinen zu bewegen. Dies hätte dann auch Konsequenzen für den Begriff der multikulturellen Gesellschaft, der in der interkulturellen Pädagogik zumeist und vornehmlich als das Signum einer Gesellschaft aufgefasst wird, die durch Einwanderung multiethnisch geworden ist – wie ich in Kapitel 3.4 zeigen werde. Der Lebensweltbegriff wäre geeignet, die Pluralität der Gesellschaft auch jenseits der Migration zu erfassen.

> Als *fremd* erscheint es heutzutage zum Beispiel vielen Menschen in Deutschland, wenn sich ein Großteil des Alltagslebens auf der Straße abspielt, man sich dort trifft, spazieren geht oder die Kinder hier spielen, wie man dies bei bestimmten Einwanderergruppen beobachten kann. Dabei ist zu beachten, dass das, was heute fremd ist, früher zur eigenen Normalität gehört haben kann.

Trotz dieser Potenziale des Lebensweltbegriffs bleiben Wolfgang Niekes Überlegungen auf Einwanderungsfragen konzentriert. Im Unterschied zu vielen anderen interkulturellen Pädagogen und Pädagoginnen geht es ihm (zunächst) aber gar nicht um die Lebenswelten der Eingewanderten, sondern um diejenigen der Einheimischen. Deren Lebenswelten beinhalten – so Nieke – ein Deutungsmuster des „Ausländers", das zwei Komponenten aufweise: Erstens erscheine der Ausländer als „Fremder", insofern er die eigenen Gewissheiten in Frage stellt:

> „Der Fremde lebt in Selbstverständlichkeiten, die mir alles andere als selbstverständlich sind, häufig nicht nur exotisch, sondern auch falsch vorkommen müssen, weil sie meinen eigenen Selbstverständlichkeiten widersprechen. Seine Selbstverständlichkeiten, d.h. seine Lebenswelt und Kultur, stellen meine Selbstverständlichkeiten, d.h. meine Lebenswelt und Kultur in frage; denn beides kann nicht zugleich richtig sein" (ebd., S. 73).

Diese Figur des Fremden ist in der Sozialwissenschaft mehrfach herausgearbeitet worden, so – klassisch – bei Georg Simmel und Alfred Schütz. Deutlich wird hier, dass der „Fremde" nicht so sehr eine Person ist, der die Fremdheit wesensmäßig anhaftet, sondern eine Relation, d.h. das Merkmal einer Beziehung zwischen Menschen, in diesem Fall zwischen Menschen sehr unterschiedlicher Lebenswelten. Insofern ist der „Fremde" das Paradestück der Selbst- und Fremddefinitionen, auf die Nieke mit seiner Ausgangsfragestellung hingewiesen hat.

Zweitens erscheine der Ausländer als „Konkurrent" (Nieke 2000, S. 75). Hier ist es nun gerade nicht die Distanz zur eigenen Lebenswelt, sondern die Nähe, die ihn zum Konkurrenten macht. Denn der Ausländer kämpfe „mit den Einheimischen um die stets und überall zu knappen Güter" (ebd.). Im Großen geht es hier etwa um das Gut der politischen Entscheidung, die eher zugunsten von Einheimischen oder eher zugunsten von Einwanderern ausfallen kann (z.B. wenn es um die Vergabe von Stipendien nur an Deutsche geht). Im Kleinen erscheint der Ausländer aber auch schon dann als Konkurrent, wenn in der Schlange neben einigen Einheimischen auch Zuwanderer stehen, und man eine kürzere Wartezeit hätte, wären sie nicht da.

Nieke (2000, S. 77) zählt nun vier Formen auf, mit Zuwanderern angesichts von Fremdheit und Konkurrenz umzugehen: Man könne sie erstens assimilieren, d.h. an die eigenen Gewissheiten und kollektiven Deutungsmuster anpassen – diese Möglichkeit kennen wir von der Assimilationspädagogik (siehe Kapitel 2). Man könne sie zweitens vertreiben oder vernichten. Damit ist nicht notwendigerweise auf den Mord an den europäischen Juden verwiesen, die ja ohnehin Einheimische und nicht Einwanderer waren. Vertreibung findet letztlich ja auch schon dort (in humanitärer Form) statt, wo Menschen mit finanziellen Anreizen zur Rückkehr in ihr Herkunftsland aufgefordert werden. Drittens kann man mit Fremden und Konkurrenten umgehen, indem man sie segregiert, d.h. indem man sich von ihnen abgrenzt und möglichst wenige Berührungspunkte im Alltag zulässt. Dann stellen sie einen mit ihren Lebensweisen nicht in Frage und konkurrieren auch nicht um dieselben Arbeitsplätze etc. Es ist nicht weiter erstaunlich, dass Nieke die vierte Form für die beste hält, nämlich die „Änderung der eigenen Deutungsmuster: Interkulturelles Leben in der dauerhaft multikulturellen Gesellschaft" (ebd.).

Bei dem Begriff der „multikulturellen Gesellschaft" bezieht sich Nieke u.a. auf ein Buch von Claus Leggewie mit dem Titel „Multikulti. Spielregeln für die Vielvölkerrepublik", auf das ich im Kapitel 3.4 eingehen werde. Doch neigt Nieke nicht zu einer kulturalistischen Definition, sondern bezieht sozialstrukturelle Komponenten der multikulturellen Gesellschaft mit in seine Überlegungen ein. Um sowohl die Frage unterschiedlicher Gewissheiten und kollektiver Deutungsmuster als auch die Frage sozialstruktureller Unterschiede zu thematisieren, dienen ihm wiederum die beiden Figuren des „Fremden" und des „Konkurrenten". Mit ihnen kann er auf die wechselseitige Abhängigkeit von Sozialstruktur und Lebenswelt verweisen: Die

> „sozialstrukturellen Bedingungen wirken sich im Handeln der Menschen nur vermittelt über Deutungsmuster aus, aber diese sind geprägt von der konkret historischen Lebenssituation, welche sich durch die aktuelle Verfaßtheit der Gesellschaft konstituiert" (Nieke 2000, S. 81).

Entsprechend geht Nieke davon aus, dass

> „alle Versuche, die Majorität und die Minoritäten zu einem vernünftigen Zusammenleben in einer wohl dauerhaft multikulturell bleibenden Gesellschaft vorzubereiten, an den beiden Grundbedingungen der Ablehnung ansetzen müssen, nämlich an der beunruhigenden, die eigenen Denk- und Wertgrundlagen in Frage stellenden Befremdung und einer als bedrohlich wahrgenommenen Konkurrenz zwischen den Einheimischen und den Zuwanderern" (ebd., S. 102).

Ähnlich wie Essinger geht Nieke also davon aus, dass die ökonomischen Verhältnisse sich nur vermittelt über die kollektiven Deutungsmuster (die Kultur bei Essinger) manifestieren; mit der Figur des Konkurrenten hat er jedoch sehr deutlich gemacht, wie wichtig ihm das Verhältnis von Minorität und Majorität ist. Es wird im Weiteren zu beobachten sein, ob Nieke beiden Komponenten der multikulturellen Gesellschaft in gleicher Weise Rechnung tragen kann.

Die Aufgabenstellung in einer so definierten multikulturellen Gesellschaft ist für Nieke klar: Das Handeln muss „stets doppelt ansetzen: Sowohl bei der Veränderung der Strukturen – also etwa bei der Gleichstellung der zugewanderten Minoritäten im Rechtsstatus – als auch bei der Veränderung der Deutungsmuster" (ebd., S. 81). Letzteres sei eben auch eine pädagogische Aufgabe. Wie aber können sich Deutungsmuster verändern? Und in welche Richtung müssen sie sich verändern?

**Problematik des Kulturrelativismus**

Wenn sich die eigenen Deutungsmuster ändern sollen, um das Zusammenleben in einer multikulturellen Gesellschaft zu gewährleisten, so ist damit notwendigerweise (irgendeine) Form von Relativierung der Deutungsmuster verbunden. Mithin steht man (philosophisch gesehen) vor der Problematik des Kulturrelativismus. Dieser widmet Nieke nun seine ganze Aufmerksamkeit.

Ich gehe hierauf ausführlich ein, weil seine sehr einleuchtenden Überlegungen weit über seinen eigenen Ansatz hinaus eine hohe Relevanz für die Thematik dieses Buches haben.

Zunächst unterscheidet Nieke zwischen einem völligen Kulturrelativismus, demzufolge „alle Kulturen wirklich gleichwertig seien", und einem „agnostizistischen Kulturrelativismus" (ebd., S. 97). Letzterer geht nur davon aus, dass „gegenwärtig kein Maßstab zuhanden sei, an dem die Kulturen einverständlich und überzeugend gemessen werden können" (ebd.). Während der völlige Kulturrelativismus insofern zu wissen glaubt, dass alle Kulturen relativ und gleichwertig seien, pocht der „agnostizistische Kulturrelativismus" auf seinem Nicht-Wissen, das aber keine prinzipielle und ewige Unentscheidbarkeit impliziert.

Letztlich, so Nieke, könne kein Mensch als völliger Kulturrelativist leben, da in jeder Situation, selbst dann, wenn unterschiedliche kollektive Deutungsmuster zur Verfügung ständen, irgendwie gehandelt werden müsse – selbst wenn man sich entscheidet, nicht zu handeln. „Jede Handlung aber bedeutet eine Entscheidung in dem Konflikt und damit unvermeidlich eine Entscheidung für eine der konfligierenden Wertungen" (ebd., S. 96) bzw. eines der einander widersprechenden Deutungsmuster.

Wie aber kann man aus dem agnostizistischen Kulturrelativismus, der ja ein die Vernunft nicht eben befriedigender Ansatz ist, herausfinden? Nieke (2000, S. 118-154) beschreibt mehrere Wege, wobei er den letzteren präferiert:

1. Konventionalismus: Man kann sich zwischen den Kulturen auf gemeinsame Werte oder Regeln einigen, d.h. zusammenkommen (lateinisch: convenire). Eine Ausprägung des Konventionalismus ist die Berufung auf Menschenrechte.
2. Man kann davon ausgehen, dass es kulturübergreifende Charakteristiken des Menschseins gibt, die sich nicht verändern (z.B. die Vernunftbegabung). Dies nennt Nieke „anthropologischen Universalismus" (ebd., S. 122).
3. Der Evolutionismus geht davon aus, dass sich die erfolgreichen Kulturen durchsetzen und durch ihre Leistung legitimiert sind. Viele Modernisierungstheorien implizieren einen solchen Evolutionismus.
4. Der „ethische Evolutionismus" (ebd., S. 133) verweise auf den Fortschritt der Menschheit, der die Kulturen aneinander angleiche.
5. Dem Funktionalismus gehe es darum, jene Werte anzuerkennen, die „den kulturellen Pluralismus ermöglichen, der die Bedingung der Möglichkeit für das Existieren verschiedener Kulturen innerhalb einer Gesellschaft" sei (ebd., S. 143).
6. Der ethische Universalismus versuche wiederum, Allgemeingültigkeit nicht mit inhaltlichen Argumenten zu begründen, sondern „mit Hilfe des Rückgriffs auf formale Strukturen, die möglichst allen oder möglichst vielen inhaltlichen Konkretisierungen offen bleiben" (ebd., S. 147).

**Vernunftzentrierte Lösung von Kulturkonflikten**

In diesem ethischen Universalismus sieht Nieke die beste Chance, den agnostizistischen Kulturrelativismus zu überwinden. Er verweist hier insbesondere auf die Diskursethik, deren Grundgedanke darin bestehe,

„zu wahren und richtigen Aussagen nicht über inhaltlich gestützte Argumentationen aus je konkreten und unvermeidlich von kollektiven und historischen Mentalitäten geprägten Gedankensystemen zu kommen, sondern durch die Installation eines verallgemeinerungsfähig akzeptablen Verfahrens vernünftiger Kommunikation, in der die Argumente jedes Beteiligten ganz unverfälscht zur Geltung kommen können" (ebd., S. 154).

Ein *real existierendes Verfahren vernunftgeleiteter Kommunikation* ist das demokratische Parlament. Für parlamentarische Verfahren sind nicht alleine die Mehrheitsentscheidung, sondern vor allem auch die Prozedur der vielfachen Lesungen und Diskussionen von Gesetzen, ihre Überweisung an Ausschüsse, die Expertenanhörungen etc. von hoher Bedeutung.

Dieses „Verfahren vernünftiger Kommunikation" müsste nun wiederum selbst nicht auf inhaltlichen, sondern auf möglichst formalen Regeln beruhen. Dies ist, wie Nieke zugibt, zuallererst ein Ideal und hat wenig Chancen auf vollständige Realisierung. Doch könne man solche formalen Verfahren zumindest soweit real gestalten, dass sie für die an „solchen Diskursen Beteiligten oder von ihnen advokatorisch Vertretenen" Geltung haben (ebd., S. 160). Ein solches Kommunikationsmodell müsste also nicht universell sein, da es nicht für alle Menschen gelten muss; eine begrenzte Geltung, nämlich eine solche für die Beteiligten, würde genügen.

Niekes Verweis auf die advokatorische, d.h. anwaltschaftliche Vertretung ist sehr wichtig, zugleich aber auch problematisch: Wie er ausführt, sind gerade pädagogische Situationen dadurch gekennzeichnet, dass nicht alle Involvierten kompetent in einen solche Diskurs eintreten können, da „den betroffenen Edukanden die hinreichende Kommunikations- und Diskurskompetenz fehlt" (ebd., S. 176). In diesem Moment müsse der Pädagoge stellvertretend die Position der Edukanden in den Diskurs einbringen.

Noch komplizierter wird die Situation dadurch, dass Pädagog(inn)en oftmals gerade dann, wenn eine Entscheidung von ihnen verlangt ist, ganz alleine auf sich gestellt sind, also nicht einmal ein Team oder irgendwelche Vertreter/innen der Edukanden zur Verfügung haben. Hier muss nun der Pädagoge „die mögliche Konsensfähigkeit seiner zu treffenden Entscheidung unter Bezug auf eine als hier gültig unterstellte Norm antizipieren". Der Pädagoge ist sozusagen im Gespräch mit sich selbst und wägt ab, welche Einwände die von ihm vertretenen Edukanden vorbringen könnten. Nieke nennt dies „virtuellen Diskurs" (ebd., S. 189). Der Pädagoge und die Pädagogin müssen also, um innerhalb eines Diskurses mit sich selbst werthaltige Entscheidungen zu treffen, die Position des Edukanden sehr genau kennen, ihre eigene Position genau kennen und gegenüber beiden genügend Distanz wahren, um sie beide geltend machen zu können.

Nieke weist zwar darauf hin, dass dies nicht nur eine „kognitive Leistung", sondern auch eine „emotionale" ist (ebd., S. 177), doch berücksichtigt er nicht, dass zwischen der Pädagogin und der Edukandin überdies ein Machtgefälle, eine asymmetrische Beziehung herrscht. Diese Asymmetrie existiert nicht nur deshalb, weil prinzipiell pädagogische Situationen hierarchisch aufgebaut sind, sondern auch, weil hier das Machtgefälle zwischen dem Edukanden als Minderheitsangehöriger und dem Pädagogen als Mehrheitsangehörigem hinzu treten kann. Hierauf geht Nieke leider nicht ein.

Sehr wohl macht er jedoch deutlich, dass die gesamte Idee eines formalen Verfahrens vernünftiger Kommunikation, wie es vor allem von Karl-Otto Apel und Jürgen Habermas (1981) entwickelt wurde, eurozentristisch gefärbt ist, insofern sich diese Autoren ausschließlich auf europäische Kommunikationsformen beziehen. Nieke schlägt daher vor, die Diskursregeln selbst zum Gegenstand der Auseinandersetzung zu machen:

> „Wenn also die elementaren Regeln des Diskurses selbst nicht für alle Kulturen so selbstverständlich sein sollten, wie sie das für den nordwesteuropäischen Kulturkreis sind, dann müßte in der Konsequenz dieser Forderung nach universaler Zustimmung auch liegen, daß diese Regeln selbst Gegenstand der Verständigung werden können" (Nieke 2000, S. 185f).

Wie dies genau geschehen sollte, führt Nieke nicht weiter aus. Vielmehr macht er deutlich, dass trotz aller Versuche, die Kommunikation nach möglichst formalen, kulturunabhängigen Verfahrensregeln zu gestalten, die Befangenheit in der eigenen Kultur wohl nicht ganz aufzuheben ist. Er spricht deshalb von einem „aufgeklärten Ethnozentrismus" (ebd., S. 193), womit er jenen Ethnozentrismus meint, der sich seiner selbst bewusst ist. Ein ‚unaufgeklärter' Ethnozentrist wäre demgegenüber eine solche Person, die der eigenen Position verhaftet ist, ohne dies zu wissen.

Eine Möglichkeit, mit dem eigenen – aufgeklärten – Ethnozentrismus und der Problematik virtueller wie auch sich unter mehreren Anwesenden vollziehender Diskurse umzugehen, sieht Nieke in der „situativen Begrenzung von Geltung" (ebd., S. 195). Dies geht folgendermaßen: Konflikte würden gerade dadurch entstehen, dass kulturelle Weltdeutungen mit einem Universalitätsanspruch, das heißt mit dem Anspruch auf universelle Geltung daherkämen. Dies sei aber in einer multikulturellen Gesellschaft, in der sich die Weltdeutungen stark unterscheiden können, nicht mehr haltbar. In den „hochkomplexen Industriegesellschaften" unserer Zeit würden Menschen ohnehin „nicht nur einer Lebenswelt angehören, sondern mehreren", sodass sie „zwischen verschiedenen Lebenswelten mit zum Teil sich widersprechenden Weltdeutungen und Normgeltungen wechseln" (ebd.). Man komme daher nicht umhin, die Unterschiedlichkeit der Lebenswelt

und die hierdurch entstehenden Befremdungen zu „ertragen" (ebd.) und ertragen zu lernen. Hierin sieht Nieke eine zentrale Aufgabe der Pädagogik.
Allerdings gerät Nieke mit dem „Prinzip der situativen Geltung von Normen" (ebd., S. 259) dann – wie er selbst zugibt – wieder in das europäische Fahrwasser. Denn diesem Argument, Normen könnten situativ in ihrer Geltung begrenzt werden, unterliegt oftmals eine Trennung zwischen privater und öffentlicher Sphäre. Nur bezüglich der „privaten Welt" (ebd., S. 195) will Nieke die Beteiligten dazu verpflichten, die Befremdung durch andere Lebenswelten ertragen zu lernen. Die Beschränkung der Geltungsansprüche ist insofern eine doppelte: Zunächst einmal geht es darum, dass man die Geltungsansprüche der eigenen Lebenswelt nur auf die private Sphäre begrenzt, während man die öffentliche Sphäre unbehelligt lässt. Sodann geht es darum, dass die Geltungsansprüche auf die eigene private Lebenswelt begrenzt sind und sich nicht auf die Lebenswelten der anderen erstrecken dürfen. Diese Trennung von privat und öffentlich bedeutet zugleich, dass nicht alle „Gebote der öffentlichen in der privaten Sphäre gelten müssen und umgekehrt die Gebote der privaten Sphäre keinen Anspruch darauf haben, in der öffentlichen gelten zu müssen" (ebd., S. 259). Dies ist zwar ein sehr einleuchtendes Prinzip, doch setzt es voraus, dass es überhaupt eine solche Trennung zwischen privat und öffentlich gibt. Diese Trennung jedoch ist „selbst schon wieder eurozentrisch" (ebd.), ist sie doch tief in den europäischen Gesellschaften verwurzelt und nicht überall auf der Welt zu finden. Hier aber sieht der Autor dann die Notwendigkeit, dass sich Einwanderer „diesen Regelungen unterordnen" (ebd.). Es zeigt sich an dieser Stelle: Auch die vernunftzentrierte Lösung von Kulturkonflikten hat ihre Grenzen.

Wolfgang Niekes Werk kommt das große Verdienst zu, in der Konsolidierungsphase der interkulturellen Pädagogik deren Kulturbegriff gründlich reflektiert und auf die theoretisch festen Füße des Lebensweltbegriffs gestellt zu haben. Dass er hieran anschließend auch die zentralen Konflikte in einer multikulturellen Einwanderungsgesellschaft aufgreift und erste Ansätze zu ihrer vernunftgeleiteten Lösung skizzieren kann, macht die Attraktivität seines Buches aus.

Wie wichtig es ist, ethnisch-kulturelle Differenz nicht zur Alleinbegründung von interkultureller Pädagogik zu machen, deutete sich schon bei Wolfgang Nieke an. Obwohl er einen Kulturbegriff entwickelt, der große Distanz zu Ethnisierungen hält, steht weiterhin das Verhältnis unterschiedlicher – ethnisch geprägter – Mehrheiten und Minderheiten im Zentrum seiner Aufmerksamkeit. Dies ist ganz sicherlich auch dem Gesellschaftsmodell der interkulturellen Pädagogik geschuldet, auf das ich nun eingehen werde.

## 3.4 Das Modell der multiethnischen Einwanderungsgesellschaft

Anfang der 1990er Jahre wurde das Gesellschaftsmodell, das der interkulturellen Pädagogik in ihren Anfängen implizit oder explizit zu Grunde lag, gesellschaftsfähig. Einflussreiche Intellektuelle propagierten in Deutschland und anderswo die „multikulturelle Gesellschaft". Ich möchte mich in diesem Kapitel Protagonisten des Modells einer „multikulturellen Gesellschaft" widmen, die, wie ich zeigen werde, eher „multiethnische Einwanderungsgesellschaft" genannt werden müsste. Zum Ende des Kapitels hin werde ich noch kurz auf einen sozialphilosophischen Ansatz eingehen, der im Hintergrund der Debatte um die multikulturelle Gesellschaft steht.

Claus Leggewie, ein Politikwissenschaftler, gab 1990 das Buch „Multikulti – Spielregeln für die Vielvölkerrepublik" heraus, in dessen Einleitung er deutlich macht, dass die „multikulturelle Gesellschaft" als soziale Tatsache bereits existiere, die „Vielvölkerrepublik" aber noch entstehen müsse (1990, S. 8). Er unterscheidet also zwischen der gesellschaftlichen Struktur, die bereits multikulturell sei, einerseits und der demokratisch-republikanischen Verfassung dieser Gesellschaft, die es noch auf die Anwesenheit der vielen Völker einzustellen gelte. Ganz unter der Hand wird dabei kulturelle Pluralität zum Synonym des Zusammenlebens einer Vielzahl von Völkern.

Auch Daniel Cohn-Bendit und Thomas Schmid (1993) binden Multikulturalität an Multiethnizität und zugleich an die Einwanderung ethnischer Minderheiten nach Deutschland. Bei folgendem Satz denkt man noch, sie könnten mit Multikulturalität auf die kulturelle Pluralität der Einheimischen verweisen: „Deutschland z.B. war schon lange vor dem Tag multikulturell, an dem der erste türkische Arbeitsmigrant in die Bundesrepublik kam." Doch dann schreiben sie:

> „Man kann das den Telefonbüchern des Ruhrgebiets entnehmen, und gräbt man etwas tiefer, dann erweisen sich ... sogar die Bayern als ein außerordentlich multikultureller Menschenschlag. Die Einwanderung, die es in der Bundesrepublik seit Jahrzehnten gibt, ist nichts Neues, sondern setzt eine alte deutsche Tradition fort" (ebd., S. 14).

Es wird hier klar: Multikulturalität verstehen auch Cohn-Bendit und Schmid vornehmlich als Multiethnizität und diese sehen sie als durch Einwanderung – auch schon jene der Polen in das Ruhrgebiet – hervorgerufen. Ich bezeichne daher dieses Modell als eines der *multiethnischen Einwanderungsgesellschaft*.

Wenngleich ihr Buch, was die politische Konzeption einer multikulturellen Gesellschaft anbelangt, weniger festgelegt ist als dasjenige von Claus Leggewie, so verbinden Cohn-Bendit und Schmid mit ihm doch ebenfalls ein politisches Programm. Dies wird gerade dort deutlich, wo sie den Titel ihres Buches, „Heimat Babylon", erläutern:

"Deutschland ist ein Einwanderungsland, und auch dadurch multikulturell. Wir feiern das nicht, wir stellen es nur fest. ... Multikulturelle Gesellschaft: Das ist ... nur ein anderes Wort für die Vielfalt und Uneinheitlichkeit aller modernen Gesellschaften, die offene Gesellschaften sein wollen. Diese Tendenz ... hat zwei Seiten: eine vorteilhafte und eine, die angst macht" (ebd., S. 11).

Und dann schreiben sie: „Das ist mit ‚Heimat Babylon' gemeint" (ebd.). „Heimat Babylon" verweist also auf Ängste und Vorteile. Die Autoren erläutern dies schließlich am Beispiel von rassistischen Ereignissen, die in jener Zeit passiert sind: „Hoyerswerda, Hünxe, Rostock: Das war *nur* Babylon. Hier war ‚die Sprache aller Welt verwirrt'; die strikte Weigerung, zu verstehen und zu reden, war Programm" (ebd.). Den zweiten Teil ihres Buchtitels erklären sie dann folgendermaßen:

> „Die Vielfalt hat große Vorteile, es ist zugleich aber auch schwer, mit ihr zu leben. Denn immer stört sie die vertrauten Kreise. Das Bedürfnis nach Heimat, d.h. Übersichtlichkeit, ist legitim. Wir möchten zeigen, daß sich diejenigen auch selbst keinen Gefallen tun, die meinen, mit dem Export der Fremden ihr Bedürfnis nach Heimat befriedigen zu können. Viel besser ist der umgekehrte Weg: den Fremden die Chance einzuräumen, hier eine neue Heimat zu finden. Nur so könnte das moderne Babylon ... so etwas wie eine Heimat werden" (ebd., S. 12).

> *Hoyerswerda, Hünxe und Rostock* sind Insignien des Rassismus in Deutschland. An diesen Orten ist es Anfang der 1990er Jahre zu gewaltsamen Übergriffen (Mord, Brandstiftung etc.) auf Migrantinnen und Migranten gekommen, z.T. unter dem Beifall der Anwohnerschaft.

Der Titel ihres Buches hätte insofern auch ‚*neue* Heimat Babylon' lauten können. Ich werde später wieder auf das Buch von Cohn-Bendit und Thomas Schmid zurückkommen, zunächst aber Claus Leggewie Beachtung schenken. Auch er bemüht die Metapher des Turmbaus zu Babel, macht aus ihm aber ein „soziologisches Gleichnis" (1990, S. 9).

## Der Turmbau zu Babel und seine soziologische Reinterpretation

Schauen wir zunächst in die Bibel, um den Wortlaut dieses Gleichnisses im Original zu lesen. In 1. Mose, 11, Verse 1 bis 9, d.h. nach Schöpfung, Sündenfall und Sintflut, steht geschrieben:

> „Es hatte aber alle Welt einerlei Zunge und Sprache. Als sie nun nach Osten zogen, fanden sie eine Ebene im Lande Sinear und wohnten daselbst. Und sie sprachen untereinander: Wohlauf, laßt uns Ziegel streichen und brennen! – und nahmen Ziegel als Stein und Erdharz als Mörtel und sprachen: Wohlauf, laßt uns eine Stadt und einen Turm bauen, dessen Spitze bis an den Himmel reiche, damit wir uns einen Namen machen;

denn wir werden sonst zerstreut in alle Länder. Da fuhr der Herr hernieder, daß er sähe die Stadt und den Turm, die die Menschenkinder bauten. Und der Herr sprach: Siehe, es ist einerlei Volk und einerlei Sprache unter ihnen allen, und dies ist der Anfang ihres Tuns; nun wird ihnen nichts mehr verwehrt werden können von allem, was sie sich vorgenommen haben zu tun. Wohlauf, laßt uns herniederfahren und dort ihre Sprache verwirren, daß keiner des anderen Sprache verstehe! So zerstreute sie der Herr von dort in alle Länder, daß sie aufhören mußten, die Stadt zu bauen. Daher heißt ihr Name Babel, weil der Herr daselbst verwirrt hat aller Länder Sprache und sie von dort zerstreut hat in alle Länder."

Leggewie (1990, S. 9) schreibt hierzu, die Bibelexegeten würden diese Stelle als eine Warnung vor der menschlichen „Hybris" und dem „ungehemmten Fortschrittsglauben" auslegen, als eine Warnung davor, dass eine Zivilisation ohne Gott die Menschen nicht eine. Leggewie setzt dem die soziologische Sichtweise entgegen:

> „In Chicago, wo heutzutage das höchste Haus der Welt ... steht, haben Stadtsoziologen die babylonische Verwirrung nicht mehr als katastrophale Zäsur oder pathologische Grenzsituation, sondern als sozialen Aggregatzustand der späten Moderne gedacht" (ebd., S. 11).

Auch wenn die Chicagoer Soziologen (u.a. Robert E. Park und William I. Thomas) fälschlicher Weise darauf gehofft hätten, dass die Kulturen der Einwanderer im Zuge der Modernisierung verschmelzen würden, sei doch ihre Analyse der Chicagoer Gesellschaft der 1920er Jahre richtig gewesen.

Dass Leggewie sich allerdings nicht für kulturelle Pluralität im Allgemeinen (wie sie gerade in der Chicagoer Gesellschaft nachgezeichnet wurde), sondern für *migrations*bedingte *ethnische* Pluralität interessiert, wird in der Bedeutung evident, die er den vier Einwanderungswellen in Deutschland beimisst: Nach 1945 seien zunächst die Heimatvertriebenen nach Westdeutschland eingewandert, die „anfangs durchweg unwillkommen waren und in nicht wenigen Fällen sogar bedroht und verfolgt wurden" (1990, S. 18), als zweites seien die Arbeitsmigranten aus den Anwerbeländern gekommen, als drittes die Flüchtlinge aus aller Welt und als viertes die deutschstämmigen Aussiedler und Übersiedler.

Auf die Einwanderung dieser Gruppen stützt Leggewie maßgeblich sein Konzept der multikulturellen Gesellschaft. Damit bindet er die Multikulturalität der Gesellschaft an Einwanderung und das Ethnische. Er hat aber mehr Kulturen und Einwanderungswellen im Blick, als dies bei den bislang referierten Ansätzen der interkulturellen Pädagogik der Fall war. Hatten diese vor allem die Arbeitsmigrant(inn)en und ihre Kinder fokussiert, geht es Leggewie auch um deutschstämmige Einwanderer (u.a. Spätaussiedler) und um Flüchtlinge.

## Im Dschungel der kulturellen Vielfalt

Die kulturelle Vielfalt strahlt – so Leggewie – auf verschiedene Bereiche der Gesellschaft, die Wirtschaft und die Politik etwa, aus. Hier werden „farbige Spezialitäten und Eigenheiten der Völker unterschiedslos in Waren transformiert" (1990, S. 29) und „ökonomische Konkurrenz und politische Konflikte in kulturelle ‚Unterscheidungskämpfe' übersetzt" (ebd., S. 32).

> *United Colors of Benneton* ist ein Werbeslogan der Modefirma Benetton, die erstmals eine große Werbekampagne mit Models aus aller Welt gemacht hat, um kulturelle Vielfalt für ihre Produktwerbung zu nutzen.

Die Vermarktung kultureller Pluralität erscheint unproblematisch, folgt sie doch vornehmlich den Regeln der Werbung und nicht denen der Kultur. Produkte werden dadurch attraktiv gemacht, dass sie mit einer exotischen Kultur, die für die Konsument(inn)en als erstrebenswert gilt, in Verbindung gebracht werden. Und das Multikulturelle selbst wird zum Signum von Jugendlichkeit und Modernität. Die ökonomische Konkurrenz zwischen Angehörigen unterschiedlicher Kulturen ist dagegen schon wesentlich problematischer, können sich doch hinter kulturellen Vorurteilen und Rassismen massive Interessenkonflikte etwa auf dem Arbeitsmarkt (aber nicht nur dort) verbergen. Es macht eben einen Unterschied, ob man sagt, die polnischen Arbeiter lassen sich durch niedrige Löhne ausbeuten und gefährdeten damit die Arbeitsplätze der deutschen Arbeiter, oder ob man davon spricht, dass die Polen faul sind.

Wirklich schwierig wird es, folgt man Leggewie, wenn in der politischen Arena unterschiedliche Lebensstile und Kulturen um die Vorherrschaft kämpfen. Wie sich dann Fremdheit und Feindschaft wechselseitig aufschaukeln können, beschreiben Cohn-Bendit und Schmid auf bestechende Weise in ihrem Buch:

> „Der Einheimische verfolgt die Ankunft der Fremden mit Mißtrauen. Er ahnt, daß sie bisher Selbstverständliches in Frage stellen werden und ein anderes Tempo in die Gesellschaft bringen könnten; und er argwöhnt, daß sie Konkurrenten werden könnten. Das spüren die Fremden, und deswegen gehen sie auf Distanz, schließen sich ab und werden damit erst recht zu Fremden. Weil also der Einheimische den Fremden beargwöhnt, macht er ihn noch mehr zum Fremden und sieht sich mithin von allem Folgenden in seinem Anfangsverdacht bestätigt. Mit anderen Worten: Weil der Fremde fremd ist, macht der Einheimische ihn, damit die Welt noch stimme, zum Fremden; da der Fremde aber bleibt, stimmt die Welt nicht mehr. Und umgekehrt dasselbe fast: Der Migrant, auf Durchzug eingestellt, erkennt die Fremde nicht an – weil er sie fürchtet, weil er sie für verführerisch hält, weil er gar nicht in ihr ankommen will. Er ist ein abwesender Anwesender. Er folgt allein dem Stern der Heimat, und das macht ihm die Fremde erträglich. ... Das spüren die Einheimischen, und so sehen sie sich ausgegrenzt. Dann merken sie, daß der Fremde, der doch nur ganz kurz hereinschauen wollte, bleibt, Jahr um Jahr. Das halten sie dann für ein heimtückisches Manöver. Der Fremde bleibt dabei,

daß er eigentlich nicht bleiben will, und er glaubt das auch. Damit seine Welt stimme, hält er auch dann noch lange am Traum der Rückkehr fest, wenn dieser schon längst zur Fiktion geworden ist. Dadurch stimmt für den Einheimischen die Welt nicht mehr: Die dableiben und doch gehen wollten, müssen Eindringlinge sein" (1993, S. 73f).

Während Cohn-Bendit und Schmid hier vor allem in Bezug auf die (zu Fremden und Einheimischen typisierten) Individuen argumentieren, zeichnet Leggewie einen ähnlichen Konflikt innerhalb der Religion nach.

### Religion in der multikulturellen Gesellschaft

Ähnlich wie schon in Bezug auf die ethnisch definierten Kulturen sieht Leggewie das Religiöse durch die Einwanderung pluralisiert. Eine sehr distanzierte Analyse dieser religiösen Pluralisierung und ihrer politischen Folgen wird Leggewie dadurch möglich, dass er selbst den einheimischen (christlichen) Kirchen und ihrer Macht skeptisch gegenüber steht: „Die in die reichen christlichen Nationen eingewanderten Religionsgemeinschaften reklamieren jetzt dieselben Rechte, die die altetablierten (Zivil)Religionen nie wirklich preisgegeben hatten" (1990, S. 75). Gemeint ist hiermit, dass die etablierten Religionen (genauer gesagt: Denominationen) des Protestantismus und Katholizismus weiterhin Privilegien hätten, die ihnen in einem säkularen Staat nicht zukämen. Es geht hier zum Beispiel um die Kirchensteuer und die gesellschaftlich herausgehobene Stellung der etablierten Religionsgemeinschaften, die sich etwa in Sitzen in Rundfunk- und Fernsehräten etc. manifestiert.

Durch die Einwanderung entstehe nun aber eine religiöse Pluralisierung, die durchaus ihre Rückwirkungen auf die einheimischen Religionsgemeinschaften haben könnte. Was vordem nämlich als der Normalfall angenommen werden konnte, werde durch die Einwanderung (allerdings nicht nur durch sie) immer mehr zum Spezialfall: Dass ein Mensch Mitglied einer christlichen Kirche ist. Leggewie zitiert Friedrich Wilhelm Graf, einen (konservativen) evangelischen Theologen, der in der durch Einwanderung hervorgerufenen religiösen Pluralisierung eine Gefahr sieht, die er sogleich an der Wurzel anpacken möchte:

> „Liberale Asylpraxis heißt auch: die Diffusität eines religiösen Pluralismus zu akzeptieren, in dem selbst die christliche Ökumene nur provinziell sein kann. Kirchen, die für eine liberale Asylpraxis plädieren, betreiben auch ihre eigene gesellschaftliche Marginalisierung" (zit. n. Leggewie 1990, S. 75).

Eine solche Stellungnahme lässt sich als Indiz dafür lesen, dass die etablierten Kirchen sich gegen die Zumutung religiöser Pluralität wehren. Leggewie sieht aber auch die Möglichkeit, dass die monotheistischen Religionen (also Christentum, Judentum und Islam) gemeinsam gegen alle neuen Religionsgemeinschaften und Sekten vorgehen. Für den Politologen sind dies beides aber keine Wunschszenarien. Er vertraut eher auf die säkulare Verfassung Deutschlands, die eine gute Möglichkeit zum Umgang mit religiöser Pluralisierung biete:

> „Die bei uns übliche Trennung von Staat und Kirche bietet Möglichkeiten, Moscheen zu bauen, islamische Zentren zu errichten und in den Schulen Religionsunterricht zu erteilen. Also nicht Feldzüge gegen den Aberglauben, sondern Politik der Verständigung, die moderne und reformorientierte Kräfte unter den Kindern Allahs stützt!" (1990, S. 77).

Aus heutiger Sicht muss diese Einschätzung naiv klingen: Gerade bei den genannten Punkten gibt es die größten Schwierigkeiten, wobei es nicht immer um rechtliche Angelegenheiten geht. Der Bau von Moscheen stößt sehr deutlich auf das Unbehagen der einheimischen (nicht unbedingt christlichen) Bevölkerung, sodass die Baugenehmigungsverfahren sich in die Länge ziehen bzw. negativ ausgehen (ohne dass dabei notwendigerweise auf den eigentlichen Anlass, die Ablehnung muslimischer Präsenz in Deutschland, rekurriert werden muss).

Die Erteilung von Religionsunterricht ist in allen Ländern bis auf Bremen und Berlin an den Status einer Körperschaft öffentlichen Rechts gebunden, den bislang die eingewanderten Religionsgemeinschaften nicht erhalten haben. Auch in Berlin hat es lange gebraucht, bis eine islamische Religionsgemeinschaft das Recht erhielt, Religionsunterricht zu geben. Die Diskussion hierzu dauert an (vgl. hierzu Mohr 2006).

Die religiöse Pluralisierung im Rahmen einer säkularen Verfassung verlangt Veränderungen bei einheimischen und zugewanderten Religionsgemeinschaften. „Ernstgenommene Religionsfreiheit muß auf die Muslime erweitert werden", auch wenn dies die Monopolstellung der einheimischen Kirchen untergräbt. Doch gleichzeitig „verpflichtet und erzieht diese [Religionsfreiheit; AMN] ihrerseits zur Anerkennung der Minimalprinzipien gegenseitigen Respekts" (Leggewie 1990, S. 77). Auch die eingewanderten Religionsgemeinschaften können mithin nicht mehr davon ausgehen, dass sie das Monopol auf religiöse Weltdeutungen und möglicherweise auch noch auf deren Durchsetzung haben. Religiöse Pluralisierung und Säkularität haben also auch Rückwirkungen auf die Einwanderer. „Als eingewanderte Minderheiten müssten sie sich diesen Prinzipien unterwerfen, denn: Eine Heimat ist Babylon ... nicht. Emigration geht niemals ohne Verletzung von ‚Identität' ab" (ebd.).

Wenn wir uns an dieser Stelle noch einmal an das Gleichnis von Babylon erinnern, wird bei Leggewie ein etwas anderes Verständnis von Heimat deutlich, als wir dies bei Cohn-Bendit/Schmid gesehen haben. Für Leggewie bedeutet Heimat, dass man in der altangestammten Heimat lebt oder diese in das Aufnahmeland *tradiert*. Im Gegensatz zur Tradierung von Heimat aus dem Herkunftsland geht es Daniel Cohn-Bendit und Thomas Schmid um eine ganz andere Form von Heimat, nämlich die „neue Heimat" (1993, S. 12), die sich erst *in* Babylon *neu* konstituiert. Versteht man Babylon mit Leggewie als etwas, das dem Menschen keine Heimat bieten kann, so muss man nach Wegen aus Babylon suchen. Wie zu zeigen sein wird, führen die Wege aus Babylon genau dorthin, wo Cohn-Bendit und Schmid die ‚neue Heimat Babylon' finden.

**Bildung und die Relativierung ethnisch-kultureller Zugehörigkeit**

Kein Weg aus Babylon ist für Leggewie die postmoderne Lösung, die Babylon als Ist-Zustand feiere:

> „‚Babylonisch' wären wir dann bloß noch native speakers oder Zuhörer lokalen Kauderwelschs, das nur in der sozialen Reichweite solidarischer Sprachgemeinschaften verständlich ist. [...] Verständigung ‚zwischen den Welten' wäre darauf beschränkt, solche Redensarten ethnographisch zu registrieren und sich ein Stück in sie hineinzuhören. Ihre Inhalte müßte man dabei gewissermaßen blanko hinnehmen" (1990, S. 105).

Die Postmoderne, so wie Leggewie sie interpretiert, gehe also davon aus, dass die einzelnen Sprachgemeinschaften und Ethnien nicht ineinander übersetzbar sind, dass sie sich untereinander nicht verstehen können und schon gar nicht über einen gemeinsamen Rahmen verfügen.

Noch deutlicher grenzt sich Leggewie von der Idee ab, alle Menschen seien ihrer jeweiligen Sprachgemeinschaft und Ethnie vollständig verfangen. Er beharrt darauf, dass man sich von der eigenen Ethnie und Gemeinschaft distanzieren könne. „Auch wenn alle in verschiedenen Zungen reden, bergen alle Sprachen die Möglichkeit der Selbstdistanzierung in sich. In jedem ‚Dialekt' wird zwischen dem unterschieden, das wahr ist, und dem, was für wahr gehalten wird" (ebd., S. 106). Eine solche Selbstdistanzierung kann bildungs- und politikbezogene Konsequenzen zeitigen.

Bildung meint für Leggewie im Kontext multikultureller Gesellschaften, dass man „das souveräne Spiel mit den Möglichkeiten zu lernen" hat (ebd., S. 108), d.h., dass man lernt, die unterschiedlichen (kulturellen) Lebensweisen, derer man in der Gesellschaft gewahr wird, nicht als Verpflichtungen oder gar Selbstverständlichkeiten, sondern als Optionen zu sehen und zu nutzen.

In einem Aufsatz, den der Erziehungswissenschaftler Micha Brumlik zusammen mit Leggewie veröffentlicht hat, heißt es:

> „Es können ... nur solche Spielarten des Multikulturalismus beispielhaft hervorgehoben werden, in denen die Betonung kultureller Autonomie ihren *Optionscharakter* behält, wo mit anderen Worten der zeitweilige Bezug des Individuums auf eine ethnisch-kulturelle Gemeinschaft Ausdruck einer umkehrbaren Wahl bleibt und nicht Zwangs- oder Ewigkeitswert annimmt" (Brumlik/Leggewie 1992, S. 435; H.i.O.).

Wie genau aber ein Individuum sich von ethnisch-kulturellen Gemeinschaften distanzieren können soll, wird von Brumlik/Leggewie nicht deutlich gemacht.

Dies ist eine Frage, die uns noch im Kapitel 6 beschäftigen wird. Dann muss auch geklärt werden, ob die Zugehörigkeit zu Gemeinschaften überhaupt eine Frage der *Wahl* ist, oder welche anderen Mechanismen es geben könnte, sich Gemeinschaften zu und von ihnen abzuwenden. Deutlich ist aber die Zielperspektive, die für Bildung und die multikulturelle Gesellschaft gilt: „Multikulturell ist eine Gesellschaft, in der jedem einzelnen klar wird, *daß man auch anders leben kann*" (ebd.; H.i.O.).

> Man kann die *Abschiebung von „kriminellen Ausländern"* auch als einen Versuch lesen, das Fremde – das sich hier auch in der Erscheinung der Normverletzung manifestiert, auf Distanz zu bringen. Wie anders wäre es zu erklären, dass man Straffällige, die ihr ganzes Leben in Deutschland verbracht haben, nur deshalb abschiebt, weil sie einen ausländischen Pass haben, während deutsche Straffällige in Deutschland ihre Strafe verbüßen?

Die Einsicht, dass man auch anders leben kann, ist für Leggewie keine Folge eines Relativismus, der an Beliebigkeit grenzt. „Wer ... bloß den Schluß zieht, Fremde seien im Grunde ‚Menschen wie du und ich', der schützt sich vor der Anstrengung, die Differenz auch zu durchleben" (Leggewie 1990, S. 109). Fremdheit darf also nicht zu distanzierter Gleichgültigkeit führen, sondern sollte zu einer existentiellen Beschäftigung mit der (kulturellen) Differenz hinleiten. „Durch ihre pure Anwesenheit zwingen die Fremden die Einheimischen dazu, das eigene Wertsystem zu relativieren. Dieses ist fortan nicht mehr selbstverständlich und ohne Konkurrenz", heißt es dazu bei Cohn-Bendit und Schmid (1993, S. 24). Gefragt ist die Nähe des Fremden, die befremdet. „Wer sich befreunden will, muß sich zunächst befremden lassen" (Leggewie 1990, S. 109).
Leggewie findet hier die Überleitung zu politischen Fragen der multikulturellen Gesellschaft. Den Fremden als Differenten anzunehmen und als Fremden nahe kommen zu lassen, sei nämlich nicht nur eine Frage persönlicher Einstellung, sondern politischer Entscheidung. „Solche Bildung ist naturgemäß auch eine politische" (ebd.). Denn erst dann, wenn der Fremde über die gleichen Rechte wie man selbst verfügt – und nicht in seiner Fremdheit auf dem kalten Wege der Abschiebung distanziert werden kann – ist man selbst gezwungen, das befremdende Differente zu durchleben. Es geht Leggewie nicht um den Fremden, sondern um den „fremden Bürger" (ebd.).

### Politik in der Vielvölkerrepublik: Zwischen privater und öffentlicher Sphäre

Mit dem Stichwort des „fremden Bürgers" ist Leggewie schon bei den politischen Wegen aus Babylon in die „Vielvölkerrepublik". Es geht ihm um politische „Integration ... ohne rabiate Uniformierung der Bürger", bei kultureller „Autonomie ohne ignoranten Relativismus" (1990, S. 143). Damit ist ein zentrales Element des Modells einer multiethnischen Einwanderungsgesellschaft angesprochen: Die

Gleichzeitigkeit von politischer Integration und kultureller Autonomie. Wie soll dies funktionieren? Eine zentrale Weichenstellung auf dem Weg zur Vielvölkerrepublik ist Leggewies Unterscheidung von privater und öffentlicher Sphäre, bei der er an Hannah Arendt und Michael Walzer anknüpft und die schon von Wolfgang Nieke angedeutet wird (siehe Kapitel 3.3). Im Privaten könne – und müsse – man diskriminieren, für das Private seien „nicht weiter rationalisierbare Unterschiede in Geschmack und Werturteil geradezu konstitutiv" (Leggewie 1990, S. 142), während „die öffentliche Sphäre der Politik nur Bestand haben [kann; AMN], wenn alle qua Staatsbürgerschaft gleich sind" (ebd.). Die kulturelle Autonomie ist mithin eine Frage der privaten Sphäre, die klar von der politischen Integration in der öffentlichen Sphäre zu trennen ist. Daher müssten – laut Leggewie – in der „modernen Vielvölkerrepublik ... universale Prinzipien des Marktes, der Agora und der Wissenschaft mit primordialen Lebensformen und selbstbezüglichen Kulturkonstruktionen vereinbar, aber nicht deckungsgleich sein" (ebd., S. 143). Die Vereinbarkeit von kultureller Autonomie und politischer Integration der Einwanderer wird also gerade durch die Trennung von privat und öffentlich ermöglicht. In der privaten Sphäre ist es dann möglich, seine partikularen Lebensweisen (in ethnisch-kulturellen Gemeinschaften) zu behaupten, während diese in der öffentlichen Sphäre nicht zählen dürfen.

Die Trennung von öffentlicher und privater Sphäre in einer multiethnischen Einwanderungsgesellschaft lässt sich wie folgt (Abbildung 4) darstellen:

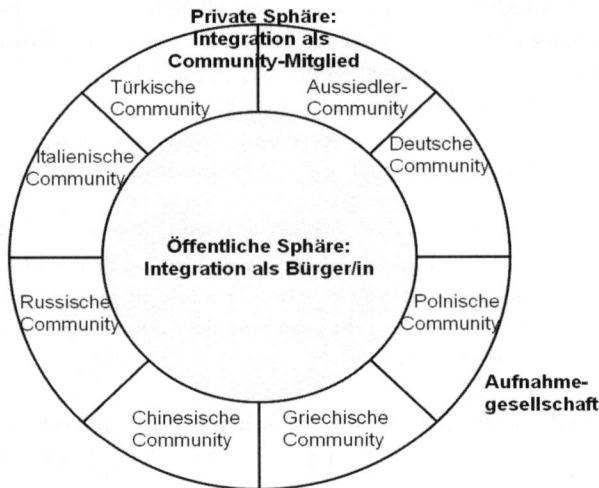

**Abbildung 4:** Trennung von privater und öffentlicher Sphäre in der multiethnischen Einwanderungsgesellschaft

# Das Modell der multiethnischen Einwanderungsgesellschaft

Dass die partikularen Lebensweisen in der öffentlichen Sphäre nicht zählen dürfen, weist in zwei Richtungen zugleich: Einerseits dürfen Wertvorstellungen der ethnisch-kulturellen Gemeinschaften in der öffentlichen Sphäre nicht auf selbstverständliche Geltung pochen; andererseits dürfen Bürger/innen in der öffentlichen Sphäre nicht aufgrund ihrer Zugehörigkeit zu einer ethnisch-kulturellen Gemeinschaft (die ja Privatsache ist) diskriminiert werden.
Dementsprechend stellt Leggewie vier Forderungen für die Vielvölkerrepublik:
1. Einbürgerung nach fünfjährigem Aufenthalt (ohne Bindung an Arbeit etc.);
2. regulierte und quotierte Einwanderung;
3. „Antirassismus ... als eine habitualisierte Selbstverständlichkeit" (ebd., S. 153);
4. „durch staatliche Intervention das ökonomische Handeln von Einwanderern anzuschieben und damit Initiale zur Selbsthilfe zu zünden – durch verbesserte Startchancen in den Ausbildungsgängen, durch Niederlassungsprämien oder durch die temporäre Begünstigung ethnischer Nischenökonomien" (ebd., S. 152).

Die ersten drei Forderungen sind sicherlich schon durch die Idee, öffentliche und private Sphäre zu trennen, verständlich. Sie zielen darauf ab, dass es in der öffentlichen Sphäre prinzipiell zu einer Integration aller Bevölkerungsteile als Bürger/innen kommen kann. Die vierte Forderung scheint dieser Trennung von öffentlich und privat jedoch entgegen zu laufen. Warum sollte man Gemeinschaften, die der privaten Sphäre zuzurechnen sind, fördern? Und warum bezieht sich diese Förderung nicht nur auf die Kultur der Gemeinschaften, sondern insbesondere auf jene Tätigkeiten, die dezidiert auf die öffentliche Sphäre verweisen: Wirtschaft und Bildung?
Der Autor begründet dies damit, dass Mitglieder bestimmter Gemeinschaften nur dann vollständig an der öffentlichen Sphäre teilnehmen können, wenn sie aufgrund ihrer Zugehörigkeit zu diesen Gemeinschaften gestützt werden. Gemeint ist damit, dass diese Personen – aufgrund von Diskriminierung oder weil die Sprache und die kulturellen Handlungsweisen der Gemeinschaft nicht zur Gesellschaft passen – schlechtere Chancen auf Beteiligung in der öffentlichen Sphäre hätten, wenn sie nicht speziell gefördert würden. Zum Beispiel ist hier an jene Arbeitsmigrant(inn)en zu denken, die, weil sie per se aus der Arbeiterschicht kommen, nicht genügend Kapital haben, um eine wirtschaftlich selbständige Existenz zu gründen. Hier geht es Leggewie darum, dass die Staaten,

> „wenn die Umstände es rechtfertigen, auf sozialem, wirtschaftlichem, kulturellem und sonstigem Gebiet besondere und konkrete Maßnahmen [treffen; AMN], um die angemessene Entwicklung bestimmter ethnischer Minderheiten oder ihnen zugehöriger Einzelpersonen sicherzustellen, damit gewährleistet wird, daß sie in vollem Umfang und gleichberechtigt in den Genuß der Menschenrechte, der Grundfreiheiten und der wirtschaftlichen und sozialen Rechte kommen" (ebd., S. 162).

Wenn man dieses Modell einer multiethnischen Einwanderungsgesellschaft, die zwischen privater und öffentlicher Sphäre trennt, durchbuchstabiert, so vollzieht sich in ihr Integration auf zweierlei Weise: Alle Einwohner/innen sind als Individuen in die öffentliche Sphäre integriert, d.h. sie sind Marktteilnehmer/innen, können sich bilden und sind politisch partizipierende Bürger/innen. Zugleich sind alle Einwohner/innen irgendeiner der zahlreichen Gemeinschaften in der privaten Sphäre zugehörig. Dort können sie ihren partikularen Lebensweisen nachgehen, soweit dies nicht die Belange der Öffentlichkeit betrifft. Dort finden sie auch dann öffentliche Unterstützung, wenn ihre Gemeinschaft gegenüber anderen Gemeinschaften benachteiligt ist.

Wie schwierig diese Trennung zwischen privater und öffentlicher Sphäre in der multiethnischen Einwanderungsgesellschaft ist, zeigt sich schon darin, dass auch Leggewie seine Position nicht ganz durchzuhalten vermag. Hatte er noch, wie gezeigt, in seinem Buch argumentiert, dass Menschen innerhalb der öffentlichen Sphäre auf besondere Weise unterstützt werden dürfen, weil sie in der privaten Sphäre einer Gemeinschaft zugehörig sind, deren Mitglieder (z.B. aufgrund von Armut oder fehlender Bildung) nicht vollständig an der öffentlichen Sphäre teilnehmen können, spricht er sich an anderem Ort dagegen aus. Dort argumentieren Brumlik und Leggewie (1992), dass gerade eine solche Unterstützung von Personen aufgrund ihrer ethnisch-kulturellen Zugehörigkeit in der öffentlichen Sphäre keinen Raum habe. Nur die Hilfe für die ethnisch-kulturelle Gemeinschaft selbst, die also in der privaten Sphäre verbleibt, ist für sie legitim. Die öffentliche Sphäre kenne insofern nur Individuen, keine ethnisch-kulturellen Zugehörigkeiten.

**Sozialphilosophische Hintergründe des Modells der multiethnischen Einwanderungsgesellschaft**

Noch komplizierter wird diese Frage nach der Trennung von privater und öffentlicher Sphäre, wenn man die sozialphilosophischen Hintergründe des Modells einer multiethnischen Einwanderungsgesellschaft betrachtet. Charles Taylor geht in seinem Essay „Multikulturalismus und die Politik der Anerkennung" zunächst einmal von der Trennung zwischen privater und öffentlicher Sphäre aus, wobei in beiden Sphären Formen der Anerkennung zu finden und zu suchen sind:

> „erstens in der Sphäre der persönlichen Beziehungen, wo wir die Ausbildung von Identität und Selbst als einen Prozeß begreifen, der sich in einem fortdauernden Dialog und Kampf mit signifikanten Anderen vollzieht; zweitens in der öffentlichen Sphäre, wo die Politik der gleichheitlichen Anerkennung eine zunehmend wichtigere Rolle spielt" (1993, S. 27).

Ihm selbst geht es aber nur um die öffentliche Sphäre und um die Frage, welchen Bezug unterschiedliche Kulturen zu dieser öffentlichen Sphäre haben können.

## Das Modell der multiethnischen Einwanderungsgesellschaft

In der öffentlichen Sphäre, in der Individuen als Bürger/innen integriert werden, gilt die Anerkennung dem Einzelnen, der als freies und unabhängiges Wesen gedacht wird. Damit ist die öffentliche Sphäre durch das liberale Denkmodell geprägt, in dessen Zentrum das frei entscheidende Individuum steht. Doch lassen sich zwei Modelle des Liberalismus unterscheiden, ein substantieller Liberalismus, dem es um *bestimmte* Werte geht, und ein prozeduraler Liberalismus, der nur festlegt, wie man zu *irgendwelchen* Werten im Rahmen eines demokratischen *Verfahrens* kommt:

> „Wir alle hegen bestimmte Ansichten von den Zielen und Zwecken des Lebens, davon, wie das gute Leben beschaffen ist, nach dem wir und andere streben sollten. Aber wir kennen unabhängig davon, wie wir unsere Ziele und Zwecke bestimmen, auch ein Engagement für einen fairen und gleichberechtigten Umgang miteinander. Dieses Engagement könnte man ‚prozedural' nennen, während das Engagement für bestimmte Lebensziele ‚substantiell' ist" (ebd., S. 49).

Das Problem ist nun, dass letztlich alle kollektiven Gemeinschaften substanzielle Ziele haben. Und da die einzelnen Bürger (in ihrer privaten Sphäre) diesen Gemeinschaften angehören und unter Umständen diese substanziellen Ziele auch in der öffentlichen Sphäre verfolgen (z.B. bestimmte Kleidungsstile), werden die substanziellen Ziele sehr schnell zum Problem der öffentlichen Sphäre.

Es wäre nun möglich, diese substantiellen Ziele, wenn sie in die öffentliche Sphäre eingebracht werden, nach dem liberalen Prozedere (d.h. nach demokratischen Regeln, etwa in einer Mehrheitsentscheidung) zu behandeln. Wenn dann allerdings diese substanziellen Ziele keine Anerkennung durch die Mehrheit finden, wird die kollektive Gemeinschaft möglicherweise die liberalen Verfahrensregeln der öffentlichen Sphäre selbst in Frage stellen. Dies kann sie tun, indem sie dem prozeduralen Liberalismus vorwirft, selbst kulturgebunden (nämlich in der Kultur Westeuropas verankert) zu sein. So sei zum Beispiel die Trennung von privat und öffentlich bereits ein Produkt des Westens, der in anderen Regionen und Kulturen der Welt so nicht gelte.

In diesem Moment kommt es auf die Frage an, ob den kollektiven Gemeinschaften nicht doch innerhalb der öffentlichen Sphäre Anerkennung gezollt werden sollte? Taylors Umgang mit dieser Frage ist vorsichtig:

> „Als Annahme formuliert, besagt der Anspruch, daß alle menschlichen Kulturen, die ganze Gesellschaften über längere Zeiträume mit Leben erfüllt haben, allen Menschen etwas Wichtiges zu sagen haben. Mit dieser Formulierung möchte ich bestimmte kulturelle Milieus innerhalb einer Gesellschaft oder auch kurze Phasen innerhalb der Entwicklung einer Kultur ausschließen" (ebd., S. 63).

Doch will Taylor diese Generalannahme prozedural verstehen, d.h. als „Ausgangshypothese" (ebd.), mit der man sich jeder Kultur nähern sollte.

Dies bedeutet zugleich, dass jede Kultur zwar das Recht auf die wertschätzende „Ausgangshypothese" habe, nicht aber auf ein entsprechendes Urteil: Es sei „nicht sinnvoll zu behaupten, sie [die Kultur; AMN] habe einen Rechtsanspruch darauf, daß wir am Ende zu dem Urteil gelangen, sie sei tatsächlich wertvoll oder genauso wertvoll wie irgendeine andere Kultur" (ebd., S. 66). Die Ausgangshypothese birgt also noch nicht das Endurteil in sich.

Taylor geht noch weiter und stellt in Frage, ob man überhaupt zu einem abschließenden wertschätzenden Urteil kommen könne:

> „Die gebieterisch vorgetragene Forderung nach positiven Werturteilen wirkt paradoxer-, vielleicht sollte man sagen: tragischerweise homogenisierend. Denn sie unterstellt, daß wir die Maßstäbe, mit denen sich solche Urteile fällen lassen, schon besäßen. Die Maßstäbe, über die wir verfügen, sind indessen die der nordatlantischen Zivilisation. Deshalb werden unsere Urteile die anderen Kulturen implizit und unbewußt in unsere eigenen Kategorien zwängen. Indem sie stillschweigend alle Zivilisationen und alle Kulturen an unseren eigenen Kriterien mißt, kann die Politik der Differenz darin münden, daß sie alle gleichmacht" (ebd., S. 69).

Diese Skepsis gegenüber wertschätzenden Urteilen, die wir schon von Wolfgang Niekes „agnostizistischem Kulturrelativismus" (siehe Kapitel 3.3) her kennen, müsste allerdings auch auf abwertende Urteile bezogen werden (dies tut Taylor jedoch nicht). Wenn der Anspruch, die universellen Kriterien zur Beurteilung von Kulturen gefunden zu haben, falsch ist, dann ist er sowohl bei wertschätzenden als auch bei abschätzigen Urteilen falsch.

Das genaue Studium anderer Kulturen, das mit deren Anerkennung beginnt, aber nicht unbedingt zu einem positiven Werturteil kommen muss, würde – so Taylor – zu einer Veränderung der eigenen Horizonte führen, die (im Sinne Hans-Georg Gadamers) mit den Horizonten der anderen Kulturen verschmelzen. Und es würde zu dem „Eingeständnis" führen, dass „wir von jenem letzten Horizont sehr weit entfernt sind, vor dem sich der relative Wert unterschiedlicher Kulturen deutlich erweisen würde" (Taylor 1993, S. 71).

Obwohl es in dieser Argumentation einige Ähnlichkeiten mit der Relativierung der kulturellen Zugehörigkeit, wie wir sie bei den bundesdeutschen Protagonisten der multiethnischen Einwanderungsgesellschaft unter dem Stichwort der „Bildung" schon kennen gelernt haben, gibt, geht es Charles Taylor hier doch um etwas anderes, politisch gesehen Radikaleres: Denn nicht die Individuen relativieren hier ihre kulturelle Zugehörigkeit, indem sie ihre Werthorizonte verändern. Die öffentliche Sphäre selbst nimmt in Kauf, durch die mögliche Anerkennung der partikularen Ziele kollektiver Gemeinschaften sich zu verändern. Dies würde zwar den Vorwurf, die öffentliche Sphäre selbst sei mit ihrem prozeduralen Liberalismus eurozentrisch, entkräften. Doch würde es auch zu einer Aufhebung der Trennung von privater und öffentlicher Sphäre führen.

## Die schwierige Trennung der Sphären in der interkulturellen Pädagogik

Fasst man die Ansätze von Brumlik, Leggewie, Schmid, Cohn-Bendit und Taylor zusammen, so werden die Konturen und Problemzonen ihres Gesellschaftsmodells deutlich: Für alle genannten Autoren ist die Gesellschaft multikulturell. Bei genauerer Betrachtung erweist sich diese Multikulturalität aber als eine Multiethnizität, setzen die Autoren doch das Kulturelle mit dem Ethnischen in eins. Diese Multiethnizität wiederum ist, folgt man den Autoren, durch die Einwanderung hervorgerufen. Deshalb spreche ich ja auch von einem Modell der *multiethnischen Einwanderungsgesellschaft*.

Innerhalb der multiethnischen Einwanderungsgesellschaft wird das Verhältnis von Bürger(inne)n, kulturell-ethnischer Gemeinschaft und Staat zunächst einmal durch das Prinzip der Trennung von öffentlicher und privater Sphäre geordnet. Innerhalb der privaten Sphäre dominiert das Partikulare und die Menschen können den Belangen ihrer ethnisch-kulturellen Zugehörigkeit nachgehen. Innerhalb der öffentlichen Sphäre hingegen werden die Einwohner/innen als individuelle Bürger/innen integriert. Dies macht es einerseits notwendig, dass alle Einwohner/innen nach einer gewissen Zeit zu Staatsbürger(inne)n (gemacht) werden. Andererseits wird (zunächst) einmal die ethnisch-kulturelle Zugehörigkeit für die öffentliche Sphäre als irrelevant, genauer: als Sache der privaten Sphäre, erklärt. Die Position der interkulturellen Pädagogik und ihrer zentralen Organisationen (Schule, Jugendarbeit, Kindertagesstätte etc.), ließe sich nun sehr einfach klären, wenn man entschieden hätte, ob Bildung Privatsache oder öffentliche Aufgabe ist. Sollte sie eine Privatangelegenheit sein, wäre sie der privaten Sphäre zuzurechnen und den Eingriffen der öffentlichen Sphäre entzogen. Sie könnte vollständig an die partikularen Zielvorstellungen ethnisch-kultureller Gemeinschaften gebunden werden. Wäre sie eine öffentliche Angelegenheit, wäre sie der öffentlichen Sphäre zuzurechnen. Die kulturell-ethnischen Gemeinschaften hätten dann, da sie in der abgetrennten privaten Sphäre zu ihrem Recht kommen, keinerlei Möglichkeit, Einfluss auf pädagogische Organisationen auszuüben. Doch werden die Sphären, wie wir bei allen Autoren gesehen haben, nicht strikt getrennt. Drei Punkte habe ich aufgezeigt, an denen die Grenze von privater und öffentlicher Sphäre überschritten wird. Sie werden im Folgenden auf die mit ihnen verbundenen Grundstrukturen interkultureller Pädagogik zu beziehen sein:

1. Die Grenze zwischen öffentlicher und privater Sphäre wird überschritten, wenn ethnische Gemeinschaften innerhalb der privaten Sphäre, jedoch mit Mitteln der öffentlichen Sphäre, unterstützt werden, damit sie ihre Kultur entfalten können. Sobald materielle oder immaterielle Hilfe an die Organisationen in der privaten Sphäre (u.a. Organisationen der ethnisch-kulturellen, aber auch der religiösen Gemeinschaften) vergeben wird, damit diese Organisationen den Angehörigen ihrer Gemeinschaften ethnisch-kulturell oder religiös geprägte Bildung zukommen lassen kann, ist die Grenze zwischen öffentlicher und privater Sphäre überschritten.

Beispiel hierfür ist die finanzielle Förderung der Bildungsmaßnahmen von Kirchen, aber auch von Migrantenkulturvereinen, von ethnisch geprägten Jugendzentren etc. Auch wenn die Minderheitssprachen durch Zuschüsse seitens der öffentlichen Hand gefördert werden, handelt es sich um eine solche Grenzüberschreitung.
2. Die Grenze zwischen öffentlicher und privater Sphäre wird überschritten, wenn Individuen, die zugleich Angehörige ethnischer Gemeinschaften sind, in der öffentlichen Sphäre deshalb eine besondere Unterstützung erfahren, weil sie als Angehörige ethnischer Gemeinschaften in der öffentlichen Sphäre (nicht unbedingt persönlich, aber in der Mehrheit der Angehörigen, d.h. statistisch gesehen) benachteiligt sind.

> *Positive Diskriminierung* liegt dann vor, wenn Mitglieder einer – ansonsten benachteiligten – sozialen Gruppe (Frauen, Schwarze, Migranten o.ä.) aufgrund ihrer Gruppenzugehörigkeit gegenüber anderen Personen bevorzugt behandelt werden. Dies geschieht z.B. mit Quotenregeln, etwa wenn an jeder Schule mindestens so viele Migrantenkinder aufgenommen werden müssen, wie es ihrem Anteil an dem Gesamtjahrgang entspricht, oder wenn bestimmte Studienplätze bestimmten ethnischen Gruppen vorbehalten bleiben.

Dieser Fall tritt in der Pädagogik dann ein, wenn Angehörige von Minderheitenkulturen Förderunterricht etwa in der Mehrheitssprache erhalten, wenn sie Nachhilfeunterricht erhalten, um ihre Schulabschlüsse denjenigen der Mehrheit anzupassen, wenn sie finanziell gefördert werden, um den schwachen finanziellen Hintergrund der jeweiligen kulturellen Gemeinschaft nicht zur Hürde für Existenzgründungen, Fortbildungen, etc. werden zu lassen. Jenseits finanzieller Förderung kann dieser Fall aber auch bei allen Formen *positiver Diskriminierung* durch Quotenregelungen eintreten.
3. Die Grenze zwischen öffentlicher und privater Sphäre wird überschritten, wenn ethnische Gemeinschaften und/oder ihre kulturellen Werte Anerkennung innerhalb der öffentlichen Sphäre finden und auf diese Weise die öffentliche Sphäre selbst sich verändert.
Im pädagogischen Bereich beginnt diese Grenzüberschreitung bereits dort, wo die Sprachen der ethnischen Gemeinschaften anerkannt und im Rahmen muttersprachlichen Ergänzungsunterrichts angeboten werden. Selbstverständlich liegt derselbe Fall im durch die Kirchen organisierten Religionsunterricht vor.
Dies sind aber noch pädagogische Bereiche, die deutlich vom Allgemeinpädagogischen abgegrenzt sind. Viel weiter gehende Grenzüberschreitungen gibt es dann, wenn der Unterricht, an dem alle Kinder teilnehmen, interkulturell gemacht oder sprachlich pluralisiert wird. In Schulen, in denen man kulturelle Feste feiert (sei dies Ostern oder Nevrouz) oder neben der Mehrheitssprache auch Minderheitensprachen spricht, haben die ethnischen Gemeinschaften öffentliche Anerkennung gefunden. Während es hier zu einer Veränderung der öffentlichen

Organisationen kommt, geht diese Grenzüberschreitung dort noch wesentlich weiter, wo ethnisch-kulturelle oder religiöse Gemeinschaften die Aufgaben der öffentlichen Sphäre (mit deren Unterstützung) vollständig übernommen haben. Immer dann, wenn die Gemeinschaften Aufgaben etwa der Sozialhilfe im Rahmen des Subsidiaritätsprinzips übernehmen (z.b. kirchliche Altersheime, islamische Eheberatungsstellen, jüdische Krankenhäuser) wird das Partikulare in der öffentlichen Sphäre anerkannt.

Die hier genannten Grenzüberschreitungen zwischen privater und öffentlicher Sphäre sind im Modell der multiethnischen Einwanderungsgesellschaft zwar nicht in jedem Fall Konsens, aber gehören doch integral zu ihm dazu. Interkulturelle Pädagogik arbeitet geradezu mit diesen Grenzüberschreitungen. Dass dies der interkulturellen Pädagogik auch zum Vorwurf gemacht werden kann, damit werden wir uns im folgenden Kapitel auseinandersetzen.

**Zusammenfassung und Literaturvorschläge:**

*In der klassischen interkulturellen Pädagogik wird die Kultur der (eingewanderten) Minderheiten als different betrachtet. Da die Gesellschaft durch die Einwanderung kulturell pluralisiert worden sei, ohne dass eine dieser Kulturen (auch nicht die Mehrheitskultur) als überlegen gelten könne, müsse man die heranwachsende Generation dazu befähigen, mit der kulturellen Pluralität umzugehen. Interkulturelle Pädagogik, die die Differenz zwischen den Kulturen hervorhebt, richtet sich an alle Gesellschaftsmitglieder, d.h. auch an die Einheimischen bzw. andere Angehörigen der Mehrheitskultur. Die Prämisse, es gelte die prinzipielle Gleichwertigkeit aller Kulturen in unserer Gesellschaft anzuerkennen und mit kulturellen Differenzen leben zu lernen, verweist auf das Gesellschaftsmodell einer multikulturellen Gesellschaft, die die ethnisch-kulturelle Pluralisierung auf die Einwanderung zurückführt.*

*Zum detaillierteren Verständnis der klassischen interkulturellen Pädagogik sei folgende Literatur der Lektüre empfohlen:*

Hohmann, M./Reich, H. H. (Hg.) (1989): Ein Europa für Mehrheiten und Minderheiten. Diskussionen um interkulturelle Erziehung. Münster/New York
  *Ein Sammelband, der Bezüge zur europäischen Diskussion und ihre Bedeutung für die bundesdeutsche Pädagogik aufzeigt.*
Nieke, W. (2008): Interkulturelle Erziehung und Bildung. Wertorientierungen im Alltag. Wiesbaden
  *Ein mittlerweile in 3. Auflage erschienener Klassiker, in dem interkulturelle Pädagogik auf ein systematisches Fundament gestellt wird.*
Auernheimer, G. (2007): Einführung in die interkulturelle Pädagogik. Darmstadt
  *Ein bereits in 5. Auflage erschienenes Einführungsbuch, das z.T. bereits über die klassische interkulturelle Pädagogik hinausgeht.*
Banks, J. A./Mc Gee Banks, C. A. (Hg., 2005): Handbook of Research on Multicultural Education. New York.
  *Dieses Handbuch gibt einen guten Überblick über die interkulturelle Pädagogik in verschiedenen Ländern.*

# 4 Antidiskriminierungspädagogik

*Die Antidiskriminierungspädagogik stellt die Annahme, es gäbe kulturelle Zugehörigkeiten und diese hätten eine hohe Bedeutung für Erziehung und Bildung, in Frage. Sie entlarvt Kultur sowie Ethnie als bloße Konstruktionen, derer sich die Bildungsorganisationen bedienen. Eigentlich ginge es den Bildungsorganisationen nur darum, ihre organisationsinternen Probleme (Klassenzuweisung, Schülerüber- oder -unterzahl etc.) zu lösen, doch benutzen sie eine ethnisierende Semantik, um diese Problemlösungen zu legitimieren.*

*In diesem Kapitel werde ich zunächst die der Antidiskriminierungspädagogik unterliegende konstruktivistische Perspektive auf die gesellschaftliche Pluralität nachzeichnen und einen Zusammenhang mit Fragen der Diskriminierung herstellen (Kapitel 4.1). Dann gehe ich auf eine wegweisende empirische Studie zu Diskriminierung an den Schulen einer deutschen Stadt ein, die konstruktivistische Überlegungen mit einer organisationstheoretischen Perspektive verknüpft (Kapitel 4.2). Gerade diese Organisationstheorie ist für das gesellschaftstheoretische Modell, das der Antidiskriminierungspädagogik unterliegt, charakteristisch (Kapitel 4.3). Schließlich werde ich auf einige Vorschläge eingehen, die der hier diskutierte Ansatz zur Bekämpfung von Diskriminierung im Bildungswesen macht (Kapitel 4.4).*

## 4.1 Diskriminierung und die Konstruktion ethnischer Unterschiede

Die Assimilationspädagogik wie auch die klassische interkulturelle Pädagogik gehen davon aus, dass Menschen eine Kultur haben. Sie ziehen daraus zwar unterschiedliche Konsequenzen – die Assimilationspädagogik betrachtet die Kultur der Migranten als defizitär, die interkulturelle Pädagogik als different –, doch sind sich beide darin einig, dass es Kulturen gibt und dass sich Menschen nach ihrer kulturellen Zugehörigkeit unterscheiden lassen. Genau dies aber bestreitet der erziehungswissenschaftliche Ansatz, der im Zentrum dieses Kapitels steht. Er bestreitet, dass Menschen eine Kultur haben und dass sie sich nach ihrer Kultur unterscheiden (lassen).

Man könnte nun vermuten, dass dieser erziehungswissenschaftliche Ansatz statt Kultur auf eine andere (Unterscheidungs-) Kategorie setzt, zum Beispiel auf diejenige der Schicht. Dann müsste es heißen: Die Menschen haben keine Kultur, sondern eine Schichtzugehörigkeit, nach der sie sich unterscheiden (lassen). Doch dieser erziehungswissenschaftliche Ansatz ist radikaler. Er stellt nicht nur den Kulturbegriff in Frage, sondern er bezweifelt, dass irgendetwas *ist*, dass man irgendetwas quasi naturwüchsig *hat* (etwa eine Kultur oder Schichtzugehörigkeit). Stattdessen geht er davon aus, dass Menschen sich und andere mit der Kategorie „Kultur" oder „Schicht" *beschreiben*, dass sie nicht einer Kultur zugehörig sind, sondern sich und anderen diese Zugehörigkeit *zuschreiben*.

Wo nichts mehr ist, sondern nur etwas so – oder auch anders – gesehen, beschrieben und zugeschrieben wird, haben wir es mit einem entschieden konstruktivistischen Ansatz in der Erziehungswissenschaft zu tun. Für ihn ist Kultur ein Konstrukt wie jedes andere auch.

Wenn der Konstruktivismus davon ausgeht, dass nichts wirklich *ist*, sondern nur auf eine bestimmte Art und Weise *gesehen*, *beschrieben* und *zugeschrieben* wird, dann wird es unmöglich, nach der Wirklichkeit zu fragen. Denn es gibt dann nur noch Beschreibungen von Wirklichkeit. Und diese können so, aber auch anders ausfallen. Man kann Menschen über ihre Kultur beschreiben, aber auch über ihre Schichtzugehörigkeit oder ihr Geschlecht. Das hat zwar unterschiedliche Folgen, doch ist das eine für diesen Ansatz nicht wahrer und wirklichkeitsnäher als das andere.

Wie aber kommen Beschreibungen der Wirklichkeit bzw. Konstrukte zustande? Das ist genau die Frage, die der konstruktivistische Ansatz untersucht. Er fragt zum Beispiel nicht, was der Migrant ist, sondern *wie* er beschrieben wird und *wie* es kommt, dass er so und nicht anders beschrieben wird.

Als ‚Verursacher' der Konstruktionen kann dann aber nicht mehr der Konstruierte gelten, sondern nur noch der Konstruierende. Nicht der Beschriebene, sondern der Beschreibende produziert Beschreibungen. Aus diesem Grund wendet sich der konstruktivistische Ansatz von den (beschriebenen) Migrant(inn)en ab und den diese beschreibenden Einheimischen zu. Denn ohne diese so (und nicht anders) Beschreibenden gäbe es die so (und nicht anders) Beschriebenen nicht.

Nun wäre es falsch, den im vorangegangenen Kapitel im Zusammenhang der klassischen interkulturellen Pädagogik vorgestellten Autor(inn)en zu unterstellen, sie würden all das, worüber sie schreiben, für Wirklichkeit halten. Selbstverständlich gehen auch viele von ihnen (z.B. Nieke mit seinem Lebensweltkonzept) davon aus, dass Menschen die Wirklichkeit nicht sehen, wie sie ist, sondern konstruieren. Sonst wäre so etwas wie die Pluralität von Kulturen kaum denkbar. Denn typisch für kulturelle Pluralität ist ja, dass ein und derselbe Sachverhalt (zum Beispiel eine Eheschließung) in jeder Kultur anders gesehen wird – wobei dann gefragt werden muss, ob es sich hier überhaupt um ein und denselben Sachverhalt handelt, wenn die einen „wedding", die anderen „Hochzeit", wiederum andere „nikah" sagen.

Ganz typisch für den Ansatz der konstruktivistischen Erziehungswissenschaft, insbesondere in seiner systemtheoretischen Version, ist aber, dass er nicht den einzelnen Menschen oder kleinere Gruppen von Menschen dabei beobachtet, wie sie sich und ihre Welt beschreiben, sondern etwas anderes: Er beobachtet die öffentlichen Diskurse zur Einwanderung und/oder die Konstruktionen, die öffentliche Organisationen im Umgang mit Migrant(inn)en gebrauchen. Zur theoretischen Konzeptionalisierung dieser Beobachtungen zieht dieser Ansatz neben konstruktivistischen auch systemtheoretische Argumente heran. Ich behandle im Folgenden nur diese konstruktivistisch bzw. systemtheoretisch inspirierten Arbeiten in der interkulturellen Pädagogik. Das breite Feld anderer Antidiskriminierungsansätze (vgl. etwa Kalpaka/Räthzel 1994; Räthzel 2000; Miles 1993; Essed/Mullard 1991; Einig 2005; Hormel/Scherr 2010) bleibt dabei ausgeklammert.

**Kulturalisierung in der Ausländerpädagogik**

Die frühen Analysen der konstruktivistischen Erziehungswissenschaft setzen noch bei der Ausländerpädagogik (siehe Kapitel 2.2) an, wobei sie vornehmlich deren Kulturbezug fokussieren. Charakteristisch für die konstruktivistische Betrachtungsweise ist, dass hier nicht die Gültigkeit oder Wahrhaftigkeit einer Theorie oder eines öffentlichen Diskurses hinterfragt wird – diese Frage erübrigt sich nämlich, wenn man (wie die Konstruktivisten) davon ausgeht, dass darüber, ob eine Aussage der Wirklichkeit entspreche, nicht entschieden werden kann. Statt nach der (empirischen) Geltung fragt man nach den Folgen und Konsequenzen, die eine jede Beschreibungsweise der Wirklichkeit hat.
Den Publikumserfolg der Studie von Schrader, Nikles und Griese (1976) beispielsweise, die wir in Kapitel 2.3 kennen gelernt haben, erklären Czock/Radtke (1984, S. 39) mit deren Folgen:

> „Indem Schrader u.a. ‚kulturelle Identität' und ‚Einreisealter' miteinander verknüpfen, erwirtschaften sie einen Anwendungs- und Praxisbezug ihrer Theorie und suggerieren Prognosefähigkeit ihrer Klassifikationen, die bei den in Nöte geratenen Migrationspädagogen auf offene Ohren treffen mußten".

Indem hier mit dem Kulturkonzept und dem Zeitpunkt der Migration in ein anderes Land ein scheinbar unausweichlicher Kulturkonflikt in der Person der Migrantenkinder verortet wird, werden diese zu handhabbaren Objekten der Pädagogik sowie der Politik.
Die Politik habe hierauf mit einer Herabsetzung des Nachzugsalters reagiert (und dies mit der Schraderschen These begründet, nur so könnten die kleinen ‚Ausländerkinder' sich assimilieren). Die Pädagogik, die gerade in der Schule davon ausgeht, dass alle Kinder gleich sind, habe mit dem Schraderschen Modell eine Erklärung dafür gefunden, warum diese Gleichheitsannahme so nicht mehr funktioniere (das heißt, nicht zu gleichen Leistungsergebnissen bei allen Kindern

führe). Ähnliches habe sich auch mit anderen Studien machen lassen, die den Kulturkonflikt der Migrantenkinder hervorgehoben haben.

„Gemeinsam ist den skizzierten Kulturkonzepten die Tendenz zur Verdinglichung, in der Kultur und Identität wie quasi natürliche Invarianten als Merkmale an den Subjekten kleben und sie in Konflikte und Schwierigkeiten treiben. Im Ergebnis werden die Fremden als Objekte von (Hilfs-) Maßnahmen hergerichtet" (Czock/Radtke 1984, S. 40).

Der schulische Misserfolg dieser Kinder ist dann nicht mehr als ein von der Schule erzeugtes Problem, sondern als eines der Kinder zu sehen.

„Indem auf den vermeintlichen Kulturkonflikt ausländischer Kinder als ‚tiefere Ursache' des schulischen Mißerfolgs verwiesen werden kann, schließt sich eine empfindliche Erklärungslücke, ohne daß der gewohnte Ablauf der ‚Beschulung' dieser Kinder problematisiert werden müßte" (ebd., S. 42).

Zugleich habe sich mit der Kulturkonflikthypothese ein „neuer Markt eröffnet" (ebd., S. 43), in dem eine Gilde von Ausländerpädagog(inn)en und interkulturellen Pädagog(inn)en ein neues Betätigungsfeld gefunden und Erziehungswissenschaftler/innen ihre Bücher verkauft haben. Entsprechend betitelt Frank-Olaf Radtke (1985) einen seiner Aufsätze: „Der Konzern der Vermittler – Oder: Wen fördert die Ausländerpädagogik?" und gibt darauf die Antwort: die Ausländerpädagog(inn)en.

**Dekonstruktion des Modells der multikulturellen Gesellschaft**
Diese Beschäftigung der Erziehungswissenschaft mit ihrer eigenen Zunft wird begleitet von sozialwissenschaftlichen, z.T. empirisch gestützten Studien zu dem Modell der multikulturellen Gesellschaft, das zusammen mit der interkulturellen Pädagogik in den 1980er und 1990er Jahren populär wurde (siehe Kapitel 3). Wie schon in Bezug auf die Ausländerpädagogik versucht auch hier die konstruktivistische Erziehungswissenschaft der Devise treu zu bleiben, die Wirklichkeit sei nicht greifbar, sondern nur auf unterschiedliche Weise und ohne endgültige Gewissheit beschreibbar. Mithin könne es nicht um die empirische Gültigkeit, sondern um die Konsequenzen des multikulturellen Denkmodells gehen.
In ihrer Analyse des „gesellschaftlichen Umgangs mit dem Wanderer" stellen Wolf-Dietrich Bukow und Robert Llaryora (1988, S. 10) zunächst einmal fest, dass zwischen autochthonen (alteingesessenen) und zugewanderten Menschen unterschieden wird. In dieser Beobachtung zeigt sich wieder die Radikalität des Konstruktivismus. Selbst das, was uns als völlig klar erscheint, wird als Konstruktion aufgedeckt, die kontingent, d.h. auch anders möglich ist: Man könnte auch zwischen Männern und Frauen, Grünäugigen und Blauäugigen, Haupt-

schulabsolventen und Akademikern unterscheiden – und tut dies bisweilen auch. Aber in der multikulturellen Gesellschaft geht es vornehmlich um die Unterscheidung zwischen Einheimischen und Einwanderern. Dabei würden die Einheimischen – unter Nichtberücksichtigung ihrer kulturellen Identität – als Bürger/innen gesehen. Demgegenüber schreibe man den Migrant(inn)en ethnisch-kulturelle Eigenschaften zu. Wenn in der Gesellschaft also Bürger und Türken, Jugoslawen oder Spanier leben, dann ist hiermit eine spezifische gesellschaftliche Stellung unterstellt: Bürger/innen partizipieren an der Gesellschaft auf individuelle Weise und sind rational entscheidende politische Subjekte. Dagegen partizipieren Migrant(inn)en mit ethnisch-kultureller Zugehörigkeit an der Gesellschaft vornehmlich als Angehörige ihrer ethnischen Kultur, d.h. nicht individuell, sondern kulturell geprägt (vgl. ebd., S. 2). Indem hier das Ethnisch-Kulturelle nicht als Wesenszug der Migrant(inn)en behandelt, sondern als Zuschreibung an die Migrant(inn)en durch die Gesellschaft beleuchtet wird, kommen Bukow/Llaryora zu dem Ergebnis: „Die Ethnisierung hat weder direkt noch indirekt ... mit der ethnisierten Bevölkerungsgruppe zu tun, sondern korrespondiert ausschließlich mit dem Weltbild der autochthonen Bevölkerung" (ebd., S. 56).

Das Modell einer Gesellschaft, die aus vielen ethnischen Gemeinschaften besteht, haben wir bereits im Kapitel 3.4 kennen gelernt. Dabei ist festzuhalten, dass in den Schriften, die ich vorgestellt habe, wesentlich differenzierter argumentiert wird als in den öffentlichen Diskursen, die hier von Bukow und Llaryora beobachtet werden. Gleichwohl haben die ethnisch-kulturellen Gemeinschaften auch in dem von mir analysierten Modell der multiethnischen Einwanderungsgesellschaft eine wesentliche Bedeutung.

**Interkulturelle Pädagogik und Ethnisierung der Einwanderungsproblematik**
Die Pädagogik ist, insbesondere in ihrer Ausprägung als interkulturelle Pädagogik, für Frank-Olaf Radtke nicht nur irgendein Funktionselement in der multikulturellen Gesellschaft, sondern übernimmt wichtige Aufgaben. Ebenso wie der Multikulturalismus Fragen der sozialen Ungleichheit zu Fragen der kulturellen Differenz gemacht habe, transformiere die Pädagogik politische in pädagogische Fragen. Es gehe dann nicht mehr um die politische Gestaltung der Einwanderungsgesellschaft, sondern um die pädagogische Betreuung derjenigen, die mit der multikulturellen Gesellschaft ihre Probleme haben – seien dies Eingewanderte oder Einheimische. Am Beispiel der Rassismusproblematik macht Radtke (1995) deutlich, worum es ihm mit seinen Argumenten geht. Rassismus werde – gerade von Pädagog(inn)en – zumeist als etwas betrachtet, das mit einzeln oder in Gruppen handelnden Menschen und deren Einstellung zu tun habe. Die Erziehungswissenschaft, Psychologie und selbst die Soziologie böten viele Theorien an, die diese Auffassung nahe legten.

Radtke stellt nun das Argument, Rassismus sei eine sozialpsychologische Problematik, nicht eigentlich in Frage. Er arbeitet vielmehr heraus, wie gut dieses Argument in die (interkulturelle) Pädagogik passt.
Schon Theodor W. Adorno habe in seinem Aufsatz „Erziehung nach Auschwitz" dafür plädiert, den persönlichen Charakter der Menschen so zu verändern, dass Auschwitz nicht mehr geschehe.

> „Da die Möglichkeit, die objektiven, nämlich gesellschaftlichen und politischen Voraussetzungen, die solche Ereignisse [gemeint ist der Holocaust; AMN] ausbrüten, zu verändern, heute aufs äußerste beschränkt ist, sind Versuche, der Wiederholung entgegen zu arbeiten, notwendig auf die subjektive Seite abgedrängt" (Adorno, zit. n. Radtke 1995, S. 854).

Es geht nun gar nicht darum, ob bzw. inwiefern diese These von Adorno wahr oder falsch ist – es geht Radtke darum, ob sie den Pädagog(inn)en in ihre Arbeit passt. Und hier sieht Radtke das eigentliche Problem: Pädagog(inn)en übernehmen Adornos Argumentationsfigur nicht, weil sie ihr argumentativ zustimmen, sondern weil sie – in dieser Lesart – in das hineinpasst, was sie ohnehin tun. Radtke schreibt:

> „Solche Empfehlungen werden von Pädagogen, die auf den Menschen einwirken wollen (und ja nicht Gesetze ändern, Arbeitsplätze schaffen oder Wohnungen bauen können), gerne rezipiert. Beim Menschen wird eine ‚Schwachstelle im psychischen Apparat' (Bohleber) ausgemacht, die es gesellschaftlich zu beherrschen gelte: durch das staatliche Gewaltmonopol und/oder durch Erziehung" (Radtke 1995, S. 854).

Radtke behauptet also, dass hier die Theorie nicht erst erörtert wurde, um dann zu einer Lösung zu kommen, sondern dass die Lösung zuerst konzipiert und dann nach rechtfertigenden Theorien gesucht wurde: „Man konstruiert das Problem, d.h. man bevorzugt Theorieangebote zu seiner Beschreibung, *nachdem* man seine Mittel gemustert hat" (ebd., S. 855; H.i.O.). Der Multikulturalismus und die interkulturelle Pädagogik hätten sich einfach für die Legitimierung der Art und Weise angeboten, wie die Pädagogik ohnehin mit dem Einwanderungsproblem umgeht.
Dies hat dann aber Folgen: Kulturelle Unterschiede und Rassismus werden lediglich als eine Frage der Persönlichkeit und der Gruppen von Menschen betrachtet. Demgegenüber droht man,

> „über die Beschäftigung mit dem Menschen, seinen vorsozialen Eigenschaften und seinem Unbehagen in der Kultur die Gesellschaft, ihre Institutionen und Organisationen und deren Anteil an Diskriminierung und Rassismus aus dem Auge zu verlieren" (ebd.).

Wer aber den Part der Organisationen und Institutionen bei der Herstellung von ethnischer Differenz und Diskriminierung übersehe, der verschreibe sich einem

„pädagogisch halbierten Anti-Rassismus" (ebd., S. 856). Pädagogisch halbiert sei er, weil er nur die ‚menschliche' Seite des Rassismus, nicht aber seinen gesellschaftlich-politischen bzw. organisatorischen Aspekt sehe.
Der konstruktivistischen Erziehungswissenschaft geht es – in der Ausprägung, die ihr Radtke verliehen hat – deshalb darum, „die der Schule als Organisation zugehörigen sozialen Prozeduren, die jenseits individueller, kultureller oder sozialökologischer Merkmale der Kinder die Diskriminierungseffekte ... hervorbringen" (Bommes/Radtke 1993, S. 487), zu untersuchen. Es geht um die Organisationsprozesse, in denen Diskriminierungen jeglicher Art zur – nicht auf Intentionen zurückführbaren – Normalität gehören.

**Formen der Diskriminierung**

Eine bahnbrechende Untersuchung zu den gesellschaftlichen Dimensionen von Rassismus bzw. Diskriminierung, auf die auch Radtke Bezug nimmt (vgl. Gomolla/Radtke 2002), haben Joe R. Feagin und Clairence Booher Feagin (1986) vorgelegt. Sie wollen zeigen, dass keineswegs jeglicher Diskriminierung auch immer ein Vorurteil oder eine böse Absicht gegenüber den Diskriminierten vorausgehe. Nicht einmal der Gruppendruck, unter dem Menschen ohne Vorurteile dennoch diskriminierten, könne Diskriminierung vollständig erklären. Zum Beispiel könne man so nicht erklären, warum in den USA einerseits die rassistischen Vorurteile gegenüber Schwarzen deutlich am Abnehmen seien, zugleich aber ihre gesellschaftliche Marginalisierung (schlechte, randständige Positionen im Bildungswesen, im Arbeitsmarkt, im Gesundheits- und Wohnungswesen) andauere. Sie schlagen daher vor, Diskriminierung auch jenseits der Intentionen und Vorurteile von Einzelnen oder von Realgruppen zu denken. Diskriminierung könne in der Gesellschaft fest verankert und insofern institutionalisiert sein.
Ausgangspunkt ihrer Argumentation ist die Überlegung, dass Diskriminierung auch dazu dienen könne, die Privilegien einer Gruppe zu wahren. Insofern haben diskriminierende Akte weniger mit irgendwelchen „feindlichen Gefühlen gegenüber einer fremden Gruppe" zu tun als dass sie eine „Maske oder Rationalisierung sei, um die Position der dominanten Gruppe zu schützen" (ebd., S. 8). Eine Theorie, die dies noch stärker politisch untermauert, ist die „Theorie der internen Kolonialisierung": Demnach würden Privilegien einer sozialen Gruppe (etwa der Weißen in den USA), die zunächst mit Gewalt erkämpft wurden (etwa in Form der Sklaverei), später durch Institutionen gesichert, die die ungleiche Verteilung der Ressourcen auf Dauer stellen (vgl. ebd., S. 10).
Hiervon ausgehend formulieren Feagin/Booher Feagin (1986, S. 12) ihre Perspektive der „institutionellen Diskriminierung":

„In diesem Prozess [der Sicherung von Privilegien; AMN] wird das Privileg institutionalisiert, d.h. es wird in die Normen (Festlegungen und informellen Regeln) und Rollen (sozialen Positionen und ihre dazugehörigen Pflichten und Rechte) in einer Bandbreite sozialer, ökonomischer und politischer Organisationen eingebettet."

Dabei betonen sie, dass Institutionen sowohl „spezifische Organisationen" als auch allgemeinere Einheiten wie die „Familie" oder die „Wirtschaft" umfassen. Mit diesem Ansatz gelingt es ihnen, Diskriminierung auch jenseits von vorurteilsbehafteten negativen Intentionen denkbar zu machen.

„Diskriminierung bezieht sich hier auf Handlungen oder Praktiken, die durch die dominante Gruppe oder ihre Repräsentanten ausgeführt werden und die einen differenzierenden und negativen Einfluss auf die Mitglieder der untergeordneten Gruppen haben" (ebd., S. 20f).

Diese Perspektive lenkt nun den Blick von den der Diskriminierung vorgängigen möglichen Motivationen der Diskriminierenden hin auf die „Mechanismen" und „Effekte" der Diskriminierung (ebd., S. 21).

Eine Möglichkeit, Diskriminierungsmechanismen zu analysieren, sehen Feagin/Booher Feagin in ihrer Differenzierung nach dem Institutionalisierungsgrad einerseits und ihrem Intentionalitätsgrad andererseits (siehe Tabelle 2).

**Tabelle 2:** Diskriminierungsmechanismen (vgl. Feagin/Booher Feagin 1986, S. 28)

| | | Ausmaß der Einbettung in größere Organisationen | | |
|---|---|---|---|---|
| | | Überhaupt nicht | | Vollständig |
| Ausmaß der Intentionalität | Vollständig | Isolierte Diskriminierung (Typus A) | Diskriminierung durch kleine Gruppen (Typus B) | Direkte institutionalisierte Diskriminierung (Typus C) |
| | Überhaupt nicht | Selten? | Selten? | Indirekte institutionalisierte Diskriminierung (Typus D) |

Die beiden Typen A und B sind für die Autorin und den Autoren nun nicht so sehr von Interesse, stützen jene sich doch auf das Modell, das Diskriminierung durch Vorurteile motiviert sieht. Die Typen C und D hingegen unterziehen sie einer genaueren Analyse, denn es handelt sich hier um solche Diskriminierungsmechanismen, die jenseits der Intentionen des Einzelnen (oder von Gruppen) funktionieren.

> Das *Inländerprivileg* in der Arbeitsvermittlung bzw. das *Vorrangprinzip* bedeutet, dass ein Ausländer, der keine allgemeine Arbeitserlaubnis besitzt, nur dann eine Arbeitserlaubnis für eine bestimmte Tätigkeit erhält, wenn der Arbeitsplatz nicht mit einem Deutschen, einem EU-Bürger oder einem Drittstaatler, der mehr Rechte hat, besetzt werden kann.

Typus C: *Direkte institutionalisierte Diskriminierung* gibt es in jeder Gesellschaft schon deshalb, weil regelmäßig zwischen Inländern und Ausländern, aber auch zwischen unterschiedlichen Mitgliedschaftstatus (im Plural) einer Gesellschaft (je nach aufenthaltsrechtlichem Status) diskriminiert wird. So erhalten in Deutschland jene Ausländer, die als Flüchtlinge gekommen sind, ohne als solche auch anerkannt zu werden, nur dann ein Recht zu arbeiten, wenn sich kein Deutscher und kein anderer mit vollem Arbeitsrecht ausgestatteter Mensch für diese Arbeit findet („Inländerprivileg"). „Die ursprüngliche und aktuelle Intention der formalen Festlegungen, die solche Praktiken erfordern, ist es, Unterschiede zu machen und zu unterwerfen", schreiben hierzu Feagin/Booher Feagin (1986, S. 31). Sie verweisen darauf, dass diese Diskriminierungsmechanismen nicht nur auf formalen Gesetzen, sondern auch auf „informellen, ungeschriebenen Regeln" basieren können. Derartige Diskriminierung sei dann eben nicht unbedingt Ausdruck von Vorurteilen, sondern könne „ökonomische und politische Interessen widerspiegeln" (ebd.).

Typus D: Besonders interessant aber ist die *indirekte, nicht intendierte institutionalisierte Diskriminierung*. Dieser Typus

> „bezieht sich auf Praktiken, die einen negativen oder differenzierenden Einfluss auf Minderheiten und Frauen haben, obwohl die diesbezüglichen Normen und Festlegungen, die durch Organisationen oder die Gemeinschaft vorgeschrieben wurden, ohne Vorurteile oder unmittelbare Schädigungsabsicht aufgestellt und ausgeführt wurden" (ebd., S. 31).

Hier muss noch einmal zwischen zwei Untertypen unterschieden werden:

1. „Nebeneffekt-Diskriminierung" („Side-effect discrimination") (ebd., S. 32): Es kann zu einer Diskriminierung durch eine Organisation (etwa die Schule) kommen, weil ihre Praktiken mit den direkt diskriminierenden Praktiken anderer Organisationen verknüpft sind. Zum Beispiel können manche Kinder sich die von der Organisation Schule geforderten Schulmittel (Bücher, Hefte, Stifte etc.) nicht leisten, weil ihre allein erziehenden Mütter schlechter bezahlt werden als Männer.

2. „Die Vergangenheit-in-der-Gegenwart-Diskriminierung" („Past-in-present discrimination"): Es kann zu einer Diskriminierung durch eine Organisation (etwa die Universität) kommen, weil eine Gruppe in der Vergangenheit benachteiligt wurde und dies noch heute Nachwirkungen hat. Zum Beispiel

können Altersgrenzen in der Universität – Juniorprofessor(inn)en etwa sollten bei Dienstbeginn nicht über 35 Jahre alt sein – dazu führen, dass diejenigen, die (u.U. aufgrund ihrer Herkunft aus Arbeitermilieus) das Abitur nicht sofort, sondern erst auf dem zweiten Bildungsweg gemacht haben, zu alt für eine Einstellung sind, wenn sie die Promotion abgeschlossen haben.

Diese Typen der Diskriminierung (mit ihren Untertypen) können – so Feagin/ Booher Feagin (1968, S. 34-35) – miteinander gekoppelt auftreten und soweit kumulieren, dass man von einem Diskriminierungsgeflecht sprechen kann, das so systematisch ist, dass der Begriff des „internen Kolonialismus" zutreffe.

Dem Diskriminierungsbegriff von Feagin/Booher Feagin unterliegt – weitgehend implizit – eine Idee von einem Zustand zugrunde, in dem nicht diskriminiert wird, d.h. in dem der gesellschaftliche Prozess keinen „differenzierenden und negativen Einfluss auf Mitglieder der untergeordneten Gruppen" (ebd., S. 20f) haben. Eine solche Orientierung an einer Gerechtigkeit, genauer: an *Verteilungsgerechtigkeit*, kann dazu dienen, Organisationen des Bildungswesens daraufhin zu überprüfen, ob in ihnen diskriminiert wird oder nicht.

> „Erst die Vorstellung institutioneller Diskriminierung macht Programme der affirmative action, Quotierung oder des ethnic- oder gender-monitoring im politischen, ökonomischen und sozialen Bereich möglich. Der Interventionspunkt ist nicht länger das Individuum und sein Vorurteil, sondern die Organisation, die diskriminiert. Ihr werden, bezogen auf die Ergebnisse des Organisationshandelns, Ziele gesetzt in Bezug auf die Verteilungsgerechtigkeit der von ihnen zu vergebenden sozialen Güter (Quoten), die regelmäßig überprüft werden können" (Gomolla/Radtke 2002, S. 41f).

> *Verteilungsgerechtigkeit* kann man als Form der Gerechtigkeit verstehen, bei der sichergestellt wird, dass soziale Güter an alle Bevölkerungsgruppen in proportional gleicher Weise verteilt werden. Es wird dann z.B. überprüft, ob bei einem Ausländeranteil von 10% bei den 19jährigen auch der Ausländeranteil bei den Abiturienten 10% ausmacht. Wenn nicht, ist das soziale Gut Bildung ungerecht verteilt.

Wie nun aber sehen die Organisationen aus, die ihre sozialen Güter gerecht verteilen sollen?

## 4.2 Ethnische Diskriminierung am Beispiel der Schulen einer deutschen Stadt

Anhand einer empirischen Untersuchung, die Mechtild Gomolla und Frank-Olaf Radtke (2002) in der deutschen Großstadt Bielefeld durchgeführt haben, lässt sich zeigen, wie – nicht immer absichtlich – Kinder aus Einwandererfamilien in den Organisationsprozessen von Schulen bisweilen diskriminiert werden. Es geht den Forschenden allerdings weder um Bielefeld und spezifische Schulen noch um den bestimmten Zeitpunkt der Untersuchung – die 1990er Jahre. Im Zentrum der Analyse steht vielmehr die allgemeine Frage nach der Struktur des Organisationshandelns (vgl. Gomolla/Radtke 2002, S. 94).

Diese Studie ist so anspruchsvoll wie wegweisend. Nicht zuletzt weil Autor und Autorin vieles von dem, was dem gemeinen Leser als Selbstverständlichkeit gilt, hinterfragen und so mit dem Common Sense, gerade was die interkulturelle Pädagogik anbelangt, brechen. Anstatt die persönliche Involvierung von Lehrer(inne)n und Schüler(inne)n im Diskriminierungsgeschehen oder die Kulturen der Schüler/innen in ihrer Untersuchung zu fokussieren, richten sie (in lockerer Anlehnung an Feagin/Booher Feagin) „den Blick auf die Rolle der Organisation Schule bei der Verteilung des öffentlichen Gutes ‚Bildung'" (ebd., S. 9). Die Frage ist, ob die Organisationen dieses Gut gerecht verteilen und wie sie es begründen, wenn dem nicht so ist.

**Schule als Organisation des Erziehungssystems**

Erinnern wir uns an den Ansatz der konstruktivistischen Erziehungswissenschaft: Nichts *ist* wirklich, sondern es wird nur auf eine bestimmte Art und Weise *gesehen* und *beschrieben*. Dessen eingedenk, mag die These, dass „sowohl die erfolgreiche Schülerin bzw. der erfolglose Schüler, ..., zu einem entscheidenden Anteil Konstrukt und Produkt der Organisation, ihrer Unterscheidungen und der darauf folgenden Entscheidungen seien" (ebd., S. 54), eher einleuchten, auch wenn sie für uns noch so befremdlich klingt. Gemeint ist mit dieser These: Wenn alles, was wir sehen und wahrnehmen, Konstruktion ist, und nichts unmittelbare Wirklichkeit, dann ist auch ein Schüler nicht einfach ein guter Schüler, sondern wird dazu gemacht. Schulstatistiken „reflektieren in erster Linie sozial organisierte klassifikatorische Tätigkeiten der zuständigen Entscheider" (ebd.).

Gomolla & Radtke gehen nun nicht – wie die Sozialkonstruktivisten – von den Personen der Entscheider aus, sondern von den *Organisationen*. Gute wie schlechte Schüler würden vornehmlich von der Organisation Schule produziert. Entscheidungen in der Schule hängen – grob differenziert – von zwei Faktoren ab: Von den „formalen und funktionalen Merkmalen der Organisation Schule" und von dem „Fundus der Wissens- und Deutungsbestände, die das organisatorische Handeln strukturieren" (ebd., S. 56). Dies bedarf der Erläuterung.

Eine Organisation hat formale und funktionale Merkmale, die in offiziellen und inoffiziellen Regeln festgelegt sind. Zum Beispiel legt die Universität fest, dass ein Professor im Sommersemester eine Vorlesung zum Thema „Konzepte interkultureller Pädagogik" halten muss. Charakteristisch für diese Regel der Organisation (und für die Organisation im Allgemeinen) ist, dass es ihr nicht so sehr um die Personen geht, sondern um verallgemeinerte Verhaltenserwartungen. Nicht dass Arnd-Michael Nohl die Vorlesung hält, sondern dass ein Professor sie hält, ist festgelegt. Und dazu gehört auch die Erwartung, dass der Professor/die Professorin bestimmte Standards in der Vorlesung einhält (zwei Semesterwochenstunden, Möglichkeit des Erwerbs von Leistungspunkten etc.). Durch diese offiziellen Verhaltenserwartungen kann die Organisation von der Person ihrer Mitglieder absehen. „Die Kontinuität der Organisation wird ermöglicht, weil die Akteure von der Organisation in ihrer Mitgliedschaftsrolle in Anspruch genommen und ausgetauscht werden können" (Gomolla/Radtke 2002, S. 59). Wer als Mitglied in der Universität sein möchte, muss die an ihn (z.b. als Professor) gerichteten Erwartungen erfüllen, ganz unabhängig davon, ob er die Vorlesung halten möchte oder nicht.

Zu den organisatorischen Strukturen des Schulwesens gehört unter anderem die Aufteilung der Schüler/innen nach Schultypen, konkreten Schulen und Klassen. Hierzu müssen ständig Schüler/innen, aber auch Lehrer/innen und Unterrichtsinhalte klassifiziert werden, d.h. es muss festgelegt werden, welcher Schüler in welche Klasse kommt, welche Lehrerin in welcher Schule unterrichtet und was sie unterrichtet.

Die Entscheidungen, die die Organisation Schule in Bezug auf diese Klassifikationen trifft, sollte man sich – so Gomolla/Radtke – nun nicht als Abwägung zwischen unterschiedlichen Alternativen im Hinblick darauf, was für die Schüler/innen am besten wäre, vorstellen. Die Entscheidungen in den Organisationen hängen nicht so sehr mit dem Zustand der Schüler/innen zusammen, als mit dem Korb an Problemen, Lösungsmöglichkeiten, Teilnehmern und Entscheidungsgelegenheiten, die der Organisation zur Verfügung stehen (vgl. ebd., S. 64). Die Organisation thematisiert nur das, was sie – an Problemen, Lösungsmöglichkeiten, Teilnehmern und Entscheidungsgelegenheiten – kennt, was sie also ohnehin schon weiß.

Damit sind wir bei der Frage der Wissensbestände. Die Schule hat Wissensbestände, die unter anderem aus der Erziehungswissenschaft (z.B. der interkulturellen Pädagogik), dem Verwaltungshandeln, der eigenen Geschichte und dem Alltagswissen bestehen. Soweit solches Wissen zu den gewohnheitsmäßigen Deutungsbeständen nicht nur von einer Person, sondern von mehreren Personen geworden ist, und diese Personen auch voneinander wissen, dass sie dieses Wissen jeweils haben, kann man – mit Peter Berger und Thomas Luckmann – von institutionalisiertem Wissen sprechen. In gewisser Weise wird in einem Buch zum Beispiel ein bestimmtes Wissen zur interkulturellen Pädagogik institutionalisiert, insofern es zum Wissensbestand der Leser/innen gehören sollte und insoweit diese Leser/innen voneinander auch wissen, dass sie alle diesen Wissensbestand haben. Institutionalisierung findet somit statt, „sobald habitualisierte Handlungen durch Typiken von Handelnden reziprok typisiert werden. Jede Typisierung, die auf diese Weise vorgenommen wird, ist eine Institution", die „ihrerseits aus individuellen Akteuren und individuellen Akten Typen (macht)" (Berger/Luckmann 1966, S. 58, zit. n. Gomolla/Radtke 2002, S. 67).

Wichtig zum Verständnis des Organisationshandelns ist nun – im Sinne von Gomolla/Radtke –, dass Organisationen zunächst gemäß den ihnen zur Verfügung stehenden Möglichkeiten und Mustern handeln und erst nachträglich dieses Handeln mit institutionalisierten Wissensbeständen legitimieren. Erst wird

„gehandelt in den von der Organisation vorgegebenen, von Kontingenz und Kompromiß gekennzeichneten Mustern/Lösungen, danach wird das zugehörige Problem definiert, interpretiert und dargestellt. Erst an dieser Stelle der nachträglichen Begründung wird das institutionelle Wissen zur Erzeugung von Sinn gebraucht" (ebd., S. 73).

Man dürfe sich also Organisationen nicht als soziale Systeme vorstellen, die zunächst nachdenken, und dann die im Raisonnement gefundene Lösung absichtsvoll im Handeln umsetzen. Vielmehr verlaufe dieser Prozess umgekehrt. So

„ergibt sich der grundsätzlich nachträgliche Charakter der Wissensanwendung als Begründung abgelaufener Handlungen bzw. eingetretener (vielleicht überraschender, auch ungewollter) Ereignisse, die niemand beabsichtigt hat, denen aber dennoch Sinn zugemessen werden muß, will die Organisation ihren Rationalitätsanspruch nicht aufgeben" (ebd., S. 73f).

Um dies noch einmal zu betonen: Statt der Reihenfolge: Nachdenken – Entwicklung einer Absicht – Ausführung der Absicht, postulieren die Autor(inn)en hier die Reihenfolge: Organisationshandeln – Nachdenken über die Legitimierung des Handelns – Nachträgliche Zuschreibung einer Absicht zu dem vorher erfolgten Handeln. Die Frage ist dann, ob das institutionalisierte Wissen, mit dem Organisationshandeln nachträglich legitimiert wird, über diese Legitimationsfunktion hinaus noch eine Relevanz für das Handeln hat? Wenn Gomolla/Radtke schreiben: „Organisationen bestehen also aus *Handlungsschemata*, aber zugleich auch aus *institutionell approbierten Redeweisen/Semantiken* über die Handlung, die sich selektiv aus den Wissenschaften bedienen" (ebd., S. 75; H.i.O.), dann scheint diese Relevanz allenfalls eine sehr geringe zu sein.

**Ungleichheit zwischen Einheimischen und Migranten im Spiegel von Schulstatistiken**

Diese sehr theoretischen Überlegungen zu Diskriminierung und Organisation lassen sich besser anhand der empirischen Untersuchung nachvollziehen, die Mechtild Gomolla und Frank-Olaf Radtke zur Bielefelder Schullandschaft durchgeführt haben. Sicherlich ist die Wahl Bielefelds als Exempel auch auf persönliche Gründe zurückzuführen. Doch ging es Gomolla & Radtke vor allem darum, eine Stadt mit einem ausdifferenzierten Schulangebot und einer angemessenen Proportion ausländischer Wohnbevölkerung zu erforschen. Da sie hier die Strukturen von schulischen Entscheidungen und ihren Legitimationen herausarbeiten, geht es nicht so sehr um Bielefeld als solches oder um eine wie auch immer geartete Re-

präsentativität, sondern um die exemplarische Analyse von Strukturen, die auch anderswo vorkommen können (vgl. ebd., S. 94).
Die Autor(inn)en gehen nun nicht davon aus, dass es eine *direkte* Diskriminierung (im Sinne von Feagin/Booher Feagin 1986, siehe Kapitel 4.1) ausländischer Kinder gibt. Um aber eine *indirekte* Diskriminierung nachzuweisen, müsste es ihnen gelingen, Unterschiede in der Beschulung der Kinder herauszuarbeiten, die nicht auf die Kinder selbst, sondern auf das Prozedere der Organisation Schule zurückzuführen sind.

„Von Diskriminierung könnte nur dann gesprochen werden, wenn sich zeigen ließe, daß die statistisch gemessenen Unterschiede zwischen Gruppen nicht ursächlich auf die Beschaffenheit der jeweiligen Teilpopulation, also auf Eigenschaften der Kinder wie ‚kognitive Ausstattung', ‚soziale Schicht', ‚Geschlecht', ‚kulturelle Herkunft' oder Kombinationen solcher Merkmale zugerechnet werden können, sondern auf die Arbeitsstrukturen, Routinen und Handlungsmaximen im Zusammenhang mit Leistungsbeurteilungs- und Promotionsverfahren der Schule zurückzuführen sind" (Gomolla/Radtke 2002, S. 81).

Diese Definition indirekter Diskriminierung ist sehr eng bzw. restriktiv; man muss ihr nicht unbedingt folgen: Letztendlich postulieren die Autor(inn)en hier, dass eine Ungleichheit der Kinder, die auf die Eigenschaften der Kinder zurückgeführt werden könne, nicht als indirekte Diskriminierung durch die Schule zu bezeichnen sei. Hier kann man durchaus der Auffassung sein, dass die Schule derartige Eigenschaften nicht einfach perpetuieren (fortsetzen) darf, sondern ausgleichen müsste. Für Gomolla/Radtke ist es aber durchaus sinnvoll, eine derart harte Definition indirekter Diskriminierung zu verwenden. Nur so können sie ihre These, indirekte Diskriminierung sei der Organisation Schule zuzurechnen, in aller empirischen Klarheit herausarbeiten.
Wie nun aber kann man nachweisen, dass indirekte Diskriminierung auf die Organisation Schule zurückzuführen ist? Gomolla/Radtke wählen den Weg, die Geschichte der Bielefelder Schullandschaft von 1980 bis 1990 zu betrachten und anhand der einschlägigen Statistiken zu analysieren, ob es zu Veränderungen in der Bildungsbeteiligung von ausländischen und deutschen Schüler(inne)n gekommen ist. Wenn dann diese Veränderungen in der Bildungsbeteiligung mit Entwicklungen in der Schullandschaft zusammenhängen, kann man davon ausgehen, dass Ungleichheiten der Bildungsbeteiligung der Schule zuzurechnen sind. Dies hat natürlich die Prämisse zur Voraussetzung, dass die Schüler/innen selbst sich in ihren Durchschnittsleistungen nicht gravierend verändert haben.
In der Umwelt des Schulsystems gibt es, so die Autor(inn)en, drei verschiedene Veränderungen, die sich möglicherweise als relevant für das System erweisen: Demographische Veränderungen, gesellschaftspolitische Entscheidungen und pädagogische Programme (vgl. ebd., S. 91). Mit einer detaillierten Analyse zweier Lo-

kalzeitungen aus den Jahren 1980 bis 1990, auf die hier nicht näher eingegangen werden kann, zeichnen Gomolla/Radtke die *gesellschaftspolitische Diskussion* zu Schule und Einwanderung nach. Die *demographischen Veränderungen* hätten dazu geführt, dass im Untersuchungszeitraum die Zahl der deutschen Schüler/innen gesunken sei, aber durch den Anstieg ausländischer, vor allem türkischer Schüler/innen nicht völlig habe ausgeglichen werden können. Zugleich habe sich die Zahl der Gymnasien erhöht, die der Hauptschulen verringert. Schon aufgrund dieser Veränderungen in der Angebots- und Nachfragestruktur – also „ohne jedes Zutun des Schülers" (ebd., S. 120) – habe sich die Chance auf einen weiterführenden Schulabschluss verbessert, wie aus der folgenden Tabelle 3 ersichtlich wird:

**Tabelle 3:** Übergangschancen für alle Schüler in Bielefeld, nach Gomolla/Radtke 2002, S. 121

| Schuljahr | Hauptschule | Realschule | Gymnasium | Gesamtschule |
|---|---|---|---|---|
| 1980/1981 | 52 % | 28 % | 22 % | 6 % |
| 1989/1990 | 27 % | 25 % | 25 % | 20 % |

Diese Verbesserung der Übergangschancen (die obigen Prozentzahlen drücken die Chance eines Schülers/einer Schülerin aus, die jeweilige Schulform zu besuchen) zeigt sich allerdings bei deutschen und ausländischen Schüler(inne)n nicht im gleichen Maße. Deutsche Schüler/innen profitieren von ihr eher als ihre ausländischen Altersgenoss(inn)en, wie aus Abbildung 5 (siehe S. 104) deutlich wird.

Neben den Übergangschancen sind es insbesondere die Überweisungen in Sonderschulen für Lernbehinderte, bei denen der Anteil der ausländischen Schüler/innen im Untersuchungszeitraum stark angestiegen ist.

„In Bielefeld ist im Untersuchungszeitraum der Anteil ausländischer Schüler, die eine Sonderschule für Lernbehinderte besuchen, deutlich von 2,4 v. H. [von Hundert; AMN] auf 4,1 v. H. angestiegen ... Der Anteil deutscher Kinder, bei denen eine Sonderschulbedürftigkeit ,diagnostiziert' wird, ist im gleichen Zeitraum umgekehrt proportional von 3,2 v. H. auf 1,6 v. H. gesunken" (ebd., S. 134).

Eine weitere statistische Auffälligkeit ist die Diskrepanz zwischen ausländischen und deutschen Kindern bei der Schulfähigkeit.
Gomolla/Radtke fassen nun die Problemzonen der Bielefelder Schullandschaft, wie sie sich in den Bildungsstatistiken niederschlagen, zusammen und formulieren ihre Fragestellung: Diese

„statistischen Auffälligkeiten werfen die Frage auf, wie es dazu kommen kann, daß (1) fast doppelt so viele ausländische wie deutsche Kinder eines Altersjahrganges vor ihrem Eintritt in die Grundschule als noch nicht ‚schulfähig' gelten und/oder (2) nach ihrem Eintritt in die Grundschule als ‚lernbehindert' einer Sonderschule zugewiesen werden. In beiden Fällen ist eine Begründung, die auf nationale Herkunft, kulturelle Differenz oder Sprachprobleme verweist, durch die schulrechtlichen Rahmenvorgaben nicht zulässig. Dennoch produziert die Organisation diese Effekte, die sie möglicher Weise selbst gar nicht beobachtet hat" (ebd., S. 139).

Erklärungsbedürftig sei (3) auch, wie die „überproportionalen Steigerungsraten für ausländische Schüler auf der Realschule und für die Gruppe der deutschen Schüler auf dem Gymnasium" (ebd.) zustande komme.

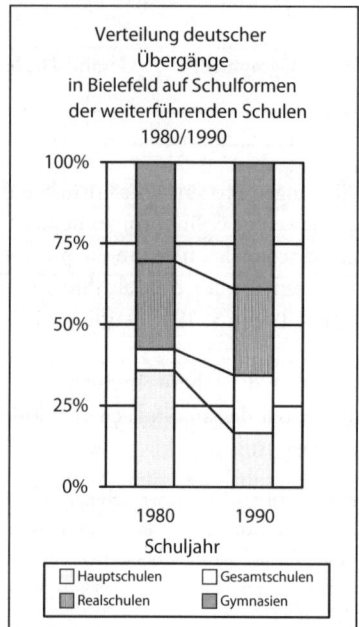 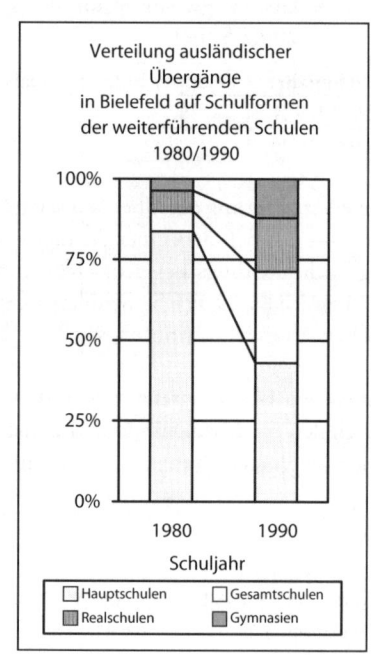

**Abbildung 5:** Verteilung der Übergänge in weiterführende Schulen, nach Gomolla/Radtke 2002, S.124

Die Autor(inn)en erklären diese Disparitäten nun nicht mit einer rassistischen Gesinnung der Entscheider/innen oder mit einem Willen zur ethnischen Diskriminierung. Sie sehen diese Disparitäten vielmehr durch das organisatorische Handeln verursacht, das seinen eigenen Rationalitäten folgt. So habe sich etwa das Schulangebot in jenen (Innenstadt-)Bezirken, die von der ausländischen Bevölkerung bewohnt werden, verschlechtert, mit Ausnahme von einigen wenigen renommierten Gymnasien, die ihre Schülerschaft aber aus der ganzen Stadt (d.h. nicht wohnortnah) rekrutierten. Und die hohe Zahl der Überweisungen in Sonderschulen sehen sie durch die landespolitisch per Erlass verordnete Abschaffung der dauerhaften Vorbereitungsklassen für ausländische Schüler/innen verursacht. „Die Schulen lösen mit dem veränderten Überweisungsverhalten ihre durch den Erlaß neu entstandenen Probleme" (ebd., S. 136). Zwar konnten viele der ausländischen Schüler/innen nach der zweiten oder dritten Klasse in die Regelklassen übernommen werden, da zur gleichen Zeit die Anzahl deutscher Schüler gefallen ist, doch wurden auch die Sonderschulen genutzt, sobald „die Heterogenität der Regelklassen zu groß zu werden drohte" (ebd., S. 137).

**Empirische Untersuchung legitimatorischer Sinnzuschreibungen zum Organisationshandeln**

Um herauszuarbeiten, wie diese Diskriminierung legitimiert wird, gehen die Autor(inn)en folgendermaßen vor:

> „In einzelnen Schulen, die aufgrund theoretisch relevanter Merkmale (z.B. Anteil der Migrantenkinder, Übergangsquoten in weiterführende Schulen) ausgewählt wurden, folgte nach der statistischen Betrachtung auch ihres Umfeldes (Sozialstrukturdaten des Stadtteils, schulisches Umfeld) der Versuch, mit Hilfe leitfadengestützter (Experten-) Gespräche den institutionalisierten Deutungshaushalt zu ermitteln, der in der Organisation verfügbar ist, um so Entscheidungs- und Begründungsmuster rekonstruieren zu können. Lehrer/innen und Schulleiter/innen der ausgewählten Schulen wurden in einem ersten Gespräch anhand von Zahlen aus ihrer Schule zu den darin dokumentierten Entscheidungen (Zahl der Rückstellungen bei der Einschulung, Zahl der Sonderschulaufnahmeverfahren, Klassenwiederholungen, Übergangsquoten), zu Veränderungen/ Schwankungen über die Zeit und zu auffälligen Differenzen zu anderen Schulen befragt. [...] Gezielt wurde mit den Gesprächen auf die Erhebung des Argumentationshaushaltes, der als institutionell verfügbares Wissen zur Begründung und Legitimation zurückliegender Entscheidungen bzw. geläufiger Handlungsroutinen benutzt wird" (ebd., S. 142f).

Das ganze Material, zu dem auch 40 Sonderschulgutachten gehörten, wurde einer so genannten Argumentationsanalyse unterzogen. Es geht dabei nicht darum, „den konkreten Entscheidungsproceß zu rekonstruieren", sondern darum, die „Strukturierung/Rahmung der Entscheidungen zu erfassen" und „die Zuschreibung von Sinn zu rekonstruieren" (ebd., S. 146). Wie bereits oben in Gomolla & Radtkes Überlegungen zum Organisationshandeln und seiner legitimatorischen Sinnzuschreibung deutlich wurde, trennen die Forscher(inn)en also zwischen diesen beiden Aspekten sehr scharf. Das Organisationshandeln haben sie mit der Analyse der Bildungsstatistiken (s.o.) untersucht, dessen legitimatorische Sinnzuschreibung wird vornehmlich in den qualitativ-empirischen Datenerhebungen erforscht.

Ihrer empirischen Analyse schicken die Forschenden einige Überlegungen zu den Spielräumen voraus, die die Schulleiter/innen und Lehrer/innen nutzen können. Dabei weisen sie ausdrücklich auf die Bedeutung der interkulturellen Pädagogik hin:

> „Der Ermessensspielraum ist durch die schulrechtlichen Rahmenbedingungen und – damit zusammenhängend – durch die organisatorischen Handlungsmöglichkeiten beschränkt. Die Deutungsbestände, auf die die Lehrer bei der Interpretation der zu bewältigenden Entscheidungsgelegenheiten bzw. des jeweils vorliegenden ‚Falls' zurückgreifen, sind von den grundschulpädagogischen Diskussionen zum Schulanfang bestimmt, aber auch, soweit der Umgang mit sprachlicher und kultureller Vielfalt in Rede steht, vom Programm der interkulturellen Pädagogik und Konzepten zum Zweitspracherwerb" (ebd., S. 153f).

**Ethnisierungen in der Legitimation von Sonderschulüberweisungen**

Wir erinnern uns: Die Autor(inn)en erklären die Häufung von Sonderschulüberweisungen bei ausländischen Kindern mit der Abschaffung der Vorbereitungsklassen als Dauerangebot. Wie nun aber legitimieren die schulischen Entscheider/innen eine Sonderschulüberweisung? Im Folgenden zitiere ich aus einem schulischen Gutachten:

> „Hasan wurde in Marokko geboren und lebt seit etwa vier Jahren bei seinen Eltern in Deutschland. [...] Zuhause sprechen alle Familienmitglieder marokkanisch. [...] Zunächst müssen bei Hasan als ausländischem Schüler die Ergebnisse der sprachfreien Tests herangezogen werden, die aussagen, daß es sich bei Hasan um ein dem unteren Normbereich zuzuordnenden Kind handelt, was die intellektuelle Entwicklung betrifft. Vermutlich könnte Hasan in seinem Heimatland unter optimalen Bedingungen die Anforderungen des Hauptschulniveaus erfüllen. Da er jedoch hier erschwerten Umweltbedingungen ausgesetzt ist, reicht seine Kapazität nicht aus, um Sprachdefizite zu kompensieren" (Gutachten 6: Testdurchführung und Interpretation; marokkanischer Junge; Empfehlung: SOLB, zit. n. Gomolla/Radtke 2002, S. 196).

Dieses Gutachten interpretieren die Forschenden nun nach den Maßgaben der Argumentationsanalyse. Dabei unterscheiden sie, was hier – mehr oder weniger explizit – zum Datum (dem Schüler) gesagt wird, was an institutionellem Wissen bzw. an Schlussregeln mobilisiert und wie letztlich der Fall entschieden wird. Nachfolgende schematisierte Argumentationsanalyse haben Gomolla & Radtke hierzu angefertigt (Abbildung 6, siehe S. 107):

# Ethnische Diskriminierung am Beispiel der Schulen

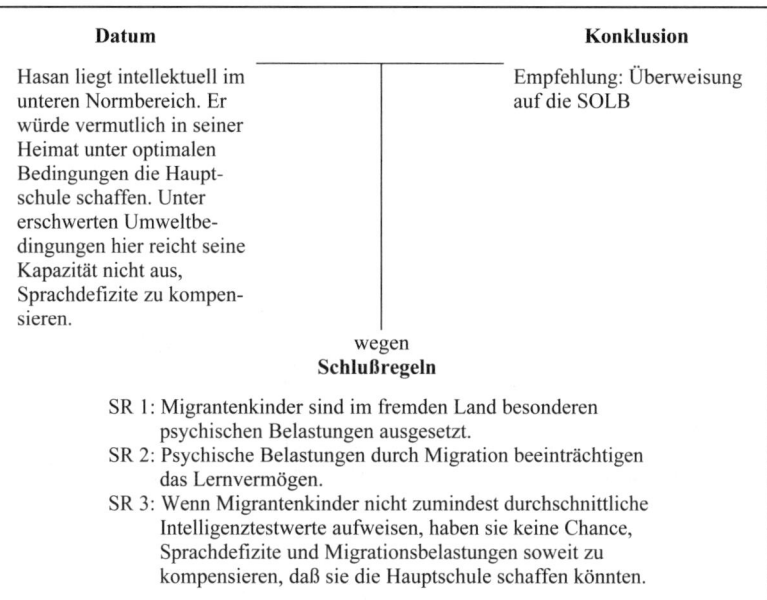

**Abbildung 6:** Schematisierte Argumentationsanalyse, aus Gomolla/Radtke 2002, S. 197

Sehr deutlich wird in dieser Analyse des Gutachtens, dass es gerade nicht eventuelle Lernbehinderungen des Kindes sind, sondern dass die zentralen Probleme der Migration zugeschrieben, zugleich aber als Probleme des Kindes, nicht als solche der Schule gesehen werden.

Aus ihren Argumentationsanalysen zu den Überweisungen in die Sonderschule (SOLB) ziehen die Autor(inn)en deshalb folgendes Fazit:

„Die SOLB wird als ‚Auffangbecken' für Kinder genutzt, die aus dem organisatorischen Rahmen herausfallen, auch wenn evident ist, daß sie dort ebenso fehl am Platze sind und die Förderung, die sie bräuchten [nämlich Sprachunterricht; AMN], genauso wenig in der SOLB bekommen, wie an der Regelschule. D.h. die SOLB-Überweisung dient lediglich zur organisatorischen Entlastung der Grundschule bzw. des lokalen Schulsystems, das ansonsten ein politisches Problem hätte" (ebd., S. 200).

Als Legitimation dieser Überweisungen dienten dann – so Gomolla/Radtke (2002, S. 203) zusammenfassend – psychosoziale Faktoren der angeblichen Zugehörigkeit zu einer bestimmten ethnisch-sozialen Gruppe:

„Bei Migrantenkindern wird zur Begründung von umfassendem Lernversagen vielfach auf negative ethnisch-kulturelle Zuschreibungen zurückgegriffen. Merkmale der Lebensweise von Migrantenfamilien (z.B. muttersprachlicher Familienkontext, die Wohngegend/,Ghetto', übermäßiger Fernsehkonsum – türkisches Fernsehen oder spezifische soziokulturelle Symbole der Migranten...) und Attribute, die Familien aus sozialschwachen Familien zugeschrieben werden (...), gehen in den vorgetragenen Begründungsmustern vielfach fließend ineinander über" (ebd., S. 203).

Deutlich wird hier, dass in den Begründungsmustern nicht nur ethnisierende Zuschreibungen zu finden sind, sondern auch solche, die auf die Schichtzugehörigkeit der Kinder verweisen.
Wichtig ist in diesen Argumentationsanalysen, dass Gomolla/Radtke nicht davon ausgehen, dass die Entscheidungen (Konklusionen) nach einer genauen Sichtung des Datums (des jeweiligen Schülers) und einer Erörterung möglicher Schlussregeln zustande kommen. Vielmehr bilden die Schlussregeln bzw. das institutionelle Wissen (z.B. die Wissensbestände der interkulturellen Pädagogik) die Ausgangsbasis für die Legitimation. Selbst das Problem (und mit ihm der Schüler) wird durch die Linse des institutionalisierten Wissens definiert.
Ähnlich argumentieren Gomolla und Radtke dann auch bezüglich Erklärung des Diskriminierungsgeschehens beim Übergang auf das Gymnasium sowie bei der Rückstellung von Kindern aus ethnischen Minderheiten aus der Grundschule in die Vorschule, worauf hier aber nicht weiter eingegangen werden muss.
Wenn die Schule also ihre Entscheidungen erst nachträglich in ethnisierender Weise legitimiert, vorher die Entscheidungen jedoch nach organisationsimmanenten Kriterien getroffen hat, ist das institutionelle Wissen, zu dem dann auch die klassische interkulturelle Pädagogik gehört, gegenüber der Eigenlogik organisatorischen Handelns letztlich nachrangig. Denn eigentlich geht es der Organisation Schule nicht um die Nationalität der Schüler/innen,

„sondern um Normalität, d.h. um Abweichungen von den Normen, die neben guten Leistungen auch erwartet werden: soziale Integration, Elternmitarbeit, anregungsreiches Milieu und vor allem: keine zusätzlichen Defizite und Bedürfnisse, die Schwierigkeiten bereiten könnten" (ebd., S. 263).

**Die Rolle der interkulturellen Pädagogik bei der Legitimation von organisatorischer Diskriminierung in der Schule**

Wo dann aber Kinder von der Norm, die an Schüler/innen angesetzt wird, abzuweichen drohen, muss die Schule Heterogenität bewältigen. Um dem aus dem Wege zu gehen, definiert die Schule das Problem als eines der Schüler/innen, nicht der Schule. „Die Organisation beschreibt ein Problem im Lichte ihrer Optionen, um zu einer Lösung *ihrer* Probleme zu kommen" (ebd., S. 259; H.i.O.). Eine Beschreibung, die der Organisation in ihrem Handeln zupass komme, sei die Kulturalisierung der Schüler/innen.

„Elemente eines in der Gesellschaft (Öffentlichkeit/Medien/Pädagogik) institutionalisierten essentialistischen Diskurses über ‚die Türken' (Sozialisationsdefizite, fehlende soziale Integration/Integrationsunwilligkeit oder Kulturkonflikt/Zerrissenheit etc.) kommen [aber; AMN] nur [dann; AMN] vor, wenn nicht aufgenommen werden soll bzw. nicht aufgenommen worden ist. Dann geht es darum, die Kinder argumentativ zu Fällen für eine nachholende Re-Sozialisierung zu machen und als Kandidaten zu firmieren, für die andere Einrichtungen: der Schulkindergarten oder Vorbereitungsklassen zuständig sind" (ebd., S. 259).

Zur Legitimierung des essentialistischen Diskurses diene der Schule nicht nur der gesellschaftliche common sense, sondern auch die interkulturelle Pädagogik. Gomolla & Radtke gestehen zwar zu, dass diese Deutungsangebote aus den Frühzeiten der interkulturellen Pädagogik stammten, schreiben aber, dass nunmehr „die kulturalisierenden Geister, die man rief, aus den Schulen nicht mehr zurückzurufen" seien,

„weil sie ihre Brauchbarkeit in der Praxis der Organisationen erwiesen haben. Die Autor(inn)en der interkulturellen Programmatik mögen sich noch so sehr bemühen, ihre Unterscheidung von (nationalen) ‚Kulturen' und ‚Identitäten' gegen essentialistische (Miß-) Verständnisse zu immunisieren, sie können die selektive und intentionswidrige Rezeption nicht kontrollieren" (ebd., S. 275).

Der Versuch der interkulturellen Pädagogik, von Defizit auf Differenz umzustellen und somit die Mitgliedschaftsregel letztlich zu verändern, sei gescheitert, da die Organisation ihren ganz eigenen – nämlich auf die Handlungsprobleme der Organisation bezogenen – Gebrauch von der Differenz mache.

**Eine neuere Arbeit der Antidiskriminierungspädagogik**

In einer ähnlichen Richtung wie Gomolla und Radtke (2002), nämlich systemtheoretisch, argumentieren Marcus Emmerich und Ulrike Hormel (2013), die sich allerdings nicht auf eigene empirische Forschung stützen können. Emmerich und Hormel berücksichtigen in ihre Analyse institutionalisierter Diskurse, die zur Legitimation von Diskriminierung durch die Schulorganisation dienen können, nicht nur die klassische interkulturelle Pädagogik, sondern auch neuere Ansätze (die ich in Kapitel 5 diskutieren werde). Wenn auch je auf eigene Weise, so stellen die Betonung von Heterogenität, die Diversity-Pädagogik wie auch der Intersektionalitätsansatz letztlich institutionalisierte Diskurse bereit, die in die Semantik der Schule überführt und dort zur Diskriminierung herangezogen werden können.
Dabei sehen Emmerich & Hormel diese Diskurse nicht nur als Reservoir nachträglicher Legitimationen für ansonsten organisationsintern (d.h. jenseits ethnischer oder sonstiger Differenzen) erfolgte Diskriminierung. Gomolla & Radtke

hätten sich lediglich auf „die ‚sichtbaren' Folgen schulischer Selektionskommunikation", etwa auf die Übergangsempfehlungen, konzentriert, „während die Vermittlungskommunikation im Unterricht nicht Gegenstand der Untersuchung" gewesen sei (Emmerich/Hormel 2013, S. 252). Gerade weil auch im Interaktionssystem Unterricht die Lehrer/innen Schüler/innen beobachten und nach Unterscheidungsmöglichkeiten suchen, bestehe „die Gefahr, dass sich das [von den unterschiedlichen Ansätzen der interkulturellen Pädagogik; AMN] angebotene Unterscheidungswissen in eine Klassifikations- und Askriptionspraxis einschreibt" (ebd., S. 262) und so bereits „in der Genese, Attribuierung und Bewertung von ‚Leistung'" eine wichtige Rolle spielt (ebd., S. 252). In diesem Fall – den Emmerich & Hormel allerdings nicht eigens empirisch untersuchen, wohl aber in einer dezidierten systemtheoretischen Argumentation plausibel machen – würde das institutionalisierte Wissen der interkulturellen Pädagogik nicht nur als nachträgliche Legitimation dienen, sondern auch interaktionsstrukturierend wirken.

## 4.3 Das Gesellschaftsmodell: Einwanderung in der funktional differenzierten Gesellschaft

Der Studie von Gomolla & Radtke wie auch der Arbeit von Emmerich & Hormel unterliegt ein Gesellschaftsmodell, das ich bislang eher angedeutet als herausgearbeitet habe. Wie bereits eingangs dieses Kapitels erklärt, ist der Ansatz der Erziehungswissenschaft, der die interkulturelle Pädagogik und ihre Konstruktion des Kulturellen so grundsätzlich hinterfragt, als ein konstruktivistischer zu verstehen. In dieser Sichtweise wird nicht nach Wirklichkeit gefragt. Denn die Konstruktivisten gehen davon aus, dass nichts wirklich ist, sondern nur auf eine bestimmte Art und Weise gesehen, beschrieben und zugeschrieben wird. Als ‚Verursacher' der Konstruktionen können dann aber nicht mehr die Konstruierten gelten, sondern nur noch die Konstruierenden. Nicht die Beschriebenen, sondern die Beschreibenden produzieren Beschreibungen. Sehr deutlich ist diese Perspektive, die inzwischen in der Erziehungswissenschaft weit verbreitet ist, in der Studie von Gomolla & Radtke geworden, die die Beschreibungen der beschreibenden Organisation Schule untersuchen und dabei von den Beschriebenen, den Migrantenkindern, völlig absehen.

Die Antidiskriminierungspädagogik geht aber noch weiter. In ihr werden die Beschreibenden und Beschriebenen als „beobachtende Systeme, die sich eigensinnig, nur in ihrer je eigenen Logik mit Irritationen aus ihrer Umwelt auseinandersetzen" (Diehm/Radtke 1999, S. 41), definiert. „Pädagogische Beobachtungen konstruieren ‚Welt' und somit auch ‚Differenz' … im Modus der Selbstreferenz", d.h. nach ihren eigenen Belangen (Emmerich/Hormel 2013, S. 84). Damit positionieren sich diese Autor(inn)en in der (neueren) Systemtheorie, die von Niklas Luhmann entwickelt worden ist. Im Folgenden werde ich darlegen, wie das Gesellschaftsmodell der Systemtheorie (grob skizziert) aussieht und welche Bedeutung in ihm der Einwanderung zukommt.

Charakteristisch für alle Systeme ist – in der Sichtweise von Luhmann (vgl. etwa Luhmann 2002, S. 13ff) –, dass sie in ihren Beobachtungen zwischen sich und ihrer Umwelt unterscheiden. Sie sind ständig damit beschäftigt, das soziale Geschehen entweder sich selbst oder der Umwelt zuzurechnen – wie wir dies am Beispiel der Schule und ihren Sonderschulüberweisungen gesehen haben. In das System lässt sich von außen nicht determinierend eingreifen, denn das System ist „auf der Ebene der eigenen Operationen operativ geschlossen" (ebd., S. 13). Es produziert aus seinen eigenen Möglichkeiten neue Entscheidungen (z.B. Übergangsempfehlungen). Die Umwelt wird dabei zwar beobachtet, aber nur nach Maßgabe der systemeigenen Relevanzen. Das System registriert die Umwelt lediglich durch die Linse der eigenen Operationen.

Im Wesentlichen unterscheidet Luhmann zwischen vier Arten von Systemen: Zwischen psychischen Systemen, Interaktionssystemen, Funktionssystemen und Organisationssystemen. Während *psychische Systeme* das Bewusstsein des Einzelnen bezeichnen, sind *Interaktionssysteme* (z.B. Unterricht) an die Kopräsenz (gleichzeitige Anwesenheit) mehrerer Menschen gebunden, *Organisationssysteme* wiederum an formale Regeln und Mitgliedschaft. *Funktionssysteme* sind Teilsysteme einer Gesellschaft, die sich auf spezifische Probleme (z.B. Erziehung, Politik) richten. Wichtig ist es zu beachten, dass in jeder sozialen Situation mehrere Systemarten zugleich involviert sein können, je nach dem, was man in den Blick nimmt: Zum Beispiel sind in einer Vorlesung psychische Systeme (Individuen mit Bewusstsein) anwesend, die Vorlesung kann als Interaktionssystem zwischen Dozent und Studierenden gesehen werden, aber auch als Teil einer Organisation Universität, die auf Mitgliedschaftsregeln beruht (etwa: Dozenten müssen Vorlesungen halten, wenn sie Dozenten der Universität sein möchten), wie auch als Teil des Funktionssystems der Wissenschaft.

Charakteristisch für eine moderne Gesellschaft sei, so Luhmann, dass sie „ihre wichtigsten Teilsysteme im Hinblick auf spezifische Probleme bildet, die dann in dem jeweils zuständigen Funktionssystem gelöst werden müssen" (1987, S. 34). Dies impliziert dann aber, dass die Gesellschaft keine übergreifende Ordnung oder Rangordnung mehr hat, über die in die Funktionssysteme der Politik, Wirtschaft, Erziehung, Wissenschaft und andere hineingewirkt werden könnte.

„An die Stelle einer solchen Rangordnung, ..., tritt die Regel, daß jedes Funktionssystem der eigenen Funktion den Primat gibt und von diesem Standpunkt aus andere Funktionssysteme, also die Gesellschaft im übrigen, als Umwelt behandelt" (ebd., S. 35).

Die Funktionssysteme sind für uns zunächst abstrakte Gebilde, die man sich vorstellen, aber nicht sehen kann. Manifest werden sie in Organisationssystemen (wie jenem einer Schule). Menschen werden über Organisationen in die Funktionssysteme inkludiert. Während es aber in jeder Gesellschaft nur ein Funktionssystem pro gesellschaftliches Problem (etwa die Erziehung) gibt, findet sich in jedem Funktionssystem eine Vielzahl von Organisationen. Eine Organisation muss einen bestimmten Menschen daher nicht inkludieren, da es für diesen auch Alternativen gibt; statt in die Real- kann ein Mensch auch in die Hauptschule aufgenommen werden. Ja noch mehr: Organisationen formulieren mit ihren formalen (Mitgliedschafts-) Regeln ihre eigenen, spezifischen Bedingungen für den Ein- und Austritt (vgl. Bommes 1999, S. 49).

Das Organisationssystem Schule beispielsweise zieht den doppelten Code des Erziehungssystems heran: Dieses verfügt einerseits „über einen Code, der Selektion (besser/schlechter) differenziert, andererseits über einen Code, der die Vermittlung und Aneignung von Lerninhalten (vermittelbar/nicht-vermittelbar) differenziert" (Emmerich/Hormel 2013, S. 76). Die Schule „schließt daran wieder eigene Operationen, wie ‚Versetzung/Nichtversetzung'" an (Gomolla/Radtke 2002, S. 42). Dabei ist allerdings zu beachten, dass „Organisationen sind nie vollständig einem gesellschaftlichen Funktionssystem zuzuordnen" sind, sondern sich in ihnen „ein kombinatorisches Spiel aus der Kommunikation mehrerer Systeme" – bei der Schule etwa neben dem Erziehungs- auch das politische und das Wirtschaftssystem – ergibt (Kuper 2001, S. 95). Gleichwohl lässt sich für jede Organisation eine „primäre Orientierung" (ebd.) feststellen, für die Schule etwa am Erziehungssystem.

**Inklusion und Exklusion**

Die Antidiskriminierungspädagogik folgt Niklas Luhmann, wenn postuliert wird, dass

> „man nicht in die Gesellschaft eingegliedert wird …; vielmehr muß man sich darum bemühen, Mitglied in mehreren ihrer Teilsysteme zu werden. Die relevanten Funktionssysteme der Gesellschaft, die unabhängig von der Politik in ihrer eigenen Logik operieren, lassen Teilnehmer und ihre Leistungsansprüche nach eigenen Gesichtspunkten zu oder weisen sie ab" (Diehm/Radtke 1999, S. 168f; vgl. ähnlich auch Emmerich/Hormel 2013, S. 71ff).

*Inklusion* meint die „Chance der sozialen Berücksichtigung von Personen" (Luhmann 1998, S. 620); dies impliziert zugleich die andere Seite der Unterscheidung, die mit dem Begriff der Inklusion operiert, nämlich die *Exklusion*. „Erst die Existenz nichtintegrierbarer Personen oder Gruppen läßt soziale Kohäsion sichtbar werden und macht es möglich, Bedingungen dafür zu spezifizieren" (ebd., S. 621).

Das einfachste Beispiel hierfür ist – innerhalb der Migrationsdebatte – die Unterscheidung von deutschen Staatsbürger(inne)n und Ausländer(inne)n. Das politische Funktionssystem der deutschen Gesellschaft gibt deutschen Staatsbürger(inne)n die Chance, sozial berücksichtigt zu werden. Dies macht aber nur einen Sinn – und wird nur dann überhaupt erkennbar –, wenn es Personen gibt, denen das politische Funktionssystem dies nicht zugesteht: Ausländer. Sozial berücksichtigt zu werden, bedeutet in diesem Zusammenhang, dass „das Gesellschaftssystem Personen vorsieht und ihnen Plätze zuweist, in deren Rahmen sie erwartungskomplementär handeln können" (ebd., S. 621). Zum Beispiel kann man lernen, wenn man eingeschult wurde, man kann etwas kaufen, wenn man am Wirtschaftssystem teilnimmt, oder wählen, wenn man Staatsbürger ist. Während in einer als Einheit verstandenen Gesellschaft – wie sie etwa bei Talcott Parsons Theorie, die wir in Kapitel 2.3 kennen gelernt haben, vorgesehen ist – ein Mensch als Ganzer integriert wird und auf diese Weise seinen Platz bzw. seine Position in der Gesellschaft erhält, bleibt in der funktional differenzierten Gesellschaft (d.h. im systemtheoretischen Gesellschaftsmodell) „die Regelung der Inklusion den [funktionalen; AMN] Teilsystemen überlassen" (Luhmann 1998, S. 624). Dies hat dann aber zur Folge, dass ein Individuum nicht mehr lediglich *eine* soziale Position erhält, sondern je nach Funktionssystem eine andere (oder auch keine). Die Individuen „müssen an allen Funktionssystemen teilnehmen können, je nachdem, in welchen Funktionsbereich und unter welchem Code ihre Kommunikation eingebracht wird" (ebd., S. 625). Dies bedeutet dann aber auch, dass Individuen ständig die Form ihrer Kommunikationen ändern. In der Schule kommunizieren sie anders als in der Familie, in der Politik anders als in der Wirtschaft. Die Gesellschaft geht hier nun von einem Ideal der Vollinklusion aus. Im Prinzip sollte jeder in jedes Funktionssystem inkludiert sein. Wenn dann aber

> „jemand seine Chancen, an Inklusion teilzunehmen, nicht nutzt, wird ihm das individuell zugerechnet. Auf diese Weise erspart die moderne Gesellschaft, zunächst jedenfalls, es sich, die andere Seite der Form, die Exklusion, als sozialstrukturelles Phänomen wahrzunehmen" (ebd.).

Tendenzen einer solchen Zurechnung von Exklusion auf das Individuum sehen wir etwa dort, wo Arbeitslosigkeit als Folge von ‚Faulheit' oder mangelnder Schulerfolg als ‚Bildungsferne' interpretiert wird. Luhmann macht auch deutlich, dass die Vollinklusion eine „Idealisierung" ist (ebd., S. 630), die gewissermaßen immer noch von der Vorstellung einer zentralen Instanz, die die Inklusion regele, ausgehe. Doch: „es gibt keine Zentralinstanz mehr (so gern die Politik sich in dieser Funktion sieht), die die Teilsysteme in dieser Hinsicht beaufsichtigt" (ebd.).
Da nun aber faktisch nicht alle Individuen auf gleiche Weise in alle Funktionssysteme inkludiert werden, „bilden sich an den Rändern der Systeme Exklusionseffekte, die auf dieser Ebene zu einer negativen Integration der Gesellschaft

führen" (ebd.): Die Exklusion aus einem Funktionssystem erschwert es dem Individuum, auch in anderen Funktionssystemen inkludiert zu werden. Die

> „faktische Ausschließung aus einem Funktionssystem – keine Arbeit, kein Geldeinkommen, kein Ausweis, keine stabilen Intimbeziehungen, kein Zugang zu Verträgen und zu gerichtlichem Rechtsschutz, keine Möglichkeit, politische Wahlkampagnen von Karnevalsveranstaltungen zu unterscheiden, Analphabetentum ... – beschränkt das, was in anderen Systemen erreichbar ist und definiert mehr oder weniger große Teile der Bevölkerung, die häufig dann auch wohnmäßig separiert und damit unsichtbar gemacht werden" (ebd., S. 630f).

Die selektive Inklusion in Funktionssysteme (und ihre Organisationen) lässt sich mit folgendem Schaubild verdeutlichen (Abbildung 7):

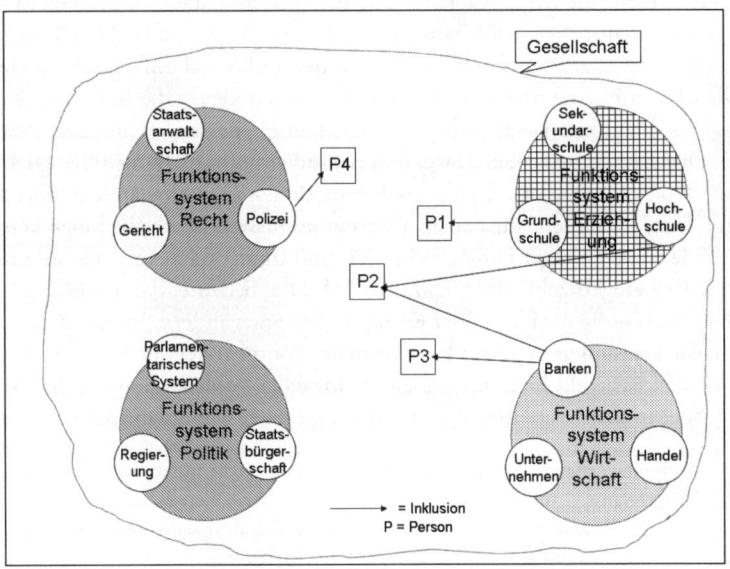

**Abbildung 7:** Inklusion in Funktionssysteme und ihre Organisationen

Zur Erläuterung: Die erste Person wird von der Grundschule inkludiert, aber noch nicht von den Banken etc. Bei Person 2 könnte es sich um einen ausländischen Studenten handeln, der von Hochschule und Banken, aber nicht vom politischen System inkludiert wird.

Das Problem der „wechselseitigen Verstärkung von Exklusionen" (ebd., S. 633) ist, dass sie sich keinem Funktionssystem alleine zuordnen lässt – und deshalb auch kein System die ‚Verantwortung' hierfür übernimmt. Wir haben dies an den Organisationssystemen des Schulwesens gesehen: Eine Schule nimmt nur Verantwortung für die, die bei ihr inkludiert (d.h. Schüler/innen) sind, und nicht für (potentielle) Schüler/innen, die noch in anderen Schulen sind oder eben überhaupt nicht eingeschult wurden. Luhmann rechnet angesichts dieser Exklusionsprobleme damit, dass sich ein neues Funktionssystem entwickelt, „das sich mit den Exklusionsfolgen funktionaler Differenzierung befaßt" (ebd.), und verweist dabei auf die Sozial- und Entwicklungshilfe.

## 4.4 Aufklärung der Bildungsorganisationen und Pädagogik als Einwanderungshilfe

Mechtild Gomolla & Frank-Olaf Radtke ziehen aus Luhmanns Systemtheorie für die Einwanderungsfrage die Konsequenz, dass deren Lösung nicht auf der gesamtgesellschaftlichen Ebene in Form von allgemeinen Gesetzen oder Anpassungsleistungen der Einwanderer erreicht werden kann:

> „Ungleiche Zugangschancen zu wichtigen Teilsystemen der Gesellschaft werden offenbar weder durch kulturelle Assimilation noch durch rechtliche Normierungen durchbrochen, weil in funktional differenzierten Gesellschaften die spezialisierten Funktionssysteme, in denen u.a. die Wirtschaft, das Recht, die Gesundheit und die Erziehung organisiert werden, autonom funktionieren und Mitglieder nach ihrer eigenen Rationalität inkludieren" (2002, S. 169).

Von diesen funktionssysteminternen Operationen unterscheiden sie die Semantik, mit der systeminterne (Inklusions-)Entscheidungen extern legitimiert werden. Diese Semantiken steuern nicht die Operationen, sondern folgen (nachträglich) auf sie. Das Organisationssystem Schule etwa steuert

> „seine Entscheidungen und bewertet sie nachträglich mit Hilfe von Programmen, in denen normativ Ziele gesetzt werden. So kann es beispielsweise das kumulierte Ergebnis seiner Entscheidungen auf Chancengerechtigkeit entlang den Merkmalen Geschlecht (,Feministische Pädagogik') oder ethnische Herkunft (,Interkulturelle Pädagogik') beobachten" (ebd., S. 42).

Erst in dem Moment, zu dem die Schule die Ergebnisse ihrer organisationsspezifischen Operationen nach außen legitimieren muss, „kommt in der Logik des Systems Schule die Unterscheidung der Schüler nach Geschlecht oder Nationalität in Betracht" (ebd.).
Wichtig ist hier die Feststellung, dass kulturelle oder ethnische Zugehörigkeiten nicht die Operationen des Organisationssystems Schule fundieren, sondern diese nur semantisch legitimieren. Kultur ist Diehm & Radtke zufolge keine Systemoperation, sondern eine „Semantik, d.h. eine spezifische Beobachtungs- und Beschreibungsweise, mit der moderne Gesellschaften und ihre Mitglieder sich selbst

und ihre Einheit beschreiben" (1999, S. 61). Hierfür eigne sich der Kulturbegriff gerade deshalb, weil er vage und widersprüchlich sei. Gesellschaften, die sich mit dem Kulturbegriff beschreiben – und wenn dies der Begriff der „multikulturellen Gesellschaft" ist –, wählen damit eine Semantik, die die Operationen innerhalb der gesellschaftlichen Funktionssysteme eher verschleiert als aufklärt.

> „Mit der Unterscheidung nach ‚Kulturen' wird eine Vielzahl von ethnisch-kulturellen Gruppen beschrieben, die sich wanderungsbedingt nun innerhalb einer nationalstaatlich verfaßten Gesellschaft gegenüberstehen und für diese Gesellschaft und ihre Einheit eine Herausforderung darstellen" (ebd., S. 63).

Damit steht das – für Diehm & Radtke – rein semantische Modell der multikulturellen Gesellschaft dem Operationsmodell der funktional differenzierten Gesellschaft mit ihren Organisationen gegenüber. Wenn die Pädagogik – als interkulturelle Pädagogik – sich an dem semantischen Modell der multikulturellen Gesellschaft beteilige, stärke sie die – letztlich die ‚realen' Verhältnisse verschleiernde – Rede von kulturellen Unterschieden.

**Beobachtung und Aufklärung der Organisationen des Erziehungssystems**
Besonders problematisch sei der Begriff der Kultur, weil mit ihm nicht nur eine Lebensweise durch die Wissenschaft beobachtet wird, sondern die beobachteten Menschen ihn zur Selbstbeschreibung nutzen.

> „Einzelne Menschen, Gruppen, auch Gesellschaften, können sich mit Hilfe der Differenz ‚Kultur' beschreiben, und von anderen Gruppen, ‚Völkern', ‚(Kultur-) Nationen' unterscheiden. Mehr noch: Sie können diese Unterscheidung strategisch nutzen bei der Identitäts- und Gemeinschaftsbildung, sodann in politischen Auseinandersetzungen um Macht und Einfluß, Über- und Unterordnung" (Diehm/Radtke 1999, S. 65).

Für die Autor(inn)en ist klar, dass man den Begriff „Kultur" nicht selbst verwenden, sondern beobachten sollte, „in welchen Kontexten und wie überhaupt von Kultur die Rede ist" (Nassehi, zit.n. Diehm/Radtke 1999, S. 66). Es geht dann nicht mehr darum, festzustellen, wie viele Italiener, Türkinnen, Iraner und Deutsche in einer Klasse sind, sondern darum zu beobachten, ob und wie eine Lehrerin ihre Schüler/innen hinsichtlich ihrer kulturellen Zugehörigkeit thematisiert und welche Folgen dies hat.
Dies ist dann gerade eine Aufgabe für die Erziehungswissenschaft als der wissenschaftlichen Reflexionsinstanz für die (praktische) Pädagogik:

> „Im Bereich von Erziehung & Migration würde das bedeuten, daß die Erziehungswissenschaft ihre Beobachtungen darauf zu richten hätte, wann, wie und wo Pädagogen, beispielsweise Sonderschulrektorinnen, ‚Kultur' als Unterscheidung und

Bezeichnung benutzen, welche Problembeschreibung sie hervorbringen und welche Folgen die Unterscheidung für die so bezeichneten Migrantenkinder hat" (ebd., S. 66f).

Auch die Frage, wie Migration und Migrant(inn)en in Schulbüchern dargestellt werden, gehört hierzu (siehe Höhne et al. 2000 u. 2006). Letztlich, so könnte man sagen, muss die Erziehungswissenschaft die Anwendung der interkulturellen Pädagogik in der Schule (und anderen pädagogischen Orten) beobachten und ihre Folgen abschätzen.

Diese Forderung hätte auch Konsequenzen für die Ausbildung von Pädagogen:

> „Wenn man zwischen unterschiedlichen Selbst- und Fremdbeschreibungen eines Problems, zwischen normativen Programmen und empirischen Befunden zu unterscheiden gelernt hat, wenn man die Anfangsunterscheidungen/Prämissen der Programme und Theorien kennt und einzuordnen weiß, wenn man die Mechanismen institutioneller Diskriminierung und die eigene Rolle darin durchschaut, wenn man um die Probleme des blinden Flecks und der Selbstverdunkelung von Effekten weiß, ist auch unter Bedingungen organisatorisch eingeschränkten Handelns Professionalität möglich" (ebd., S. 189).

Pädagogen und Pädagoginnen sollen also im Studium gleich mehrere Dinge lernen: Die unterschiedlichen pädagogischen Theorien kennen lernen, mit denen man pädagogische Praxis reflektieren kann, dann aber auch lernen, was bestimmte Theorien (etwa jene der interkulturellen Pädagogik) beleuchten (etwa: Kultur) und was sie im Dunkeln lassen (etwa: Inklusion in Funktionssysteme). Dazu gehört dann auch, welche (möglicherweise diskriminierenden) Effekte es hat, wenn man bestimmte Theorien zur Prämisse der eigenen pädagogischen Tätigkeit macht. (Ich hatte dies bereits in der Einleitung zu diesem Buch erwähnt.)

Da man die Aufklärung der Organisation Schule nicht alleine zur Angelegenheit des einzelnen Lehrers machen kann, gilt es auch, Orte zu schaffen, die sich strukturell mit der Beobachtung von Bildungsbeteiligung beschäftigen. Man kann, so Diehm & Radtke, lokale Bildungspolitik in der Schulentwicklungs- und Jugendplanung betreiben. Es geht hier einerseits um Profilierung in der Inklusionshilfe für Neuankömmlinge und andererseits um das Monitoring der Bildungschancen für bestimmte Bevölkerungsgruppen. Wenn etwa das, was Gomolla & Radtke in ihrer Bielefelder Studie alleine schon im Bereich der statistischen Beobachtung von Bildungsbeteiligung gemacht haben, zu einem Prinzip für alle Schulverwaltungen würde, könnten Ungerechtigkeiten und Ungleichheiten im Bildungssystem besser aufgedeckt werden.

**Pädagogik als Inklusionshilfe**
Über die reine Beobachtung hinaus kann Pädagogik auch als Einwanderungshilfe verstanden werden. Diehm & Radtke führen hierfür vor allem das Modell

des Wohlfahrtsstaates an. Während in ‚Nicht-Wohlfahrtsstaaten' Inklusion und Exklusion vollständig nach den Maßgaben der jeweiligen Funktionssysteme der Gesellschaft vollzogen und die Exklusionsrisiken den Individuen zugerechnet werden, sind in Wohlfahrtsstaaten Individuen

> „bei der Bewältigung von Inklusionshürden nicht auf sich allein angewiesen. Die Aufgabe von Wohlfahrtsstaaten ist es nicht nur, die Risiken der Exklusion (vor allem Arbeitsunfähigkeit, Wohnungsnot und Krankheit) zu mildern, sondern sie gewähren den Neuhinzukommenden, sofern sie Zugang zum Staatsgebiet gefunden haben und die rechtlich definierten Mitgliedschaftsbedingungen erfüllen, auch fortlaufend Inklusionshilfen" (ebd., S. 170).

Mit dem Begriff des Wohlfahrtsstaates, mit dem sich Diehm & Radtke an Niklas Luhmann und Michael Bommes anlehnen, ist so etwas wie die Neubildung eines Funktionssystems, das Exklusionsrisiken bearbeitet, gemeint. Wohlfahrtsstaaten machen, so Diehm/Radtke (1999, S. 170), „in den allermeisten Fällen keine Unterschiede zwischen Mitgliedern des politischen Systems (Staatsbürgern) und anderen (Einwohnern)". Während für

> „die Funktionssysteme der Ökonomie, des Rechts, der Erziehung und Ausbildung, des Gesundheitssystems und des Sports ... Wanderungen als Versuche der Realisierung von Inklusionschancen unproblematisch [sind; AMN], so lange die Individuen die spezifischen Bedingungen der Inklusion erfüllen" (Bommes 1999, S. 50f),

kann der Wohlfahrtsstaat, dem an der Vermeidung von Exklusionsrisiken gelegen ist, nicht erst über die Funktionssysteme Inklusion regeln. Er muss schon an der Grenze der Gesellschaft bzw. des Staates Inklusion und Exklusion thematisieren und als Problem bearbeiten. Damit ist der Wohlfahrtsstaat mit seiner „Organisationsform der Staatlichkeit ... ein Wanderungsfilter, der solche Versuche [der Einwanderung; AMN] in unterschiedlicher Weise erheblichen Einschränkungen unterwirft" (ebd., S. 51).

Ist nun jemand im Staat angekommen, stellt sich für Diehm & Radtke „sofort die Aufgabe der Inklusion und der Inklusionshilfe" (1999, S. 172), die vor allem auch durch das Erziehungssystem geleistet werden könne:

> „Das öffentlich finanzierte Erziehungssystem soll auf die Wahrnehmung von Partizipationsmöglichkeiten im politischen System vorbereiten und zur Verbesserung der individuellen Inklusionschancen ins ökonomische System wie zur allgemeinen Wohlfahrt und Prosperität beitragen. Seine Kernaufgabe besteht in systemtheoretischer Perspektive darin, neu Hinzukommende ebenso wie (zeitweise) Exkludierte zur (Wieder-)Teilnahme an den relevanten Funktionssystemen der Gesellschaft, zuvorderst der Wirtschaft und der Politik, der Kunst und der Wissenschaft, zu befähigen" (ebd., S. 175; vgl. ähnlich auch Lenzen 1999).

Diese Inklusionshilfe durch das Erziehungssystem sollte aber nicht die Augen davor verschließen lassen, dass auf der Ebene der einzelnen Organisationen immer auch die Möglichkeit der Exklusion besteht. Aus diesem Grund ist es notwendig, auch auf der Ebene der Schulorganisation, aber darüber hinaus auch für die Interaktionen im Unterricht über die Möglichkeiten einer Pädagogik nachzudenken, die Inklusion fördert und institutionelle Diskriminierung vermeidet. Mechtild Gomolla (2005) hat in einer eigenen, von der Hermetik systemtheoretischer Argumentation abgelösten Arbeit Strategien in englischen, deutschen und schweizerischen Schulen untersucht, Aspekte von Pluralität und Gleichheit systematisch in Programme zur Schulentwicklung im sprachlich und sozio-kulturell heterogenen Umfeld zu integrieren. Noch breiter angelegt ist eine von ihr und Sara Fürstenau herausgegebene Reihe von Sammelbänden, in denen zu Unterricht, Elternbeteiligung, Mehrsprachigkeit und Leistungsbeurteilung (Fürstenau/Gomolla 2009a u. b, 2011, 2012a) Vorschläge zur Veränderung von Schule als Institution und Organisation gemacht werden. Diese zielen darauf, dass Kinder unterschiedlichster Herkunft an einer „sozial gerechten Bildungspraxis" (Fürstenau/Gomolla 2012b, S. 9) teilhaben.

**Kritik an der systemtheoretischen Perspektive auf die interkulturelle Pädagogik**

Das in diesem Kapitel dargestellte Konzept einer Erziehungswissenschaft, die sich dezidiert nicht als interkulturelle versteht, beruht im Wesentlichen auf zwei Ansätzen, die in Kombination auftreten können. Erstens ist hier der konstruktivistische Ansatz zu nennen, zweitens der systemtheoretische Ansatz. Der *konstruktivistische* Ansatz hat sich – nicht nur in der interkulturellen Pädagogik – weitgehend durchgesetzt. Dies hat auch damit zu tun, dass nicht erst diejenigen, die die interkulturelle Pädagogik so massiv hinterfragt haben wie Bukow & Llaryora, Radtke, Diehm & Gomolla, sich selbst als Konstruktivist(inn)en verstehen. Auch schon der Ansatz etwa von Wolfgang Nieke ist in jedem Fall als ein konstruktivistischer zu bezeichnen. Allerdings ist für die hier vorgestellten Autor(inn)en charakteristisch, dass sie den Konstruktivismus nicht (so sehr) auf Lebenswelten beziehen (wie dies Nieke tut), sondern vor allem auf öffentliche Diskurse und Organisationen.

Kritik hat sich indes an der *systemtheoretischen* Perspektive und Infragestellung interkultureller Pädagogik entzündet. Diese kritischen Anfragen sollen hier angeführt werden, wobei ich mit einer immanenten Kritik beginne (einer Kritik also, die sich durchaus innerhalb der systemtheoretischen Denkweise bewegt), um dann zur exmanenten Kritik voranzuschreiten.

## Die Mehrdimensionalität organisatorischer Diskriminierung

In der empirischen Untersuchung von Mechtild Gomolla & Frank-Olaf Radtke (2002) weisen diese ausdrücklich darauf hin, dass sie Diskriminierung als Organisationseffekt erforschen und dabei von den Eigenarten der Schüler/innen selbst absehen. Aus diesem Grunde verzichten sie auch darauf, neben der Zuordnung der Schüler/innen zu den Nationalitäten noch deren Schichtzugehörigkeit in Betracht zu ziehen (derlei Statistiken gibt es von Seiten der Schule ohnehin nicht). Um die Diskriminierung der Migrantenkinder nachzuzeichnen, beobachten sie vielmehr die „*Entwicklungstrends innerhalb von Organisationen* bezogen auf einzelne Merkmale der verschiedenen Gruppen" (ebd., S. 85; H.i.O.). Was hier kursiv hervorgehoben ist, konstituiert dann auch die zentrale Perspektive der Studie: Es geht tatsächlich um Entwicklungstrends, insbesondere um die Frage, warum die ausländischen Schüler/innen nicht so vom Rückgang der Schülerzahl profitieren konnten und in den niedrigeren Schulen überproportional angesiedelt waren. Doch der nicht kursiv hervorgehobene Teil des obigen Zitats ist ebenfalls von hoher Bedeutung: Diskriminierung kann nämlich nur dann festgestellt werden, wenn man den Umgang einer Organisation mit Schüler(inne)n mit *bestimmten* Merkmalen beobachtet. Gomolla & Radtke haben sich bei diesen Merkmalen jedoch auf ein *einziges* beschränkt: die Nationalität der Schüler/innen. Hier wird dann auch die Diskriminierung dieser Schüler(innen)gruppe markant deutlich.

Allerdings weisen Gomolla & Radtke an verschiedenen Stellen darauf hin, dass in den legitimatorischen Argumentationen der Lehrer/innen und Schulleiter/innen, die etwa die Sonderschulüberweisungen oder die Ablehnung einer Gymnasialempfehlung rechtfertigen müssen, immer mal wieder auch Hinweise auf die Schichtzugehörigkeit der Kinder zu finden sind. Besonders deutlich wird dies in der Zusammenfassung zu den Legitimationen von Sonderschulüberweisungen:

> „Merkmale der Lebensweise von Migrantenfamilien (z.B. muttersprachlicher Familienkontext, die *Wohngegend/,Ghetto'*, übermäßiger Fernsehkonsum – türkisches Fernsehen oder spezifische soziokulturelle Symbole der Migranten...) und *Attribute, die Familien aus sozialschwachen Familien* zugeschrieben werden (...) gehen in den vorgetragenen Begründungsmustern vielfach fließend ineinander über",

schreiben Gomolla & Radtke (2002, S. 203; Hervorhebung von mir). Hinzu kommt, dass Gomolla, Radtke und Diehm ja auch verschiedentlich auf die 1960er Jahre hinweisen, in denen die geschlechtsspezifische Diskriminierung, nämlich die organisatorische Benachteiligung von Mädchen in der Schule, skandalisiert worden ist (vgl. Gomolla/Radtke 2002, S. 14ff u. Diehm/Radtke 1999, S. 186). Es kann – ausgehend von diesen Hinweisen in den Argumentationsanalysen – angenommen werden, dass die Schule nicht nur Kinder aus Einwanderungsfamilien aus organisatorischen Gründen regelmäßig diskriminiert, sondern auch Kinder mit anderen Merkmalen. Dann müsste man aber die Frage stellen, ob die Schule

in ihrem Organisationshandeln neben den Kindern aus Einwanderungsfamilien nicht auch Kinder aus Arbeitermilieus diskriminiert? Bejaht man diese Frage, so hätte dies zwei Konsequenzen:
Erstens müsste man dann in Rechnung stellen, dass die Diskriminierung von Kindern aus Einwanderungsfamilien zum (großen) Teil mit der Diskriminierung von Kindern aus Arbeiterfamilien konfundiert (überlappt). Da viele der Kinder aus Einwanderungsfamilien auch Kinder aus Arbeiterfamilien sind (es handelt sich schließlich oftmals um Arbeitsmigranten), lässt sich gar nicht so eindeutig sagen, dass diese Kinder *als Migrantenkinder* diskriminiert werden. Sie werden nämlich unter Umständen auch *als Arbeiterkinder* diskriminiert. Das ist nicht weniger gravierend und für die Betroffenen genauso schlimm. Aber die statistischen Unterschiede zwischen Kindern von Arbeitsmigrant(inn)en und Kindern von Arbeiter(inne)n sind dann weniger auffällig als diejenigen, die Gomolla & Radtke für ihre Studie verwendet haben.
Zweitens lässt sich hieraus die Konsequenz ziehen, dass die empirische Untersuchung von Diskriminierungseffekten in Schulorganisationen dadurch verbessert werden kann, dass sie sich nicht nur auf eine Dimension von Schülermerkmalen (bei Gomolla & Radtke eben die Nationalität), sondern auf mehrere Dimensionen von Schülermerkmalen bezieht. Organisatorische Diskriminierung in der Schule wäre also als *mehrdimensionale organisatorische Diskriminierung* zu untersuchen, als Diskriminierung, die sowohl das Merkmal Migrationshintergrund als auch Schichtzugehörigkeit, soziales Geschlecht, vielleicht aber auch weitere Merkmale (z.B. Alter) umfasst. Diese mehrdimensionale empirische Untersuchung wäre dann sowohl auf die Organisationsentscheidungen als auch auf die Legitimation dieser Entscheidungen zu beziehen.

**Kritik an der Einseitigkeit der Beschäftigung mit Organisationen und öffentlichen Diskursen**

Die Aufmerksamkeit für Organisationsentscheidungen und öffentliche Diskurse, wie sie dem hier referierten konstruktivistisch-systemtheoretischen Ansatz zu Eigen ist, hat die interkulturelle Pädagogik um ein wesentliches Konzept bereichert. Sie hat den Blickwinkel der interkulturellen Pädagogik stark erweitert, war doch das Geschehen in Organisationen und öffentlichen Diskursen zuvor allenfalls am Rande thematisiert worden. Vor allem ist die Infragestellung der interkulturellen Pädagogik durch die empirische Beobachtung dessen, was in den Organisationen aus Prämissen der interkulturellen Pädagogik (nämlich dass es Unterschiede zwischen den Kulturen gäbe) gemacht wird, sehr wichtig gewesen. Allerdings wird von Bukow/Llaryora (1988), Diehm/Radtke (1999) und Gomolla/Radtke (2002) die Aufmerksamkeit für die Konstruktionen in Organisationen und öffentlichen Diskursen nicht lediglich als Erweiterung des Blickwinkels von interkultureller Pädagogik verstanden. Vielmehr zeigt sich an vielen Stellen dieser

Arbeiten, dass die Autor(inn)en hier die Perspektive nicht erweitern wollen, sondern die eigentliche, richtige Perspektive gefunden zu haben beanspruchen. Dies ist selbstverständlich legitim und in der Wissenschaft auch üblich – es hat aber Folgen. Eine Folge ist die, dass Organisationen und öffentliche Diskurse nicht mehr als *ein* Phänomen unter *anderen* Phänomenen gesehen werden, die es zu beobachten gilt. Vielmehr werden Organisationen und öffentliche Diskurse als das *eigentliche* und *einzige* Phänomen begriffen, das es zu beobachten gelte. Dies führt dazu, dass man die Bedeutung der Organisationen und öffentlichen Diskurse tendenziell überschätzt.

Zum Beispiel formulieren Gomolla & Radtke, dass die Lehrer/innen in der Schule sich nur noch im durch die Organisation und die öffentlichen Diskurse festgelegten Rahmen bewegen könnten:

> „Der Ermessensspielraum ist durch die schulrechtlichen Rahmenbedingungen und – damit zusammenhängend – durch die organisatorischen Handlungsmöglichkeiten beschränkt. Die Deutungsbestände, auf die die Lehrer bei der Interpretation der zu bewältigenden Entscheidungsgelegenheiten bzw. des jeweils vorliegenden ‚Falls' zurückgreifen, sind von den grundschulpädagogischen Diskussionen zum Schulanfang bestimmt, aber auch, soweit der Umgang mit sprachlicher und kultureller Vielfalt in Rede steht, vom Programm der Interkulturellen Pädagogik und Konzepten zum Zweitspracherwerb" (2002, S. 153f.).

In dieser Sichtweise wird „soziales Handeln ... durch vorgeformte Deutungsmuster und Handlungsfiguren ermöglicht und zugleich begrenzt" (Bommes/Radtke 1993, S. 489). Die Individuen haben dann nur noch die Möglichkeit, sich innerhalb dieser Deutungsmuster und Handlungsfiguren zu bewegen.

> „In solche Muster treten handelnde Subjekte ein, mit ihnen übernehmen sie sozial gültige Weltdeutungen und Handlungsweisen. Über diese vermittelt sind sie eingebunden in jeweilig differenzierte, machtförmig organisierte gesellschaftliche Reproduktionszusammenhänge, ohne daß den handelnden Subjekten ihre Funktionsweise deswegen verfügbar sein müßte" (ebd.).

Die Initiative, d.h. die Ingangsetzung etwa von ethnisierenden Legitimationen und Diskursen, bleibt in dieser Sichtweise stets den Organisationen und der Öffentlichkeit vorbehalten. Die in der Öffentlichkeit etablierten ethnischen Beschreibungen „konstituieren, sobald sie *von den Handelnden akzeptiert* werden, soziale Tatbestände...", heißt es bei Radtke (1990, S. 31; Hervorhebung von mir). Damit wird denjenigen, die nicht an der Konstitution des öffentlichen Diskurses teilhaben, eine passive Rolle verliehen: die Rolle derjenigen, die in ihrer Handlungspraxis Ethnisierungen nur übernehmen oder ablehnen können, nicht aber selbst herstellen. Ob und wie jedoch Ethnisierungen jenseits der öffentlichen Diskurse auch auf der Ebene alltäglicher Handlungspraxis hergestellt werden, er-

scheint ebenso irrelevant wie andere soziale Alltagskonstruktionen von Eingewanderten und Alteingesessenen.
Der hier referierten Position unterliegt mithin eine grundlegende *Unterscheidung von öffentlichem Diskurs und Organisation* einerseits und *Individuum und Alltagswelt* andererseits. Auch Bukow & Llaryora (1988), die sich zumindest mit Lebenswelten beschäftigen, geht es darum, „was die alltägliche Existenz bedingt und konstituiert" (ebd., S. 49). Die ethnische Komponente der Lebenswelt erscheint ihnen ausschließlich als durch „von außen eingetragene" Elemente der Ethnisierung (vgl. ebd., S. 56), d.h. durch den gesellschaftlichen Diskurs der Fremdethnisierung konstituiert. Der Ort, „an dem der Prozeß der Ethnisierung eingeführt" (ebd., S. 82) wird, ist die Politik:

„Die Politik der Ethnisierung im bislang beschriebenen strukturellen Zusammenhang schafft symbolisch formulierte Strategien. Die entsprechenden Maßnahmen werden nicht nur vollzogen, sondern auch in die kulturelle Kommunikation eingearbeitet. *Entsprechende Formulierungen sinken wie von selbst in die Lebenswelt ab*" (ebd., S. 99; Hervorhebung von mir).

Der letzte Satz ist in Variationen auch bei anderen konstruktivistischen Autor(inn)en zu finden. Derartige Sätze implizieren zweierlei: (1) Der Lebenswelt kommt hinsichtlich der Ethnisierung nur eine nachgeordnete Bedeutung zu. Damit wird aber das, was im „strukturellen Zusammenhang" entsteht, nicht auf der Basis der Erfahrungen der Erforschten (Alteingesessene oder Eingewanderte) analysiert, sondern erhält den Charakter des Objektiven. Zu diesem beanspruchen die Forschenden einen privilegierten (wenn auch empirischen) Zugang. (2) Das so definierte Verhältnis von struktureller und lebensweltlicher Ebene bedarf, da das Absinken der Formulierungen „wie von selbst" funktioniert, keiner weiteren Klärung. So wird nicht nur zwischen Objektivem und Subjektivem getrennt und ein Abhängigkeitsverhältnis postuliert. Auch wird dieses Abhängigkeitsverhältnis der Individuen von den öffentlichen Diskursen und Organisationen einer weitergehenden – empirisch angeleiteten – Reflexion und Kontrolle entzogen. Noch schärfer formuliert diese Kritik Ursula Apitzsch (1999a, S. 478), wenn sie etwa Bommes und Radtke vorwirft, von einer „Hypothese der unausweichlichen Reproduktion institutioneller Strukturen im Handeln von Subjekten" auszugehen.
Soweit die Ebene der „Lebenswelt" empirisch keine Berücksichtigung findet und dennoch theoretisch der Anspruch erhoben wird, man dekonstruiere das „Leben in der multikulturellen Gesellschaft" insgesamt, wird die methodologische Position des Konstruktivismus *grundlagentheoretisch halbiert*. Denn während die Organisationen und öffentlichen Diskurse sehr überzeugend dekonstruiert werden, wird von den Erfahrungen und Biographien der betroffenen Menschen abstrahiert. Hierin zeigt sich eine spezifische „Partikularität des Konstruktivismus"

(Loos 1999, S. 15). Diese Kritik am halbierten Konstruktivismus steht der sehr berechtigten Kritik Radtkes an einem „pädagogisch halbierten Anti-Rassismus, der erziehend auf den Menschen einwirken will und darüber ... die institutionelle Seite des Problems außer Reichweite verlegt" (Radtke 1995, S. 856), gegenüber. Sie kann daher unter umgekehrten Vorzeichen zurückgegeben werden. Ein konstruktivistischer Ansatz, wie er von Radtke u.a. propagiert wird, läuft Gefahr, ein organisational halbierter Anti-Rassismus zu werden, insofern er die interaktive, handlungspraktische Herstellung von Ethnisierung und ethnischer Diskriminierung unterbelichtet (vgl. zu dieser Kritik auch Nohl 2001, S. 15ff).

**Zusammenfassung und Literaturvorschläge**

*Das hier als Antidiskriminierungspädagogik bezeichnete Konzept beruht auf einer konstruktivistischen und systemtheoretischen Perspektive. Demnach handele es sich bei kulturellen Differenzen nicht um Wesensmerkmale, sondern um Zuschreibungen. Wo sich die Organisationen des Bildungssystems kultureller und ethnisierender Zuschreibungen bedienten, fungierten diese vornehmlich als Legitimation für organisationsinterne Entscheidungen, die (eigentlich) nichts mit der (zugeschriebenen) kulturellen Zugehörigkeit der Entscheidungsbetroffenen (etwa der Schüler/innen) zu tun habe. Die Antidiskriminierungspädagogik plädiert daher für die Beobachtung pädagogischer Organisationen (durch das pädagogische Personal wie durch zivilgesellschaftliche Instanzen) mit dem Ziel, organisatorischer Diskriminierung vorzubeugen bzw. diese dort, wo sie geschieht, zu skandalisieren. Dieser Blick auf die organisatorische Diskriminierung von Menschen, denen eine andere ethnisch-kulturelle Zugehörigkeit zugeschrieben wird, lebt von einem Gesellschaftsmodell, das die Eigensinnigkeit des Erziehungssystems und der Organisation Schule unterstreicht, für die Leistung, aber nicht kulturelle Zugehörigkeit eine Rolle spielen müsse.*

*Zum detaillierteren Verständnis der Antidiskriminierungspädagogik sei folgende Literatur der Lektüre empfohlen:*

Diehm, I./Radtke, F.-O. (1999): Erziehung und Migration. Stuttgart/Berlin
  *In diesem Einführungsbuch werden konstruktivistische und systemtheoretische Perspektiven kunstvoll miteinander verknüpft.*
Gomolla, M./Radtke, F.-O. (2009): Institutionelle Diskriminierung – Die Herstellung ethnischer Differenz in der Schule. Wiesbaden (3.Auflage)
  *Die in diesem Kapitel ausführlich dargestellte Studie ist sowohl theoretisch als auch empirisch anspruchs- und gehaltvoll.*
Emmerich, M./Hormel, U. (2013): Heterogenität – Diversity – Intersektionalität. Zur Logik sozialer Unterscheidungen in pädagogischen Semantiken der Differenz. Wiesbaden
  *Dieses Buch stellt die systemtheoretischen Grundlagen einer Antidiskriminierungspädagogik auf komplexe Weise dar und bezieht auch neuere Ansätze der interkulturellen Pädagogik in seine kritische Analyse ein.*

# 5 Weiterführungen der interkulturellen Pädagogik

*Die interkulturelle Pädagogik hat die radikale Kritik durch den konstruktivistisch-systemtheoretischen Ansatz der Antidiskriminierungspädagogik (siehe Kapitel 4) aufgenommen und seither produktiv zu verarbeiten versucht. Dabei hat man – wie bereits im vorangegangenen Kapitel gezeigt – nicht alle Kritikpunkte einfach übernommen, sondern ist selbst durchaus kritisch mit dem Antidiskriminierungsansatz umgegangen. Letztlich kann man sagen, dass der Antidiskriminierungsansatz, obgleich er Kultur als einen für die Operationen der Gesellschaft irrelevanten und nur semantisch bedeutsamen Begriff betrachtet, selbst jene Ansätze und Konzepte der interkulturellen Pädagogik befruchtet hat, die auch in Zukunft nicht ohne den Kulturbegriff auskommen möchten.*

*Im Folgenden seien drei Weiterführungen der interkulturellen Pädagogik dargestellt: die reflexive interkulturelle Pädagogik (Kapitel 5.1), die Migrationspädagogik (Kapitel 5.2), sowie ein Ansatz, der die Intersektionalität kollektiver Zugehörigkeiten und Zuschreibungen hervorhebt und zum Teil mit einer Diversity-Pädagogik verknüpft ist (Kapitel 5.3).*

## 5.1 Reflexive interkulturelle Pädagogik

Eine Weiterführung der interkulturellen Pädagogik, die als „*reflexive interkulturelle Pädagogik*" bezeichnet wird, ist vor allem von Franz Hamburger (2000, S. 199) vorangetrieben worden.
Hamburger (1999a, S. 170) greift die Analysen und Thesen von Frank-Olaf Radtke auf und gesteht diesem zu, er könne

> „überzeugend die Bedeutung der Prozeduren von Organisationen bei der Genese von Diskriminierung nachweisen und die typischen schulischen Selbstentschuldigungsstrategien im interkulturellen Diskurs aufzeigen". Doch sei dies eben nur eine „halbe Analyse'" (ebd.).

Denn wie Hamburger – Radtke zitierend – schreibt:

„Wenn Lehrerinnen und Lehrer auf Kulturtheorie zur Erklärung von Schulversagen der Migrantenkinder zurückgreifen, dann tun sie dies gerade nicht als ‚Funktionsrollenträger', ‚sondern als kleine Repräsentanten nationaler Kulturen' (Radtke 1995, S. 863)" (Hamburger 1999a, S. 171).

Damit verweist Hamburger darauf, dass es auch jenseits der Organisationssysteme Strukturen gebe, die das Handeln (etwa von Lehrern) formten und möglicherweise mit Kultur zu tun haben.

Aus diesem Grund siedelt Hamburger erstens den Gegenstand der interkulturellen Pädagogik auf mehreren Ebenen an: „Interkulturelle' Interaktionssituationen enthalten komplexe Prozesse, die in der Regel auf mehreren Ebenen analysiert werden können" (ebd., S. 175). Zu diesen Ebenen gehören neben den Organisationen auch die Individuen, die Interaktionen und die Milieus. Alle diese müssten in der reflexiven interkulturellen Pädagogik berücksichtigt werden.

Zweitens warnt Hamburger davor, die von den Beteiligten gebrauchten Argumentationsschemata unvermittelt zu den Kategorien der erziehungswissenschaftlichen Analyse zu machen. Die „in der Selbst- und Fremdinterpretation der Handelnden zur Verfügung stehenden Deutungsmuster ‚Kultur(-konflikt)'" werden zwar verwendet, können aber „verschiedene Funktionen und Bedeutungen haben" (ebd.). Das heißt, man solle in seiner Analyse zwar den Kulturalisierungen der beobachteten Personen Rechnung tragen, sie aber nicht einfach übernehmen. Zum Beispiel solle man jemanden, der sich selbst als „Albaner" bezeichnet, in der erziehungswissenschaftlichen Analyse nicht als „Albaner" definieren, sondern interpretieren, wie es dazu kommt, dass diese Person sich als „Albaner" bezeichnet (vgl. hierzu auch Bommes 1996 u. Bohnsack/Nohl 2001). Andernfalls trage die interkulturelle Pädagogik zur Reifizierung, d.h. zur Bestätigung ethnisch-kultureller Stereotypisierungen bei, anstatt kritisch mit ihnen umzugehen.

Drittens plädiert Hamburger für eine kritische Reflexion und Selbstbeschränkung der interkulturellen Pädagogik:

> „Die Fixierung auf (Inter-)kulturalität, die gegenwärtig an vielen Ausbildungsstätten von Pädagogen und Pädagoginnen zu beobachten ist und die durch wissenschaftliche Kommunikation stabilisiert wird, ist konfliktgenerierend, weil die Einsicht in die tatsächlichen Handlungsparadoxien ... durch Kulturstereotypen verhindert wird" (Hamburger 1999a, S. 175).

Gemeint ist hiermit, dass Pädagog(inn)en aufgrund ihres verfestigten interkulturellen Wissens Konflikte und Probleme ihrer beruflichen Praxis vorschnell als interkulturell bedingt interpretieren und auf diese Weise andere Problemdimensionen (z.B. grundlegende, schwer auflösbare Paradoxien pädagogischen Handelns) übersehen können. So würden kulturelle Stereotypen und Grenzen nicht ab-, sondern aufgebaut.

Dass es negative Folgen haben könne, das Kulturelle und Interkulturelle in der pädagogischen Arbeit zu sehr zu betonen, hat Hamburger (1999b, S. 38) auch in Bezug auf die interkulturelle Komponente in der Sozialarbeit ausgearbeitet. Es gelte,

> „empirisch die Folgen und Wirkungen einer interkulturell orientierten Sozialen Arbeit zu untersuchen und dabei der These nachzugehen, dass die Institutionalisierung der interkulturellen Perspektive eine analytische Verengung vornimmt und kulturelle Identifikationen in einem Maße verstärkt, dass neue Probleme entstehen und Konflikte verschärft werden".

> Im Rahmen *reflexiver Interkulturalität* würde man z.B. problematisieren, dass heutzutage oftmals von Menschen ‚mit Migrationshintergrund' gesprochen wird: Gegenüber dem Begriff ‚Ausländerkinder' ist die „Formel ‚mit Migrationshintergrund' ... eine scheinbar verständnisvolle Differenzierung; doch in wie vielen Fällen wirkt sie tatsächlich wie die Aufforderung zum detektivischen Nachspüren und zum Herausfinden der Kategorie, der man zuordnen kann? [...] Was den Pädagogen und Pädagoginnen zur Orientierung verhilft, desorientiert diejenigen, die nur ein normales Individuum sein wollen", schreibt Hamburger (2006, S. 187) zunächst. Dann fügt er jedoch hinzu: „Soweit ihnen aber ihre Migrationsgeschichte, ihre Kultur, ihre Erfahrung mit Rassismus wichtig sind, verdienen sie auch dafür Beachtung" (ebd.). Nur in dieser reflektierten Dialektik werde den Betroffenen der „Subjektstatus" (ebd., S. 186) zugebilligt.

Er lehnt sich an Ulrich Becks Konzept der ‚reflexiven' Moderne, die sich selbst in Frage stellt, an, wenn er andernorts schreibt: „Reflexion heißt im Zusammenhang mit Interkulturalität ... Nachdenken über das Rationalitätsmodell, das die Forderung nach Interkulturalität in Gang gebracht hat". Sie wende sich nicht nur den „Intentionen", sondern auch den „Folgen der Realisierung von Intentionen" zu (Hamburger 2009, S. 129).

Hamburger fasst diese Überlegungen unter das Schlagwort einer „reflexiven Interkulturalität" (ebd.), denn es handelt sich hier um eine erziehungswissenschaftliche Perspektive, die sich selbst, ihr Handeln und dessen Folgen in den Blick nimmt. Hamburger fordert also,

> „die Fixierung auf *eine* [nämlich die kulturelle; AMN] Dimension der sozialen Beziehungen zu überwinden, ..., flexibel *unterschiedliche* Konzepte anzuwenden und Interkulturalität nur dort, aber auch genau dort zu thematisieren, wo dies notwendig ist" (1999b, S. 38; Hervorhebung von mir).

## 5.2 Migrationspädagogik

Die Anliegen einer reflexiven interkulturellen Pädagogik sind der Perspektive der Migrationspädagogik, wie sie Paul Mecheril (2004) entwickelt, nicht fremd. Doch geht Mecheril mit der Frage der Kultur und des Interkulturellen radikaler um und setzt weniger Vertrauen in die Kraft der reflexiven Selbstbeschränkung. Mecheril macht deutlich, dass die interkulturelle Pädagogik sich mit Kultur als „migrationsbedingter Differenz" (ebd., S. 16) befasse und dabei Kultur als „zentrale Differenzdimension" konzipiere (ebd.). Genau dies aber lasse die Konturen der interkulturellen Pädagogik verschwimmen:

> „Solange ‚Interkulturelle Pädagogik' keine Pädagogik ist, die sich mit der kulturellen Pluralität hochdifferenzierter Gesellschaften in allgemeiner Einstellung beschäftigt und im Wesentlichen eine Pädagogik ist, die sich mit Pluralisierung und Diversifizierung als Resultat von Migration beschäftigt, bleibt Interkulturelle Pädagogik als Bezeichnung einer erziehungswissenschaftlichen Fachrichtung unklar" (ebd., S. 17).

Diese Unklarheiten resultierten daraus, dass die bisherige interkulturelle Pädagogik in zweierlei Hinsicht ihre Versprechen nicht einlöse: Auf der einen Seite bleibe sie eben auf die durch die Einwanderung induzierte kulturelle Pluralisierung beschränkt und klammere somit die kulturelle Pluralität der einheimischen Bevölkerung aus. Ich hatte hierauf in Kapitel 3 unter dem Stichwort der „multiethnischen Einwanderungsgesellschaft" verwiesen.
Auf der anderen Seite dürfe, wenn denn nun die interkulturelle Pädagogik sich auf Fragen der Migration beschränke, jene nicht alleine als Frage der Kultur(en) gesehen werden. Denn die Phänomene der Migrationsgesellschaft seien wesentlich breiter gefächert als dies der Kulturbegriff der interkulturellen Pädagogik suggeriere: Es gehe nämlich eigentlich um

> „Übersetzung oder Vermischung als Folge von Wanderungen, Entstehung von Zwischenwelten und hybriden Identitäten, Phänomene der Zurechnung auf Fremdheit, Strukturen und Prozesse des Rassismus, Konstruktionen des und der Fremden oder auch die Erschaffung neuer Formen von Ethnizität" (ebd., S. 18).

Mecheril konzentriert seine Bemühungen nun auf ein umfassendes Konzept der „Migrationspädagogik", die alle genannten Phänomene behandle.
Im Zentrum der Migrationspädagogik von Mecheril stehen dann die „pädagogischen Bedingungen und Konsequenzen einer sozialen Ordnung hierarchisierter Differenzen" im Sinne der „machtvollen Unterscheidung und Hervorbringung der Differenz zwischen ‚Anderen' und ‚Nicht-Anderen'" (ebd., S. 19). Dabei versteht Mecheril den Begriff des „Anderen" nicht als ein allgemeines Konzept, sondern in seiner Konstitution im Rahmen der Migrationsgesellschaft. Für diese sei es charakteristisch, dass der Andere zunächst als „natio-ethno-kul-

tureller Anderer" (ebd.) betrachtet werde, wobei die Unterscheidung zwischen den Migrant(inn)en und den Einheimischen von besonderer Bedeutung ist. Der „Migrant" oder der „Einheimische" werden in der Migrationspädagogik insofern nicht als von vorneherein *gegeben*, sondern als diskursiv *hergestellte* Konstruktionen betrachtet.

Allerdings vermeidet es Mecheril, die „Migrationsanderen" lediglich als Konstrukte (über)mächtiger Organisationen zu deuten und auf diese Weise zu vernachlässigen, wie diese Menschen selbst „produktive Muster der Aneignung und Neu-Beschreibung ihrer Position entwickeln" (ebd., S. 104). Er konkretisiert diesen Zugriff auf die Problematik anhand der Schlechterstellung von Migrantenkindern in der Schule. Erst eine Perspektive, die die Relation von Organisations- und Schülerhabitus erfasse, könne der Schlechterstellung von „Migrationsanderen" gerecht werden. Hier kann nämlich die Passung bzw. Nicht-Passung zwischen Organisation und Schüler aufgedeckt werden (vgl. ebd., S. 145ff).

Mecheril bezieht sich mit dieser Kritik explizit auf die Arbeiten von Frank-Olaf Radtke (siehe Kapitel 4), dem er nicht nur die Vernachlässigung der Eigenaktivität und Kreativität von Migrant(inn)en, sondern auch eine Verharmlosung des Rassismus vorwirft. Gomolla/Radtke (2002) behaupteten, Schulen würden sich vornehmlich an ihren organisationsinternen Problemen und Problemlösungen orientieren und nur dann, wenn es ihnen zur Legitimation dieser Lösungen diene, auf ethnische Zugehörigkeiten der Schülerschaft rekurrieren. Deshalb vernachlässigten sie, dass die deutsche Gesellschaft vom Rassismus geprägt sei. Die ethnischen Unterscheidungen der Schulen seien – so Mecheril (2004, S. 190; H.i.O.) nur deshalb in der Öffentlichkeit plausibel, weil

„wir in einer *Dominanzgesellschaft* leben, in der die Differenz zwischen (Migrations-) Anderen und Nicht-Anderen als Über- und Unterordnung der ‚kulturellen Identitäten' produziert, hingenommen und etwa mithilfe des Kulturbegriffs legitimiert wird".

Aus diesem Grund entwirft Mecheril eine Pädagogik, deren oberstes Ziel die Bekämpfung dieses rassistischen Dominanzverhältnisses zwischen Mehrheit und Minderheiten ist. Es kommt ihm auf eine „Verschiebung der Zugehörigkeitsordnungen" (ebd., S. 223) an.

Ein gutes Beispiel für eine sowohl reflexive (siehe Kapitel 5.1) als auch dominanzsensible Pädagogik ist Paul Mecherils Entwurf zur *interkulturellen Kompetenz*: Anstatt eines technologischen Konzeptes interkultureller Kompetenz, demzufolge es nur gelte, genügend Wissen über kulturell Fremde anzuhäufen, um kompetent mit ihnen umzugehen, plädiert Mecheril für eine „reflexive Haltung" (2002, S. 26). Hierzu gehören drei Komponenten:

> 1. Anstatt von vornherein davon auszugehen, dass Migranten eine andere Kultur haben, solle der/die interkulturell Kompetente beobachten, unter „welchen Bedingungen ... wer mit welchen Wirkungen ‚Kultur'" als Begriff gebrauche.
> 2. Zwar wissen Pädagog(inn)en vieles über ihre Klient(inn)en, aber niemals alles. Sie müssten sich daher auf eine feine, bisweilen gar unsichtbare Trennlinie zwischen Wissen und Nicht-Wissen einlassen und die Grenzen eigenen Wissens über andere respektieren.
> 3. Interkulturell kompetente Menschen sind für die Dominanzverhältnisse, denen ihre Klient(inn)en unterworfen sind, ebenso sensibel wie für den Umstand, dass ihre eigene Beziehung zu den Klient(inn)en von ungleichen Machtverhältnissen geprägt sein kann.
>
> Spöttisch bezeichnet Mecheril diese interkulturelle Kompetenz als „Kompetenzlosigkeitskompetenz" (ebd., S. 32). Diese meine „ein professionelles Handeln, das auf Beobachtungskompetenz für die von sozialen Akteuren zum Einsatz gebrachten Differenzkategorien [z.B. „Kultur"; AMN] gründet und das von einem Ineinandergreifen von Wissen und Nicht-Wissen, von Verstehen und Nicht-Verstehen hervorgebracht wird, ein Ineinandergreifen, in dem die Sensibilität für Verhältnisse von Dominanz und Differenz in einer handlungsvorbereitenden Weise möglich ist" (ebd.).

Für diese „Verschiebung der Zugehörigkeitsordnungen" schlägt er – wie im obigen Beispiel zu sehen ist – zwei praktische Strategien vor: Zum einen solle durch „Wissen", „Ironie" und „Reflexion" innerhalb des pädagogischen Alltags die gesellschaftliche Ordnung, mit der Migrant(inn)en ein anderer, schlechter gestellter Platz zugewiesen wird als Einheimischen, in Unordnung gebracht werden. Hier handelt es sich um einen „praktisch-interpretierenden Bezug auf Zugehörigkeitsordnungen, der sie dadurch, dass Feststellungen und Ausschlüsse dieses Zusammenhangs verdeutlicht werden, gewissermaßen in sich verrückt" (ebd.). So könne – um ein Beispiel zu geben – in einer Gesellschaft, die zwar nicht mehr von „Ausländern" spreche (sondern von „Menschen mit Migrationshintergrund"), gleichwohl aber die Anpassungsforderung ihnen gegenüber aufrechterhalte, eine „Pädagogik der Anerkennung des Ausländers und der Ausländerin" (Mecheril/Rigelsky 2010, S. 78) geboten sein, mit der die „Missachtungserfahrung" der als Ausländer/in markierten Menschen gewürdigt und ein „allgemeines Wissen" darüber vermittelt werde, „dass wir in einer die symbolische und materielle Anerkennung in der Differenzlinie 'AusländerIn' versus 'Nicht-Ausländer' systematisch unterschiedlich verteilenden Gesellschaft leben".

Zum anderen geht es um eine konkrete, subversive Tätigkeit, mit der hybride Neuschöpfungen der Identität und „Grenzgängertum" unterstützt werden (Mecheril 2004, S. 224). Denn selbst noch unter den Bedingungen des (neuerlichen) Assimilationsdrucks müsse von einer „Subversivität der Angleichung" (Mecheril 2006, S. 138) ausgegangen werden: Auch wenn der Andere, der Migrant, sich anzugleichen versuche, komme es zu einer „Verfremdung und Verschiebung" der

herrschenden Diskurse und Praktiken, an die sich angeglichen werde, da es eben der Andere ist, der jene nun wiederhole. Dies habe auch damit zu tun, dass dem Migranten, aufgrund seiner „habituell-physiognomischen" Fremdheit, nie zugestanden werde, sich vollständig zu assimilieren (ebd.). Zugehörigkeit bleibe insofern „prekär" (ebd., S. 137).
Letztlich zielt Mecheril also auf eine „Pädagogik der Mehrfachzugehörigkeit" (2004, S. 220). „Mehrfach" sind diese Zugehörigkeiten jedoch insofern, als Migrant(inn)en nicht nur eine natio-ethno-kulturelle Zugehörigkeit ihres Herkunftslandes, sondern auch jene des Aufnahmelandes haben können. Weitere Zugehörigkeitsdimensionen (etwa jene des Geschlechts, der Generation oder der Schicht) thematisiert Mecheril, dem begrenzten Rahmen seiner „Migrationspädagogik" geschuldet, nicht.

## 5.3 Intersektionalität und Diversity-Pädagogik

Möchte man eine interkulturelle Pädagogik entwickeln, „die sich mit der kulturellen Pluralität hochdifferenzierter Gesellschaften in allgemeiner Einstellung beschäftigt" (Mecheril 2004, S. 17), so führt der Weg dorthin u.a. über die genauere Ausdifferenzierung des Kulturbegriffs. Kultur kann dann nicht mehr vornehmlich als ethnische Kultur verstanden werden – wie dies noch für die klassische interkulturelle Pädagogik charakteristisch war –, sondern nur noch als in sich gebrochen und mehrdimensional. Die Frage lautet hier: Gibt es jenseits des Ethnischen auch andere Dimensionen, die die soziokulturelle Struktur beeinflussen?

### Das Intersektionalitätsmodell

Zur Erörterung dieser Frage bietet es sich an, über die Grenzen der interkulturellen Pädagogik hinweg, auf den Diskurs der feministischen Forschung zu schauen. Dort findet sich eine ähnliche Frage, allerdings in Bezug auf die Geschlechterverhältnisse: Ist es ausreichend, die sozialen Beziehungen als durch den Gegensatz zwischen den sozialen Geschlechtern strukturiert zu sehen? In Metaphern gesprochen beantwortet Kimberlé Crenshaw (2013, S. 40) die Frage so:

> „Nehmen wir als Beispiel eine Straßenkreuzung, an der der Verkehr aus allen vier Richtungen kommt. Wie dieser Verkehr kann auch Diskriminierung in mehreren Richtungen verlaufen. Wenn es an einer Kreuzung zu einem Unfall kommt, kann dieser von Verkehr aus jeder Richtung verursacht worden sein – manchmal gar von Verkehr aus allen Richtungen gleichzeitig. Ähnliches gilt für eine Schwarze Frau, die an einer ‚Kreuzung' verletzt wird; die Ursache könnte sowohl sexistische als auch rassistische Diskriminierung sein."

Crenshaw (2013, S. 41) nennt diese Form der mehrfachen Unterdrückung „Intersektionalität". Doch schon bevor Crenshaw diesen Begriff erfand, wurde das Konzept, auf das es verweist, in der feministischen Arbeit genutzt: Es ging hier darum, „wie Frauen gleichzeitig als Frauen und, z.B., als Schwarze, Arbeiterklassen-, lesbische oder koloniale Subjekte positioniert sind" (Phoenix/Pattynama 2006, S. 187).

## Vom additiven Modell der Intersektionalität zum Überlappungsmodell

Man kann das Modell von Crenshaw so verstehen, dass sich Unterdrückung dadurch vollzieht, dass verschiedene Formen der Subordinierung zusammen kommen. Die eine Form der Diskriminierung tritt dann zur anderen hinzu. Man ist nicht nur als Frau machtlos, sondern *zudem* noch als Arbeiterin.

Dieses additive Modell der Intersektionalität (kritisch dazu: Yuval-Davis 2006) tendiert dazu, höchst unterschiedliche Unterscheidungslinien aneinander zu fügen, ohne dass der Bezug zwischen ihnen weiter analysiert und unterschiedliche Relevanzen berücksichtigt würden. Ein Beispiel hierfür ist die Liste an Unterscheidungslinien, die Helma Lutz erstellt hat. Es reiche, so Lutz (2001, S. 238), nicht aus, nur „Race, Class & Gender" zu berücksichtigen. Die „Selbstpositionierung" von Menschen und ihre Fremdpositionierung (d.h. ihr Positioniertwerden durch andere) umfassen noch wesentlich mehr Differenzlinien (siehe Tabelle 4):

**Tabelle 4:** 13 bipolare hierarchische Differenzlinien, nach Lutz/Wenning 2001, S. 20

| Kategorie | Grunddualismus |
|---|---|
| Geschlecht | männlich – weiblich |
| Sexualität | hetero – homo |
| ‚Rasse'/Hautfarbe | weiß – schwarz |
| Ethnizität | dominante Gruppe – ethnische Minderheiten |
| Nation/Staat | Angehörige – Nicht-Angehörige |
| Klasse | oben – unten, etabliert – nicht etabliert |
| Kultur | ‚zivilisiert' – ‚unzivilisiert' |
| Gesundheit | nicht-behindert – behindert |
| Alter | Erwachsene – Kinder, alt – jung |
| Sesshaftigkeit/Herkunft | sesshaft – nomadisch, angestammt – zugewandert |
| Besitz | reich/wohlhabend – arm |
| Nord – Süd, West – Ost | the West – the rest |
| Gesellschaftlicher Entwicklungsstand | modern – traditionell |

Insofern es sich hier um „hierarchische Differenzlinien" (Lutz 2001, S. 238) handelt, ist angedeutet, dass diese soziale Ungleichheiten bezeichnen. Derartige soziale Ungleichheiten addieren sich jedoch nicht einfach, sondern „verschränken" sich (Krüger-Potratz/Lutz 2002, S. 89) und gehen eine Verbindung ein, die ihre eigene Qualität hat. So hat Sedef Gümen (1996, S. 80) auf die „Verflechtung von Ethnisierungs- und Vergeschlechtlichungsprozessen" hingewiesen. Gemeint waren hiermit die „konkreten Ein- und Ausschließungsprozesse im Sinne von Definitions-, Zuschreibungs- und Differenzierungsprozessen in historisch spezifischen Kontexten" (ebd., S. 86; vgl. auch Lenz 1996, S. 216). In Deutschland lässt sich zum Beispiel die Figur der ‚unterdrückten türkischen Frau mit Kopftuch' als eine solche Zuschreibung begreifen. Katharina Walgenbach (2011, S. 118) spricht hier von „interdependenten Kategorien", insofern als „dass soziale Kategorien wie Ethnizität, Nation oder ‚Rasse' in sich bereits heterogen strukturiert sind".
Dabei wird die Frage, ob die verschiedenen Unterscheidungs- und Unterdrückungsformen separat voneinander gesehen – und bekämpft – werden müssen, oder ob sie sich miteinander verbinden, – gerade in feministischen Kreisen – kontrovers diskutiert (vgl. Somersan 2004, S. 183). In der empirischen Forschung könne zudem

„nicht im Vorhinein deduktiv festgelegt werden …, welche Differenzverhältnisse nun untersucht werden sollen. Vielmehr sind diese – vor dem Hintergrund der gesellschaftlich wirksamen Strukturwidersprüche und Kategorien – induktiv und in ihrem Zusammenwirken aus dem konkreten empirischen Material herauszuarbeiten" (Riegel 2010, S. 75).

Im Anschluss an Hamburgers Ansatz der reflexiven Interkulturalität (siehe Kapitel 5.1) spricht Hummrich (2009, S. 32) auch von einer „reflexiven Intersektionalität", die „Differenzen situativ, das heißt dann, wenn sie im Forschungsprozess wirksam werden, in den Gesamtzusammenhang einbezieht".

**Die unterschiedliche Gewichtung der Differenzlinien**

Die Überlappung der Differenzlinien im sozialen Raum scheint zu implizieren, dass jede Unterscheidung – und die mit ihr implizierte Unterdrückung – in ihrer Gewichtung der anderen gleich sei. Dies lässt sich jedoch grundsätzlich in Frage stellen, insofern manche Differenzlinien gesellschaftlich stark verankert, andere eher auf Identitäten oder politische Werte zurückzuführen sind (vgl. Yuval-Davis 2006). Wie aber lassen sich die Differenzlinien sinnvoll gewichten?
Gabriele Winker und Nina Degele (2009) schlagen hierzu vor, Intersektionalität auf unterschiedlichen Ebenen des Sozialen zu untersuchen. Neben der „Identitätsbildung" des Individuums berücksichtigen sie hierfür die „Repräsentationsebene", auf der es um „kulturelle Symbole" geht, und „gesellschaftliche Sozialstrukturen" (ebd., S. 18; vgl. ähnlich auch Riegel 2010). Während man hinsichtlich

der erstgenannten beiden Ebenen mit einer hohen Varianz an Differenzlinien rechnen müsse, könnte man auf der dritten Ebene vier „Strukturkategorien" abstrakt-theoretisch identifizieren, die auf Herrschafts- und Produktionsverhältnisse verweisen. „Innerhalb der kapitalistischen Akkumulation" würden „der differenzierte Zugang zum Arbeitsmarkt, Lohndifferenzierungen und Auslagerung der Reproduktionsarbeit entlang der vier Strukturkategorien Klasse, Geschlecht, Rasse und Körper realisiert" (ebd., S. 38). Diese Differenzlinien müssen nicht unbedingt Entsprechungen auf den Ebenen der Repräsentation und der Identität haben. Vielmehr komme es zu „Wechselwirkungen" zwischen den Ebenen, die gegenläufig oder auch widersprüchlich sein können (ebd., S. 77). Während die vier Strukturkategorien theoretisch gesetzt sind, sollte man für die anderen beiden Ebenen wie auch für die Wechselwirkungen zwischen ihnen die notwendige empirische Offenheit an den Tag legen.

**Von Fremdpositionierung und reflexiver Selbstzuschreibung zur Erfahrung**
Während in vielen Modellen der Intersektionalität die Differenzlinien vornehmlich als das Resultat von *Zuschreibungen, Definitionen* und letztlich von *expliziten* Selbst- und Fremdpositionierungen gesehen werden, betrachten Winker/Degele (2009, S. 63ff) Intersektionalität als Teil „sozialer Praxen", die neben expliziten Positionierungen auch habitualisierte und implizite Aspekte haben können. Mithin lässt sich eine solche Mehrdimensionalität des Kulturellen auch in der *vorreflexiven, selbstverständlichen Erfahrung* und Handlungspraxis von Menschen rekonstruieren. Bereits das habitualisierte Wissen in Milieus und Lebenswelten ist in sich mehrdimensional, d.h. nach Geschlecht, Generation, Religion, Migration, Alter und anderen Differenzlinien unterscheidbar (vgl. Bohnsack/Nohl 1998). Selbst dort, wo Menschen sich selbst als „Türken", „Männer" oder „Reiche" explizit selbst positionieren oder als „Frauen", „Zigeunerinnen" oder „Alte" unterdrückt werden, können ihrer selbstverständlichen, habitualisierten Lebensweise mehrere Kulturdimensionen unterliegen (vgl. Bohnsack/Nohl 2001, siehe dazu auch Kapitel 6).

**Intersektionalität und Diversity-Pädagogik**
Der Ansatz der Intersektionalität beschreibt vornehmlich eine Forschungs- und Analyseperspektive und noch nicht unmittelbar eine Theorie pädagogischen Handelns (Emmerich/Hormel 2013, S. 237f). Eine solche, an den Intersektionalitätsansatz anschlussfähige Handlungsperspektive findet sich in der Diversity-Pädagogik.

> „Diversitätsbewusste Perspektiven thematisieren Diversität als ein Merkmal von allen Menschen und machen deutlich, dass alle – wenn auch in sehr unterschiedlicher Weise – mit ‚Einteilungen' entlang von Kategorien wie Soziale Klasse/Schicht, Ethnie/Nation/ Kultur, Geschlecht/sexuelle Orientierung, Generation/Alter, Gesundheit/Behinderung usw. zu tun haben" (Leiprecht 2008, S. 18).

Wenn in Betrieben auf Diversity geachtet und sie genutzt wird, lassen sich *drei Phasen des Diversity Managements* beobachten (vgl. Koall/Bruchhagen 2004): In einer ersten Phase wird versucht, im Unternehmen auf Fairness zu achten und Diskriminierung zu ächten. Dies bezieht sich nicht nur auf rechtliche Vorkehrungen und explizite Normen, sondern auch auf die impliziten Selbstverständlichkeiten der dominanten Unternehmenskultur. Sodann geht es um „Zugangsrecht und Legitimität" (ebd., S. 7). Der Betrieb sorgt nun dafür, dass Minoritäten (in jeder Hinsicht: ethnisch, geschlechtsbezogen, behinderungsrelevant etc.) in bestimmten Arbeitsbereichen besser repräsentiert sind. Dies ist ein zweischneidiges Schwert: Menschen werden auf diese Weise auf ihre Zugehörigkeit zu einem Diversity-Merkmal festgelegt und schon dadurch diskriminierbar; zugleich finden sie aber auch Ressourcen für die Selbstbehauptung und die Skandalisierung von Stigmatisierung. Schließlich wird ein „effizienter Umgang mit Verschiedenheit" (ebd., S. 8) erlernt, in dem die Sensibilität für Diversity nicht bei offensichtlichen Diversity-Merkmalen stehen bleibt, sondern sich auf eine erhöhte Sensibilität für Schwächen und Stärken von Mitarbeiter(inne)n erstreckt.

Dabei dürfe, so Ulrike Hormel und Albert Scherr, aber nicht für eine Beliebigkeit der Differenzen plädiert werden, die die Unterschiedlichkeit von Essgewohnheiten und die Differenz etwa zwischen arm und reich prinzipiell gleich setze. Die „Bewusstmachung der realen Verschränkungen (Genese, Begründung, Legitimierung) von bestimmten, nicht-beliebigen Differenzkonstruktionen mit Strukturen der Diskriminierung sowie mit Macht- und Herrschaftsverhältnissen" (2004, S. 218) ist somit ein wichtiges Element der Diversity-Pädagogik. Zwar gibt es in der Diversity-Pädagogik auch „die Perspektive einer auf Wertschätzung sozialer und kultureller Vielfalt ausgerichteten Steigerung des Leistungspotentials von Organisationen" (Hormel 2008, S. 21), doch bleibt diese unvollständig, wenn sie nicht durch „die Perspektive einer an Fragen der sozialen Gerechtigkeit orientierten Antidiskriminierungsprogrammatik" (ebd.) ergänzt wird.

Die Beachtung der – durch die Intersektionalitätsforschung aufgezeigten – Diversität darf zudem nicht dazu führen, dass man sich in „wechselseitige Stereotypisierungen entlang der Kategorien Geschlecht, Ethnizität, Religion usw." einübt; denn dies würde „zu einer Einschränkung individueller Handlungsmöglichkeiten führen" (Hormel/Scherr 2009, S. 54f).

Damit verortet sich die Diversity-Pädagogik – zumindest in der Prägung, die ihr Hormel/Scherr verleihen – in einem Gesellschaftsmodell, das auf die weitgehende Herauslösung des Individuums aus der tradierten „kulturellen Regulierung der Lebensführung" (ebd., S. 209) und zugleich auf einen „selbstreflexiven Umgang mit eigenen Identitätskonstruktionen" (ebd., S. 218) setzt.

Differenzlinien, die in pädagogischen Situationen problematisch werden, lassen sich hinterfragen, wenn man z.b. die folgende Frage stellt: „Weshalb, in welcher Weise und mit welchen Folgen spielt ein bestimmtes Ensemble von Differenzlinien in einem konkreten sozialen Kontext eine Rolle?" (Leiprecht 2008, S. 17) Man kann dann nicht nur entdecken, dass mehr als nur eine Differenzlinie im Spiel ist, sondern u.U. auch, dass die Betonung von Differenzen anderen Zwecken (z.b. der eigenen Dominanz) dient.

Zu fragen ist indes, ob hier nicht „kulturelle Bindungen … von vorneherein als das thematisiert werden, was es möglichst rasch zu überwinden gilt" (Wittpoth 1994, S. 123)? Insbesondere ist es fraglich, ob die für das Handeln von Menschen so eminent wichtigen, eingeschliffenen und vorbewussten Denk- und Wahrnehmungsmuster, die wir von Niekes Lebensweltkonzept her kennen (siehe Kapitel 3.3), stets und vollständig einer diskursiven und rationalen Vergewisserung oder gar Veränderung unterzogen werden können?

**Zusammenfassung und Literaturvorschläge**

*In diesem Kapitel wurde gezeigt, dass die interkulturelle Pädagogik die Kritik durch die Antidiskriminierungspädagogik aufgenommen und zu ihrer Weiterentwicklung genutzt hat. Dies wird in drei Weiterführungen der interkulturellen Pädagogik evident: in der reflexiven interkulturellen Pädagogik, der Migrationspädagogik und im Intersektionalitätsansatz bzw. in der Diversity-Pädagogik. Allen drei Ansätzen ist eine Skepsis gegenüber dem Gebrauch kulturalisierender und ethnisierender Beschreibungen der Migrant(inn)en zu Eigen, ohne dass sie auf diese ganz verzichten würden. Zugleich beachten sie unterschiedliche Formen von ethnischer Diskriminierung und setzen ihr ein Kulturkonzept entgegen, das nicht mehr alleine die ethnische Zugehörigkeit, sondern mehrere Zugehörigkeits- und Differenzdimensionen anerkennt.*

*Zum detaillierteren Verständnis der drei Weiterführungen der interkulturellen Pädagogik sei folgende Literatur der Lektüre empfohlen:*

Hormel, U./Scherr, A. (2004): Bildung für die Einwanderungsgesellschaft. Wiesbaden
  *In diesem Buch werden neben der Diversity-Pädagogik weitere Komponenten einer diskriminierungssensiblen Pädagogik ausgearbeitet.*
Mecheril, P./Castro Varela, M.d.M./Dirim, İ./Kalpaka, A./Melter, C. (2010): Migrationspädagogik. Weinheim u. Basel
  *Die Autor(inn)en geben hier einen kompakten Überblick über die zentralen Annahmen der Migrationspädagogik.*
Hamburger, F. (2012): Abschied von der Interkulturellen Pädagogik. Plädoyer für einen Wandel sozialpädagogischer Konzepte. Weinheim (2. Auflage)
  *Hamburger legt in diesem Buch dar, wie die Sozialpädagogik die Beunruhigung durch die Migrationsdebatte aufnehmen, zugleich aber über die klassische interkulturelle Pädagogik (selbst)reflexiv hinausgehen kann.*

# 6 Pädagogik kollektiver Zugehörigkeiten

*In diesem Kapitel möchte ich unter dem Stichwort der „Pädagogik kollektiver Zugehörigkeiten" zeigen, wie einige wichtige Elemente der zuvor diskutierten Konzepte interkultureller Pädagogik aufgegriffen und deren problematische Aspekte vermieden werden können. Möglich wird dies in einer Pädagogik, die neben der ethnischen Unterscheidungslinie auch andere Dimensionen kollektiver Zugehörigkeit aufgreift (Kapitel 6.1) und sie für Sozialisation, Lernen und Bildung nutzbar macht (Kapitel 6.2). Dabei sind – neben der Milieuebene kollektiver Zugehörigkeiten – auch die Organisationen (nicht nur) des Bildungssystems (Kapitel 6.3) sowie mögliche Diskriminierungen, Macht- und Partizipationsprobleme (Kapitel 6.4) zu berücksichtigen. Dies wird schließlich in einige Anforderungen an die pädagogische Professionalität überführt (Kapitel 6.5).*

Kollektive Zugehörigkeiten stehen im Zentrum des Konzeptes, das ich in diesem Kapitel entwickle. In der Pädagogik kollektiver Zugehörigkeiten geht es nicht nur um ethnisch konnotierte Kulturen, sondern auch um weitere – generationelle, geschlechtsspezifische, regionale und andere kollektive Einbindungen – und zwar im Plural. Diese kollektiven Zugehörigkeiten werden aus mehreren Perspektiven betrachtet: Wie geht Pädagogik damit um, dass Menschen kollektiv eingebunden *sind*? Wie geht Pädagogik damit um, dass Menschen *zugeschrieben* wird, sie *seien* kollektiv eingebunden? Welche Rolle spielen hier (pädagogische) *Organisationen*, *Diskriminierung* und *Macht*? Wie gestalten sich *pädagogische Grundprozesse* der Sozialisation, des Lernens und der Bildung angesichts kollektiver Zugehörigkeiten? Wie kann der Beruf des Pädagogen/der Pädagogin so *professionalisiert* werden, dass er den kollektiven Zugehörigkeiten von Menschen gerecht wird?
Mit dem Konzept einer Pädagogik kollektiver Zugehörigkeiten greife ich die Weiterführungen in der interkulturellen Pädagogik auf und beziehe die positiven und negativen Aspekte der Assimilationspädagogik, der klassischen interkulturellen Pädagogik sowie der Antidiskriminierungspädagogik in meine Überlegungen mit ein. Mit diesen Anknüpfungspunkten ist aber keine eklektizistische Zusammenstellung völlig heterogener Theorieelemente impliziert; vielmehr basiert die Pädagogik kollektiver Zugehörigkeiten in der Hauptsache auf einer erziehungswissenschaftlichen Auseinandersetzung mit der *praxeologischen Wissenssoziologie*, wie sie Ralf Bohnsack (1993; 2014) im Anschluss an Karl Mannheim (1964;

1980) entwickelt hat (siehe auch Loos et al. 2013). Zudem weist die Pädagogik kollektiver Zugehörigkeiten hinsichtlich ihres grundlegenden Ansatzes einige Gemeinsamkeiten mit der Kultursoziologie von Pierre Bourdieu (1974, 1991, 1993) und von Andreas Reckwitz (2010) auf (s. Rosenberg 2014).

## 6.1 Kultur und kollektive Zugehörigkeiten

In der interkulturellen Pädagogik wird Kultur gemeinhin auf zweierlei Weise begriffen: Erstens als Repräsentation, mit der man sich oder anderen eine kollektive Zugehörigkeit zuschreibt (a), und zweitens als kollektive Form praktischer Lebensführung (b). Allerdings werden diese beiden Thematisierungsweisen oftmals als Gegensätze verstanden; so fokussiert die klassische interkulturelle Pädagogik (siehe Kapitel 3) die kollektiven praktischen Lebensformen, während die Antidiskriminierungspädagogik (siehe Kapitel 4) jene für irrelevant erklärt und sich ausschließlich mit kulturellen Repräsentationen beschäftigt. Aus der Sicht einer Pädagogik kollektiver Zugehörigkeiten sind diese beiden Thematisierungsweisen von Kultur jedoch nicht als Widerspruch zu begreifen, sondern als eine analytische Leitdifferenz *innerhalb* des Kulturbegriffs herauszuarbeiten (vgl. auch schon Bohnsack/Nohl 1998).

**a) Kulturelle Repräsentationen**
Kultur als Repräsentation kollektiver Zugehörigkeit vollzieht sich dort, wo über die Grenzen von Wir-Gruppen hinweg, in der Öffentlichkeit und zum Teil auch medial gestützt kommuniziert wird. Ich bezeichne dies als *kulturelle Repräsentation*. Kulturelle Repräsentationen finden sich zum Beispiel in Katalogen für Damen- oder Herrenoberbekleidung, in denen repräsentiert wird, wie Damen oder Herren aussehen sollen. Kulturelle Repräsentationen finden sich auf der Tafel, an der die Oberschicht zu speisen pflegt, aber auch in den Turnschuhen, die ein Minister als Angehöriger der 68er-Generation bei seiner Vereidigung trägt. Und selbst ein Bart kann kulturell repräsentieren, wobei dies für eine Religion (etwa der Sikh) oder auch für eine politische Haltung (etwa türkischer Faschisten) stehen kann. Schließlich kennen wir viele kulturelle Repräsentationen, mit denen man sich die Zugehörigkeit zu einer Nation zuschreibt, etwa mit dem Schottenrock. Kulturelle Repräsentationen tendieren dazu, kollektive Zugehörigkeiten für möglichst alle erkennbar zu identifizieren und symbolisch zu verdichten. Denn kulturelle Zuschreibungen leben von ihrer Prägnanz. Nur wenn auf Anhieb erkennbar ist, was repräsentiert wird, hat die kulturelle Repräsentation eine Funktion. Man denke hier nur an die Signalwirkung der Nonnentracht, an den Irokesenschnitt eines Punks oder das „Oazapft is" beim Münchner Oktoberfest.

# Kultur und kollektive Zugehörigkeiten

Kulturelle Repräsentationen können *Selbstrepräsentationen* sein, mit denen man sich selbst eine kollektive Zugehörigkeit zuschreibt – wie etwa die Nonne. Sie können aber auch *Fremdrepräsentationen* sein, mit denen man anderen eine kollektive Zugehörigkeit zuschreibt. Da in der kulturellen Repräsentation ja kollektive Zugehörigkeiten für alle erkennbar sein sollen, leben sie geradezu von der Wechselwirkung zwischen Selbst- und Fremdrepräsentation. Nur was von anderen erkannt wird, kann der eigenen Selbstrepräsentation dienen.

Dies bedeutet allerdings nicht, dass derjenige, der sich selbst mit seiner kollektiven Zugehörigkeit repräsentiert, die vollständige Kontrolle darüber hätte, wie andere diese kulturellen Repräsentationen wahrnehmen. Die Selbstpräsentation kollektiver Zugehörigkeit kann auch leicht zur Fremdrepräsentation verwendet werden. Auf diese Weise kann zum Beispiel aus dem Kopftuch, mit dem manche Frauen ihre eigene Zugehörigkeit zum Islam repräsentieren, eine kulturelle Fremdrepräsentation werden, anhand derer allen Frauen, die ein Kopftuch tragen (also auch jenen, die dies aufgrund ihrer bäuerlichen Herkunft tun), eine solche Zugehörigkeit zum Islam von außen zugeschrieben wird.

**Abbildung 9:** Ein Sikh

Ja man kann noch weiter gehen: Je prägnanter das Andere öffentlich identifiziert werden kann, je prägnanter also die kulturellen Fremdrepräsentationen ausfallen (z.B. im Kopftuch als Zeichen des Islam), desto eindeutiger wird – durch Abgrenzung von diesen – auch die eigene kollektive Zugehörigkeit repräsentiert. Wenn wir in der Universität von den „Prolls" reden, markieren wir zugleich unsere Zugehörigkeit zur Welt der Akademiker/innen. Wenn wir alle Rock tragenden Menschen als Frauen betrachten, selbst aber keinen tragen, machen wir deutlich, dass wir Männer sind.

Dieses „Othering", dem auch die Wissenschaft nicht immer entgeht, wird gerade dort deutlich, wo kollektive Zugehörigkeiten besonders oft thematisiert werden: nämlich in Bezug auf die national oder ethnisch konzipierte Kultur. Unter Gebrauch derartiger kultureller Repräsentationen werden dann auch asymmetrische Machtverhältnisse zwischen Mehrheiten und Minderheiten etabliert und legitimiert (siehe u.a. Tsianos/Karakayali 2014). In der interkulturellen Pädagogik wurde diese öffentliche Repräsentation ethnischer Zugehörigkeiten vor allem von den Erziehungswissenschaftler(inne)n des Antidiskriminierungs- und des Intersektionalitätsansatzes analysiert (siehe Kapitel 4 und 5.3).

## b) Kollektive Formen praktischer Lebensführung und Milieus

Kulturelle Repräsentationen können völlig unabhängig von gelebten kollektiven Zugehörigkeiten mobilisiert werden, wie dies im Antidiskriminierungsansatz angenommen wurde; sie müssen es aber nicht. Kulturelle Repräsentationen können also auch einen Bezug zu der praktischen Lebensführung jener Menschen haben, die sich selbst repräsentieren oder von anderen fremdrepräsentiert werden. Da kulturelle Repräsentationen die kollektive Zugehörigkeit jedoch für alle identifizierbar machen sollen und symbolisch verdichtet sind, müssen sie von der Vielfalt und Komplexität praktischer Lebensführung abstrahieren. Sie können niemals die praktische Lebensführung vollständig wiedergeben.

Kultur als das praktische Leben innerhalb kollektiver Zugehörigkeiten bezeichne ich als *Milieu* (vgl. Bohnsack 2014, S. 113ff). Milieus beruhen nicht (nur) auf zugeschriebenen, sondern auf gelebten Gemeinsamkeiten der Erfahrung, d.h. auf einer „kollektiven Erlebnisschichtung" (ebd., S. 63). Diese kollektiven Erfahrungen müssen nicht notwendiger Weise gemeinsam gemacht werden (wie dies etwa bei einer Jugendclique der Fall ist, die gemeinsam die Erfahrung einer Reise macht), sondern können auch lediglich gleichartig, d.h. homolog sein. Zum Beispiel erleben viele Menschen, die einer eintönigen Arbeit nachgehen, den Montag als einen unangenehmen Tag der Woche, den Freitag aber als Erlösung. Dies tun sie nicht gemeinsam, sondern jeder für sich. Dennoch handelt es sich um eine kollektive Erfahrung, insofern sie bei allen Betroffenen gleichartig ist. Deutlich wird dies etwa dann, wenn einander ansonsten völlig fremde Menschen einstimmig beklagen, dass morgen schon wieder Montag sei.

Das Milieu ist mithin der soziale Ort, der die Menschen miteinander verbindet, es ist der Ort der Konjunktion. Karl Mannheim (1980, S. 225) spricht daher nicht nur von kollektiven, sondern auch von „konjunktiven Erfahrungen". Im Milieu als „konjunktivem Erfahrungsraum" (ebd., S. 220) betrachten die dem Milieu Zugehörigen die Dinge innerhalb und außerhalb des Milieus auf gleichartige Weise. Der Einzelne ist in die spezifische Perspektive seines Milieus derart eingebettet, dass er „die Dinge seines Erlebnishorizontes nur soweit erfaßt, als sie in die Kollektivbedeutsamkeiten [seines Milieus; AMN] eingehen" (ebd., S. 237). Der Individualität des Einzelnen ist das Milieu vorgängig. Der Einzelne wird immer schon in einen bestehenden Raum konjunktiver Erfahrungen (der sich gleichwohl verändern mag) hineinsozialisiert und kann erst auf Basis dieser kollektiven Einbettung seine Individualität entfalten (s.u.).

Dieser Milieubegriff lässt sich mit Bourdieus Begriff des *Habitus* verbinden, wie er etwa von Gogolin (vgl. Gogolin 1994 u. Gogolin/Neumann 1997) und Wittpoth (1994) in die interkulturelle Pädagogik eingeführt wurde. Der Habitus als ein „System generativer Schemata von Praxis" (Bourdieu 1991, S. 279) verbindet Menschen eines Milieus miteinander, ohne dass ihnen dies bewusst sein muss. Aufgrund dieser geringen reflexiven Bewusstheit lässt sich der „modus operandi"

(Bourdieu 1974, S. 151), d.h. die Art und Weise des Funktionierens ihrer Denk-, Wahrnehmungs- und Handlungsmuster, auch nicht einfach abfragen, sondern muss aus den Produkten des Denkens, Wahrnehmens und Handelns, aus dem „opus operatum" (ebd.) erschlossen (d.h. rekonstruiert) werden.
Schon der Begriff des Habitus verweist darauf, dass Milieus nicht mit Realgruppen in eins zu setzen sind. Milieus können auf gruppenhaften Lebensformen basieren, dies ist jedoch nicht notwendig. Die kollektive Erlebnisschichtung entsteht nämlich nicht in den Realgruppen (z.b. Jugendcliquen), sondern wird in ihnen nur artikuliert (vgl. Bohnsack 2014, S. 64f).
Nur falls man dieser Differenz von Milieu und Gruppe Beachtung zollt, werden auch die Unterschiede zum Begriff der „Gemeinschaft" deutlich. Denn die „Gemeinschaft" ist, so wie sie Tönnies (1926) fasst, an die Tradition der Gruppe und ihre face-to-face-Beziehungen, d.h. an gemeinsame Erfahrungen und Erlebnisse gebunden. Ein Milieu muss jedoch nicht auf gemeinsamen, sondern kann auch auf gleichartigen, d.h. in ihrer Struktur identischen bzw. homologen Erfahrungsschichtungen (z.B. denen einer Generation) basieren.

**Milieuspezifisches konjunktives Wissen und milieuübergreifendes kommunikatives Wissen**

Auf der Basis der gleichartigen, konjunktiven Erfahrungen entsteht in Milieus ein *„konjunktives Wissen"* (Mannheim 1980, S. 296). In diesem konjunktiven Wissen hat der Mensch die kulturellen Werke, Tätigkeiten und wissensmäßigen „Gehalte in einer völlig konkreten, nur konjunktiv [d.h. den anderen Milieuangehörigen; AMN] mitteilbaren perspektivischen Weise der existentiellen Gemeinschaft" (ebd.). Zum Beispiel ist für alle Studierenden in den höheren Semestern unmittelbar klar, was eine „Hausarbeit" ist. Dieses Wissen beruht auf den Erfahrungen, die man selbst oder Kommiliton(inn)en mit dem Verfassen von Hausarbeiten gemacht (die vielen Stunden, die man mit der Lektüre, dem Sitzen vor einem weißen Blatt Papier, der Korrektur des Geschriebenen verbracht) haben. Wenn sich Studierende untereinander über Hausarbeiten unterhalten, ist dieses konjunktive Wissen bereits bei allen vorausgesetzt. Die Perspektive dieses konjunktiven Wissens ist eine ganz andere als die Perspektive der Lehrenden. Für diese ist ebenfalls klar, was eine „Hausarbeit" ist. Doch da sie sich vom Milieu her (ein wenig) von den Studierenden unterscheiden, basiert ihr konjunktives Wissen zu „Hausarbeit" auf anderen konjunktiven Erfahrungen, etwa auf den Erfahrungen mit schlecht gegliederten Arbeiten, mit breiter oder schmaler Literaturbasis, mit kopierten oder sehr originellen Arbeiten. Obgleich wir es also mit ein und demselben Wort zu tun haben („Hausarbeit"), können die Perspektiven und konjunktiven Erfahrungen respektive die konjunktiven Wissensbestände, die sich mit ihm verbinden, völlig unterschiedlich sein. Dies kann eine wild sprudelnde Quelle ‚kultureller Missverständnisse' sein.

Wenn über die Grenzen von Milieus hinweg kommuniziert wird, dann muss man das, was man auf der konjunktiven Ebene seines eigenen Milieus weiß, kommunikativ explizieren. Karl Mannheim spricht hier vom „*kommunikativen Wissen*" (1980, S. 296), das dann entsteht, wenn wir „in eine völlig abstrakte Beziehung" (ebd.) zu jenen Werken, Tätigkeiten und wissensmäßigen Gehalten gelangen, die uns in unserem Milieu als selbstverständlich gegeben erscheinen. Zum Beispiel ist dies dann der Fall, wenn Studierende ihren Eltern erklären, was eine „Hausarbeit" ist (falls ihre Eltern nicht selbst einmal Studierende waren). Oder wenn Studierende ihrer Professorin erklären, was für sie eine Hausarbeit erfahrungsmäßig bedeutet. Dieses kommunikative Wissen gibt die Sinngehalte (etwa einer Hausarbeit) in ihrer „ganz allgemeinen Funktion" (ebd., S. 288) wieder und abstrahiert letztlich von den Erfahrungen, innerhalb derer sie erworben wurden.

So verstanden, ist das konjunktive Wissen den *Milieus* zu Eigen, während das kommunikative Wissen auf *kulturelle Repräsentationen* verweist. Da Menschen zumeist sowohl innerhalb ihres eigenen Milieus leben als auch über die Grenzen ihres eigenen Milieus hinaus handeln, kommt es zu einer „Doppeltheit der Verhaltensweisen". Karl Mannheim (1980, S. 296) macht dies am Beispiel des Religiösen deutlich:

> „In immanent religiöser Verhaltensweise steht der einzelne Religiöse zu Gott oder Kult und Religion genauso wie die übrigen Mitglieder der Kulturgemeinschaft [bzw. des Milieus; AMN] zu ihnen stehen: er hat diese Gehalte in einer völlig konkreten, nur konjunktiv mitteilbaren perspektivischen Weise der existentiellen Gemeinschaft. Er ist aber auch imstande, in eine völlig abstrakte Beziehung zu diesen Realitäten zu gelangen, wenn er sich – sagen wir – in einem politischen Kampfe um seine Religion behaupten will und all diese Realitäten nicht von ‚innen' gesehen erfaßt, sondern eben, wie sie den anderen erscheinen, als Religion. Spricht er in diesem Sinne von Religion, so erhebt sich sein Bewußtsein zu einer überkonjunktiven Einstellung – zur Erfassung des Phänomens Religion – wie sie auch für ‚Außenstehende' da ist."

Das Religiöse kann also im Milieu gelebt, aber auch über die Grenzen des religiösen Milieus hinweg kulturell repräsentiert werden. Hier bilden, wie Reckwitz schreibt, „die Ebene und Struktur der in einem Kollektiv implizit wirksamen Wissensordnung und die Ebenen der Selbstbeschreibung [...] zwei zu differenzierende Dimensionen" (zit. n. Rosenberg 2014, S. 96).

**Beispiele für die analytische Leitdifferenz zwischen kultureller Repräsentation und Milieu**

Die analytische Leitdifferenz zwischen kultureller Repräsentation und Milieu möchte ich nun anhand empirischer Beispiele erläutern. Wenn ich hier, wie auch über das gesamte Kapitel hinweg, immer wieder empirische Beispiele zur Illustration des grundlagentheoretischen Konzeptes einer Pädagogik kollektiver Zugehörigkeiten heranziehe, so sollte diesen Beispielen über den exemplarischen Charakter hinaus keine weitere Bedeutung zugemessen werden. Demgegenüber umfassen die ursprünglichen, meist aus dem Umfeld der praxeologischen Wissenssoziologie von Bohnsack (2014) stammenden, Forschungsarbeiten, denen diese Beispiele entnommen sind, empirische Analysen mit einem theoriebildenden Anspruch. Zu Beginn einer Gruppendiskussion, die ich mit Jugendlichen türkischer Herkunft in Berlin geführt habe, markiert einer von ihnen, Bahri, ihre Zugehörigkeit, indem er sich auf eine religiöse „Gemeinschaft" bezieht (vgl. Nohl 2000, S. 310; Übersetzung aus dem Türkischen):

Bahri: Wir sind eine Gemeinschaft, unser Name ist Risale-i Nur-Gemeinschaft, halt ich bin dieser Gemeinschaft zugehörig unser Bruder ist es ebenfalls er ebenfalls unser Bruder ich weiß nicht wie er sich selbst sieht aber sicherlich sieht er sich so, halt wir sind eine Gemeinschaft die Risale-i Nur Gemeinschaft und unsere meiste Zeit den größten Teil unserer Zeit unsere Freizeit verbringen wir mit dem Lesen dieser Werke; und bei diesen Werken ist es unser Ziel hier dem deutschen Volk die Glaubenswahrheiten zu zeigen, dass die Glaubenswahrheiten mit den positiven Wissenschaften halt mit den Naturwissenschaften harmonieren dieses Ziel haben wir halt dass zwischen ihnen kein Zwist ist, und wir zielen darauf ab zu zeigen, dass der Islam absolut nicht der Modernität zuwiderläuft mit solchen Arbeiten sind wir beschäftigt.

Es ist nicht untypisch für den Beginn eines Gesprächs oder einer Gruppendiskussion, wie wir sie hier vorliegen haben, dass man sich zunächst einander vorstellt und auf die eigenen Zugehörigkeiten verweist. Bahri vollzieht dies hier in extensiver Weise, indem er auf die „Risale-i Nur-Gemeinschaft" verweist. Er repräsentiert damit seine kulturelle Zugehörigkeit, die im Namen der Gemeinschaft („Risale-i Nur" = „Epistel des Lichts") symbolisch verdichtet wird. (Es handelt sich hier um einen religiösen Orden, der in der Frühzeit der türkischen Republik entstanden ist.) Zugleich kontrastiert er seine eigene kulturelle Zugehörigkeit mit dem „deutschen Volk" und macht sie durch diese Fremdrepräsentation noch eindeutiger.

Doch schon im weiteren Verlauf der zitierten Passage der Gruppendiskussion werden nicht nur die kulturelle Repräsentation, sondern auch das Milieu, dem Bahri und seine Freunde zugehörig sind, deutlich. Da ist zum einen die Abgrenzung gegenüber dem „deutschen Volk" und die ihm unterstellte Annahme, der Islam sei nicht modern, zu nennen. Bahri und seine Freunde sehen ihre religiöse Praxis offenbar auch im Rahmen ihrer Migrationssituation, die sie mit den „Deutschen" konfrontiert. Zum anderen ist zu erkennen, dass sich die Jugendlichen offenbar stark an den „positiven Wissenschaften" und an Wissenschaftlichkeit überhaupt orientieren.

In den weiteren Analysen zu dieser Gruppe (vgl. dazu Nohl 2001, S. 212ff) wird dann deutlich, dass für diese Jugendlichen die intellektuelle Praxis des Lesens, Auslegens und Diskutierens des Koran und seiner Interpretation in den „Episteln des Lichts" von zentraler Bedeutung ist. Indem sie einem geradezu intellektualistischen Islam anhängen, in dem jede einzelne Regel genauestens begründet und dann eingehalten wird, bearbeiten die Jugendlichen nicht nur die Unterschiede, die sie gegenüber dem „deutschen Volk" wahrnehmen. Sie grenzen sich mit dieser religiösen Praxis auch von dem Milieu ihrer Eltern ab, in dem bisweilen „Islam und türkische Kultur ... ineinander gemischt" seien (zit. n. Nohl 2001, S. 216).

Die intellektualistische Version des Islam ermöglicht es den Jugendlichen dieses Milieus, gegenüber den eigenen Eltern wie auch gegenüber der Aufnahmegesellschaft sowohl Distanz zu wahren als auch auf deren Erwartungen einzugehen. Sie sind – wie ihre Eltern – Muslime, aber eben nicht ‚Kulturmuslime', und sie sind wie die „Deutschen" modern, aber nicht unreligiös. Von diesem Milieu abstrahiert Bahri, wenn er seine Zugehörigkeit und die seiner Freunde kulturell repräsentiert und auf die „Risale-i Nur-Gemeinschaft" verkürzt.

Während die kulturelle Repräsentation bei den geschilderten Jugendlichen sehr klein geschnitten ist, sodass sie recht eindeutig in einer bestimmten kulturellen Gruppe zu verorten und damit von anderen (etwa von anderen Muslimen) zu unterscheiden sind, finden sich z.B. im Bereich des sozialen Geschlechts kulturelle Repräsentationen, die es an Eindeutigkeit nicht fehlen lassen.

Sich als „Frau" oder als „Mann" zu bezeichnen, verweist in aller Klarheit auf eine bestimmte Zugehörigkeit. Doch wie Peter Loos (1999) in einer Studie zu Männern gezeigt hat, können sich Männer jenseits dieser kulturellen Repräsentationen gerade auch in Bezug auf ihre geschlechtsspezifischen Orientierungen von Milieu zu Milieu stark unterscheiden. Besonders wichtig scheint hier die Differenz zwischen dem Milieu der Arbeiter und bürgerlichen Milieus zu sein.

Während die befragten Arbeiter deutlich machten, dass sie sich im zwischengeschlechtlichen Bereich vor allem an der Situation ihrer Partnerschaft und der Persönlichkeit ihrer Partnerin orientieren, greifen – so Loos (1999, S. 290) – die „Männer aus dem bürgerlichen Milieu hierbei auf Geschlechtsstereotype" und auf männlich bzw. weiblich konnotierte, stereotype biographische Idealverläufe zurück, die dann auch ihren Umgang mit der Partnerin strukturieren. Die Frauen erwarteten hier von den Männern, dass sie das Geld verdienen, während sie selbst für den Nachwuchs zuständig seien. Gegenüber dieser stereotypen Geschlechterordnung sieht Loos bei den Arbeitern einen eher pragmatischen Umgang mit Frauen. Wenn einer der Befragten sagt, „meine Frau hat Tischlerin gelernt, deshalb übernimmt sie die handwerkliche Ausgestaltung der Wohnung" (zit. n. Loos 1999, S. 292), so wird die Arbeitsteilung in der Partnerschaft nicht nach dem Geschlecht, sondern nach den persönlichen Fähigkeiten der Partnerin ausgerichtet.

Selbst bei dieser groben Unterscheidung zwischen Arbeitern und Bürgerlichen zeigt sich, dass kulturelle Repräsentationen wie diejenige als Mann eine Eindeutigkeit suggerieren, die ihnen auf der Ebene des Milieus fehlt. Trotz gleicher kultureller Repräsentation (als Mann, als Deutscher, als Angehöriger der 68er-Generation o.ä.) kann man höchst unterschiedlichen Milieus zugehören.

**Vorgestellte Gemeinschaften**

Wie in den empirischen Beispielen deutlich wurde, abstrahieren kulturelle Repräsentationen zwar von der Vielfalt milieuspezifischer Erfahrungen, doch beziehen sie sich zumindest auf jene. Auch noch als Abstraktion milieuspezifischer Erfahrung ist die kulturelle Repräsentation letztlich erfahrungsbasiert. Demgegenüber fehlt den „*vorgestellten Gemeinschaften*" (Anderson 2005) diese milieuspezifische Erfahrungsbasis. Sie sind in diesem Sinne ideologisch, d.h. ihr Denken ist von ihren Erfahrungen abgehoben (vgl. Mannheim 1985, S. 36f).

Benedict Anderson gebraucht einen Gemeinschaftsbegriff, der an face-to-face-Beziehungen gebunden ist, wie ihn Tönnies (1926) entworfen hat. In diesem Sinne kann man jede Gemeinschaft, die nicht auf einer gemeinsamen Gruppengeschichte beruht, als bloß vorgestellte bezeichnen. Im Unterschied hierzu definiere ich angesichts der Unterscheidung von kultureller Repräsentation und Milieu den Begriff etwas anders: Nicht schon dann, wenn die Mitglieder einer Gemeinschaft einander nicht kennen und keine gemeinsame Geschichte aufweisen, stellen sie sich ihre Gemeinschaft vor, sondern erst dann, wenn sie die Gemeinschaft nicht auf den gleichartigen Erfahrungen eines Milieus aufbauen.

Ein Beispiel für eine nur vorgestellte Gemeinschaft findet sich im Diskurs einer Gruppe von Hooligans über den „Nationalstolz" (zit. n. Bohnsack et al. 1995, S. 115f):

Arno: Ja, man hat n – man hat n jewissen Nationalstolz, vor allem bei Länderspielen kommt dit durch, man will - jeder will beweisen, seine Nation is die Beste.
Ingo: Jedet- jedet Land is nationalstolz und wird dit hier so hochjezogen, Junge
Carlo: Ick meine, ick find dit blöd, dazu- dazu rechts zu sagen dazu- dazu rechts zu sagen is nun blöd, weil in der Szene da is nun jeder nationalstolz jenau wie Galatasaray gespielt haben, wo 30.000 Fans- ick meine, man kann ja nich sagen, dit waren <u>rechte, Türken,</u> oder wat. Dit war n halt Türken, die für ihr Land jebrüllt ham, hier. ‚Türkei, Türkei' und jenauso
Hugo: Bloß wenn Deutschland spielt und da irgendwelche brüllen, enn heißt et heißt et sofort: ‚Dit sind Nazis'
Arno: Problem is ja jeder Staat hier in Europa und überall hat dit Recht uff n jesundet Nationalbewußtsein, uns Deutschen wird dit abjesprochen. Wenn de sachst, ick bin stolz darauf, n Deutscher zu sein,
Udo: Bist n Nazi.
Arno: sacht dir jeder ins Jesicht, du bist n Nazischwein. <u>Warum</u>? Weil icke- weil vor

vierzig Jahren meen Uropa oder wat wee ick vielleicht irgendwo in Krieg jezogen is. Ick mee okay der is da jestorben und ick laß auch den sein Antlitz nich verunglimpfen, weil se sagen, waren allet Kriegsverbrecher aber dafür soll ick jetz sagen: nee, ick ick wir haben soviel Scheiße gebaut, ick bin nich stolz darauf, Deutscher zu sein, ick soll dit verleugnen. Wenn ick sag ick bin stolz darauf n Deutscher zu sein, sagen mir sagt mir jeder ins Jesichts: Du bis n <u>Nazi</u>

Jenseits der Frage, ob „Nationalstolz" legitim oder als „rechts" einzuordnen ist, dokumentiert sich in diesem hier in der Transkription stark vereinfachten Diskurs, dass der nationalen Gemeinschaft dieser Jugendlichen die Erfahrungsbasis fehlt. Nicht gleichartige Erfahrungen, sondern nur die Gegnerschaft und Konkurrenz mit anderen national vorgestellten Gemeinschaften („Türken") stehen im Zentrum des Diskurses. Selbst dort, wo Arno auf seinen „Uropa" und dessen Kriegsbeteiligung verweist, zeigt sich schon in der Diktion, die die Unbestimmtheit seiner Äußerungen anzeigt („Uropa oder wat weeß ick"), dass es nicht um eine konkrete Person und eine konkrete Familiengeschichte geht.

> „Es geht nicht um die reale persönliche Identität eines Vorfahren, wie sie Arno aus direkter Kommunikation über die Familiengeschichte bekannt wäre... Das Problem liegt vielmehr darin, daß Arno die Geschichte der Nation als Familiengeschichte konstruiert oder inszeniert",

schreiben Bohnsack et al. (ebd., S. 118) hierzu.

Bohnsack et al. weisen aber auch darauf hin, dass solche, von mir als vorgestellte Gemeinschaften bezeichnete *Zugehörigkeitsfiktionen*, auch im Bereich der Geschlechtszugehörigkeit zu finden sind. Hier zeigt sich wiederum ein Unterschied zur Argumentation von Benedict Anderson: Geht es jenem ausschließlich um die Nation als vorgestellte Gemeinschaft, so sind für die Pädagogik kollektiver Zugehörigkeiten keine spezifischen vorgestellten Gemeinschaften von Bedeutung, sondern vorgestellte Gemeinschaften überhaupt. Es kann sich um die Nation, das Geschlecht, die Generation oder sonstiges handeln.

Zugehörigkeitsfiktionen zu einer vorgestellten Gemeinschaft zeitigen Folgen. Wenngleich sie nicht auf vorgängigen gleichartigen Erfahrungen basieren, so können sie diese doch hervorrufen. Im Bereich des Nationalen könnte man die nationalstaatliche Struktur von Gesellschaften als eine Folge derartiger Zugehörigkeitsfiktionen begreifen. Durch diese Folgen vorgestellter Gemeinschaften werden dann ganz praktische kollektive Erfahrungen wie diejenigen einer deutschen Staatsbürgerschaft oder der Wahl des französischen Parlaments erst möglich. Es bleibt aber zu fragen, inwieweit solche Erfahrungen alltagsrelevant sind, d.h. inwieweit sie die kollektive Lebensführung von Menschen zu prägen vermögen. Kurzfristigere reale Gemeinschaften werden etwa dann hergestellt, wenn sich die Anhänger zweier Nationalmannschaften im Stadion treffen und einander bekämpfen. Auch dies lässt sich anhand eines Beispiels aus der o.g. Hooligan-Studie deutlich machen. Der Kampf mit der gegnerischen Gruppe (meist anderen Hooligans) „verbindet die Jugendlichen episodal zu einer Schicksalsgemeinschaft. Aus der nicht antizipierbaren Entwicklung der Situation des Kampfes ... resultiert ein situatives Aufeinanderangewiesensein" (Bohnsack et al. 1995, S. 87). In diesem Moment „müssen" sie „zusammenhalten", wie die Hooligans sagen. Wohlgemerkt handelt es sich hier aber nur um episodale Gemeinsamkeiten der Erfahrung. Die Frage ist nun, ob sich aus solchen „episodalen Schicksalsgemeinschaften" ein Milieu bilden lässt, das eine über die Gegnerschaft zu anderen hinausgehende Gleichartigkeit von Erfahrungen aufweist (vgl. hierzu Bohnsack 1998).

**Tradierung und Neuentstehung von Milieus**

Milieuspezifisches, konjunktives Wissen kann von Generation zu Generation weitergegeben werden. Dies kann man als die *Tradierung* von Milieus bezeichnen. Sie lässt sich analytisch von der *Neuentstehung* von Milieus unterscheiden: Dort, wo das milieuspezifische Wissen nicht an die heranwachsende Generation weitergegeben wird oder weitergegeben werden kann, verlieren Menschen ihre Milieuzugehörigkeit. Dies kann zu einer Individualisierung führen, es kann aber auch in die Entstehung neuer Milieus münden.

Als empirisches Beispiel für ein tradiertes Milieu lässt sich das fränkische Dorf verwenden, in dem eine Gruppe von Jugendlichen lebte, die Bohnsack (1989, S. 105-118) erforscht hat. Für sie ist der „Tratsch" im Dorf „viel größer" als in der Stadt. Dadurch, dass alle innerhalb des Dorfs miteinander bekannt sind und jeder weiß, dass der eine Jugendliche „Peter sei Buu" ist, ist die soziale Kontrolle sehr dicht. Alles – und das heißt auch: die Art und Weise zu leben – ist „gwiess", wie die Jugendlichen sagen. Die Jugendlichen bringen dies metaphorisch mit einem Lied zu Ausdruck, das sie auf dem Kassettenrekorder abspielen: „Unser Dorf war so klein, doch ich war nie allein/ Denn Mama war ja da, und Zuhaus lag nah/ Ich kenn dort jedes Haus, jeden Pflasterstein/ Denn ich war dort als Junge daheim" (zit. n. ebd., S. 396).

Für das tradierte Milieu des Dorfes, aber auch für die Milieutradierung in der Stadt, scheinen jahreszyklische Feste („Kermes") und gemeinsame Aktivitäten („Hausputz") von hoher Bedeutung zu sein. Jugendliche aus dem Ost-Berliner Stadtviertel Audorf, in dem vornehmlich Einfamilienhäuser zu finden sind, blicken mit Wehmut auf die Zeit vor der Wende 1989/1990 zurück, als das tradierte Milieu ihres Wohnviertels noch existierte (zit. n. Bohnsack et al. 1995, S. 410f):

Bernd: et is eh is ne schöne Umgebung wir ham uns det damals muß ick dazu sagn also zu Ostzeitn gabs dann immer diesen Herbstputz und Frühjahrsputz und so weier der wurde von haus organisiert und da wure och jesammelt also pro Monat wurde immer abjegebn, wurde von Mieter zu Mieter jegangn für die Hauskass- sammelt für die Hauskasse zusammenjesammelt Geld, daß wir Hausputz machen könnten und ham wir och Kinderfeste jemacht in dem Wohnjebiet weil et war im Prinzip einmalig in ganz [Name des Bezirks] hier ick mein da wurde richtich Kinderfest uffjezogn mit allem drum und dran mit

Elfriede: mit Fanfarnzug
Bernd: Kino n großet Kinozelt, n Fanfarnzug da hab ich noch Fanfare jeblasn der hat Hochtrommel jeschlagn richtig mit Fackelumzug
Achim: ich hab die Fackel jetragn
Bernd: ham wer jemacht und ich bin richtig mit Spiele ham wer orjanisiert jehabt.

In dem Rückblick auf die Zeit „damals" deutet sich bereits an, dass dieses Milieu nicht (vollständig) tradiert werden konnte. Wo, wie in diesem Fall, zeitgeschichtliche Umstände wie die Wende die habituellen Handlungsweisen des Milieus obsolet werden lassen und zu biographischen Brüchen führen, lösen sich Milieus auf; man kann sich ihrer nur noch erinnern, wie dies die Jugendlichen hier tun.

Eine andere Form, in der sich Milieus auflösen und Tradierung unmöglich wird, ist der Bruch zwischen den Generationen. Neben der Wende, die als Generationenbruch erfahren werden kann (siehe dazu Schäffer 2003), finden sich derartige generationelle Brüche auch in Familien mit Migrationshintergrund. Im folgenden Diskurs sprechen Jugendliche, deren Eltern aus der Türkei eingewandert sind, über ihr Familienleben. Deutlich wird dabei, dass die Erfahrungen der Eltern eben gerade nicht tradiert werden, sondern die Jugendlichen neue Erfahrungen machen (vgl. Nohl 2001, S. 181):

Aziz: das is auch so ganz anders was zu Hause zum Beispiel abläuft oder so; also man ist zu Hause ganz anders als als als man draußen ist
Deniz: jaa
Fazil: Draußen.
Aziz: oder so. Weil man muss
Deniz: Ja zu Hause die die haben von gar nichts ne Ahnung so; die denken so mein Sohn geht jetz bisschen raus, schnappt sein
Aziz: ja.
Deniz: frische Luft und kommt so eh Reisessen steht wieder vorm Tisch so, würklich jetz; die denken so die die ham noch so alte Denkweise so

Die Jugendlichen unterscheiden hier ihr eigenes Leben „draußen", d.h. außerhalb der Familie, und das, was zu Hause „abläuft". Während innerhalb der Familie die Lebensweise von den Eltern tradiert wird und die Jugendlichen sich hierauf einstellen, gilt diese Lebensweise außerhalb der Familie nicht. Daher ist man „zu Hause ganz anders als ... man draußen ist". Zugleich verweisen die Jugendlichen hier metaphorisch auf die „alte Denkweise" der Eltern, die sich noch am Leben in ihrem türkischen Herkunftsdorf orientieren. Dies kann aber für sie selbst nicht mehr beispielhaft sein. Die Tradierung des Elternmilieus auf die Generation der Jugendlichen misslingt, weil die Lebensweise des türkischen Herkunftsdorfs für die Jüngeren in Berlin nicht mehr funktional ist.

In dem Moment, in dem sich tradierte Milieus auflösen, kann es nun zu einer Freisetzung des Individuums kommen. Ich werde weiter unten darauf eingehen. Hier geht es mir aber zunächst darum, auf die zweite Möglichkeit hinzuweisen: Angesichts der Auflösung tradierter Milieus können neue Milieus entstehen. Während Menschen in tradierten Milieus auf eine hohe biographische Dauerhaftigkeit zurückblicken können (wie etwa im fränkischen Dorf, s.o.), oder aber auf eine die Generationen überdauernde Kontinuität, geht mit der Auflösung von Milieus diese Kontinuität verloren und es kommt zu *biographischen* oder *generationellen Brüchen* (wie jenen der Wende oder der Familienmigration). Wenn nun neue Milieus entstehen, so basiert dies primär auf der Basis von Gemeinsamkeiten der biographischen oder generationellen Diskontinuität (vgl. Bohnsack 1998). Menschen, die gleichartige Erfahrungen mit Brüchen in ihrer Lebensgeschichte gemacht haben, wie auch Menschen, die auf gleichartige Weise den Bruch zwischen den Generationen erlebt haben, finden sich auf der Basis dieser zwar nicht notwendiger Weise gemeinsam, aber doch gleichartig durchlebten Erfahrungen zusammen. Sie können den Kern eines neuen Milieus bilden.

Die erwähnten Jugendlichen mit Migrationshintergrund etwa finden neue Orientierungen für ihr Leben, da ihnen die tradierten Lebensorientierungen der Elterngeneration nicht mehr angemessen erscheinen. Insbesondere die für sie spezifische Problematik der Differenz, die sie zwischen dem Elternhaus einerseits und der Gesellschaft andererseits erfahren, wird in diesen neuen Lebensorientierungen zu bewältigen versucht. Diese Differenz zwischen der inneren Sphäre ihrer Familie und der äußeren Sphäre der Gesellschaft bearbeiten die Jugendlichen, indem sie ganz praktisch zwischen beiden Sphären trennen. Weder informieren sie die Eltern über das, was „draußen", d.h. in der äußeren Sphäre geschieht, noch gewähren sie den Personen der äußeren Sphäre tiefere Einblicke in ihr Familienleben. Auf diese Weise – d.h. auf dem Weg der Sphärentrennung – können sie trotz der Unterschiedlichkeit der Erwartungen und Sozialformen in innerer und äußerer Sphäre ihre eigene Handlungsfähigkeit bewahren (siehe ausführlich hierzu: Nohl 2001).

Indem diese Jugendlichen mit Migrationshintergrund zwischen den Sphären trennen, entstehen unter ihnen erste Ansätze eines neuen Milieus mit eigenständigen Lebensorientierungen. Besonders auffällig sind dabei jene Jugendlichen, die auf dem Wege der Sphärentrennung und in Abgrenzung sowohl von der inneren als auch von der äußeren Sphäre ganz eigenständige und kreative Handlungspraktiken wie etwa den Breakdance oder eine sehr intellektualistische Auslegungspraxis des Islam gefunden haben. Mit diesen neuen Handlungspraktiken bearbeiten die Jugendlichen ihre strukturidentischen Erfahrungen generationeller Brüche.

Eine Gruppe von Jugendlichen, deren Eltern aus der Türkei eingewandert sind, grenzt sich beispielsweise sowohl von der Lebensweise ihrer Eltern als auch den Erwartungen der deutschen Gesellschaft ab; diese doppelte Abgrenzung zeigt sich insbesondere in religiösen Fragen. Die bereits oben erwähnten Jugendlichen der „Risale-i Nur-Gemeinschaft" reden darüber, dass ihre Eltern einer Form des Islam nachgingen, in der sich Religion und türkische Kultur auf unglückliche Weise vermischten, so dass der Kern der Religion nicht mehr zum Vorschein käme. Demgegenüber suchen diese jungen Männer selbst eine ‚reine' Form des Islam, die sie ihrer kulturellen Beimischungen entkleiden und auf dem Wege des Nachdenkens und Intellektualisierens zu finden trachten. Zugleich dient ihnen diese Idealisierung eines reinen Islam auch dazu, sich mit den Erwartungen der deutschen Gesellschaft auseinander zu setzen. Und dies nicht nur in Bezug auf das Religiöse, das der deutschen Gesellschaft entweder fehle oder aber eben christlich geprägt sei, sondern auch, indem gegenüber deutschen Nichtmuslimen die eigene Intellektualität besonders hervorgehoben wird. Auf diese Weise konterkarieren sie die Erwartung von Deutschen, Migrant(inn)en seien per se nicht intellektuell. Indem diese Jugendlichen sich selbst einer intellektualistischen Praxis des Islam verschreiben und hierin die ersten Ansätze eines neuen Milieus bilden, verarbeiten sie also sowohl den generationellen Bruch zu ihrer Elterngeneration als auch die Differenz zur Aufnahmegesellschaft.

Mithin können Milieus als neu entstandene Sozialstrukturen auch auf Erfahrungen biographischer Diskontinuität oder generationeller Brüche basieren. In diesen homologen Erfahrungen können sich „Prozesse der Neubildung von Traditionen", z.B. der „Bewältigung von Migrationssituationen" (Apitzsch 1999b, S. 11), entfalten und neue Milieus konstituieren.

**Mehrdimensionalität von Milieus**

Obgleich Milieus in der ersten Anschauung als feste Gebilde und Gesamtgestalten erscheinen, denen eine Einheitlichkeit zu eigen ist bzw. die eine Einheit sind, ist die Tradierung wie die Neuentstehung von Milieus *mehrdimensional* angelegt. Sie erstreckt sich unter anderen auf die adoleszenz-, geschlechts-, generations-, religions-, migrations-, schicht- sowie bildungsspezifischen *Erfahrungsdimensionen*. Solche Erfahrungsdimensionen überlagern bzw. überlappen innerhalb eines jeden Milieus einander.

Insofern sich dann alle Milieus einer Gesellschaft stets mehr oder weniger, d.h. in mehreren oder einzelnen Erfahrungsdimensionen unterscheiden, ist diese Mehrdimensionalität auch ein Schlüssel, um aus einer auf Einwanderung fokussierten interkulturellen Pädagogik eine allgemeine Pädagogik kollektiver Zugehörigkeiten zu machen, „die sich mit der kulturellen Pluralität hochdifferenzierter Gesellschaften in allgemeiner Einstellung beschäftigt" (Mecheril 2004, S. 17). Dann wird die Idee, die Gesellschaft sei vornehmlich durch Einwanderung pluralisiert, obsolet, und die Gesellschaft wird als ein immer schon kulturell heterogenes, aus mehrdimensionalen Milieus bestehendes Gebilde betrachtet. Auf diese kulturelle Heterogenität der Gesellschaft, auch jenseits des Einwanderungsphänomens, verweist auch der Intersektionalitätsansatz (Kapitel 5.3). Während dieser jedoch vornehmlich die Bedeutung vielgestaltiger kultureller Repräsentationen durch Andere, die zu Unterdrückung führen können, in den Blick nimmt, geht es der Pädagogik kollektiver Zugehörigkeiten auch um Erfahrungen jenseits derartiger Fremdidentifizierungen.

Die Mehrdimensionalität tradierter und neu entstandener Milieus lässt sich angesichts ihrer in der unmittelbaren Anschauung zu Tage kommenden Gesamtgestalt nur schwer erkennen. Ein wichtiger Weg, mehrere Dimensionen von konjunktiver Erfahrungsschichtung in den Milieus zu identifizieren, ist der *mehrdimensionale Vergleich* (vgl. Nohl 2013).

Milieus können dann mehrdimensional miteinander verglichen werden, wenn man die Milieus, die man für den Vergleich heranzieht, nicht nur innerhalb einer Dimension sucht, wenn man z.B. nicht nur Migrantenmilieus mit Milieus von Einheimischen vergleicht. Denn erst wenn zusätzlich die Migrantenmilieus von Jugendlichen mit denen von Erwachsenen, die Migrantenmilieus von Männern mit denen von Frauen oder die Migrantenmilieus von Armen mit denen von Reichen verglichen werden, wird mehr als eine Milieudimension deutlich. Im folgenden Beispiel wird dies anhand der schon mehrfach erwähnten Studie, aus der ich das empirische Beispiel der Migrantenjugendlichen genommen habe, dargestellt. Bei diesen Jugendlichen erwies sich im Zuge des mehrdimensionalen Vergleichs die Sphärentrennung nicht nur als ein Phänomen der „Migrationslagerung" (zum Begriff: Nohl 1996), sondern auch der Adoleszenz und der Bildung. Dieses längere Beispiel ist nicht nur zur Erläuterung der Mehrdimensionalität von Milieus notwendig, sondern auch deshalb, weil die in ihm dargestellte Vergleichsperspektive insgesamt eine hohe Bedeutung für die Pädagogik kollektiver Zugehörigkeiten hat.

**Empirisches Beispiel für adoleszenz-, bildungs- und migrationsspezifische Erfahrungsdimensionen eines Milieus**

Im Rahmen der Forschung zu den Milieus von Jugendlichen mit Migrationshintergrund wurde die Rekonstruktion der *Adoleszenzphasen* durch einen Vergleich Jugendlicher unterschiedlichen Alters möglich. Dabei standen zirka 17-jährige und etwa 20-jährige Jugendliche im Zentrum. Da wir eine Clique von Jugendlichen über einen Zeitraum von über vier Jahren beobachten konnten, lässt sich anhand ihrer die Adoleszenzentwicklung besonders deutlich herausarbeiten; gleichwohl beruhen die beiden adoleszenzspezifischen Typen, die im Folgenden aufzuzeigen sind, auf der Rekonstruktion einer Vielzahl von – auch einheimischen – (vgl. hierzu: Bohnsack 1989) – Jugendgruppen.

Als wir die Clique von Migrantenjugendlichen erstmalig trafen und gleich mit ihnen eine Gruppendiskussion durchführten, wurden wir mit ihren z.T. heftigen Provokationen konfrontiert. So antwortete einer der Jugendlichen, als wir eine Frage bezüglich der Ausbildungssituation stellten: „Ich mach ne Ausbildung als Dieb" (dieses und alle folgenden Zitate finden sich mit ihrem Kontext in Nohl 1996 u. 2001). Mit dieser Antwort grenzte sich der Jugendliche nicht nur auf provokante Weise von den der Frage inhärenten Normalitätsvorstellungen (ein Jugendlicher mit Realschulabschluss macht in diesem Alter eine Ausbildung) ab; in dieser Antwort dokumentiert sich zugleich die Weigerung, über berufsbiographische Aktivitäten weiter nachzudenken und eigene diesbezügliche Orientierungen zu entwickeln. In der Gruppendiskussion schildert zwar einer der Jugendlichen, dass das „Berufsleben ... völlig scheiße" sei, aber selbst diese Thematisierung des Berufs wird von seinen Freunden unterbrochen: „Wir wollen jetzt nicht immer nur über Beruf reden". Diese Migrantenjugendlichen sind, nach dem Schulabschluss und ihren ersten Erfahrungen der Tristesse im Alltag der Ausbildung oder auch der Arbeitslosigkeit, in einer Krisenphase ihrer Adoleszenz, die von einer Negation berufsbiographischer Erfahrungen und Zukunftsvorstellungen gekennzeichnet ist. Eine derartige *Negationsphase* findet sich auch bei anderen Jugendlichen aus einheimischen oder zugewanderten Familien, die gering in das Bildungssystem integriert sind, d.h. über Haupt- oder Realschulabschlüsse verfügen.

In der erwähnten Jugendclique wird diese Negationsphase in besonderer Schärfe durchlebt. Auch um sich von ihren Schwierigkeiten im Alltag der Arbeit(slosigkeit) zumindest zeitweilig zu distanzieren, gehen diese Jugendlichen Handlungspraktiken nach, die z.T. hoch riskant und vornehmlich spontan strukturiert sind und die daher „Aktionismen" (Bohnsack et al. 1995) genannt werden können. So wird mit der „Ausbildung als Dieb" auch auf die kriminalisierungsfähigen Aktionismen verwiesen, denen alle Mitglieder dieser Clique nachgehen und die sie in Konflikt sowohl mit den Eltern als auch mit den gesellschaftlichen Kontrollinstanzen (Polizei etc.) bringen. Allerdings handelt es sich bei diesen Aktionismen noch nicht um verfestigte Handlungspraktiken, denen bereits eine biographische Relevanz zukäme. Die Jugendlichen sondieren noch auf experimentelle und sehr praktische Weise, welche Aktivitäten ihnen gemeinsam am ehesten liegen, wo sie eine habituelle Übereinstimmung finden. So engagieren sie sich neben Diebstählen, Drogenkonsum und körperlichen Auseinandersetzungen auch im Breakdance. Dem Breakdance kommt einerseits eine Funktion in der Negation der Alltagsexistenz zu, insofern man beim Tanzen alles „vergisst". Andererseits ist man beim Breakdance „in einer anderen Dimension", der eine eigene Qualität zukommt und die zugleich biographische Perspektiven als „Tänzer" verspricht. Die Negationsphase ist in dieser Jugendclique zugleich mit dem Verlust milieuspezifischer habitueller Handlungssicherheiten verbunden. Die Aktionismen dienen daher auch dazu, neue Handlungssicherheiten und eine neue Übereinstimmung hinsichtlich des Habitus, des Milieus, zu erlangen.

Zweieinhalb Jahre später, zur Zeit der zweiten Gruppendiskussion, die wir mit diesen Jugendlichen führten, hat die durch riskante Aktionismen strukturierte Sondierung „habitueller Übereinstimmung" (Bohnsack et al. 1995) zum Erfolg geführt. Im Alter von 19 bis 20 Jahren haben die kriminalisierungsfähigen Aktivitäten an Bedeutung ab- und der Breakdance an Relevanz zugenommen. Im Zuge der aktionistischen Sondierungsprozesse hat sich auch die Zusammensetzung der Gruppe verändert, insbesondere sind weitere Breakdancer hinzugekommen. Die Jugendlichen denken nun wieder über ihre (berufs-)biographische Zukunft nach und messen in diesem Zusammenhang dem Breakdance und allgemein der ästhetischen Praxis besondere Bedeutung zu. Hier liegt die neue biographische Orientierung der Jugendlichen und ihre habituelle Übereinstimmung, auf deren Basis sich ein neues Milieu zu formen beginnt (s.u.).

Doch im Unterschied zu den anderen Gruppen gleichaltriger arbeitender Jugendlicher aus einheimischen und zugewanderten Familien, in denen ebenfalls diese *Phase der Re-Orientierung* zu identifizieren ist, grenzen sich diese Migrantenjugendlichen weiterhin sowohl von den Normalitätsvorstellungen und Sozialformen der Aufnahmegesellschaft, wie sie etwa durch die Forscher oder durch berufsbiographische Ablaufmuster repräsentiert werden, wie auch von denjenigen ihrer Herkunftsfamilie ab. Um diese Abgrenzung genauer zu untersuchen, haben wir die Vergleichshorizonte gewechselt und statt des unterschiedlichen Alters nunmehr nach Cliquen gesucht, deren Mitglieder ein ähnliches Lebensalter aufwiesen, jedoch hinsichtlich der Migrationsproblematik variierten. Erst eine solche *Variation der Vergleichsfälle* ermöglicht eine empirische Analyse, die in den einzelnen Fällen mehrere Dimensionen identifizierbar macht.

Vergleicht man die 19- bis 20-jährigen Migrantenjugendlichen mit ihren Altersgenossen aus einheimischen Familien, so wird die Abgrenzung gegenüber gesellschaftlichen und familialen Normalitätsvorstellungen als ein Phänomen der *Migrationslagerung* dieser Jugendlichen rekonstruierbar. Für einen solchen Vergleich haben wir sechs Gruppen von Jugendlichen aus (in der Türkei bzw. in Deutschland) einheimischen Familien herangezogen, sowie acht Gruppen von Jugendlichen, deren Familien aus der Türkei nach Deutschland eingewandert sind.

Am Ende ihrer Adoleszenzentwicklung, in der Phase der Re-Orientierung, erfahren die Jugendlichen aus Migrantenfamilien in verschärfter Weise eine Differenz zwischen ihrer Familie und der ethnischen Einwanderungs-Community, d.h. der inneren Sphäre, einerseits und der Gesellschaft mit ihren Institutionen, d.h. der äußeren Sphäre, andererseits. Zwar reichen diese Erfahrungen der *Sphärendifferenz* bis in die Sozialisationsgeschichte der Jugendlichen zurück, insofern sie schon in der frühen Kindheit bei der Bewältigung der institutionalisierten (berufs-) biographischen Ablaufmuster (Kindergarten, Schule, Ausbildung) auf sich alleine gestellt waren; sie erhielten diesbezüglich weder Unterstützung durch ihre Eltern noch waren von Seiten der öffentlichen Institutionen Versuche zu verzeichnen, mit ihrer Herkunftsfamilie in Kommunikation zu treten. Doch wird erst am Ende der Adoleszenzentwicklung, wenn die Jugendlichen sich in ihrem Leben re-orientieren (nicht nur in Bezug auf die berufliche Laufbahn, sondern auch auf den Heiratsmarkt), diese Sphärendifferenz zum Orientierungsproblem.

Die Sphärendifferenz ist nicht nur ein Problem der Moral bzw. der Gesinnung, insofern sie sich nicht nur auf die unterschiedlichen und bisweilen diskrepanten Normalitätserwartungen in innerer und äußerer Sphäre erstreckt; sie ist vor allem ein handlungspraktisches, im alltäglichen Leben zu lösendes Problem der Divergenz zweier unterschiedlicher Formen der Sozialität: Die äußere Sphäre ist durch gesellschaftlich-abstrahierte Beziehungsformen geprägt, wie sie vor allem in Form von institutionalisierten Ablaufmustern (Schule, Ausbildung), aber auch in ethnischer Diskriminierung Niederschlag in den jugendlichen Erfahrungen finden. Die innere Sphäre umfasst einen – bisweilen unvermittelt – aus dem Herkunftsland der Eltern tradierten Sozialitätsmodus, auf den die Jugendlichen mit den Metaphern „Liebe" und „Respekt" Bezug nehmen.

In der Gruppendiskussion mit der oben bereits angeführten Clique schildert einer der Migrantenjugendlichen in metaphorischer Weise sein Leben in der Familie, wobei deutlich wird, dass er sich ihr zwar sehr verbunden fühlt, zugleich aber mit den Eltern über keinerlei biographisch relevante Themen kommuniziert. Im Anschluss hieran bringt sein Freund dies auf den Punkt und macht zugleich deutlich, dass er diese Erfahrung teilt: „man ist zu Hause ganz anders, als man draußen ist". Der erste Jugendliche ergänzt wiederum: „ja zu Hause, die haben von gar nichts ne Ahnung", und schreibt dies der „alten Denkweise" ihrer Eltern zu. Diese Unkenntnis der Eltern über ihre eigene außerhäusliche Handlungspraxis „is auch besser so", heißt es dann in der Gruppendiskussion, denn sie ermöglicht es den Jugendlichen, ihren Eltern gegenüber „Respekt" zu zeigen.

Doch nicht nur gegenüber der inneren Sphäre, auch gegenüber der Gesellschaft und ihren Institutionen, d.h. gegenüber der äußeren Sphäre, halten diese Jugendlichen Distanz. Den Jobs, denen sie nachgehen, kommt nur insofern eine Relevanz zu, als die Relation von Arbeitszeit und -entlohnung zufrieden stellend ist; auch gegenüber jungen Frauen beschränken sie ihre Beziehung auf „rein sexisches" und lehnen „Liebe dies das, Treffen und Kino Gehen" ab, auch um „kein Herz" der Frauen zu brechen. Diese scharfe Grenzziehung gegenüber der inneren und äußeren Sphäre erhält ihren Sinn – auch in der Schilderung der Jugendlichen im Rahmen der Gruppendiskussion – nur mit dem Verweis auf etwas Drittes, zu dem es in der Gruppendiskussion heißt: „Weil nebenbei ham wir auch noch sehr viel anderes zu tun, so zum Beispiel wie tanzen und so wir sind alle in der Hiphopszene auch sehr aktiv mit dem Breakdancen". Jenseits der inneren und äußeren Sphäre hat sich in dieser Gruppe eine dritte Sphäre mit eigenen Normalitätsvorstellungen und Sozialformen entwickelt, die sich vornehmlich aus dem Breakdance und der Hiphopszene speist. Wie bereits oben in Bezug auf die Adoleszenzentwicklung

# Kultur und kollektive Zugehörigkeiten

festgestellt, haben diese Jugendlichen ihre habituelle Übereinstimmung und ihre zentrale biographische Orientierung in diesem Medium des Breakdance gefunden. In anderen Gruppen wiederum, auf die hier nicht eingegangen werden kann, wird die Problematik der Sphärendifferenz zwar teilweise ebenfalls durch eine Trennung der Sphären bewältigt, dies führt jedoch nicht zur Entstehung einer dritten Sphäre (siehe hierzu Nohl 2001, S. 131ff).

Wie die beiden Phasen der Adoleszenz, so konnte auch die Migrationslagerung nur dadurch in den Blick geraten, dass ein erster Fall auf dem Hintergrund eines zweiten und dann eines dritten Falles betrachtet wurde, von dem er sich in jeweils einer Dimension (d.h. hinsichtlich der Adoleszenz oder Migration) unterschied. Ein solcher Vergleich hat zugleich stets einen *blinden Fleck*, nämlich jene Dimensionen, in denen keine Fallvariationen vorgenommen werden. Neben der geschlechtsspezifischen Dimension in den Milieus dieser Jugendlichen ist hier u.a. die bildungstypische Dimension von Bedeutung. Sie lässt sich rekonstruieren, wenn man neue Fälle sucht, die, bis auf die Bildungsabschlüsse, hinsichtlich der Adoleszenz und der Migration (wie auch der Generation und des Geschlechts) Gemeinsamkeiten aufweisen.

Exemplarisch soll dieser *Bildungsvergleich* anhand derjenigen Jugendlichen vollzogen werden, die eine Art dritte Sphäre bilden. Untersucht werden männliche Jugendliche der zweiten Migrationsgeneration, die ebenfalls in der Re-Orientierungsphase ihrer Adoleszenzentwicklung sind. Es bietet sich hier der Vergleich einer Clique von Gymnasiasten und Studenten mit den bereits erwähnten Breakdancern an, die zumeist die Haupt- oder Realschule abgeschlossen haben und sich mittlerweile auf dem Ausbildungs- und Arbeitsmarkt befinden. Der enge Bezug des Breakdance zum bildungsspezifischen Erfahrungshintergrund dieser Jugendlichen wird erst im Vergleich mit den altersgleichen Gymnasiasten und Studenten deutlich.

Bei unseren häufigen Besuchen im Übungsraum der Breakdancer konnten wir immer wieder beobachten, in welch hohem Maße der Breakdance eine körperliche Praxis ist – so in den Breaks, Battles und Shows der Jugendlichen. Ein Powerbreak, z.B. ein langes Drehen auf dem Kopf, ein Rückenkreisel, mehrere aufeinander folgende Felgen auf dem Boden etc., kann nur unmittelbar in der körperlichen Praxis entwickelt, angeeignet und möglicherweise danach dann theoretisch reflektiert werden. Selbst in der Einübung ihrer Shows, bei der sich die Breakdancer theoretisch-reflexiv darüber auseinander setzen müssen, wer was wo und wie tanzt, führen sie einige Showelemente und Powerbreaks lieber vor als sie mit Worten zu beschreiben.

Im Kontrast zu dieser Dominanz des Körperlich-Praktischen entfaltet sich bei den Gymnasiasten und Studenten die dritte Sphäre in der Praxis des theoretischen Reflektierens. Neben einer oben bereits erwähnten Gruppe von männlichen Studenten, die in einem informellen islamischen Internat der theoretisierenden

Reflexion ihrer religiösen Lehren nachgehen, findet sich diese intellektualistische Praxis bei einer Clique von drei Gymnasiasten, einer Gymnasiastin und einer Studentin. In der Gruppendiskussion beklagen sich diese Jugendlichen über das Unverständnis ihrer Eltern ihnen gegenüber, wie auch über die Diskriminierung und Marginalisierung, die sie in Deutschland als „Ausländer" und in der Türkei als „Deutschländer" (türkisch: „Almancı") erfahren. Im Anschluss an diesen Diskurs sagt einer der Jugendlichen plötzlich: „Wir brauchen ein eigenes Land". Danach befragt, wie dieses heißen solle, antwortet er: „Deutschländerreich". Daraufhin steigern sich alle Gruppenmitglieder in eine Diskussion darüber hinein, wo die Hauptstadt dieses „Deutschländerreiches" liegen solle (Kreuzberg) und wie seine Grenzen zu definieren seien (Berlin oder Berlin-Brandenburg). Hier wird auf dem Wege des für Gymnasiast(inn)en typischen Gedankenexperimentes die Zukunft einer dritten Sphäre entworfen, ohne dass die Möglichkeiten ihrer Realisierung erörtert würden. Diese spontane, intellektuelle Konstruktionsarbeit, die sich auch bei Gymnasiasten ohne Migrationshintergrund findet (vgl. Bohnsack 1989) und die man als *intellektuellen Aktionismus* bezeichnen kann, wird in der Gruppendiskussion denn auch mit den Worten „Spaß beiseite" jäh gestoppt. Ein solcher intellektueller Aktionismus kontrastiert maximal mit dem körperlichen Aktionismus der Breakdancer.

> Der Kulturvergleich ist, dort, wo er sich nicht auf nationale oder ethnische Kulturen beschränkt, eine wichtige Forschungsstrategie, um der Mehrdimensionalität sozialer Praktiken auf die Spur zu kommen. Siehe hierzu die Beiträge in Pfaff et al. 2012.

Adoleszenzspezifische Phänomene, Migrationslagerung wie auch bildungstypische Aspekte werden mithin deutlich, wenn man unterschiedliche Milieus miteinander vergleicht. Diese komparative Perspektive erfasst gleichwohl nie alle Milieudimensionen. Denn jeder Vergleich behält stets seine blinden Flecke; in dem empirischen Beispiel bleibt etwa die geschlechtsspezifische Erfahrungsdimension außer acht.

**Die Mehrdimensionalität von Milieus als Suchraster**

Selbstverständlich sind nicht nur die Milieus von Migrant(inn)en in mehreren Erfahrungsdimensionen angelegt. Wenn der Blick des/der professionalisierten Pädagogen/Pädagogin in mehreren Dimensionen vergleichend angelegt ist, erweisen sich alle Milieus letztlich als mehrdimensional (siehe hierzu auch Kapitel 6.5). So hat zum Beispiel Burkhard Schäffer (2003) gezeigt, dass sich Milieus in Ostdeutschland nicht nur in generationeller Hinsicht unterscheiden, sondern in den einzelnen Generationen (etwa jenen der um die Wendezeit geborenen Jugendlichen) wiederum bildungs- und geschlechtsspezifische Unterschiede zu finden sind. Und in einer Studie von Eva Breitenbach (2000) wird deutlich, wie einheimische Mädchen und junge Frauen, nach Alter und Bildungslaufbahn differenziert, geschlechtsspezifische Orientierungen finden. Hinsichtlich der Erfahrungsdimensionen wie Geschlecht, Generation, Migration, Lebenszyklus oder Bildung muss man allerdings zwischen einem Suchraster, mit dem man den Blick des Pädagogen/der Pädagogin schärft, und den letztlich in den Milieus zu identifizierenden Erfahrungen unterscheiden. Karl Mannheim (1964a) weist darauf hin, dass eine jeweilige „soziale Lagerung", etwa die Geschlechtslagerung, die Migrationslagerung oder die Generationslagerung, nur ein spezifisches *Potenzial* konjunktiver Erfahrungen darstellt. Anhand solcher Potenziale lassen sich Suchraster entwickeln. Zur Entfaltung kommt dieses Potenzial erst und nur in der Überlappung mit anderen Erfahrungsdimensionen und sozialen Lagerungen.

In der alltäglichen kollektiven Handlungspraxis vollzieht sich insofern eine Überlappung bzw. Vermischung sozialer Lagerungen, in der sich das Milieu bildet (vgl. Bohnsack/Nohl 1998). So wird in jedem Milieu aus der Potenzialität sozialer Lagerungen die konkrete Partizipation an ihren Problemstellungen, die dann auch empirisch rekonstruiert werden kann. Erst im Milieu selbst entscheidet sich, ob etwa der schulischen Bildung, der Generationslagerung o.ä. für die Betroffenen eine Bedeutung in der Erfahrung zukommt. Graphisch lässt sich die Mehrdimensionalität von Milieus folgendermaßen darstellen (Abbildung 10):

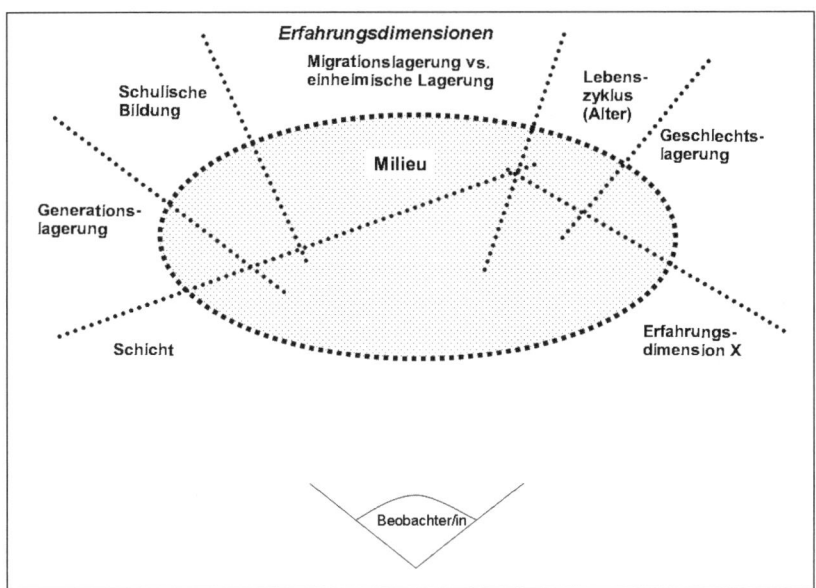

**Abbildung 10**: Mehrdimensionalität von Milieus

Von einer derartigen Mehrdimensionalität von Milieus auszugehen, läuft in doppelter Hinsicht einer Homogenisierung von Milieus und einer Stilisierung ihrer wechselseitigen Fremdheit zuwider: Zum einen wird deutlich, dass die Milieus (etwa jene der Migrantenjugendlichen) in sich heterogen, nämlich in der Überlappung und Synkretion von unterschiedlichen, z.b. adoleszenz-, bildungs- und migrationsspezifischen Erfahrungsdimensionen entstanden sind. Angesichts dieser Heterogenität lassen sich zum anderen neben den Unterschieden zwischen den Milieus auch deren Gemeinsamkeiten identifizieren. Zum Beispiel finden sich Gemeinsamkeiten zwischen Einheimischen und Migranten, wenn man die adoleszenzspezifische Erfahrungsdimension betrachtet. Oder es finden sich Gemeinsamkeiten zwischen jungen Frauen und jungen Männern in Ostdeutschland, wenn man ihre Generationszugehörigkeit fokussiert. Mit dieser theoretischen Konzeption von Milieus können mithin auch die Einseitigkeit und Eindimensionalität jener auf das Nationale oder Ethnische beschränkten Definitionen von Kultur überwunden werden, die in der Migrationsforschung zu einer „Zwangsjacke" (Çağlar 1990) geworden sind (vgl. auch Treibel 1999, S. 66; Herwartz-Emden 1997, S. 907).

**Vielfalt der Milieus versus Einfalt kultureller Repräsentationen und vorgestellter Gemeinschaften**

In der Perspektive der Pädagogik kollektiver Zugehörigkeiten erweist sich mithin die multikulturelle Gesellschaft als wesentlich vielfältiger als von der klassischen interkulturellen Pädagogik angenommen: Nicht nur die unterschiedlichen, zum Teil eingewanderten Ethnien sind zu berücksichtigen, sondern die Vielfalt der Milieus überhaupt. Erst der Blick auf die mannigfachen Milieus macht aus der multiethnischen Einwanderungsgesellschaft eine genuin multikulturelle Gesellschaft, die auch jenseits der Migration kulturell pluralisiert ist.

Diese Sichtweise der Pädagogik kollektiver Zugehörigkeiten muss zugleich damit rechnen, dass der Blick auf die Milieuvielfalt unserer Gesellschaft kein Allgemeingut ist. Und sie muss erklären, wie es dazu kommen kann, dass in der Gesellschaft nur bestimmte Differenzlinien (etwa die ethnischen Differenzen) prononciert werden, während andere Differenzen dem Vergessen anheim fallen.

Den zentralen Ansatz für diese Erklärung bietet die Unterscheidung zwischen Milieu und kultureller Repräsentation. Im Milieu findet sich die Fülle konjunktiver Wissens- und Erfahrungsbestände, innerhalb derer Menschen leben, ohne sich dieser bewusst zu werden oder sie explizieren zu können. Sobald es zum Austausch mit Menschen anderer Milieus kommt, sobald also über die Grenzen des Milieus hinweg kommuniziert wird, sind die Menschen dazu gezwungen, ihr eigenes Milieu gegenüber anderen zu repräsentieren. Diese kulturellen Repräsentationen müssen jedoch notwendiger Weise von der Fülle konjunktiver Wissens- und

# Kultur und kollektive Zugehörigkeiten

Erfahrungsbestände abstrahieren und jene in allgemeines, milieuübergreifendes (kommunikatives) Wissen transformieren. Zwar ist es durchaus möglich, dass auch in kulturellen Repräsentationen (als den kommunikativen Selbst- und Fremddarstellungen von Milieus) die Mehrdimensionalität von Milieus abstrahierend wiedergegeben wird. Doch gerade weil kulturelle Repräsentationen kollektive Zugehörigkeiten für alle erkennbar identifizieren und symbolisch verdichten, tendieren sie zur stereotypen, genauer: zur eindimensionalen Darstellung von Milieus.

Je nach Diskussionszusammenhang und Fragestellung prägt sich diese eindimensionale Darstellung in den kulturellen Repräsentationen völlig unterschiedlich aus. So wird es dort, wo Frauen zusammen treffen, unter Umständen primär um die Unterschiedlichkeit der Geschlechter gehen, während etwa dort, wo Migrant(inn)en aus einem einzigen Herkunftsland miteinander reden, eher die Unterschiedlichkeit der Ethnien (z.B. italienisch vs. deutsch) thematisch sein kann. Und wenn sich Akademiker/innen untereinander darüber verständigen, dass man nicht im Stadtviertel der „Prolls" oder des „Prekariats" leben möchte, so werden auch hier die vielfältigen Dimensionen von deren und dem eigenen Milieu unberücksichtigt gelassen. Verstärkt wird dies dadurch, dass die Eindeutigkeit der eigenen kulturellen Repräsentation dadurch gesteigert werden kann, dass man sich von den anderen abgrenzt („othering").

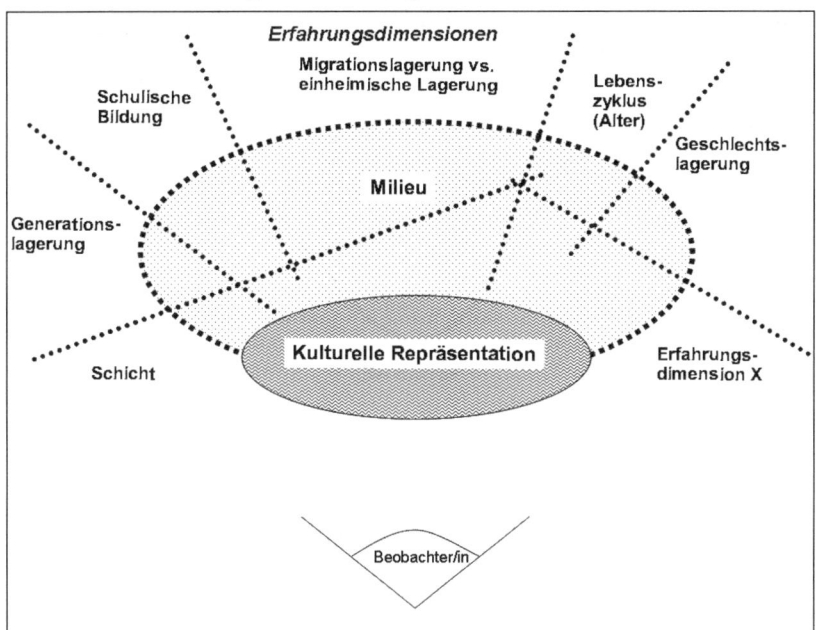

**Abbildung 11:** Kulturelle Repräsentation und mehrdimensionales Milieu

Kulturelle Repräsentationen, so wie ich sie definiert habe, reduzieren zwar die Komplexität milieuinterner Erfahrungen, haben aber gleichwohl einen Bezug zum Milieu. Sie stellen das Milieu zwar ‚einseitig' dar, aber es ist eben immer noch das Milieu, das hier kulturell repräsentiert wird. Insofern hat dann der Pädagoge/die Pädagogin auch die Möglichkeit, durch die kulturellen Repräsentationen hindurch die unterschiedlichen Dimensionen der hinter den Repräsentationen liegenden Milieus zu rekonstruieren (siehe Abbildung 11, S. 159).

Demgegenüber fehlt den vorgestellten Gemeinschaften dieser Bezug zur milieuspezifischen Erfahrung. Deshalb wird es für die Pädagog(inn)en ungleich schwieriger, die milieuspezifischen Erfahrungen zu erkennen, die bei jenen Menschen vorliegen, die sich lediglich vorgestellten Gemeinschaften zugehörig fühlen. Die vorgestellten Gemeinschaften verstellen den Blick des (pädagogischen) Beobachters (Abbildung 12):

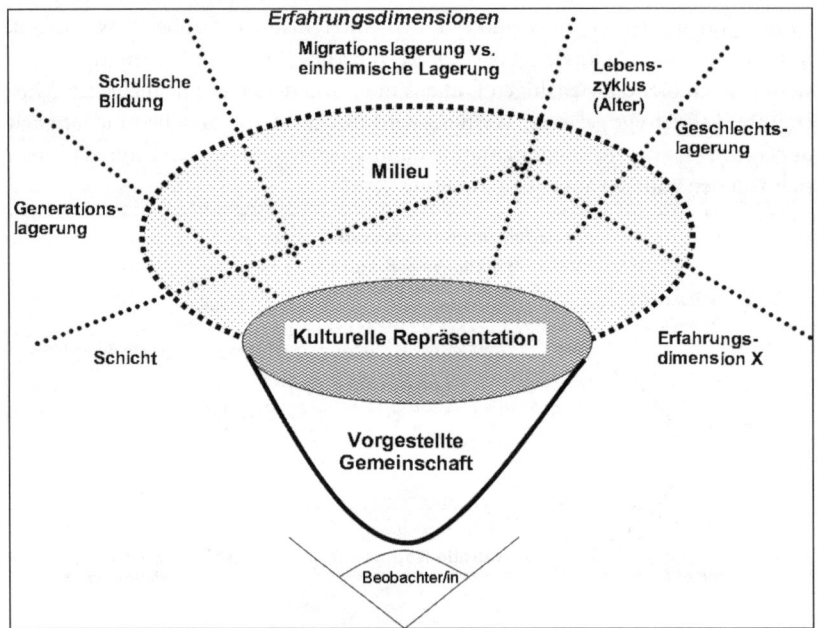

**Abbildung 12:** Vorgestellte Gemeinschaft und mehrdimensionales Milieu

### Handlungstheoretische Grundlagen der Pädagogik kollektiver Zugehörigkeiten

Sozialtheoretisch gesehen unterscheiden sich kulturelle Repräsentation und Milieu wie gesagt dadurch, dass in ersterer milieugrenzenübergreifendes, kommunikatives Wissen in Anschlag gebracht wird, während in letzterem milieuinterne, konjunktive Wissens- und Erfahrungsbestände zur Geltung kommen. Mit dieser sozialtheoretischen Differenzierung geht eine handlungstheoretische Unterscheidung zwischen reflektiertem und habitualisiertem bzw. spontanem Handeln einher. Die im Folgenden kurz zu skizzierenden handlungstheoretischen Aspekte der Pädagogik kollektiver Zugehörigkeiten knüpfen an den Pragmatismus an (vgl. dazu Nohl 2006 u. Nohl et al. 2014).

Aus der Sicht des Pragmatismus (siehe hierzu Charles Sanders Peirce 1967 u. 1970, John Dewey 1980 und George Herbert Mead 1980 u. 1983) kann Handeln als tripolar verstanden werden: Das habituelle Handeln (zum Begriff: Bohnsack et al. 1995) im Sinne des „habit" liegt dort vor, wo Mensch und Welt sich in einer Passung befinden. Wo diese Passung aus den Fugen gerät, kann es entweder zu reflektiertem Handeln kommen, oder aber die spontanen Handlungsanregungen erfüllen das Handeln vollständig und bringen, wie es bei Dewey (1987, S. 66) heißt, „eine Erfahrung in Gang ..., die nicht weiß, wohin sie geht". Alle drei Aspekte dieses pragmatistischen Handlungsbegriffes sind breit angelegt.

> Beispiel für eine *habituelle Handlungsweise* ist das Grüßen, bei dem man sich auf beide Wangen küsst. Es ist eine eingespurte, oft wiederholte Handlungspraxis, über die man – wenn man aus dem entsprechenden Milieu kommt – nicht nachzudenken braucht. Sie gehört insofern zu den konjunktiven Erfahrungen, die man innerhalb des eigenen Milieus macht.

Die *habituelle Handlungsweise* („habit") umfasst nicht nur tradiertes Handeln, sondern auch die zur Gewohnheit geronnenen Wiederaufführungen vormals reflektierter Handlungen. Typisch für habituelle Handlungsweisen sind damit zum einen ihr Wiederholungscharakter und zum anderen der Umstand, dass der Handelnde sich weder zu seinem Handeln noch zum Objekt seines Handelns in Distanz bringt. Dieser Mangel an reflexiver Distanz und die gewohnheitsmäßige Einspurung des Handelns weisen Gemeinsamkeiten mit den wissenssoziologischen Kategorien der konjunktiven Erfahrung und des konjunktiven Wissens auf. Denn auch letztere basieren auf der Selbstverständlichkeit eingespurter, wiederholter Handlungspraktiken, zu denen die Akteure nicht in eine reflexive Distanz treten, sondern innerhalb derer sie leben.

> Beispiel für *reflektiertes Handeln* ist das Grüßen über die Grenzen des eigenen Milieus hinweg. Hier muss man zunächst darüber nachdenken, ob es angebracht ist, die Hand zu geben, sich ein „Hallo" oder ein „Guten Tag" zuzurufen. Zugleich wird man, wenn man die habitualisierten Handlungspraktiken des eigenen Milieus (aus Versehen) angewandt hat, dem milieufremden Gegenüber diese habituellen Handlungsweisen kommunikativ explizieren müssen. Dabei können aber nicht alle Einzelheiten etwa des Wangenkusses berichtet werden. Vor allem ist es aber etwas anderes, über den Wangenkuss zu reden, als ihn zu vollziehen.

*Reflektiertes Handeln* entspannt sich vom einfachen Problemlösen (vgl. Clancey 1993 u. Greeno et al. 1997) über komplexere Erkenntnisprozesse (vgl. Prawat 1999; Oevermann 1991) bis hin zum kommunikativen Handeln (vgl. Habermas 1981 u. Biesta 1995). Jede Form reflektierten Handelns zeichnet sich dadurch aus, dass die Akteure zu der Situation, in der sie handeln, Distanz gewinnen, und auf diese Weise abzuwägen vermögen, wie sie ihr Handeln auf neuen Wegen fortsetzen können. Dass die Reflexion im pragmatistischen Sinne keine Selbsttransparenz des Akteurs bedeuten kann, liegt schon deshalb auf der Hand, weil immer nur ein spezifischer Ausschnitt aus dem breiten Repertoire an habituellen Handlungsweisen ins Zentrum distanzierter Aufmerksamkeit rückt (vgl. Dewey 1986a). Zum reflektierten Handeln kommt es insbesondere dann, wenn die eingespurten, habitualisierten Handlungsvollzüge nicht mehr gelingen wollen und ihre Selbstverständlichkeit verlieren. Unter anderem kann dies dann der Fall sein, wenn man sein eigenes milieuinternes (konjunktives) Wissen Milieufremden gegenüber erläutern möchte. In diesem Moment gilt es, in eine reflexive Distanz zum eigenen Milieuwissen zu treten und das eigene Milieu gegenüber dem Milieufremden (im Sinne einer kulturellen Repräsentation) zu explizieren. Eben dieser Moment der Selbst- oder auch Fremdexplikation lässt sich als ein mehr oder weniger komplexes Problemlösen begreifen. Innerhalb dieses reflektierten Handelns gerät jedoch allenfalls ein Ausschnitt aus der Komplexität an gewohntem milieuinternen Wissen und Erfahrung in den Blick.

> Als Beispiel für *spontanes Handeln* kann wiederum das Grüßen verwendet werden. Gerade dann, wenn die milieuinternen Selbstverständlichkeiten keine Geltung haben, weil man mit Milieufremden konfrontiert ist, bleibt gleichwohl nicht unbedingt die Zeit zum reflektierten Handeln. In diesem Moment lässt man sich spontan auf irgendeine Begrüßungsform ein, sagt einfach „Hallo", küsst einfach auf eine statt auf zwei Backen, oder gibt förmlich die rechte Hand. All diese spontanen Handlungsformen sind letztlich riskant, ist doch zunächst unklar, ob etwa das Handreichen angemessen ist.

*Spontanes Handeln* umfasst jene Handlungsvollzüge, die sich jenseits von Gewohnheit oder (biographischer) Reflexion entfalten (vgl. Nohl 2006). Da diesen Handlungsvollzügen die distanzierte Aufmerksamkeit des reflektierten Handelns fehlt, verschwimmen in ihnen die Grenzen von Subjekt und Objekt (von Mensch und Welt). Das Handeln ist unmittelbar und sein Ursprung lässt sich weder für den Akteur selbst noch für dessen Erforscher eindeutig zurechnen. Denn im spontanen Handeln treffen die Kontingenzen der Welt und die Sensibilität der Akteure aufeinander und gehen u.U. eine kreative Melange ein. Dieser Vorgang ist durch die Akteure nicht kontrollierbar; weder können sie das spontane Handeln willkürlich in Gang setzen noch sich ihm willentlich widersetzen.

Die handlungstheoretische Kategorie der Spontaneität lässt sich nicht so ohne weiteres in die wissenssoziologische Unterscheidung von konjunktiver Erfahrung und Milieugrenzen überschreitender Kommunikation übersetzen. Denn ihr fehlt – der Milieugrenzen überschreitenden Kommunikation ähnlich – die Selbstverständlichkeit des Milieus und seiner eingespurten Handlungs- und Erfahrungsweisen. Doch zugleich fehlt der Spontaneität auch die reflexive Distanz, wie sie für die Milieugrenzen überschreitende Kommunikation charakteristisch ist.

**Milieu und Individuum**

Mit der Geburt werden Menschen in die habituellen Handlungsweisen ihres Milieus hineinsozialisiert. Noch bevor sie zu Individuen werden, sind sie einem Milieu, nämlich demjenigen ihrer Herkunftsfamilie, zugehörig. Individuierung wird erst in dem Moment möglich (aber auch notwendig), an dem erstens die habituellen Handlungsweisen des Herkunftsmilieus (insbesondere in der Adoleszenzkrise: Helsper et al. 2013) ihre Funktionalität und Selbstverständlichkeit verlieren und/ oder sich dieses Herkunftsmilieu (aufgrund von Migration oder sonstiger sozialer Umstände) auflöst, und zweitens kein neues Milieu entsteht, das alle Lebensorientierungen vorstrukturieren würde.

Für die Jugendlichen mit Migrationshintergrund, deren mehrdimensionale Milieus ich oben exemplarisch herausgearbeitet habe, ist beispielsweise die „alte Denkweise" im Milieu der Elterngeneration nicht mehr funktional, um jene Probleme zu bewältigen, die den Jugendlichen in ihrem Leben aufgegeben sind. Die Jugendlichen suchen dann (ohne dies so zu reflektieren) gemeinsam nach neuen Lebensorientierungen, finden diese in der Sphärentrennung und bilden auf diese Weise die Ansätze eines neuen Milieus. Einer der Jugendlichen, den ich Deniz nenne, vertraut zwar auch auf habituelle Handlungsweisen dieses neuen Milieus, entwickelt jedoch darüber hinaus auch eigene Lebensorientierungen. In dem narrativen Interview, das ich mit Deniz geführt habe, heißt es über die Gesamtschulzeit:

Ja. Ja und auf der Gesamtschule: wo ich dann war, da war ich auch im Theaterunterricht so. Aber ich hatte nie Bock weil die ham da komische Sachen gemacht. Ich war immer der Tänzer sozusagen da. Theater und Tanz. (3 Sek. Pause) Was gibts noch so, (4 Sek. Pause) Dann hab ich noch einen kleineren Bruder, und noch ein älteren und durch mein älteren Bruder bin ich so eigentlich in die Szene reingekommen so. Der hat mich immer als kleiner Junge so mitgenommen auf Hiphop-Parties und so, und da hab ich gemerkt so dass ich irgendwas andres machen will als eh andre Ausländer vielleicht in Berlin. Oder als andre Jugendliche, hat vielleicht mit Ausländer nichts zu tun, keine Ahnung. dann wollt ich irgendwas eh so anders ausdrücken als andere Leute. Schon früher auch damals. Aber wusste nicht wie also ich hatte mich auch immer gefragt so (2 Sek. Pause) ehm was für ein Lebenssinn wir ham überhaupt so. Ganz oft, jetzt stell ich mir nicht mehr solche Fragen aber früher. (2 Sek. Pause) Naja. ((Lachen)) (3 Sek. Pause) Und da hab ich so gemerkt so, dass ich das auf eine Art und Weise machen kann, indem ich mich selbst benutze; also mein Körper und halt wie ich so bin.

Deniz distanziert sich hier von der Lebensweise der anderen „Ausländer" und „Jugendlichen" und sucht eigenständige Lebensorientierungen (den „Lebenssinn") in den Fähigkeiten seines Körpers. Er reflektiert dabei auf die übergreifenden Regelmäßigkeiten seiner Lebensgeschichte und kommt zu dem Schluss: „Ich war immer der Tänzer sozusagen". Damit ist nicht nur auf sein Interesse für Theater und Tanz verwiesen; als „Tänzer" erweist sich Deniz auch angesichts seines spielerischen und lockeren Umgangs mit den Problemen der Sphärendifferenz, d.h. der Differenz zwischen familialer und gesellschaftlicher Sphäre. Auf diese Weise, d.h. durch eine partielle Distanzierung vom Herkunftsmilieu, arbeitet Deniz seine ihm eigene Individualität heraus.

**Identität und persönlicher Habitus**

Spricht man vom Individuum, so bedarf es begrifflicher Abgrenzungen, um zum einen der Unterscheidung zwischen reflektiertem und habituellem Handeln und zum anderen den Perspektiven des Individuums und jenen der Gesellschaft auf das Individuum Rechnung zu tragen. Diese Abgrenzungen sollen hier mit den Begriffen der „persönlichen Identität", des „persönlichen Habitus" und der „sozialen Identität" eingeführt (vgl. dazu Bohnsack et al. 1995, S. 427ff u. Bohnsack/Nohl 2001) und weiter unten dann auf die Unterscheidung von Milieu und kultureller Repräsentation bezogen werden.

Individuen werden in und von der Gesellschaft mit „Attributen" identifizierbar gemacht, „die man für die Mitglieder jeder dieser Kategorien als gewöhnlich und natürlich empfindet". Diese *„soziale Identität"*, wie Goffman (1975, S. 9f) sie nennt, „erlaubt es uns, mit antizipierten Anderen ohne besondere Aufmerksamkeit oder Gedanken umzugehen".

Im oben angeführten Beispiel aus der Lebensgeschichte des Jugendlichen Deniz zitiert dieser ein Element seiner sozialen Identität, nämlich das Identifiziertwerden als „Ausländer" bzw. als „Jugendlicher". Andere Beispiele für Kategorien sozialer Identität sind die Identifizierung als „ehrenhafter Mensch", als „Gauner", als „Frau" oder „Mutter". Charakteristisch für die soziale Identität ist, dass es sich hier um gesellschaftliche Zuschreibungen, um „(mehr oder weniger stereotype) Erwartungen, Entwürfe, die Fremdidentifizierungen oder Fremdbilder" handelt, „mit denen der Einzelne sich auseinandersetzt, die er übernimmt oder von denen er sich distanziert" (Bohnsack/Nohl 2001, S. 17).

Von der sozialen Identität, mit deren Hilfe die Gesellschaft das Individuum in ihre Kategorien und Erwartungen (etwa die an einen „Jugendlichen") einordnet, unterscheidet Goffman die *„persönliche Identität"*. Wenn man anderen Menschen nicht nur kurzfristig und in ‚unpersönlichen' Situationen begegnet (wie etwa im Supermarkt, wo man die Menschen lediglich nach Kunden und Angestellten unterscheiden muss), sondern eine engere Beziehung zu diesen Menschen eingeht, dann werden diese uns als „‚einzigartige' Person" (wie etwa die Besitzerin des

„Tante Emma-Ladens", die mir schon des Öfteren Kredit gegeben hat) bekannt (Goffman 1975, S. 73). Zwei Umstände machen dies – so Goffman – möglich: Zum einen haben Menschen Kennzeichen, die sie auf positive Weise in ihrer Einzigartigkeit markieren (z.b. eine dicke Nase, eine häufig gebrauchte Redewendungen, ein bestimmtes Lächeln). Goffman nennt dies „Identitätsaufhänger" (ebd.). Zum anderen kennt man von diesem vertrauten Menschen einen „ganzen Satz von Fakten", der „als Kombination für keine andere Person in der Welt als gültig befunden" wird (ebd., S. 74). Diese „einzigartige Kombination von Daten der Lebensgeschichte" (ebd.) macht, im Zusammenspiel mit dem Identitätsaufhänger, die persönliche Identität eines Menschen aus.

In lebensgeschichtlichen Erinnerungen werden derartige „einzigartige Kombinationen" immer wieder von Individuen herausgestellt. Schon die Autobiographie als literarische Form ist letztlich daran geknüpft, dass ein Mensch sich als Individuum darstellen kann, das sich von allen anderen unterscheidet. Im oben angeführten Beispiel etwa führt der Jugendliche Deniz die Kombination von Gesamtschulbesuch, Mitarbeit in der Theatergruppe und Motivationslosigkeit („nie Bock") an, die ihn von anderen Menschen unterscheidet. Wenn er sich dann – im Kontrast zur sozialen Identität als „Ausländer" oder „Jugendlicher" – als „Tänzer" bezeichnet, dann findet er hiermit einen Identitätsaufhänger.

Deutlich wird hier, dass die persönliche Identität durchaus in Auseinandersetzung mit der (von der Gesellschaft zugeschriebenen) sozialen Identität entwickelt wird. Die Herstellung einer *persönlichen Identität* ist auf der Ebene des *kommunikativen Wissens* und des *reflektierten Handelns* angesiedelt. Man denkt über sich nach, reflektiert über seine Einzigartigkeit (wie dies oben Deniz tut) und findet auf diese Weise die Attribute, die einen selbst von allen anderen unterscheiden. Biographische Reflexionen sind in diesem Sinne eng mit der persönlichen Identität verknüpft.

Wie schon mit der Unterscheidung zwischen reflektiertem und habituellem Handeln deutlich gemacht, weist das Leben von Menschen nicht nur eine reflektierte, sondern auch eine vorreflexive, habitualisierte Ebene auf. Es geht hier um die Handlungspraxis des Individuums und um dessen habitualisierte Regelmäßigkeiten. Metaphorisch wird hierauf im obigen Beispiel hingewiesen, wenn Deniz auf seinen „Körper" und „halt wie ich so bin" verweist, und dies als Ausgangspunkt neuer Lebensorientierungen (jenseits der sozialen Identität des „Jugendlichen" oder „Ausländers") markiert. Bohnsack et al. (1995, S. 431) nennen diese Form der Individualität den *„persönlichen Habitus"*.

Für die Pädagog(inn)en und Forschenden ist es wesentlich schwieriger, den persönlichen Habitus eines Menschen zu erkennen, als seine persönliche Identität. Denn während die persönliche Identität von dem Betroffenen selbst explizit werden kann, ist der eigene persönliche Habitus wesentlich schwerer zugänglich. Es sind ja gerade die habitualisierten – und insofern nicht notwendiger Weise reflektierten – Handlungspraktiken, die ihn ausmachen. Der persönliche Habitus muss daher häufig von den Pädagog(inn)en und Forschenden selbst zur Explikation gebracht werden.

In dieser Hinsicht liegen die Unterscheidung zwischen persönlichem Habitus und persönlicher/sozialer Identität einerseits und die Unterscheidung zwischen Milieu und kultureller Repräsentation andererseits parallel zueinander (siehe Tabelle 5):

**Tabelle 5:** Ausdifferenzierung des Kultur-, Wissens-, Handlungs- und Individuumsbegriffs

| Kultur | Wissen | Handeln | Individuum |
|---|---|---|---|
| Mehrdimensionales Milieu | Konjunktive Erfahrung und konjunktives Wissen | Habituelles Handeln | Persönlicher Habitus |
| Kulturelle Repräsentation | Kommunikatives Wissen | Reflektiertes Handeln | Persönliche Identität |
| | | | Soziale Identität |
| Vorgestellte Gemeinschaft | | | |
| | | Spontanes Handeln | |

Während persönliche Identität und kulturelle Repräsentation eine Frage der Selbstexplikation der Betroffenen ist, sind persönlicher Habitus und Milieu vor allem dem Beobachter/der Beobachterin zugänglich. Dabei kommt es auch darauf an, den persönlichen Habitus in seinen unterschiedlichen Schattierungen, Aspekten bzw. Dimensionen zu sehen.

## 6.2 Interkulturelle Sozialisation, Lernen und Bildung

Eine Pädagogik kollektiver Zugehörigkeiten bedarf nicht nur eines Kulturbegriffs, wie ich ihn mit dem Milieukonzept im vorangegangenen Kapitel definiert habe; sie benötigt selbstverständlich auch eine Reflexion der *pädagogischen Grundprozesse*. Es soll allerdings nicht die Aufgabe dieses Kapitels sein, die pädagogischen Grundprozesse *als solche* systematisch zu reflektieren, sondern die Perspektive der Pädagogik kollektiver Zugehörigkeiten auf pädagogische Grundprozesse deutlich zu machen.

Zu den pädagogischen Grundprozessen kann man sicherlich jene der Sozialisation, des Lernens, der Bildung, Erziehung und des Lehrens zählen. Bisweilen werden auch noch Hilfe und Beratung genannt (u.a. Helsper/Krüger 2010; Faulstich-Wieland/Faulstich 2008).

Unter *interkultureller Sozialisation* verstehe ich das Hineinwachsen in die Milieuvielfalt der Gesellschaft, das durch die ‚interkulturelle Hilfe' erleichtert werden kann. Den Erwerb von Wissen über fremde Milieus und von Kompetenzen im Umgang mit ihnen bezeichne ich als *interkulturelles Lernen*. Die hier nicht behandelten Begriffe des ‚interkulturellen Lehrens' und ‚Unterrichtens' beziehen sich immer schon auf die Grundtatsache des Lernens: Man versucht, den Erwerb von Wissen und Können zu initiieren und zu fördern. *Interkulturelle Bildung* bezeichnet demgegenüber die Entfaltung eigener Orientierungen angesichts der Unübersichtlichkeit milieupluraler Gesellschaften. Wo Pädagog(inn)en in ihrer Tätigkeit Kindern, Jugendlichen, aber auch Erwachsenen solche Orientierungen (d.h. eine Haltung gegenüber der Unübersichtlichkeit milieupluraler Gesellschaften) zumuten (im doppelten Sinne des Wortes, d.h. als Mutmachen und als Zumutung), kann von ‚interkultureller Erziehung' gesprochen werden. Die ‚interkulturelle Beratung' zielt demgegenüber lediglich darauf, den Akteuren die Entwicklung eigener interkultureller Orientierungen zu erleichtern, ohne ihnen schon spezifische Orientierungen nahe zu legen. In einer übergreifenden Weise werde ich mich mit den genannten pädagogischen Tätigkeiten des Lehrens, Erziehens und Beratens in Kapitel 6.5 beschäftigen; dort geht es darum, wie interkulturelles Lernen sowie interkulturelle Sozialisation und Bildung auf professionelle Weise pädagogisch gefördert werden können. Im vorliegenden Kapitel widme ich mich indes den Prozessen der interkulturellen Bildung, Sozialisation und dem Lernen unter Ausklammerung der Unterstützung durch professionelle Pädagog(inn)en.

**Interkulturelle Sozialisation**

Ohne sich auch nur beiläufig des Begriffs der Sozialisation zu vergewissern, ist es schwierig, die Besonderheiten interkultureller Sozialisation herauszuarbeiten. Unter Sozialisation wird gemeinhin der Prozess der Integration des Einzelmenschen in die Gesellschaft und die gleichzeitige Entstehung seiner Persönlichkeit, seines persönlichen Habitus und seiner Identität, gefasst. So verstehen Dieter Geulen und Klaus Hurrelmann Sozialisation als

> „den Prozeß der Entstehung und Entwicklung der Persönlichkeit in wechselseitiger Abhängigkeit von der gesellschaftlich vermittelten sozialen und materiellen Umwelt. Vorrangig thematisch ist dabei ..., wie sich der Mensch zu einem gesellschaftlich handlungsfähigen Subjekt bildet" (1980, S. 51).

An dieser Definition fällt Folgendes auf: Sozialisation meint einen andauernden *Prozess* und ist mithin immer nur in der Abfolge von sozialisatorischen Geschehnissen zu verstehen. Dieser Prozess setzt nicht bei der Persönlichkeit an, was voraussetzen würde, dass es diese schon gäbe. Vielmehr entstehen im Zuge der Sozialisation erst die Persönlichkeit und das Subjekt. Sozialisation ist schließlich der *Austausch* sowohl mit der *sozialen* als auch mit der *materiellen Umwelt*.

Während aus anderen Perspektiven die Frage, in welchem Lebensalter und an welchem Ort Sozialisation stattfindet, fokussiert (und daher zwischen Primär-, Sekundär- und Tertiärsozialisation unterschieden) wird, ist es im Sinne der Pädagogik kollektiver Zugehörigkeiten wichtig, Sozialisation in drei Bereiche zu differenzieren (siehe hierzu schon Marotzki et al. 2006, S. 127ff): Erstens entsteht in der Sozialisation ein persönlicher Habitus, der teilweise vom Individuum reflektiert und in seiner Individualität (im Sinne einer persönlichen Identität) stilisiert werden kann. Zweitens werden in der Sozialisation soziale Rollen (etwa diejenige des Studierenden, des Mannes, der Mutter etc.) eingeübt, mit denen wir Positionen innerhalb der Gesellschaft einnehmen. Drittens wachsen Menschen innerhalb der Sozialisation in Milieus hinein. Aus Platzgründen möchte ich hier allerdings interkulturelle Sozialisation ausschließlich als das Hineinwachsen in die Vielfalt der Milieus unserer Gesellschaft thematisieren, während ich die Frage der Identitäts- und Rollenentwicklung im interkulturellen Bereich beiseite lasse (vgl. hierzu Wittpoth 1994).

Definiert man Milieus als soziale Gebilde, die über mehrere Dimensionen (Generation, Geschlecht, Migration, Bildung etc.) verfügen, so ist das ‚Interkulturelle' der Sozialisation in Milieus eine Frage des Grades, erscheinen dann doch Milieus stets als mehr oder weniger heterogen: In vielen Milieus finden sich z.B. Männer und Frauen oder Junge und Alte gleichermaßen. Im Folgenden werde ich zunächst solche interkulturellen Sozialisationsprozesse erörtern, in denen Kinder nur im Hinblick auf *eine* Milieudimension mit Differenz konfrontiert sind. Danach wird es mir um jene Sozialisationsprozesse gehen, in denen das interkulturelle Differenzgeschehen wesentlich dominanter ist, da es sich auf *mehrere Erfahrungsdimensionen* erstreckt.

**Sozialisation in schwach heterogenen Milieus**

In ein völlig homogenes Milieu hineinzuwachsen, ist kaum vorstellbar, da selbst dort, wo z.B. ein Mädchen nur von Frauen gleicher Bildung und Herkunft aufgezogen wird, es immer noch zu Differenzen bezüglich der Generation kommen wird. Wie sich Sozialisation intergenerationell vollziehen kann, hat Burkhard Schäffer (2003) analysiert.

Doch auch hinsichtlich des Geschlechts kann davon ausgegangen werden, dass Kinder üblicher Weise in von Differenzen (nämlich Geschlechterdifferenzen) geprägte Milieus hineinwachsen. Die Bedeutung der interkulturellen Sozialisation im Sinne des Hineinwachsens in von der Geschlechterdifferenz geprägte Milieus wird beispielsweise bei den Mädchen und jungen Frauen deutlich, die Eva Breitenbach (2000) erforscht hat.

Wichtigstes Thema innerhalb der von ihr untersuchten Mädchencliquen ist die Beziehung zum anderen Geschlecht. Wie Breitenbach aus der Beobachtung dieser Gruppen über einen Zeitraum von einem Jahr herausgearbeitet hat, erfahren die

Mädchen zu Beginn ihrer Adoleszenz geradezu einen Zwang zu heterosexuellen Erfahrungen, die (neben anderem) ihrer Einsozialisierung in eine Geschlechtsidentität dienen. Sexualität erscheint hier weniger als lustvoll denn als zentrale Sozialisationsaufgabe für Mädchen, wie Breitenbach etwa am Beispiel des ersten Zungenkusses zeigt, der von den Mädchen als unangenehm empfunden wird (vgl. ebd., S. 75ff u. 185ff). Bei den untersuchten weiblichen Jugendlichen gibt es somit fast ohne Ausnahme die „Vorstellung einer bestimmten Abfolge sexueller Handlungen, eines sexuellen ‚Programms'..., das in der Regel während der Adoleszenz bewältigt werden soll" (ebd., S. 313f).

Die Probleme, die im Zuge dieses „sexuellen Programms" entstehen, werden jedoch nicht mit dem Freund oder Partner, sondern im „Supervisionsort" Mädchengruppe besprochen (ebd., S. 311). Insofern lässt sich hier von einer Gleichzeitigkeit der geschlechtshomogenen und der geschlechtsheterogenen Sozialbeziehungen im Milieu der Mädchen sprechen. Mit zunehmenden Alter können allerdings die geschlechtshomogenen Cliquen und Beziehungen zur ‚besten Freundin' angesichts der wachsenden Bedeutung von gemischten Gruppen und Liebesbeziehungen aufbrechen. In dieser Hinsicht verändert die interkulturelle bzw. intergeschlechtliche Sozialisation auch die sozialen Beziehungen der jungen Frauen. Im Zuge des Hineinwachsens in geschlechtsheterogene Milieus wird diese Heterogenität dann für die Sozialisandinnen auch immer wichtiger.

Bei der *Sozialisation in schwach heterogene Milieus* können die Sozialisand(inn)en darauf vertrauen, dass die Interkulturalität ihrer Sozialisation nichts Neues darstellt, sondern den anderen Milieuangehörigen vertraut ist. Dass es immer generationelle Differenzen gibt und dass Milieus durch die Geschlechterdifferenz geprägt sind, gehört zu den Selbstverständlichkeiten der meisten Milieus. Insofern finden Kinder nicht nur ein schwach heterogenes Milieu vor, in das sie hineinwachsen werden, sondern auch Vorbilder und Modelle, wie die Generations- und Geschlechterdifferenzen sozialisatorisch zu bewältigen sind. Das ist auch mit der Rede vom „sexuellen Programm" gemeint, welches die Mädchen in der Untersuchung von Breitenbach zu durchlaufen haben. Denn in ihren Milieus wurde die Geschlechterdifferenz nicht erstmals von den Untersuchungspersonen durchlebt, sondern bereits von ihren älteren Schwestern, Freundinnen und Müttern, die es ihnen sozusagen ‚vorgemacht' haben.

**Sozialisation in ausgeprägt heterogenen Milieus**

Im Gegensatz dazu zeichnet sich die *Sozialisation in ausgeprägt heterogene Milieus* dadurch aus, dass es an Vorbildern, Modellen und ‚Programmen' für die Bewältigung von Interkulturalität fehlt. Durch gesellschaftliche oder persönlich-biographische Brüche, d.h. durch Situationen, die aufgrund etwa der „Wende" oder einer Migration entstanden sind, stehen die Kinder hier vor der Sozialisation in ein Milieu, das erst am Entstehen ist und dessen Umgang mit Heterogenität noch nicht von den Älteren vorgegeben werden kann. Charakteristisch ist für diesen Sozialisationsprozess, dass er Differenzen in mehreren Dimensionen in sich birgt. Deutlich wird dies etwa am Beispiel von drei männlichen Heranwachsenden im Alter von 22 bis 26 Jahren, die auf eine Migrationsgeschichte zurückblicken, in ihrer Sozialisation aber auch Generations- und Geschlechterdifferenzen zu bewältigen haben. Sie haben in ihrer Biographie sowohl eine durch die Herkunftsfamilie und die Türkei vermittelte Lebenspraxis als auch diejenige der deutschen Gesellschaft kennen gelernt; sie haben die türkische und die deutsche Schule besucht. Ihre Sozialisation ist dadurch geprägt, dass sie in keiner der beiden Praxen habituell verfestigt sind. Vielmehr wurden bereits bestehende Habitualisierungen im Zuge markanter Erlebnisse und Ortswechsel (Türkei-Deutschland) wieder aufgebrochen. Die Jugendlichen erleben das „Deutsche" und das „Türkische" als zwei Sphären, die ihnen gleichermaßen fern sind. Doch ist die Heterogenität ihres Milieus nicht nur in der Migrationsdimension angesiedelt; sie dokumentiert sich vielmehr auch in Bezug auf die Geschlechterbeziehungen. Anhand der Geschlechterbeziehungen erläutern im folgenden Gruppendiskussionsausschnitt die jungen Männer den Begriff der „Ehre", nach dem sie von den Forschern gefragt worden waren (vgl. Nohl 2000):

Cavit: wenn meine Freundin zum Beispiel ganz kurz angezogen hat sich also kurze Sachen nä so Oberteil oder Rock oder so ich
Ahmet: ∟Ja ja
Cavit: hab gesagt okay wenn du meinst weil ich bin ganz eifersüchtig (also) viele von uns sind wirklich ganz eifersüchtige Menschen; ich hab gesagt okay wenn wenn du in der Meinung bist du kannst die Sachen ziehen du bist frei, ich hab ich hab nix dagegen aber, ich kann nicht mit dir raus; da meint sie da hat sie dann Theater gemacht, und ick hab jesagt na jut okay gehn wa raus dann wirst du erleben was passiert wir warn nicht mal zehn Meter ausm Haus; der erste Typ der so guckt hat er gleich von mir eine ((klatscht in die Hände)) bekommen;
Ahmet: ((Lachen))
Baki: ((Lachen))

Cavit versucht, den Begriff der „Ehre" aus dem Sprachgebrauch der Forscher in den der Gruppe zu übersetzen und gebraucht nun das Wort „eifersüchtig". Damit referieren beide, der Forscher und Cavit, in unvollständiger Weise auf das jeweils dem Gegenüber zugeschriebene kulturelle System: der Forscher auf die „Ehre" und Cavit auf die „Eifersucht". In der Exemplifizierung wird dann deutlich, dass die von Cavit mit dem Begriff der Eifersucht beschriebene Situation treffender als ein Fall von „Ehre" zu bezeichnen wäre (s. u.). Insofern scheitert Cavit in seinem Versuch, gegenüber den Forschern wie auch gegenüber seiner Freundin zu übersetzen. Hinter dem in der obigen Sequenz aufgezeigten Verständigungsversuch verbirgt sich ein für den Orientierungsrahmen dieser jungen Männer relevantes Oszillieren zwischen den als „deutsch" bzw. „türkisch" qualifizierten Sphären.

# Interkulturelle Sozialisation, Lernen und Bildung

Das Hin und Her zwischen diesen Sphären dokumentiert sich auch in dem Konflikt, den Cavit mit seiner Freundin und seiner Umgebung austrägt. Auf der einen Seite trägt er dem persönlichen Habitus der Freundin zumindest insoweit Rechnung, als er sie in der Wahl ihrer Kleidung „frei" lässt. Er berücksichtigt ihre Perspektive und ist bereit, über ihr Auftreten in der ortsgesellschaftlichen Öffentlichkeit zu verhandeln. Auf der anderen Seite bringt ihn dies in Konflikt mit der ortsgesellschaftlichen Öffentlichkeit. Diese trägt an ihn die Erwartung heran, die „Ehre" in der öffentlichen Präsentation ohne Berücksichtigung dessen, was man im Deutschen auf der Ebene des persönlichen Habitus unter „Eifersucht" versteht, zu wahren. Es geht hier alleine um die Berücksichtigung fremder Erwartungen. So fühlt sich Cavit auch gar nicht durch irgendwelche Intentionen seiner Freundin verletzt, sondern bewertet ihr Auftreten und ihre Kleidung im Lichte der damit verbundenen sozialen Identität. Letztendlich versucht Cavit, zwischen der sozialen Identität der Ehre und dem persönlichen Habitus, wie er im Begriff der Eifersucht metaphorischen Ausdruck findet, zu vermitteln bzw. einen Konflikt zu vermeiden. Hinter diesen sozialen Erwartungen stehen jedoch diskrepante Haltungen und Formen der sozialen Beziehung. Deren Fusion wird in entscheidender Weise dadurch erschwert, dass bei seiner Freundin die Haltung der ‚Ehre' in noch geringerem Maße als bei Cavit selbst habitualisiert ist.

Die Metaphern ‚Ehre' und ‚Eifersucht' verweisen hier also auf die unterschiedliche Art und Weise, in der sich die sozialen Beziehungen in den Sphären gestalten. Diese diskrepanten Modi der Sozialität werden in einer direkt anschließenden Sequenz von den drei jungen Männern expliziert. Sie erläutern den Forschern, die sie dem anderen Sozialitätsmodus zurechnen, ihre eigene Haltung:

| | |
|---|---|
| Baki: | da könn wer einfach nich weggucken ihr könnt des ihr könnt des ja |
| Cavit: | ∟ okay ich selber gucke auch |
| Baki: | ich sehe also wenn ich (deutsche) Frau so angucke also nich so |
| Cavit: | hinterher ja das is Auge aber ((Lachen)) wehe jemand guckt (meiner) |
| Baki: | aber ich guck so an ich mach nich an oder ich guck nur und da guckt ihr Mann mich so kurz an und guckt wieder weg zack i: wie gesagt mit also deutschen Augen denkt man ach is doch meine Frau sie liebt mich der kann gucken wie er will der kriegt se nich. die gehört mir wir denken aber nich so; |
| Cavit: | ∟ is meine |

Baki unterscheidet zwischen „wer" und „ihr", also zwischen den jungen Männern und den Forschern. Beiden Sichtweisen und Sozialitätsmodi misst er gleichermaßen Legitimität und Plausibilität zu. Der Blick durch die „deutschen Augen" erscheint dabei als Ausdruck der Vertrautheit mit dem und der Fokussierung auf den persönlichen Habitus der Gefährtin. Gegenüber dieser Kompetenz („könnt") erscheint die Sichtweise, der sich Baki zugehörig fühlt, als Schicksal („einfach nich").

In die Privatpartnerschaften der Heranwachsenden fließen mithin sowohl der auf der sozialen Identität basierende Modus der Sozialität als auch der als „deutsch" markierte, auf der Liebesbeziehung fußende Modus der Sozialität ein. Die Vermittlung zwischen den beiden Sphären und ihren Sozialitätsmodi ist den jungen Erwachsenen bisher nicht geglückt. Sie berichten von zum Teil langjährigen Versuchen, mit nichttürkischen Frauen zusammenzuleben, die allesamt gescheitert sind. Aber auch eine Ehe mit einer Frau aus der Türkei erscheint ihnen schwierig, da sie sich darüber im Klaren sind, dass sie selbst zu „dreiviertel Deutsche" sind.

In der Konfrontation mit den unterschiedlichen, ethnisch definierten Sphären nehmen die jungen Erwachsenen eine Zwischenstellung ein, ohne sich mit einer von ihnen vollständig zu identifizieren.

Die interkulturelle Sozialisation von Ahmet, Cavit und Baki erstreckt sich allerdings nicht nur auf die Migrations- und Geschlechterdimension. Wie an anderen Stellen der Gruppendiskussion deutlich wird, erfahren sie auch gegenüber der Generation ihrer Eltern eine Differenz. Diese schlägt sich unter anderem darin nieder, dass sie die Art und Weise, wie die Eltern einmal geheiratet haben (per arrangierter Ehe), nicht einfach übernehmen können.

Wenn interkulturelle Sozialisation sich in ausgeprägt heterogenen Milieus entfaltet, dann scheint sie also größere Risiken zu zeitigen. Doch gleichzeitig stellen derartige Milieus auch größere Potentale der Kreativität und interkulturelle Bildung bereit (s.u.).

**Interkulturelles Lernen**

Interkulturelles Lernen beginnt, wo das Vertraute zum Problem wird. Ganz allgemein könnte man formulieren: Menschen fangen an, neues Wissen und Können zu erwerben, sobald das Alte sich als unzureichend erweist oder fragwürdig wird (vgl. Dewey 1986b). Neuere Lerntheorien beschreiben den dann beginnenden Prozess als einen der Erkundung, welcher durch die Einbindung in kollektive „Lernkulturen" (Kolbe et al. 2008) gestützt werden kann. Dieser Prozess muss aber auch vor dem Hintergrund der (individuellen wie kollektiven) Biographie des Lernenden (Ecarius 1998 u. Schulze 2006) und seiner „Lerngeschichte" (Meyer-Drawe 2008, S. 91) gesehen werden. Dabei geht es im interkulturellen Lernen darum, sich *Wissen über fremde Kulturen* und *Kompetenzen im Umgang* mit ihnen anzueignen. Ich werde im Folgenden zunächst auf den Erwerb von Wissen über fremde Milieus eingehen, um mich dann der Frage der Kompetenzen im Umgang mit ihnen zu widmen.

**Erwerb von Wissen über fremde Milieus und Kulturen**

Der Wissenserwerb ist bereits unter den Bedingungen von Monokulturalität eine komplizierte Angelegenheit: Nehmen wir den Fall, dass ein sechsjähriges Kind

# Interkulturelle Sozialisation, Lernen und Bildung

von seinem Freund erfährt, er sei zu einer „Konfirmation" eingeladen. Es steht nun vor einer unklaren Situation, in der es einen Weg finden muss, um herauszufinden, was eine Konfirmation denn ist. Vielleicht fragt das Kind dann seinen Freund (falls dieser es weiß) oder aber seine – schon konfirmierten – Eltern, die ihm sicherlich erklären können, dass eine Konfirmation eine Feier im Jugendalter ist, mit der – nach einer Zeit religiöser Unterrichtung – die Zugehörigkeit zur evangelischen Kirche bekräftigt wird.

Was aber geschieht, wenn das Neue, das es zu lernen gilt, nicht so ohne weiteres an die milieuspezifischen Erfahrungen des/der Lernenden anknüpfen kann? Was geschieht, wenn man nicht erkunden muss, was es mit der Konfirmation, sondern mit einem „Sünnet Düğünü" oder einer „Bar Mitzwa" (islamisches Beschneidungsfest bzw. jüdisches Fest der Religionsmündigkeit) auf sich hat? Charakteristisch für diesen – interkulturellen – Lernprozess ist es, dass man das neue Phänomen nur dann erlernen kann, wenn man auch seinen *Kontext* erschlossen hat. Dieser Kontext ist im ‚monokulturellen' Lernen (im Lernen innerhalb des eigenen Milieus) immer schon selbstverständlich gegeben, da es der Kontext des eigenen Milieus ist. Beim interkulturellen Lernen ist der Kontext jedoch der eines fremden Milieus. Wie also vollziehen sich interkulturelle Lernprozesse?

Um mich dieser Frage zu nähern, gehe ich im Folgenden auf ein empirisches Beispiel interkulturellen Lernens ein (ausführlich: Nohl 2006, S. 247ff). Kirsten Schwehn, eine ca. 65-jährige ehemalige Bibliothekarin aus Magdeburg, hat nach ihrer Pensionierung den Computer und schließlich auch das Internet für sich entdeckt. In einem Portal für Senior(inn)en gibt sie eine Anzeige auf. „Hab geschrieben hallo, ich bin die Kirsten, aus Machdeburg, bin Bibliothekarin, lese gerne und mache das und das und das alles gerne, wer möchte mit mir in Briefwechsel treten", heißt es dazu im narrativen Interview mit Frau Schwehn. Sie erhält eine Vielzahl von Antworten, auf die sie nun reagieren muss:

Kirsten: hatte mir dann überlegt was ich dann, was ich denn da so mit will. Mensch hab ich gedacht wenn dir da lauter Leute ausm Westen antworten, eigentlich ooch nicht schlecht. Du bist hier also als gelernter DDR-Bürger, nie hier rausgekommen, Westverwandte hatteste nich, was weißte denn übern Westen, du weißt übern Westen wahrscheinlich genauso viel wie die über <u>dich</u> wissen. Also biete ihnen doch mal das Gespräch an biete ihnen doch mal an dass <u>du</u> aus deiner (2 Sek. Pause) vierzich Jahre DDR-Erfahrung berichtest, und die solln mal über ihr Leben berichten was sie gelebt haben. Da es ja en Seniorennet war ( ) haben se ja alle etwa Dein Alter vielleicht, und vielleicht könnter da irgendwie mal so ne in Erfahrungsaustausch treten, euch gegenseitig mal euer Leben erzähln mal erzähln was alles so los war, wie sie gelebt haben wie wir gelebt haben.

Kirsten Schwehn nähert sich den Bekannten aus dem Internet mit dem Wissen darum, dass sie „übern Westen wahrscheinlich genauso viel" weiß wie „die über dich wissen". Diese Feststellung eigenen Nichtwissens mündet in den Wunsch, mehr über das Leben im Westen zu erfahren, zu lernen, „wie sie gelebt haben". Auffällig ist hier, dass Frau Schwehn nicht etwas Bestimmtes, ein isoliertes Phänomen (wie eine Konfirmation) kennen lernen möchte, sondern von vorneherein ihre Aufmerksamkeit auf den Kontext des „Westens" als solchen richtet. Dies hat dann auch Folgen für die einzelnen Kontakte:

> Kirsten: eh naja also es gibt, es gibt, eh eh Mailpartner mit denen schreibe=ich mich jeden Tag. das is beispielsweise eine Mailpartnerin aus der Schweiz, die mir sehr wertvoll is muss ich sagen; die eh die mich auch sehr fordert. und wir schreiben also praktisch uns jeden Tag; entweder wenns politisch irgendwas gibt; jetzt zur Zeit geht es ja um den Irak-Krieg, und um die ((Räuspern)) Hinergründe und so weiter; eh dann geht es zum Teil um Sachen wie eh was=weeß=ich ganz simple Sachen über Steuern in der Schweiz, Steuern in Deutschland oder eh Einkommen in der Schweiz; Einkommen hier; eh über über eh Werdegang der Kinder; dort und hier; eh wieso kann ich jetz beispielsweise sagen in in diesem Staat hätte ich nich studiern können; eh fragt sie dann wieder wieso, ich bin auch ne einfache Frau in der Schweiz meine Kinder (also) meine Tochter hat auch studiert, eh wieso hättest du nich studiern können und dann reibt man sich annander; dann versucht man zu argumentieren warum nicht; warum doch, und eh und irgendwie muss ja dann zu zu einem (2 Sek. Pause) Endergebnis kommen. eh und (2 Sek. Pause) ja und so läuft das ab, also wir mailen beinahe täglich.

Obgleich Kirsten Schwehn ihre Themen als „ganz simple Sachen" bezeichnet, wird in ihrer Schilderung deutlich, dass sie sich diesen auf komplexe Weise nähert. So geht es thematisch nicht einfach „über Steuern" – was einen Wissensaustausch etwa über Steuersätze ohne Berücksichtigung ihres nationalen Kontextes bedeutet hätte –, sondern über Steuern „in der Schweiz, Steuern in Deutschland". Frau Schwehn und ihre Mailpartnerin eignen sich also (zumindest aus der Sicht der Seniorin) Wissen in dessen für sie selbst jeweils fremden nationalen Kontext an. Ein ähnliches Muster zeigt sich bei der Erörterung der Studienmöglichkeiten „in diesem Staat" (gemeint ist die BRD nach der Wiedervereinigung) und in der Schweiz, die von den beiden Frauen kontrovers diskutiert werden.

> Aus der empirischen Rekonstruktion mehrerer narrativ-biographischer Interviews heraus hat Florian von Rosenberg (2014) drei Phasen des Lernens angesichts von kultureller Pluralität typisiert: Zunächst treffen die Akteure auf etwas ihnen Fremdes, das sie herausfordert, es kommt also zu einer „ersten Phase der unspezifischen Kontakte zu neuen Erfahrungsansprüchen". Hierauf folgt eine „zweite Phase der erprobenden Einlassungen", die schließlich in eine drittePhase der „kritischen Reflexion" und der „Modifikation von impliziten und expliziten Wissensmustern" müdet.

Interkulturelles Lernen findet – so dokumentiert sich hier – dort statt, wo nicht nur fremde Phänomene in den eigenen Wissensschatz überführt werden, sondern die *Fremdheit* dieser Phänomene beim Lernen berücksichtigt wird. Einer solchen Fremdheit kann nur dann Rechnung getragen werden, wenn Lernen zugleich die „Erfahrung der Begrenztheit des eigenen Horizontes" einbezieht (Rosenberg 2014, S. 163). Der Fremdheit derartiger Phänomene lässt sich Rechnung tragen, indem sie (etwa die „Steuern") nicht unmittelbar in den Rahmen der eigenen (milieuspezifischen) Vorerfahrungen eingeordnet werden. Vielmehr versucht der interkulturell Lernende, das für ihn indexikale (unverständliche) Phänomen in dessen eigenen Kontext (sei dieser der einer Gesellschaft wie der Schweiz, eines Milieu wie das der Diplomaten o.ä.) zu interpretieren. Das so neu angeeignete Wissen kann somit auch zu einer Veränderung des bisher Gewussten, d.h. zum „Umlernen" (Buck 1989, S. 47), führen. Die Fähigkeit, der Fremdheit von Phänomenen durch Berücksichtigung ihres Kontextes Rechnung zu tragen, verweist schon auf den zweiten Aspekt interkulturellen Lernens, den Erwerb von Kompetenzen im Umgang mit fremden Milieus.

**Lernen als Erwerb von Kompetenzen im Umgang mit fremden Milieus**
Nur allzu oft leben wir in einer Welt der Selbstverständlichkeiten, die unserem Handeln Struktur, Sicherheit und Routine geben. Kennzeichen dieses Lebens in einer Welt der Selbstverständlichkeiten ist, dass wir zwar nicht das Neue, das wir lernen, schon unmittelbar verstehen, dass wir aber zumindest zu wissen meinen, welche Bedeutung und Funktion das Neue habe. Wir können noch nicht Autofahren, wissen aber schon, welche Bedeutung und Funktion es etwa in Deutschland hat. Wir können noch nicht Fußballspielen, wissen aber schon, dass es etwas ganz Wichtiges ist.
Gerade weil das Leben innerhalb der eigenen (milieuspezifischen) Selbstverständlichkeiten sich als (vermeintlich) so einfach gestaltet, ist der Erwerb von Kompetenzen im Umgang mit fremden Milieus so schwierig. Denn es gilt hier u.a., die Gültigkeit der eigenen Selbstverständlichkeiten in Frage zu stellen und zunächst einmal davon auszugehen, dass man nichts weiß und versteht (wie dies etwa Kirsten Schwehn im obigen empirischen Beispiel getan hat). Erst dann ist der Weg frei, sich nicht nur dem fremden Phänomen, sondern auch seinem fremden Kontext interpretativ zu nähern.
Ein Beispiel für Kompetenzen im Umgang mit fremden Milieus lässt sich in meiner bereits mehrfach erwähnten Studie zu Jugendlichen mit Migrationshintergrund finden (vgl. Nohl 2008). Diese jungen Männer berücksichtigen nicht nur die (mögliche) Fremdheit ihres Gegenübers, sondern suchen auch einen Weg, sich dem fremden Milieu zu nähern. Obgleich sie selbst eigentlich der Gegenstand einer empirischen Untersuchung sein sollen, fragen sie zu Beginn der Gruppendiskussion, die mit ihnen geführt wurde, zunächst die Forscherin und den Forscher aus:

Pädagogik kollektiver Zugehörigkeiten

| | |
|---|---|
| Ahmet: | Und wie war Eure Jugend? Jetz kommen wer zu <u>Euch</u>! Ick will mal gespannt sein; <u>was fehlt</u> mir da an meine Jugend dass Ihr so interessiert seid; jetz will ick mal Eure Jugend be- eh w::issen, dass ick mit meine Jugend vergleichen kann. |
| Interv.: | ⌊ Na also bei mir wars ja bei mir wars so dass ich auf=em Gymnasium war und dann |
| Ahmet: | Wie <u>kam</u> des dass Du Gymnasium bist? Ick hab mit schon sechs geträumt dass ick mir irgendwann <u>Geld</u> verdienen kann. (Weil) mit dieser sechsten Klasse hab ick gefragt wie ich am leichtesten Geld verdienen kann. |
| Interv.: | Mhm. Ich weiß nicht mein meine Mutter hat Abitur gemacht, mein Vater hat Abitur gemacht, mein Bruder hat Abitur gemacht, |
| Ahmet: | Also irgendwie hat des mit den Le- eh Eltern zu tun oder ja? |
| Behcet: | Mit der Familie im im Gesamten. |
| Interv.: | ⌊ Weiß ich nich. |
| Cevdet: | ⌊ Ich schätz mal. |
| Ahmet: | Also mit der Umgebung! |

Ahmet inszeniert geradezu Fremdheit („gespannt sein") gegenüber dem überraschten Forscher und kehrt so das Beobachtungsverhältnis um. Hierin dokumentiert sich der für diese Jugendlichen spezifische Umgang mit Milieufremden. Sie nehmen diesen gegenüber eine analytische Haltung ein und „vergleichen" ihre Sozialisationsbedingungen mit denjenigen der Forscher („was fehlt mir"). Die Unterschiedlichkeit von Lebensverläufen und sozialen Positionen wird von den Jugendlichen also nicht negiert, sondern offensiv thematisiert und zum Ausgangspunkt einer vergleichenden Analyse gemacht.

Diese Thematisierung von Fremdheit setzt sich nun fort, wobei der Interviewer und die Jugendlichen geradezu zusammenarbeiten. Während der Forscher seine eigene Jugend schildert, fragt Ahmet nach den Hintergründen für die gymnasiale Bildung und kontrastiert sie mit seiner eigenen Jugend. Der Forscher lässt sich nun hierauf ein und macht Angaben zu der Schulbildung seiner Eltern, worauf die Jugendlichen arbeitsteilig ein Fazit aus dieser vergleichenden Analyse ziehen. Der Verweis des Forschers auf den sozialen Kontext der Gymnasialbildung wird dann von den Jugendlichen generalisiert („irgendwie hat des mit den Le- eh Eltern zu tun") und zu Ende geführt („mit der Umgebung"). Die Jugendlichen erklären hier die Pluralität der Lebensverläufe und sozialen Positionen, die ihnen in der Erhebungssituation begegnen, mit Unterschieden der sozialen Herkunft. Sie schreiben – hierin mit ihm übereinstimmend – dem Forscher keinerlei Intentionen oder berufsbiographische Entwürfe zu, die zu seiner spezifischen Biographie geführt hätten. Vielmehr wird die Bildungsbiographie als Produkt ihrer „Umgebung" mit dem Milieu des Forschers erklärt. Die vergleichend-analytische Haltung der Jugendlichen bezieht sich damit auf den Ursachenkomplex, den sie für das Auftreten der Forscher indizieren, ohne dass der Forscher diese ursächliche Erklärung validiert hätte.

Die sich hier dokumentierende Kompetenz im Umgang mit Personen fremder Milieus haben die Jugendlichen im Verlauf ihrer – interkulturellen – Sozialisation erlernt. Ohne dies hier weiter ausführen zu können, lässt sich folgendes sagen: Die Art und Weise, mit der Ahmet, Behcet und Cevdet der Fremdheit des Forschers Rechnung tragen und dessen Bildungsbiographie im Kontext seines Milieus erkunden, hat sicherlich auch ihre spezifischen Beschränkungen und Grenzen (siehe dazu Nohl 2001, S. 164ff). Doch gerade wenn man diese Jugendlichen mit Altersgenossen vergleicht, die keine interkulturelle Sozialisation in ausgeprägt heterogenen Milieus durchlaufen haben, zeigt sich hier eine deutliche Steigerung von Kompetenzen im Umgang mit fremden Milieus (vgl. Nohl 2008). Dass dieser interkulturelle Kompetenzerwerb für die Lebensorientierungen und Erfahrungen der Jugendlichen sehr angemessen und im Kontext ihres eigenen Migrationsmilieus zu sehen ist, zeigt, dass auch Lernprozesse nicht beliebig verlaufen, sondern sozial hergestellt sind.

Allerdings muss an dieser Stelle darauf hingewiesen werden, dass das *Milieu*, in dem man sozialisiert wird, nicht der einzige Faktor bei der Entstehung interkultureller Kompetenz ist. In der Erziehungswissenschaft gibt es zum einen eine lange Diskussion darüber, ob und wie interkulturelle Kompetenz gelehrt werden kann (siehe als Überblick: Auernheimer 2013). Zum anderen ist die interkulturelle Kompetenz immer auch davon abhängig, wie Akteure ihr Können in einer *Situation* zur Geltung bringen können.

Anne-Christin Schondelmayer (2010) hat in einer Untersuchung zu den interkulturellen Erfahrungen und Orientierungen von deutschsprachigen Auslandskorrespondent(inn)en und Entwicklungshelfer(inne)n im südlichen und östlichen Afrika gezeigt, dass ein und dieselbe Person je nach Situation zu unterschiedlichen Handlungsweisen in der Lage sein kann. So gehen die von ihr interviewten Menschen mit Einheimischen im Privatleben bisweilen ganz anders um als im professionellen Handeln. Diese Situativität der interkulturellen Kompetenz bedeutet indes nicht, dass die Fähigkeit, mit kulturell fremden Menschen auf befriedigende Weise zu handeln, alleine an die Situation gebunden ist. Wie Schondelmayer deutlich macht, wird das interkulturelle Handeln gerade auch durch die biographisch erworbenen Fähigkeiten, Fremde zu beobachten und zu interpretieren, maßgeblich strukturiert.

### Interkulturelle Bildung

> Als Beispiel für die Situativität interkultureller Kompetenz kann ein Kriegsberichterstatter angeführt werden, der seine Nachrichten dadurch gewinnt, dass er sich sehr weitgehend auf die Handlungspraxis von Söldnern einlässt und mit ihnen sogar ‚Bierdeckel rundsäuft' (wie es im Interview heißt), auf der anderen Seite aber in seinem Privatleben größte Distanz zu Einheimischen wahrt (siehe hierzu Schondelmayer 2010, Kap. 5.2).

Während (interkulturelles) Lernen stets einen Gegenstandsbezug hat, also auf Weltausschnitte fokussiert (vgl. Nohl et al. 2014), geht es bei der interkulturellen Bildung um die Frage, wie Menschen, wenn ihnen zentrale Lebensorientierungen weder vorgeschrieben noch tradiert werden und sie zudem mit einer Vielfalt an kulturellen Lebensformen konfrontiert sind, eine eigene biographische Orientierung finden. Insofern handelt es sich bei interkultureller Bildung um eine spezifische Ausprägung von allgemeinen Bildungsprozessen, die mit Differenz- und Kontingenzerfahrungen ihren Anfang nehmen. Hier finden sich Anschlussmöglichkeiten an den Bildungsdiskurs der Allgemeinen Pädagogik. Beispielsweise heißt es in einem Forum der Bildungsphilosophie: „Bildungsprozesse haben es (häufig) mit der Begegnung, Auseinandersetzung, Verarbeitung von Fremdem, dem einzelnen Unbekannten, zu tun" (Wulf 1998, S. 41).

Interkulturelle Bildung erscheint dort möglich, wo Menschen in den heterogenen Gesellschaften unserer Zeit kulturelle Differenzerfahrungen machen und diese produktiv verarbeiten. Auch wenn den Bildungsprozessen von Migrant(inn)en in diesem Zusammenhang ein prototypischer Charakter zugemessen wird (vgl. Koller 2002, S. 98), steht für die interkulturelle Pädagogik außer Frage, dass interkulturelle Bildungsprozesse bei allen Mitgliedern kulturpluraler Gesellschaften möglich sind (vgl. ebd., S. 97 u. Rosenberg 2014). Denn die Differenz von Milieus als Auslöser von Bildungsprozessen ist in der pluralen Gesellschaft für alle erfahrbar. Betrachtet man interkulturelle Bildungsprozesse, so können mehrere Aspekte hervorgehoben werden: Erstens finden sich interkulturelle Bildungsprozesse, in denen sich Menschen in Auseinandersetzung vor allem mit den theoretisch-reflexiven Anteilen von Kultur, d.h. in Auseinandersetzung mit kulturellen Repräsentationen bilden (a). Zweitens können Menschen sich aber auch aus der Differenz von (vorreflexiven) Milieuzugehörigkeiten heraus, d.h. auf ganz praktische Weise bilden (b). Drittens gibt es neben individuellen auch kollektive Formen interkultureller Bildung (c).

### a) Bildung und reflektierende Auseinandersetzung mit kulturellen Repräsentationen

Interkulturelle Bildung versteht Albert Scherr (2001, S. 347f) – in Anknüpfung an Winfried Marotzki (1990) – als etwas, das „auf die *bewusste* Auseinandersetzung mit den kulturellen Rahmungen des Selbst- und Weltverständnisses von Individuen und sozialen Gruppen ausgerichtet ist" (Hervorhebung von mir). Scherr sieht dann die Aufgabe interkultureller Pädagogik darin,

> „erstens eine Auseinandersetzung mit solchen kulturellen Kontexten und Praktiken zu ermöglichen, die substanzielle Differenzerfahrungen beinhalten, und zweitens dazu beizutragen, dass jeweilige Erfahrungen reflexiv verarbeitet werden können, also mit einer *rationalen* und damit *diskursiv* überprüfbaren Vergewisserung bzw. Veränderung des eigenen Selbst- und Weltverständnisses einhergehen, die ungebrochene Identifikationen relativiert" (ebd., S. 352; Hervorhebung von mir).

# Interkulturelle Sozialisation, Lernen und Bildung

Eine derartige reflektierende Auseinandersetzung mit kulturellen Kontexten, genauer: mit kulturellen Repräsentationen, findet sich auch in einer von mir geführten Gruppendiskussion mit einer Clique von drei Gymnasiasten, einer Gymnasiastin und einer Studentin (vgl. Nohl 2000). Die Jugendlichen beklagen sich in dieser bereits weiter oben angeführten Diskussion zunächst über das Unverständnis ihrer aus der Türkei eingewanderten Eltern ihnen gegenüber, wie auch über die Diskriminierung und Marginalisierung, die sie in Deutschland als „Ausländer" und in der Türkei als „Deutschländer" (türkisch: „Almancı") erfahren. Im Anschluss an diesen Diskurs sagt einer der Jugendlichen plötzlich: „Wir brauchen ein eigenes Land". Von seinen Peers danach befragt, wie dieses heißen solle, antwortet er: „Deutschländerreich". Daraufhin steigern sich alle Gruppenmitglieder in eine Diskussion darüber hinein, wo die Hauptstadt dieses „Deutschländerreiches" liegen solle („Kreuzberg") und wie seine Grenzen zu definieren seien („Berlin" oder „Berlin-Brandenburg"). Damit entfalten die Jugendlichen im Rahmen einer reflektierend-diskursiven Interkulturalität, in der sie ihre Position zwischen der elterlichen Kultur sowie den Fremdetikettierungen in der Türkei und in Deutschland diskutieren, Ansätze eines neuen Diskurses, den sie metaphorisch als jenen des „Deutschländerreichs" ausweisen und mit dem sie neue Lebensorientierungen verbinden.

In dem Beispiel wird interkulturelle Bildung als eine *bewusste, reflektierende Auseinandersetzung* mit kulturellen Bindungen und Stereotypisierungen gestaltet, die auf reflektiertes Handeln (siehe Kapitel 6.1) zurückgreift; die betroffenen Personen diskutieren, raisonieren und entwickeln Alltagstheorien zu ihrer Lebenssituation zwischen unterschiedlichen kulturellen Repräsentationen.

Indes: Interkulturelle Bildung beruht nicht nur auf einer bewussten Auseinandersetzung mit kulturellen Repräsentationen – andernfalls würde sie auf eine Denkleistung verengt. Aus diesem Grunde gilt es nun, auch solche Bildungsprozesse zu erfassen, die aus der Differenz der Milieus heraus und auf ganz praktische Weise beginnen.

### b) Bildung und die praktische Auseinandersetzung mit Milieudifferenzen

Wenn man *praktische* Interkulturalität nun als eine Begegnung zwischen Personen mit unterschiedlicher Milieuzugehörigkeit begreift, dann vollzieht sich diese Begegnung, ohne dass die Handelnden diese Milieuzugehörigkeiten notwendiger Weise thematisieren müssten, d.h. ohne dass sie auf die kulturellen Repräsentationsformen ihres Milieus zurückgreifen müssten. Praktische Interkulturalität ist insofern eine analytische Beobachterkategorie, die zwar an Handlungspraktiken im Geschehen zwischen den Milieus rekonstruktiv anknüpft, nicht aber an diskursive Teilnehmerkategorien anschließen kann. Pädagogisch Tätige wie auch erziehungswissenschaftlich Forschende wenden diese analytische Beobachterkategorie auf ein Geschehen an, das von den involvierten Personen nicht notwendiger Weise als interkulturelles definiert werden muss (siehe dazu auch Kapitel 6.5).

Wie begegnen Menschen aus unterschiedlichen Milieus jenseits kultureller Repräsentationen einander? Im Alltagsleben können Menschen einander über die Grenzen ihrer Milieus in aller Unmittelbarkeit begegnen. Hier wird Interkulturalität zur unmittelbaren, (noch) nicht sprachlich gefassten Erfahrung und insofern von den Beteiligten auch (noch) nicht als interkulturelle Erfahrung thematisiert und definiert. Die Begegnung vollzieht sich als eine leibliche, in ihr werden unterschiedliche (persönliche) Habitus in Kontakt gebracht. Das Gegenüber wird mehr qualitativ gefühlt denn rational analysiert.

Fasst man die praktische Begegnung zwischen Milieus als eine solche Begegnung jenseits kultureller Zuschreibungen, so sind drei idealtypisch unterscheidbare Handlungsformen denkbar, die auf diese erste Begegnung folgen können: eine Fortsetzung bereits *habitualisierten* interkulturellen Handelns (1), eine *diskursiv-reflektierende* Problematisierung der praktischen Interkulturalität (2) und die *spontane* Einführung neuer Handlung innerhalb der praktischen Interkulturalität (3).

(1) Wenn Personen unterschiedlicher Milieus einander existentiell und unmittelbar begegnen, kann diese Begegnung schon in einem gewohnheitsmäßigen, „habituellen Handeln" (Bohnsack 2014, S. 62ff) gerahmt sein, sofern derartige Personen aus solchen Milieus schon zuvor einander begegnet sind und Formen gefunden haben, wie sie einander begegnen können, und diese in ihre „stillschweigenden, habitualisierten oder inkorporierten Wissensbestände" (ebd., S. 193) überführt haben. Diese habitualisierte praktische Interkulturalität bietet allerdings keine Anlässe für Bildung, ist doch hier die Differenz zwischen den Milieus bereits bewältigt. Irritationen als Anlass von Bildungsprozessen (vgl. Fromme 2001) kommen hier nicht mehr auf.

(2) Wenn die existentielle Begegnung von Menschen unterschiedlicher Milieus (noch) nicht habituell gerahmt ist, entsteht im praktischen interkulturellen Geschehen eine problematische Situation, insofern die Fortsetzung des Handelns gefährdet ist, da es keine eingespurten Handlungsmuster gibt. Diese problematische Situation kann dadurch gelöst werden, dass die Beteiligten sich von der Unmittelbarkeit der Situation lösen und über sie (und ihre Potentiale) aus der Distanz nachdenken. So wird praktische in diskursiv-reflektierte Interkulturalität überführt. Die problematische Situation wird aus der Distanz heraus – im Sinne des „Reflexivwerdens der eigenen relativ-natürlichen Selbst- und Weltinterpretation" (Scherr 2001, S. 352) – reflektiert und neue Lösungsmöglichkeiten zur Fortsetzung des Handelns werden kreiert.

(3) Sofern die Begegnung mit einer Person aus einem fremden Milieu noch nicht habitualisiert ist und sofern sie nicht sogleich diskursiv-reflektierend problematisiert wird, sind die sich Begegnenden darauf angewiesen, Möglichkeiten der Fortsetzung des Handelns praktisch auszuprobieren und experimentell zu erkunden. Dieses experimentelle praktische Handeln stützt sich maßgeblich auf die spontanen „Impulse", die eine „kontinuierliche Quelle improvisierter Spontaneität"

(Dewey 1980, S. 72) sind. Diese Spontaneität dient nicht nur der Fortsetzung des Handelns; sie erhält auch eine (wenn auch den Beteiligten nicht notwendig bewusste) Funktion für die (Selbst-) Bildungsprozesse innerhalb des interkulturellen Geschehens. Schon bei Dewey heißt es hierzu: „Die impulsive Handlung wird zu einem Abenteuer in der Entdeckung eines Selbst, welches möglicher Weise aber bislang nicht realisiert ist, zu einem Experimentieren in der Schaffung eines Selbst, das umfassender sein soll als das existierende" (ebd., S. 97).

Im Folgenden soll diese spontane Einführung neuer Handlung im Rahmen praktischer Interkulturalität anhand eines empirischen Beispiels, anhand der bereits in Kapitel 6.1 erwähnten Lebensgeschichte des Jugendlichen Deniz erörtert werden (vgl. dazu Nohl 2001, S. 234ff u. 2006, Kap. 3).

Deniz erlebt schon in seiner frühen Kindheit die ganz praktische Differenz, die zwischen dem Milieu seines Elternhauses und den öffentlichen Institutionen wie Kindergarten und Schule herrscht. Diese Differenz zeichnet sich nicht nur durch teilweise disparate Erwartungen an ihn und unterschiedliche soziale Umgangsformen aus; vor allem wird sie zu einem gravierenden Handlungsproblem in Deniz' Lebensgeschichte, weil diese Differenz weder von den Eltern noch von den öffentlichen Institutionen (Lehrer o.ä.) überbrückt wird. Doch wird diese Situation praktischer Interkulturalität von Deniz nicht diskursiv bearbeitet, ja selbst aus der Retrospektive der lebensgeschichtlichen Erzählung definiert er sie nicht als einen interkulturellen Konflikt. Vielmehr zieht der junge Mann gegenüber seinem Elternhaus, aber auch gegenüber den öffentlichen Institutionen eine ganz praktische Grenze.

Indem Deniz – wie auch seine Freunde – gegenüber der äußeren Sphäre der Gesellschaft, aber auch gegenüber der inneren Sphäre der Familie eine praktische Grenze ziehen, eröffnet sich jenseits dieser beiden Grenzen ein Freiraum für eine eigene Handlungspraxis der Jugendlichen, für die Praxis des Breakdance. In dieser Art „drittem Raum", der von Elternhaus und öffentlichen Institutionen praktisch abgegrenzt wird, steigern sich Deniz und seine Freunde in zunächst spontane Handlungsvollzüge des Breakdance hinein. Sie finden Gefallen an dessen sehr körperlicher Ästhetik und werden später zu semiprofessionellen Tänzern. Der Breakdance ist das Medium, in dem diese Jugendlichen auf dem Wege der „action" sondieren, inwieweit ihre praktische Lebensführung, etwa die Art und Weise, den Körper beim Tanzen einzusetzen, Gleichartigkeiten aufweist. Diese Gleichartigkeiten der Lebensführung gründen wohlgemerkt nicht in einer gemeinsamen ethnischen Kultur. Vielmehr sind es gleichartige Erfahrungen biographischer Brüche, die durch die Migrationssituation und die Adoleszenz bedingt sind. Auf deren Basis bildet sich im Breakdance eine neue Tradition, z.B. ein neuer „style".

Mit dem Breakdance (er)findet Deniz – im Rahmen seiner Gruppe – ganz praktisch für sein Leben eine Sphäre, die jenseits der von ihm als Handlungskonflikt erfahrenen Zugehörigkeiten zum Elternhaus und dessen Milieu einerseits und zu öffentlichen Institutionen andererseits liegt. Im Unterschied zu jenen Fällen, in denen praktische in diskursiv-reflektierte Interkulturalität überführt wird, ist es hier aber kein neuer Diskurs und keine reflektierende Bewusstseinshaltung, die gefunden wird, sondern vornehmlich eine neue Handlungspraxis. Der Breakdance wird für Deniz – und dies ist so nur für den Beobachter erschließbar – zu einem Medium, mit dem die Lebenssituation praktischer Interkulturalität praktisch bewältigt wird. Aus einem zuvor zwischen den Erwartungen von Elternhaus und Schule aufgeriebenen Jugendlichen ist im Alter von 20 Jahren ein junger Mann geworden, der eigene, neue Lebensorientierungen, d.h. eigenständige Selbst- und Weltverhältnisse in einer durch die Pluralität von Milieus gekennzeichneten Gesellschaft gefunden hat. Hier hat sich in der praktischen Interkulturalität ein Bildungsprozess vollzogen.

> Auch Einheimische können interkulturelle Bildungsprozesse durchlaufen. Die religiöse Konversion, d.h. die Veränderung des eigenen religiösen Bekenntnisses, ist hierfür ebenso ein Beispiel wie die (z.T. stark reflexive) Auseinandersetzung mit Stigmatisierungen aufgrund der eigenen Hautfarbe. Gerade aufgrund der Existentialität und hohen Relevanz dieser Erfahrungen entstehen hier neue Lebensorientierungen (Rosenberg 2014).

Derartige interkulturelle Bildungsprozesse vollziehen sich nicht nur im Bereich von migrationsspezifischen Differenzerfahrungen (s. zu diesen umfassend: El-Mafaalani 2012); folgt man einem mehrdimensionalen Modell von Milieu und Kultur, so können z.B. auch Geschlechterdifferenzen zum Ausgangspunkt von interkultureller Bildung werden (vgl. von Felden 2003). Wie Florian von Rosenberg (2014) anhand von Einheimischen gezeigt hat, ist es für interkulturelle Bildungsprozesse entscheidend, dass das Fremde, auf das Menschen stoßen, für sie nicht nur einer unter anderen Lerngegenständen bleibt, sondern sie existentiell betrifft und herausfordert. Nur dann kommt es zu einer „Relevanzverschiebung" (ebd., S. 205 u. Nohl et al. 2014, Kap. 2), in der das neu Entdeckte zentral gestellt wird und bisherige biographische Orientierungen an Bedeutung verlieren. Dies macht dann auch eine „neue biographische Selbstthematisierung" (Rosenberg 2014, S. 199) notwendig.

### c) Interkulturelle Bildung als individueller und kollektiver Prozess

Wie sich schon in den empirischen Beispielen zu interkulturellen Bildungsprozessen angedeutet hat (insbesondere in jenem zum „Deutschländerreich"), können interkulturelle Bildungsprozesse nicht nur von *Individuen*, sondern auch in kollektiver Weise vollzogen werden. Hier sind es dann *kollektive Akteure*, die neue Lebensorientierungen angesichts der Milieuvielfalt finden. Hinsichtlich der generationellen Dimension von Milieus etwa analysiert Burkhard Schäffer (2003), wie unterschiedliche Generationen in Ostdeutschland nicht nur auf ihre je eigene

Art und Weise mit Medien umgehen, sondern in der reflexiven Abgrenzung von anderen Generationen (etwa in der Abgrenzung der jugendlichen Computernutzer von ihren Eltern) generationelle Bildungsprozesse durchlaufen, die dezidiert kollektiv sind.

**Selbstläufige und pädagogisch begleitete Formen von interkulturellen Sozialisations-, Lern- und Bildungsprozessen**

Die bis hierhin dargestellten interkulturellen Sozialisations-, Lern- und Bildungsprozesse vollziehen sich, gerade was die empirischen Beispiele anbelangt, vornehmlich selbstläufig. Das heißt, sie haben sich jenseits pädagogischer Initiativen und Begleitung ergeben und wurden erst im Nachhinein von erziehungswissenschaftlichen Forscher(inne)n untersucht. Von diesen selbstläufigen Formen interkultureller Sozialisations-, Lern- und Bildungsprozesse müssen jene Formen unterschieden werden, die sich in pädagogischen Organisationen entfalten und/ oder die pädagogisch initiiert bzw. begleitet werden.

Um die interkulturellen Sozialisations-, Lern- und Bildungsprozesse in Organisationen zu begreifen, bedarf es zunächst einiger Überlegungen zum Zusammenhang von Milieu und Organisation (Kapitel 6.3). Später wird dann erörtert, wie die pädagogische Profession beschaffen sein sollte, wenn sie interkulturelle Prozesse der Sozialisation, Bildung und des Lernens anstoßen möchte (Kapitel 6.5).

## 6.3 Milieu und Organisation

Eine Pädagogik kollektiver Zugehörigkeiten, die nur mit Milieus und kulturellen Repräsentationen sowie allenfalls noch mit Individuen (samt deren persönlichen Habitus und Identität) rechnet, würde nur einen halbierten Blick auf das soziale Geschehen in der Gesellschaft werfen. Dass interkulturelle Prozesse der Sozialisation, des Lernens und der Bildung sich oftmals innerhalb von Organisationen entfalten, dass es in diesen aber auch zu Diskriminierung kommen kann, verlöre sie aus den Augen (vgl. zu dieser Kritik: Radtke 1995). Aus diesem Grund wird hier ein systematischer Zugriff auf die Organisationen der Gesellschaft erarbeitet, der auf Elemente von Organisationstheorien unterschiedlichster Herkunft zurückgreift, ohne auf eine reduziert werden zu können. Dabei darf die Organisationstheorie aber nicht von der Kultur- und Milieutheorie abgekoppelt werden. Sonst würde man sich wiederum jene organisationstheoretische Einseitigkeit einhandeln, die ich in Kapitel 4 anhand der Arbeiten von Frank Olaf Radtke herausgearbeitet und kritisiert habe. Vielmehr gilt es, Milieus und Organisationen systematisch aufeinander zu beziehen.

Was aber unterscheidet Milieus von Organisationen? Und was ist ihnen gemeinsam? Beide, Milieus wie Organisationen, bilden Prozessstrukturen durch soziale Regelmäßigkeiten aus. Diese sozialen Regelmäßigkeiten entstehen dadurch, dass sich überindividuelle Handlungsweisen einschleifen, wiederholen und auf Dauer gestellt werden, sei dies in Milieus oder in Organisationen. Doch während für Milieus implizite Regelmäßigkeiten charakteristisch sind, die die konjunktiven Erfahrungen derjenigen strukturieren, die den Milieus zugehörig sind, zeichnen sich Organisationen durch explizierte *formale Regeln* aus. Diese Regeln definieren als formalisierte Verhaltenserwartungen *Rollen*, die von all jenen, die Mitglied der Organisation sind, erfüllt werden müssen, sofern sie nicht ihre *Mitgliedschaft* riskieren möchten. Die genannten Komponenten der Organisation möchte ich nun im Detail erläutern.

**Formale Regeln und Mitgliedschaft in Organisationen**

Durch die formalen Regeln werden aus irgendwelchen Handlungen solche, die der Organisation oder ihren Unterabteilungen zurechenbar sind. Die in den formalen Regeln

> „angegebenen Verpflichtungen, Erwartungen, Rechte und Ressourcen beziehen sich ... weder auf konkrete Inhalte und Situationen (sondern auf verallgemeinerbare ‚Fälle') noch auf konkrete Personen, sondern auf Positionen (,Stellen'), Abteilungen, Fachbereiche etc., schließlich auf die Körperschaft selbst (etwa als juristische Person) und begründen somit formale Beziehungen zwischen Positionen/Organisationseinheiten/Organisationen" (Ortmann et al. 1997, S. 319).

Die Zurechenbarkeit von Handlungen geschieht über die Einrichtung der *Mitgliedschaftsrolle*. Die Mitgliedschaft ist eine besonders herausgehobene Regel von Organisationen, die Formalisierung erst ermöglicht. Eine Handlungserwartung und die mit ihr verknüpfte Regel lässt sich

> „als formalisiert bezeichnen, wenn sie in einem sozialen System durch diese Mitgliedschaftsregel gedeckt ist, d.h. wenn erkennbar Konsens darüber besteht, daß die Nichtanerkennung oder Nichterfüllung dieser Erwartung mit der Fortsetzung der Mitgliedschaft unvereinbar ist" (Luhmann 1964, S. 38).

Diese Mitgliedschaftsregel löst das durch formale Regeln festgelegte Handeln in Organisationen von den Handlungsmotiven Einzelner ab. Solange man Mitglied bleiben möchte, führt man diese Handlungen aus, egal, ob man zu ihnen motiviert ist oder nicht. Und man erlebt eine Verhaltenserwartung nicht mehr als persönliche Zumutung durch eine andere Person, sondern als „durch ein System vermittelt ..., an dem die Beteiligten interessiert sind" (ebd., S. 36). Auf diese Weise wird die Anerkennung bestimmter Verhaltenserwartungen „zum Bestandteil der Mitgliedsrolle. Ihre Anerkennung ist Mitgliedschaftsbedingung" (ebd).

**Milieu und Organisation** | 185

Mit der Einführung der Mitgliedschaftsregel wird also nicht nur die Organisation stabilisiert, sondern auch innerhalb der Organisation eine Unterscheidung zwischen ‚kritischen' (weil für die Organisation unverzichtbaren) Verhaltenserwartungen und anderen (nicht mit der Mitgliedschaftsrolle verknüpften) Erwartungen eingeführt.

Anhand der Mitgliedschaftsrolle lässt sich der Vergleich von Organisation und Milieu weiterführen: Charakteristisch für die Mitgliedschaft ist die Form ihrer Kontingenz. Es ist sowohl vom Entschluss der Organisation als auch von demjenigen des Mitglieds abhängig, ob und wann letzteres der Organisation beitritt. Mitgliedschaft ist insofern reflexiv steuerbar und veränderbar. „Die Mitgliedschaft wird auf ein klares Entweder/Oder gestellt. Sie ergibt sich nicht einfach mit verschwimmenden Umrissen aus der Häufigkeit und Kontinuität des Zusammenseins" (Luhmann 1964, S. 35). Demgegenüber ist die *Zugehörigkeit*, wie sie für Milieus charakteristisch ist, durch die Akteure selbst nicht durch einen bloßen Willensakt kontrollier- und veränderbar. Die Milieuzugehörigkeit „ist nicht wie die Zugehörigkeit zu einem Verbande durch einen intellektuellen willensmäßigen Akt kündbar" (Mannheim 1964a, S. 525f.).

> Man spricht von einer *sozialen Rolle*, wenn das Selbstbild von Menschen mit gesellschaftlich festgelegten Erwartungen und Regeln verknüpft und stabilisiert ist. Solche festgelegten Erwartungen und Regeln an das Verhalten einer Person finden sich in der Rolle des Studenten, der in der Universität den studentischen Gepflogenheiten entsprechend handeln soll, oder aber auch in der Rolle der Soldatin, die von der Gesellschaft mehr oder weniger eindeutig definiert ist. Allerdings gibt es immer eine Differenz zwischen den Handlungen des Menschen und den gesellschaftlichen Erwartungen. Rollen müssen daher stets interpretiert werden, da sie für sich in der konkreten Situation nicht klar sind.

Ein weiterer Unterschied zwischen der Mitgliedschaft in Organisationen und der Zugehörigkeit zu Milieus ist die Sichtbarkeit ihrer Grenzen. Während es wichtig ist, dass die Mitgliedschaft in einer Organisation „als besonderes soziales System erlebbar wird", können „elementare soziale Gruppierungen [etwa die Milieus; AMN] oft ohne ein solches distinktives Einheitsbewußtsein auskommen" (Luhmann 1964, S. 35). Die Zugehörigkeit zu einem Milieu ist nicht nur nicht reflexiv steuerbar, sondern den Betroffenen häufig nicht einmal bewusst. So heißt es für die Klassenlage, d.h. den klassenspezifischen Aspekt von Milieus: „In einer Klassenlage befindet man sich; und es ist auch sekundär, ob man davon weiß oder nicht, ob man sich ihr zurechnet oder diese Zurechenbarkeit vor sich verhüllt" (Mannheim 1964a, S. 526).

Der Unterschied zwischen der *Mitgliedschaft* in Organisationen und der *Zugehörigkeit* zu Milieus lässt sich anhand des Beispiels von Schule und sozialer Herkunft deutlich machen. Beim Übergang in die weiterführenden Schulen ist die

Frage der Mitgliedschaft das zentrale Thema. Dabei wird von Seiten des Kindes und seiner Eltern als auch von Seiten der aufnehmenden Schule die Frage gestellt, ob das Kind Mitglied dieser Schulorganisation (etwa: des Helmholtz-Gymnasiums) werden soll. Es geht dabei vor allem auch um die Verhaltenserwartungen der Schule (etwa: die Leistungen eines Gymnasiasten zu erbringen), die an die Mitgliedschaft gebunden sind. Ob jemand Mitglied dieser Schule ist oder nicht, ist ganz klar (in den Akten oder im Schülerausweis) zu sehen. Zugleich spielt beim Übergang in die weiterführenden Schulen jedoch auch die Zugehörigkeit zu einem Milieu (im Sinne der sozialen Herkunft) eine Rolle, wie viele empirische Studien zeigen (vgl. etwa Baumert/Schümer 2001). Die Zugehörigkeit etwa zu einem Arbeitermilieu muss den Betroffenen aber so reflexiv nicht unbedingt bewusst sein; auch die geschlechts- oder generationsspezifische Dimension ihrer milieuspezifischen Erfahrungen muss nicht in jedem Fall von den Kindern selbst so expliziert werden können. Die Kinder wissen, dass sie Schüler/innen der Schule X oder der Schule Y sind, aber zu einem Milieu gehören sie auch dann, wenn sie darüber nichts explizit wissen.

**Milieus in Organisationen**

> Ein gutes Beispiel für die Präsenz von *Milieus in pädagogischen Organisationen* lässt sich auf dem Schulhof beobachten. Hier, wo die Kinder nicht so unmittelbar auf die formalen Regeln des Schülerdaseins und der Unterrichtsteilnahme verpflichtet werden, sprechen sie ungezwungen im Jargon ihres Generationsmilieus oder auch in der Sprache ihres jeweiligen Migrationsmilieus, z.B. auf Arabisch, Türkisch oder Kroatisch, während sie im Unterricht Deutsch sprechen müssen.

Jedes Mitglied einer Organisation ist also – im Regelfall – auch einem Milieu zugehörig; es nimmt zugleich an praktischen Lebensformen innerhalb kollektiver Zugehörigkeiten teil (siehe Kapitel 6.1). Die habitualisierten Regelmäßigkeiten und Selbstverständlichkeiten dieses Milieus können denn auch die Handlungsweisen des Organisationsmitglieds strukturieren, soweit es dieses nicht in Konflikt mit den formalen Regeln und der Mitgliedschaftsrolle bringt – und bisweilen selbst dann (s.u.). Daher können Handlungen, die innerhalb der Organisation vollzogen werden, durchaus auch in den konjunktiven Wissensbeständen und habitualisierten Handlungsroutinen von Milieus fundiert sein. Indem aber die praktischen Lebensweisen von Milieus in die Organisationen hinragen, erhalten die Milieus selbst Einzug in die Organisationen. Denn das Organisationsmitglied legt seine Milieuzugehörigkeit an den Pforten der Organisation nicht vollständig ab.

## Praktischer Umgang mit formalen Regeln in Organisationen

Formale Regeln im Sinne formalisierter und an die Mitgliedschaft gebundener Verhaltenserwartungen dürfen nicht mit konkreten Handlungen in eins gesetzt werden (vgl. Luhmann 1964, S. 59 u. Ortmann 2003). Wenn einer Regel zu folgen bedeutet, ein verallgemeinerbares Verfahren der Praxis auf eine besondere Situation anzuwenden, ist sowohl die Situation als auch die Regel unklar: „Ist die Situation S ein Fall, in dem es angemessen ist, die Regel R anzuwenden, und wenn ja, wie?" (Ortmann 2003, S. 34). Diese doppelte Unklarheit von formalen Regeln (in Bezug auf ihre eigene Bedeutung und auf diejenige der Situation ihrer Anwendung) lässt sich selbst allerdings nicht mit einer formalen Regel beheben. Denn wenn man die Anwendung einer Regel innerhalb einer weiteren Regel festlegen wollte, bedürfte man für die Anwendung dieser zweiten Regel wieder einer dritten Regel und so weiter und so fort (vgl. ebd., S. 46).

Regeln sind also nicht nur nicht selbstevident und in Bezug auf ihre Anwendung in einer Situation keineswegs selbstverständlich, sondern sie lassen sich auch nicht durch Meta-Regeln (die die Anwendung von Regeln regeln) definieren. Handeln in Organisationen alleine mit formalen Regeln zu erklären, würde demnach in einen unendlichen Regress führen. Die Differenz zwischen einer (formalen) Regel und ihrer Anwendung kann „nicht in eine Regel gegossen werden ..., weil das auf die paradoxale Forderung hinausliefe, das Allgemeine mit dem Besonderen, das Universelle mit dem Singulären zu identifizieren" (Ortmann 2003, S. 51). Eine strikte Verregelung der Anwendung von Regeln ist also unmöglich. Wie aber wird in Organisationen mit formalen Regeln praktisch umgegangen?

Drei Formen des Umgangs mit formalen Regeln lassen sich idealtypisch unterscheiden: Erstens können formale Regeln unterlaufen werden, indem die Organisationsmitglieder ausschließlich entlang der habitualisierten Praktiken ihrer Milieus handeln. Zweitens werden die formalen Regeln von den Organisationsmitgliedern gemäß den Selbstverständlichkeiten und konjunktiven Wissensbeständen der Milieus, denen sie zugehörig sind, verstanden und in die Praxis umgesetzt. Drittens werden – wenn die konjunktiven Wissensbestände dieser Milieus nicht greifen (können) – die formalen Regeln durch informelle Regeln konkretisiert, die in der probehaften Anwendung der formalen Regeln entstehen und sich bewähren. Diese drei Formen des Umgangs mit formalen Regeln möchte ich im Folgenden erläutern. Dabei ist es wichtig zu beachten, dass alle drei Formen durchaus in ein und derselben Organisation und bezüglich ein und desselben Milieus vorkommen sowie einander ergänzen können.

## Das milieubedingte Unterleben der Organisation

Wie ich weiter oben geschildert habe, kann das Handeln der Organisationsmitglieder durch die praktische Lebensweise jenes Milieus, dem sie zugehörig sind, strukturiert werden. Dies ist gerade dann der Fall, wenn diese Handlungspraktiken durch die formalen Regeln der Organisation nicht definiert, d.h. nicht vorgeschrieben oder verboten werden. Jenseits organisatorischer Reglementierungen können Milieus innerhalb von Organisationen also ein Eigenleben entfalten, das nicht im Widerspruch zu der Organisation stehen muss.

Derartige durch das Milieu strukturierte Handlungspraktiken eines Mitgliedes können aber auch auf die formalen Regeln seiner Organisation gerichtet sein und dazu dienen, „die Erwartungen der Organisation hinsichtlich dessen, was er [das Mitglied; AMN] tun sollte und folglich was er sein sollte, zu umgehen" (Goffman 1973, S. 185). Erving Goffman nennt diese den Regeln zuwider laufenden Praktiken das „Unterleben" einer Organisation (ebd., S. 194). Dieses Unterleben muss nicht individuell, sondern kann durch das Milieu der Organisationsmitglieder bedingt sein.

Ich möchte das *milieubedingte Unterleben einer pädagogischen Organisation* anhand einer empirischen Forschungsarbeit zu den schulbezogenen Orientierungen von Jugendlichen, die zugleich Klientel von Schulsozialarbeit sind, verdeutlichen. Allerdings wird im Folgenden die Schulsozialarbeit, die im Zentrum der Aufmerksamkeit von Claudia Streblow (2005), der Autorin dieser Studie, steht, nicht weiter Erwähnung finden.

Streblow zeigt, dass Jugendliche zwar sehr wohl Schüler/innen sein, ihre Schulzeit aber vornehmlich jenseits der formalen schulischen Regeln gestalten können. So findet sich in einer Gruppendiskussion mit Hauptschüler(inne)n folgende Antwort auf die Frage, was ihnen denn im Leben Freude bereite (zit. n. Streblow 2005, S. 109):

| | |
|---|---|
| Interv.: | Was macht denn noch zur Zeit alles Spaß in euerm Leben ? (2 Sek. Pause) |
| Mehrere: | ((Gelächter)) |
| Tanja: | Ja (4 Sek. Pause), was macht dir so Spaß in letzter Zeit, mhm? |
| Lilo: | Hoho. |
| Tanja: | Und dir? |
| Corinna: | Lehrer zu ärgern. ((leise gesprochen)) |
| Tanja: | O.k. Lehrer ärgern is cool, Frau N rausekeln aus der Klasse is lustig. (2 Sek. Pause) Äh am besten mal Walkman hören, laut reden |
| Lilo: | ((Lachen)) |
| Tanja: | Ähm |
| Andi: | ne Zigarette anmachen, |
| Tanja: | paar Stühle durch die Gegend schmeißen, denn fliegt man schon raus. |
| Corinna: | oder pampige Antworten geben |
| Tanja: | oder wenn, wenn Frau N uns mal anguckt, dann sagen Jeanette und ich immer, ähm, ob fragen wir sie immer, ob sie lesbisch is und denn schmeißt sie uns auch immer raus. |

Die Jugendlichen unterlaufen in den Handlungspraktiken, über die sie hier berichten, nicht nur die formalen Erwartungen der Organisation Schule, sie provozieren überdies diejenigen, die zu ihrer Kontrolle verpflichtet sind – die Lehrer/innen. Wir haben es hier mit einem Unterleben zu tun, dass durch praktische Lebensformen innerhalb eines Milieus, jenem der Jugendlichen, geprägt wird, sich jedoch direkt auf die Organisation bezieht. Dieses milieubedingte Unterleben wird denn auch von der Organisation durch zeitweilige Suspendierung der Mitgliedschaft (durch den ‚Rausschmiss') sanktioniert.
Goffman weist allerdings darauf hin, dass die Organisationen dahin tendieren, dem Unterleben

> „nicht nur mit einer Verschärfung der Disziplin, sondern auch durch eine selektive Legitimierung dieser Praktiken zu begegnen, da sie hoffen, auf diese Weise Kontrolle und Herrschaft wiederzuerlangen, selbst um den Preis, daß einige Pflichten der Mitglieder aufgegeben werden müssen" (1973, S. 192).

Zum Beispiel lässt sich bisweilen im schulischen Unterricht beobachten, dass Schüler/innen untereinander leise Gespräche führen, die mit der Thematik des Unterrichts nichts zu tun haben. Sibylle Frey berichtet hiervon (1997, S. 152):

> „Am ersten Beobachtungstag während schriftlicher Rechenaufgaben, die ein Kind an der Tafel und die übrigen in ihren Heften bearbeiteten, unterhielt sich eine Gruppe von Jungen am Fenstertisch über Kampfsport und ‚Catcher-Bilder'. ... Etwa zur selben Zeit verhandelten die Mädchen am Wandtisch sexuelle Begriffe ... Diese Gespräche fanden keineswegs an Stelle der Aufgabenlösung statt, sondern begleitend zu ihr. Obwohl die Schülerinnen und Schüler beider Tischgruppen in Unterhaltungen über außerunterrichtliche Themen involviert waren, gelang es ihnen, ihre Beiträge in Bezug auf die Anforderungen der Unterrichtskommunikation so zu gestalten, daß deren Ablauf auch noch gewährleistet war."

Dass die Lehrerin in der hier beobachteten Unterrichtssequenz offenbar die ‚Nebengespräche' toleriert, kann also nicht dahingehend interpretiert werden, dass die Organisation der Schule in diesem Unterricht nicht mehr präsent sei. Die Organisation erlaubt vielmehr – vertreten durch die Lehrerin – den Schüler(inne)n in gewissen Grenzen ein Unterleben, das sich durch deren milieuspezifischen praktischen Lebensformen speist. Dadurch erreicht die Organisation zugleich, dass die Schüler/innen ihre Aufgaben erledigen und sich damit bestimmten formalen Regeln unterwerfen. In dieser Hinsicht stabilisiert das milieubedingte Unterleben durchaus die Organisation.
Wie in den obigen Beispielen deutlich wurde, ist es eine wesentliche Voraussetzung für das milieubedingte Unterleben einer Organisation, dass mehrere Personen sowohl Organisationsmitglieder als auch ein und demselben Milieu zugehörig sind. Nur wenn sich Organisationsmitglieder zusammenfinden, die über gleichartige

oder gemeinsame konjunktive Erfahrungen und Orientierungen verfügen, kann das Unterleben durch ein Milieu strukturiert werden. Dabei kann sich in diesem Unterleben eine ähnliche *Mehrdimensionalität* zeigen, wie sie den Milieus innerhalb der Organisationen eigen ist. So führen die Schulkinder im obigen Beispiel des Unterrichts zwar allesamt alterstypische Nebengespräche (gemeinsame Milieudimension des Lebensalters), doch findet sich etwa bei den männlichen Kindern eine Gesprächsthematik, die durchaus als geschlechtsspezifisch bezeichnet werden kann und in der sie sich von den Mädchen unterscheiden (Milieudimension des Geschlechts).

**Milieugeprägter Umgang mit formalen Regeln**

Wenn Personen, die demselben Milieu und dessen praktischer Lebensform verbunden sind, mit den formalen Regeln ihrer Organisation konfrontiert werden, können sie mit diesen Regeln aus der Perspektivität ihres Milieus heraus praktisch umgehen. In diesem Fall werden die formalen Regeln, die ja auf der Ebene kommunikativen Wissens liegen und in expliziter Form vorliegen, vor dem Hintergrund dessen verstanden, was in dem Milieu selbstverständlich ist und als konjunktives Wissen vorliegt. Wir haben es hier nicht mit einer explizierenden, theoretischen Interpretation der Regeln zu tun, sondern mit einem *unmittelbaren intuitiven Verstehen*. Innerhalb dieses Verstehens wird den formalen Regeln ein Sinn gegeben.

Ein gutes Beispiel für den milieuspezifischen Umgang mit formalen Regeln bietet eine Studie von Iris Nentwig-Gesemann (1999) zu Kinderkrippen der DDR. Die staatliche Erziehung wurde zu DDR-Zeiten mittels eines „Programms für die Erziehungsarbeit in Kinderkrippen" z.T. bis ins kleinste Detail festgelegt und auf diese Weise an das Schulbildungssystem angegliedert. So wurde den Erzieherinnen z.B. verbindlich vorgeschrieben, wie ein zwölfmonatiges Kind an den Esstisch zu setzen ist.

Nentwig-Gesemann zeigt nun aber, dass in den Kindertagesstätten selbst durchaus unterschiedliche Umgehensweisen mit den formalen Regeln dieses Programms zu finden sind. Anhand von Gruppendiskussionen mit mehreren Teams von Erzieherinnen, die kurz nach der Wende von 1989/1990 geführt wurden, arbeitet Nentwig-Gesemann heraus, dass das Erziehungsprogramm zwar für alle Erzieherinnen (auch noch nach der Wende) „einen sicheren, sinnstiftenden und handlungsleitenden Orientierungsrahmen" (ebd., S. 188) darstellte, dessen Stellenwert und Umsetzung jedoch ganz unterschiedlich gehandhabt wurde. Neben der hierarchischen Position der Erzieherinnen (z.B. als stellvertretende Leiterin) waren die Größe der Einrichtung und das sozialräumliche Milieu von hoher Bedeutung für die Freiheitsgrade in der Umsetzung des staatlichen Erziehungsprogramms (vgl. ebd., S. 177ff):

Die Erzieherinnen großer Einrichtungen in der Metropole Berlin sahen sich nicht in Differenz zur Gesamtgesellschaft und der sie dominierenden Weltanschauung. Sie waren in besonders hohem Maße der Kontrolle durch ihre Vorgesetzten und den Staat ausgesetzt. Demgegenüber dokumentiert sich in den Gruppendiskussionen mit Teams aus kleinen Einrichtungen auf dem Land, dass für diese Teams das Dorf und seine räumliche Distanz zur Hauptstadt zum Korrektiv des Erziehungsprogramms wurden.

Anhand dieses Beispiels wird sichtbar, dass mit denselben formalen Regeln (hier: des „Programms für die Erziehungsarbeit in Kinderkrippen") in unterschiedlichen (sozialräumlichen) Milieus auf differente Weise umgegangen werden kann. Indem die Organisationsmitglieder auf das „intuitive handlungspraktische Wissen" (Bohnsack 2014, S. 213) ihres jeweiligen Milieus (z.B. auf die engen sozialen Beziehungen im Dorf) zurückgreifen, binden sie die formalen Regeln in die Selbstverständlichkeiten und habituellen Handlungsweisen des Milieus ein. Diese Form des *milieugeprägten Umgangs mit formalen Regeln* setzt selbstverständlich voraus, dass mehrere Organisationsmitglieder einem Milieu zugehörig sind.

**Entstehung informeller Regeln**

Wie aber werden formale Regeln angewendet, wenn die Organisationsmitglieder sie nicht aus der ihnen selbstverständlichen Perspektivität ihres Milieus heraus verstehen und entsprechend handeln können? Wie können formale Regeln angewendet werden, ohne dass diese Anwendung – in Form eines unendlichen Regresses – immer wieder in Metaregeln neu reguliert werden muss?

Wenn sich keine milieuspezifischen praktischen Umgangsweisen mit formalen Regeln etablieren und diese Regeln auch nicht milieugebunden ‚unterlebt' werden, können sich in der – zunächst unsicheren und situativen – Anwendung formaler Regeln *informelle Regeln* bilden. „In Organisationen wird ein doppeltes, ja, dreifaches Spiel gespielt, in welchem die formalen Regeln durch informelle ersetzt/ergänzt, ge-/erfüllt, unterlaufen/unterminiert werden" (Ortmann 2003, S. 104). Informelle Regeln sind – ähnlich der milieuspezifischen Umgangsweisen mit formalen Regeln – auf der Ebene der Praxis angesiedelt. Sie bedürfen daher nicht der Explikation und unterliegen somit nicht jener Gefahr des unendlichen Regresses, die der Idee von Metaregeln eigen ist.

Informelle Regeln, die formale Regeln ergänzen und handhabbar machen, entstehen dort, wo Organisationsmitglieder in der jeweiligen Situation eine formale Regel irgendwie in die Praxis übersetzen müssen. Dies geschieht, weil diese Organisationsmitglieder nicht auf die Selbstverständlichkeiten eines ihnen gemeinsamen Milieus zurückgreifen können. Wenn sich in diesem Übersetzungsprozess eine Praxis der Anwendung der formalen Regel durchsetzt (weil sie sich als erfolgreich und/oder konsensfähig erweist), entsteht eine informelle Regel. Diese informelle Regel konkretisiert nunmehr die formale Regel, ohne dass dies den Organisationsmitgliedern bewusst sein müsste oder von ihnen expliziert würde. Neue Organisationsmitglieder erlernen derartige informelle Regeln durch das Vorbild anderer Mitglieder. Mimetisch, d.h. sich an Vorbildern orientierend, und vorreflexiv lernen die Organisationsmitglieder, Situationen unter dem Gesichtspunkt formaler Regeln zu beurteilen, indem sie sich an anderen, bereits in die Organisation und ihre informellen Regeln einsozialisierten Mitgliedern orientieren. Das Organisationsmitglied erwirbt – wie man in Abwandlung eines Zitats von Gebauer/Wulf (1998, S. 27) formulieren kann – in

> „körperlichen Aufführungen von Gesten ... die Fähigkeit, gleiche Handlungen wie sein Vorbild auszuführen. Mit seinen eigenen Handlungen erzeugt es sich einen ‚Maßstab', mit dessen Hilfe es die Gleichheit von Handlungen beurteilen kann".

Diese Mimesis ist eng verknüpft mit dem habituellen Handeln, wie wir es bereits in Kapitel 6.1 kennen gelernt haben. Dieses habituelle Handeln wird ganz wesentlich erlernt im „Modus der Verinnerlichung bzw. der ‚mimetischen' Aneignung ... von sozialen Szenerien" (Bohnsack 2014, S. 159).

Während wir es bei dem milieugeprägten Umgang mit formalen Regeln mit bereits im jeweiligen sozialen Milieu (auch außerhalb der Organisation) bestehenden habituellen Handlungsweisen zu tun haben, aus denen heraus dann erst den formalen Regeln ihre Sinnhaftigkeit zugewiesen wird, entsteht das hier gemeinte habituelle Handeln neu. Es entsteht im Zusammenhang der informellen Regel, die eine formale Regel konkretisiert.

Ein gutes Beispiel für die Entstehung informeller Regeln, anhand derer formale Regeln praktiziert werden, lässt sich in Schulsystemen beobachten, in denen neue Curricula bzw. ‚Bildungsstandards' eingeführt werden. Diese neuen formalen Regeln müssen auf der Ebene des Unterrichts zunächst handhabbar gemacht bzw. „rekontextualisiert" (Fend 2009, S. 183) werden. Dabei lässt sich zeigen, wie bei Lehrer(inne)n kollektive Praktiken des Umgangs mit diesen staatlichen Vorgaben entstehen. Diese unterscheiden sich u.a. danach, welche Vorerfahrungen die Betroffenen mit früheren „Aktivitäten der Schul- und Unterrichtsentwicklung" gemacht (Zeitler et al. 2012, S. 173) oder welche informellen Regeln sich hinsichtlich vorangegangener Curricula etabliert haben (Nohl/Somel 2014). Einmal eingeführt, sinken Handlungspraktiken, sofern sie oft genug störungsfrei wiederholt worden sind, in das Vorbewusstsein ab. Wir haben es dann mit einem *neuen habituellen Handeln* zu tun, das als informelle Regel(-mäßigkeit) die Anwendung von formalen Regeln strukturiert.

## Organisationsmilieus

Dieses neue habituelle Handeln, dem informelle Regeln bzw. Regelmäßigkeiten, mit denen formale Regeln konkretisiert werden, unterliegen, ist der Stoff, aus dem die *Organisationsmilieus* sind. In der Organisation bilden sich habitualisierte Handlungspraktiken als Anwendungen formaler Regeln, die kollektiv geteilt werden und auf diese Weise einen eigenen konjunktiven Erfahrungsraum, ein eigenes Organisationsmilieu konstituieren.

Da in einer ausdifferenzierten Organisation durchaus unterschiedliche – bisweilen einander widersprechende – informelle Regeln zur Anwendung formaler Regeln existieren (man denke nur an den Unterschied zwischen Fakultätsverwaltung, Studierenden und Professorenschaft in einer universitären Fakultät), ist davon auszugehen, dass nicht nur ein, sondern mehrere Organisationsmilieus zu finden sind.

In den Organisationsmilieus sind all jene impliziten Wissensbestände, informellen Regeln und habituellen Handlungsweisen gelagert, die innerhalb der Organisation neu entstanden sind. Zwar kann man – ebenso wie zu sonstigen Milieus – zu den Organisationsmilieus nur dazu gehören (Zugehörigkeit), nicht aber ihr Mitglied (mit der steuerbaren Optionen des Ein- und Austritts) werden. Doch ist die Voraussetzung für die Zugehörigkeit zu den Organisationsmilieus die Mitgliedschaft in der Organisation. Bei Erlöschen der Mitgliedschaft löst sich auch die Zugehörigkeit auf, da man ab diesem Moment nicht mehr an den habitualisierten Handlungspraktiken der Konkretisierung formaler Regeln teilhaben kann.

> Wenn die Primarschulen eines Landes demselben Curriculum (als formaler Regel) unterworfen sind, dann können hier auf der Basis kollektiv geteilter informeller Regeln, mit denen dieses Curriculum praktiziert wird, Organisationsmilieus entstehen, die nicht an die einzelne Primarschule gebunden sind. So konnte in einer Studie zur Einführung eines neuen Curriculums in der Türkei gezeigt werden, dass die Lehrer/innen, die viele Jahre mit dem vorangegangenen Curriculum gearbeitet hatten, auf der Basis dieser kollektiven informellen Regeln mit dem neuen Curriculum umgehen, obgleich sie an ganz unterschiedlichen Primarschulen beschäftigt waren und sind (vgl. Nohl/Somel 2014).

Dort wo eine Reihe von Einzelorganisationen denselben formalen Regeln unterworfen sind, können allerdings auch Organisationsmilieus entstehen, die nicht an die einzelne Organisation gebunden sind, sondern auf der Praxis in – von den formalen Regeln her – gleichartigen Organisationen beruhen. Sofern dann einzelne Personen von der einen in die andere Organisation, d.h. ihre Mitgliedschaft, wechseln, löst sich ihre Zugehörigkeit zu dem Organisationsmilieu nicht auf, sofern sie in der anderen Organisation auf dieselben informellen Regeln zurückgreifen können.

Die Entstehung eines Organisationsmilieus innerhalb einer einzelnen Grundschule in Hamburg lässt sich am Beispiel einer von Gogolin & Neumann (1997) geleiteten Studie näher beleuchten. Die Fragestellung dieser Studie war, wie in der Schule mit der formalen Regel, dass die offizielle Sprache Deutsch ist, von Seiten der Lehrer/innen, Eltern und Schüler/innen umgegangen wird, zumal letztere zu einem guten Teil einen Migrationshintergrund und eine nichtdeutsche Muttersprache haben. Die Schüler/innen und Lehrer/innen haben – so wird in der Studie deutlich – eigene informelle Regeln entwickelt, mit denen sie die formale Regel „im Schulunterricht wird Deutsch gesprochen" anwenden:

Neben der ‚offiziellen', deutschsprachigen Kommunikation zwischen Lehrerin und Schüler/innen entfaltet sich im Unterricht eine zweite, ‚inoffizielle' „Sprachsphäre" (Frey 1997, S. 153), die durch die mehrsprachige Kommunikation zwischen den Kindern gekennzeichnet ist. In diesen multilingualen Schülerinteraktionen werden nicht nur Probleme und Aufgaben des Unterrichts erörtert, sondern auch die Diskussionen innerhalb der Kindergruppen (vgl. dazu auch Dirim 1998) fortgeführt. Weiter oben hatte ich diese multilingualen Schülerinteraktionen als das von den Lehrer(inne)n tolerierte *milieubedingte Unterleben der Organisation* bezeichnet. Dieses Unterleben geht einher mit der informellen Regel im gemeinsamen Organisationsmilieu der Schüler/innen und Lehrer/innen (die ja zumindest hinsichtlich einiger Erfahrungsdimensionen – Generation, Migration – einem anderen Milieu angehören), genauer: mit der „von allen respektierten Übereinkunft dafür, daß die sprachliche Praxis der Schülerinnen und Schüler die Grenze zwischen ein- und mehrsprachigem Raum kaum übertrat" (Frey 1997, S. 156). Diese „Trennung der ‚Sphären'" (Gogolin 2000, S. 30) kennzeichnet die informelle Regel, mit der in diesem „Unterrichtsmilieu" (Wagner-Willi/Sturm 2012) – als einer spezifischen Ausprägung des Organisationsmilieus – mit der formalen Regel der Unterrichtssprache Deutsch umgegangen wird. Sie sichert zugleich dem Unterleben in Form der multilingualen Schülerinteraktionen die Tolerierung durch die Lehrer/innen.

**Nebeneinander von Organisationsmilieus und Milieus in Organisationen**

In Organisationen finden wir also zwei Formen von Milieus: Erstens Organisationsmilieus, die sich auf der Basis der habitualisierten Anwendung formaler Regeln gebildet haben und auf die Organisation selbst bzw. denselben Regeln unterworfene andere Organisationen begrenzt sind. Zweitens soziale Milieus, denen Organisationsmitglieder auch außerhalb der Organisation zugehörig sind. Gemeinsam ist diesen beiden Formen von Milieus, dass die durch sie strukturierten Handlungspraktiken (seien dies milieuspezifische Umgangsweisen mit formalen Regeln oder eben informelle Regeln) nicht außerhalb, sondern innerhalb der Organisation stehen.

Die milieuspezifischen Umgangsweisen mit formalen Regeln und die informellen Regeln sind sozusagen das Schmieröl im Getriebe der Organisation; sie sichern die Anwendung der Regeln, die eben nicht vollständig auf die Situationen des

Handelns passen. So unproblematisch dies klingt, wenn man lediglich ein Organisationsmilieu betrachtet, so kompliziert stellt sich die Situation dar, wenn man der unterschiedlichen Organisationsmilieus wie auch der verschiedenen sozialen Milieus, die in Organisationen vertreten sein können, gewahr wird. Hier können also mehrere Organisationsmilieus, in denen formale Regeln durchaus divergent innerhalb informeller Regeln angewendet werden, neben solchen sozialen Milieus stehen, aus denen heraus bestimmte Organisationsmitglieder dieselben formalen Regeln ausschließlich im Rahmen ihrer milieuspezifischen Perspektivität verstehen und praktizieren (Abbildung 13):

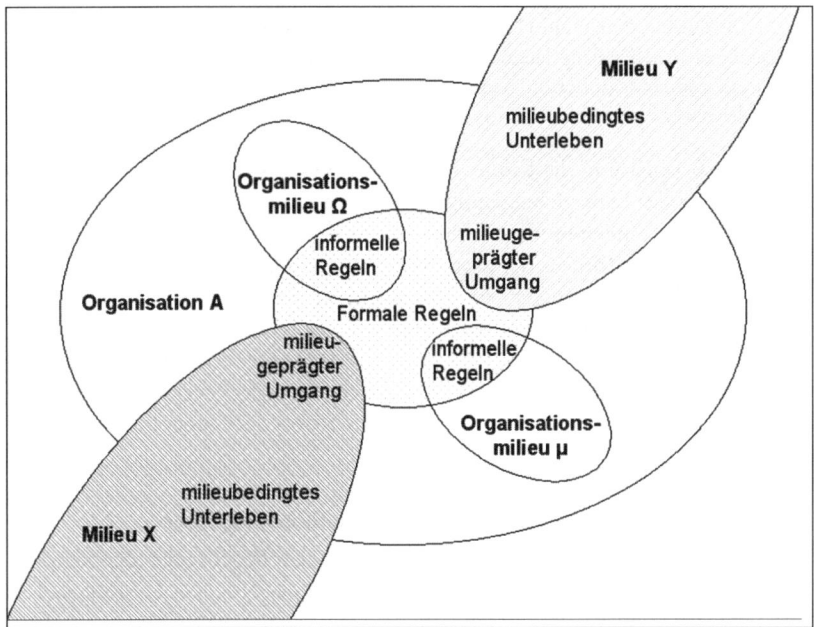

**Abbildung 13:** Organisationsmilieus und Milieus in Organisationen

Als ein empirisches Beispiel für das Nebeneinander von Organisationsmilieu und sozialem Milieu in einer Organisation möchte ich auf die empirische Untersuchung von Monika Wagner-Willi (2005) verweisen. Die Forscherin untersucht, wie Grundschüler/innen den Übergang von der Pause zum Unterricht bewältigen. In der Pause können die Kinder das Milieu, das durch ihre peer group repräsentiert wird, weitgehend entfalten, während im Unterricht vor allem die formalen Regeln der Organisation Schule in der Art und Weise, wie sie vom Organisationsmilieu der Lehrer/innen angewendet werden, Geltung gewinnen. Allerdings sind das Milieu der Kinder und das Organisationsmilieu der den Unterricht zu dominieren versuchenden Lehrer nicht vollständig voneinander abgegrenzt, wie im folgenden, ins Schriftliche übertragenen Ausschnitt aus einer videogestützten Beobachtung deutlich wird:

> „Die meisten Kinder sitzen auf ihren Plätzen. Die Tische sind weitgehend leer, hier und da findet sich ein Mäppchen, ein Buch oder ähnliches. Madeleine steht bei Herrn Maier, der sich im Bereich seines Pultes aufhält, und spricht kurz mit ihm, sie lächelt. Währenddessen geht Ömer zur Tür. Madeleine wendet sich vom Lehrer ab. Sema und David gehen zu ihren Sitzplätzen. Sema geht in die Knie, legt einen Gegenstand in das Fach unter dem Tisch und zieht einen blauen Becher aus ihrer Tasche hervor, den sie auf den oberen Bereich des Tisches stellt. Der Lehrer bimmelt mit einer kleinen Glocke. Madeleine, Sema und David setzen sich. Ömer, beim Ertönen der Glocke an der (geschlossenen) Türe angelangt, verweilt dort einen Moment. Dann wendet er sich wieder um und kehrt zu seinem Sitzplatz zurück. Herr Maier setzt sich. Die Mehrzahl der Kinder blickt nach vorne, Richtung Pult" (zit. n. Wagner-Willi 2005, S. 89).

In diesem Beispiel sind die Kinder bereits zu Beginn des Beobachtungszeitraums in Erwartung des Unterrichts. Lediglich Ömer hat noch nicht seine Position für den Unterricht eingenommen, sondern handelt (noch) entlang der Selbstverständlichkeiten des Milieus der peer group. Mit der Glocke werden dann die formalen Regeln des Unterrichts – hier vor allem: die Sitzordnung – auf eine für das Organisationsmilieu, dem der Lehrer zugehörig ist, typische Weise in Erinnerung gerufen. Das ‚Bimmeln' mit der Glocke ist selbst schon eine habituelle Handlung und beruht auf informellen Regeln, mit der die formale Regel der Sitzordnung konkretisiert wird. Der Unterricht beginnt nun, wobei die Kinder ihre Blicke dem Lehrer zuwenden.

**Entscheidungen und die Milieus der Organisationsmitglieder**

Auch in Situationen, für die entweder keine formalen Regeln oder aber keine informellen Regeln ihrer Anwendung bzw. keine milieugeprägten Umgangsweisen vorhanden sind, d.h. in Situationen, die aus der eingeschliffenen Perspektive der Organisationsmilieus und Milieus in Organisationen herausfallen, muss gehandelt werden. Dies ist der Moment der *Entscheidung*.

Eine Entscheidung ist unter zwei Bedingungen fällig:
- Wenn Situationen nicht innerhalb habitualisierter Handlungspraktiken (informeller Regeln oder milieugeprägter Umgangsweisen) zu bewältigen sind;
- „Wenn es angesichts alternativer Möglichkeiten zu handeln gilt, ohne daß ‚entscheidende' Gründe für die eine Möglichkeit gegen die andere oder umgekehrt vorhanden sind oder zu beschaffen wären" (Lübbe, zit. n. Ortmann 2003, S. 139). Alles andere wäre eine Rechenoperation, in der die Schlussfolgerung bereits durch die Prämissen determiniert ist.

Wenn sich ein Organisationsmitglied auf keine formalen Regeln bzw. zumindest keine informellen Regeln oder milieugeprägte Umgangsweisen stützen kann, um eine Situation zu bewältigen, aber auch die Grundlagen für ein rationales Abwägen von Handlungsalternativen fehlen, lässt sich sein Handeln weder als gewohnheitsmäßiges noch als reflektiertes Handeln begreifen. Hier tritt nun der Moment der *Spontaneität* ins Handeln ein. Der „Sprung über die Kluft der Kontingenz" (Ortmann 2003, S. 215) benötigt einen Impuls bzw. eine Impulsion, der ihm Schwung verleiht. Impulse und Impulsionen füllen die Lücke, die die (fehlenden) informellen und formalen Regeln hinterlassen. Das Spontane im Handeln macht dieses allerdings zu einer „Reise ins Unbekannte" (Dewey 1987, S. 277). Die Impulsionen bringen „eine experience in Gang ..., die nicht weiß, wohin sie geht" (ebd., S. 66).

Impulse und Impulsionen sind keine creatio ex nihilo, keine Schöpfung aus dem Nichts. Sie schöpfen aus dem im Bewusstsein nicht erfassbaren „qualitativen Hintergrund" (Dewey 1986a) vorgängiger Lebenserfahrung der Akteure. Dieser Hintergrund, aus dem die Impulse und Impulsionen sind, konstituiert sich in den Herkunftsmilieus der Organisationsmitglieder (vgl. Nohl 2006, S. 195ff). Mit der Spontaneität des Handelns im Zuge der Entscheidung finden also unter anderem die jeweiligen (mehrdimensionalen) Milieus der Organisationsmitglieder abermals Einlass in die Organisation.

> Neben Entscheidungen gibt es weitere Mechanismen, die für Innovationen in Organisationen verantwortlich sind. Unter anderem passen sich (Bildungs-) Organisationen in ihren formalen Regeln den gesellschaftlich institutionalisierten Erwartungen ihrer Umwelt an, um sich Legitimität und Ressourcen zu sichern. Die Praktiken der Organisation können gleichwohl fortbestehen, da sie an die formalen Regeln u.U. nur „lose gekoppelt" (Meyer/Rowan 2009, S. 29) sind und in viel stärkerem Maße durch dauerhafte Organisationsmilieus geprägt werden (vgl. Nohl/Somel 2014).

Es ist zu bedenken, dass die Entscheidung des einen Organisationsmitgliedes häufig von den nicht antizipierbaren Entscheidungen anderer Organisationsmitglieder abhängt (vgl. Ortmann 2003, S. 143). Das Neue, das mit der Entscheidung entsteht, ist also nicht unbedingt auf ein Organisationsmitglied (einen Vorgesetzten etwa) als Urheber zu reduzieren. Es kommt insofern zu einer *spontanen Ordnungsbildung*, indem die Akteure durch ihr Handeln eine Ordnung hervorbringen, die sie jeweils als Individuen nicht beabsichtigt haben müssen. Entscheidungen können somit eine neue Ordnung etablieren. In diesem Fall wird die neue Ordnung erst dann reflektiert, wenn sie bereits entstanden ist, also im Nachhinein.

Alle über Entscheidungen eingeführten neuen Praktiken, die in einer Organisation entstehen, sind zunächst singulär; sie können aber, wenn sie reproduziert werden und sich bewähren, zu verallgemeinerbaren Verfahren der Ausführung/

Reproduktion sozialer Praktiken werden. Hier entstehen neue informelle Regeln oder, sobald diese verallgemeinerbaren Verfahren der Handlungspraxis dann mit der Mitgliedschaft verknüpft und auf diese Weise formalisiert werden, neue formale Regeln. Neues kann also, wenn es sich durchsetzt, die Organisation verändern. In dieser Hinsicht schöpft die Dynamik der Organisation aus den Entscheidungen.

Die bis hierhin erarbeiteten organisationstheoretischen Begriffe lassen sich in folgender Tabelle darstellen:

**Tabelle 6:** Organisations-, Kultur-, Wissens-, Handlungs- und Individuumsbegriffe

| Organisation | Kultur | Wissen | Handeln | Individuum |
|---|---|---|---|---|
| Informelle Regeln des Organisationsmilieus und milieugeprägte praktische Umgangsweise mit formalen Regeln | Mehrdimensionales Milieu | Konjunktive Erfahrung und konjunktives Wissen | Habituelles Handeln | Persönlicher Habitus |
| Formale Regeln und Mitgliedschaft | Kulturelle Repräsentation | Kommunikatives Wissen | Reflektiertes Handeln | Persönliche Identität |
| | | | | Soziale Identität |
| | Vorgestellte Gemeinschaft | | | |
| Entscheidungen | | | Spontanes Handeln | |

**Das Kulturelle der Organisation**

In mannigfaltiger Weise sind Organisationen auf Milieus bezogen und insofern kulturell geprägt. Fünf Formen des Kulturellen der Organisation habe ich aufgezeigt:

1. Jenseits der Handlungsbereiche, die durch formale Regeln definiert sind, können Organisationsmitglieder innerhalb der Organisation entsprechend der Selbstverständlichkeiten und praktischen Lebensform jener sozialen Milieus, denen sie zugehörig sind, habituell handeln.
2. Den formalen Regeln zuwiderlaufend können die Organisationsmitglieder auf der Basis ihrer milieuspezifischen Selbstverständlichkeiten handeln, indem sie die Organisation milieubedingt unterleben.
3. Aus der Perspektivität ihrer sozialen Milieus heraus können Organisationsmitglieder die formalen Regeln ihrer Organisation unmittelbar und intuitiv verstehen und praktizieren.

4. In der wiederholten Anwendung formaler Regeln entstehen neue informelle Regeln und habitualisierte Handlungsweisen, die das Fundament neuer Organisationsmilieus sind.
5. In neuen Situationen wird auf dem Wege der Entscheidung das impulsförmige Hintergrundwissen der sozialen Milieus der Organisationsmitglieder in die Organisation eingeführt.

Trotz dieser Vielfalt kultureller Facetten von Organisationen darf der zentrale Unterschied zwischen Milieus und Organisationen nicht aus den Augen geraten: Während man einem Milieu zugehörig ist, ohne dass dies einem selbst und/oder anderen bewusst sein muss und durch sie so ohne Weiteres veränderbar ist, sind die Grenzen von Organisationen klar definiert und können durch den intentional steuerbaren Erwerb wie auch die Suspendierung der Mitgliedschaft überschritten werden.

**Interkulturelle Sozialisations-, Lern- und Bildungsprozesse in Organisationen**

Angesichts der vielfältigen Bezüge, die Organisationen zu Milieus (und damit zu Kulturen) innerhalb ihres eigenen organisatorischen Gefüges haben, lässt sich sagen: Interkulturelle Sozialisations-, Lern- und Bildungsprozesse können nicht nur von (pädagogischen) Organisationen vorgesehen, initiiert oder begleitet werden, sie können auch innerhalb der Organisationen sozialisatorisch bedeutsame, lernfördernde und bildsame Orte und Gelegenheiten finden.

**Interkulturelle Sozialisation:** Die Schule (wie auch andere pädagogische Organisationen) bietet die Möglichkeit und Notwendigkeit, dass Kinder und Jugendliche (später auch Erwachsene) in die mehr oder weniger große Heterogenität unterschiedlicher Organisationsmilieus und Milieus in Organisationen hineinwachsen. Dabei erfahren sie, wann in Organisationen welche formalen Regeln gelten, und vor allem erkennen sie, wann nicht jene Regeln, sondern milieuspezifische habituelle Praktiken Vorrang haben. Sie erfahren zugleich, dass in unterschiedlichen Milieus bzw. Organisationsmilieus mit denselben formalen Regeln auf unterschiedliche Weise umgegangen wird. Auf diese Weise werden sie in organisationsinterne Formen milieubedingter Heterogenität hineinsozialisiert.

**Interkulturelles Lernen:** Angesichts der Organisationsmilieus und Milieus in Organisationen, die je nach ihren eigenen Maßstäben die Praxis in Organisationen gestalten, lernen Menschen einerseits etwas über diese Praktiken (des Umgangs mit formalen Regeln), z.B. darüber, wie Lehrer/innen mit Nebengesprächen im Unterricht umgehen (Wissenserwerb). Sie lernen zudem, wie man mit diesen unterschiedlichen Praktiken, in denen ein und dieselbe formale Regel konkretisiert wird, umgeht (Kompetenzerwerb).

**Interkulturelle Bildung:** Die Differenz bzw. sogar Divergenz der unterschiedlichen Organisationsmilieus und Milieus in Organisationen kann auch Anlass für Organisationsmitglieder sein, eigene Orientierungen, d.h. eigene Praktiken der Konkretisierung von formalen Regeln zu finden. Es handelt sich hier allerdings nicht – wie in Kapitel 6.2 vorgeschlagen – um *Lebens*orientierungen, sondern eher um organisationsinterne Handlungsorientierungen. Diese können, wenn sie denn kollektiv geteilt werden, bis hin zur Entstehung neuer informeller Regeln und Organisationsmilieus führen.

## 6.4 Diskriminierung, Macht und Partizipation

Pädagogische Organisationen sind nicht nur ein geeigneter Ort für interkulturelle Prozesse des Lernens, der Bildung und der Sozialisation, sie sind auch Orte, an denen es zu Diskriminierungen von Menschen aufgrund ihrer (zugeschriebenen) Zugehörigkeit zu einer soziologischen Gruppe kommen kann. Eine Pädagogik, die sich mit der vielfältigen Heterogenität in den Milieus der Gesellschaft befasst, muss sich neben den Potentialen für interkulturelles Lernen, interkulturelle Bildung und Sozialisation auch mit der Frage beschäftigen, wo es zu solcher Diskriminierung kommen kann und wie derartige Diskriminierungsvorgänge zu erklären sind. Dabei sollte sie einen offenen Blick sowohl für interaktiv hergestellte als auch für organisatorisch gerahmte Diskriminierung haben.

### Zum Begriff der Diskriminierung

Wie aber ist Diskriminierung selbst zu definieren? Ist Diskriminierung eine Handlung, die vorab durch eine diskriminierende Absicht motiviert wird? Denkt man beispielsweise zunächst, dass ‚türkische' Kinder zu wenig elterliche Unterstützung bekommen, und diskriminiert man sie dann erst, indem man ihnen die Gymnasialempfehlung verweigert? Wie im Kapitel 4 gezeigt, bezweifeln Gomolla/Radtke (2002) die dieser Frage unterliegende Annahme, dass diskriminierende Absichten notwendiger Weise den diskriminierenden Handlungen *vorausgingen* und diese motivierten. Unter Verweis auf die Untersuchung von Joe R. Feagin und Clairece Booher Feagin (1986) argumentieren sie, dass nicht jede Diskriminierung mit Vorurteilen und bösen Absichten zu erklären sei.

Man muss dann aber nicht so weit gehen und – wie Gomolla und Radtke (2002) dies tun – die diskriminierende Semantik lediglich als nachgängige Legitimation sehen. Sie gehen davon aus, dass die Semantik, mit der man Diskriminierung legitimiere, erst auf die diskriminierende Praxis folge. Ist Diskriminierung also eine Handlung, die erst nachträglich durch eine diskriminierende Zuschreibung legitimiert wird? Verweigert man also bestimmten Kindern zunächst die

Gymnasialempfehlung (etwa weil es ohnehin wenig freie Plätze im Gymnasium gibt), und legitimiert dies dann mit der ethnischen Zugehörigkeit der Kinder? Auch wenn Gomolla und Radtke (2002) empirisch plausibel machen können, dass es Diskriminierungsprozesse gibt, die erst nachträglich mit der ethnischen Zugehörigkeit der Diskriminierten legitimiert werden, ist doch davon auszugehen, dass diese Definition nicht alle Diskriminierungsprozesse in den Blick bekommt. Insbesondere jene Diskriminierungsprozesse, die weder durch ein Vorurteil motiviert noch durch eine Ethnisierung nachträglich legitimiert wurden, würden durch das Raster der bislang genannten Definitionen fallen.

Ich möchte daher einen etwas offeneren Begriff der Diskriminierung vorschlagen und lehne mich dabei an die Arbeitsdefinition von Feagin/Booher Feagin an (siehe auch Kapitel 4.1):

„Diskriminierung ... bezieht sich auf Handlungen oder Praktiken, die durch dominante Gruppen oder ihre Repräsentanten ausgeführt wurden und einen differenzierenden sowie negativen Einfluss auf die Mitglieder der dominierten Gruppen haben" (1986, S. 20f).

Um der Tautologie zu entgehen, die die Unterscheidung von dominanten (unterwerfenden) und dominierten (unterworfenen) Gruppen im Diskriminierungsgeschehen mit sich bringt (Dominanz wird ja gerade auch durch Diskriminierung hergestellt), möchte ich diese Definition noch ein wenig vereinfachen, zugleich aber auch präzisieren.

Demnach kann Diskriminierung als die *regelmäßige Schlechterstellung von Angehörigen einer spezifischen soziologischen Gruppe in Relation zu anderen soziologischen Gruppen* verstanden werden. Wichtig ist hierbei, dass Angehörige einer spezifischen soziologischen Gruppe auch dann regelmäßig schlechter gestellt werden können, wenn diese soziologische Gruppe als solche nicht in der Gesellschaft benannt und bekannt ist. Im Begriff der „Gruppe" oder der „dominierten Gruppe", wie ihn Feagin/Booher Feagin (1986) gebrauchen, bleibt dies noch unklar. Mit dem Begriff der „soziologischen Gruppe" möchte ich zugleich auf den Konstruktcharakter dieser Gruppe aufmerksam machen. Ob eine solche Gruppe im Alltagsleben existiert oder nicht, oder ob eine solche Gruppe im gesellschaftlichen Alltag nur konstruiert und vorgestellt wird, oder ob sie vielleicht überhaupt nicht benannt und bekannt ist, bleibt in meiner Definition irrelevant. Dies hat den Vorteil, dass auch solche Diskriminierungen identifiziert werden können, die Menschen unter Umständen jenseits der im gesellschaftlichen Prozess schon pronuncierten Gruppenzugehörigkeiten erleiden.

Die Sozial- und Erziehungswissenschaften können diese regelmäßige Schlechterstellung von bestimmten Personen allerdings nur dann feststellen, wenn sie selbst sich eine – soziologische – Kategorie von ihrer Gruppenzugehörigkeit machen. Wer nicht „Türken" von „Deutschen", oder „Arbeiter-" von „Mittelschichtkindern" unterscheidet, kann auch nicht feststellen, ob „Türken" bzw. „Arbeiterkinder" in der Schule regelmäßig schlechter gestellt werden. In der Genderdebatte ist dies immer wieder problematisiert worden: Wenn man über die Diskriminierung von Frauen sprechen will, muss man eben auch von „Frauen" und „Männern" sprechen und läuft so Gefahr, derartigen Geschlechtszuschreibungen noch mehr Gewicht zu verleihen als sie gesellschaftlich ohnehin schon haben (vgl. Gildemeister/Wetterer 1992). Ähnlich geht es Gomolla/Radtke (2002), die zur Aufdeckung der organisatorischen Diskriminierung von Migrantenkindern auf die Staatsbürgerschaft der Kinder zurückgreifen müssen, um deren Benachteiligung in den Statistiken nachzuweisen. Auch die Aufklärung von Diskriminierung muss sich also eines soziologischen Konzeptes der jeweiligen Gruppe bedienen, die diskriminiert wird. Selbstverständlich sollten die Sozial- und Erziehungswissenschaften den Konstruktcharakter dieser Bezeichnungen aber stets im Auge behalten und ihn reflektieren.

**Zwischen erfahrungsbasierter und totaler Identifizierung**

Diskriminierung kann also der oben entwickelten Definition zufolge auch dort vorkommen, wo die Zugehörigkeit der Diskriminierten zu einer soziologischen Gruppe in der Gesellschaft unbekannt bleibt – ich werde später in diesem Kapitel zeigen, dass gerade innerhalb von Organisationen solche Diskriminierungsprozesse zu beobachten sind. Allerdings kann die Schlechterstellung einer soziologischen Gruppe auch in einem mehr oder weniger engen Zusammenhang mit deren Unterscheidung und Identifizierung stehen, worauf ich zunächst eingehen werde. Dass Menschen im gesellschaftlichen Alltag voneinander unterschieden und identifiziert werden, ist nicht per se ein Anlass für Diskriminierungen. So identifiziert man eine Person z.B. anhand ihrer individuellen Erfahrungen und Orientierungen, d.h. anhand ihres *persönlichen Habitus*. Ohne dass wir Menschen nach ihrem persönlichen Habitus unterscheiden würden, wären wir im Alltag hilflos. Man kann Menschen im gesellschaftlichen Alltag auch in Bezug auf ihre kollektiven Erfahrungen unterscheiden, d.h. auf ihre *Milieuzugehörigkeit* hin. Derlei auf kollektive Erfahrungen bezogene Identifizierungen finden sich dort, wo man Menschengruppen anhand ihrer *mehrdimensionalen*, d.h. u.a. geschlechts-, generations- und bildungsspezifischen Erfahrungen als eine eigene soziale Einheit behandelt.

> Die Identifizierung von Menschen anhand ihres persönlichen Habitus vollzieht sich z.B. immer dort, wo wir zwischen einzelnen Menschen, die wir mehr oder weniger gut kennen, unterscheiden, und den einen sympathisch, den anderen unsympathisch finden. Liebe ist in diesem Sinne erfahrungsbasierte Identifizierung, denn sie beruht darauf, dass wir einen einzigen Menschen von allen anderen unterscheiden und als Partner/in vorziehen.

Da es sehr schwierig ist, sich in umfassender Weise auf die Mehrdimensionalität von Erfahrungen zu beziehen, wird sich diese Form der erfahrungsbasierten Identifizierung von Menschen empirisch kaum in Reinform finden lassen. Es ist im Alltag kaum möglich, die unterschiedlichen kollektiven Zugehörigkeiten eines Menschen (Geschlecht, Generation, Schicht etc.) und die mit ihnen verknüpften Erfahrungen zu berücksichtigen. Es deutet sich hier an, dass in dem Moment, zu dem man Menschen einer bestimmten Gruppe zurechnet, man kaum noch deren jeweiligen Erfahrungen und Orientierungen vollständig gerecht werden kann. Zum Beispiel bleiben, selbst wenn man jemanden als „bayrische Bäuerin" identifiziert (und auf diese Weise sowohl die regionale als auch die geschlechts- und schichtspezifische Zugehörigkeit berücksichtigt) hat, immer noch Zugehörigkeiten wie etwa die religiöse und die generationsspezifische außerhalb dieser Identifizierung.

Von der erfahrungsbasierten Identifizierung ist daher jene Identifizierung zu unterscheiden, bei der das Handeln von Menschen durch eine eindimensional konstruierte oder durch eine nur vorgestellte Gruppenzugehörigkeit erklärt wird. Dies nenne ich in Anlehnung an Harold Garfinkel (1972) *„totale Identifizierung"* (vgl. auch Bohnsack 1983). Ein Mensch oder eine soziologische Gruppe von Menschen wird total identifiziert, wenn sie und ihr Handeln nicht nur beobachtet, sondern zusätzlich die Ursachen und Motive des Handelns (vermeintlich) klar identifiziert werden (vgl. Garfinkel 1972, S. 202), ohne dass es hier einen ausreichenden Bezug zur Erfahrung dieser Person bzw. Gruppe gäbe.

> Beliebt sind solche Konstruktionen totaler Identität, die mit dem sozialen Geschlecht zusammenhängen, z.B. der Spruch: „Frau am Steuer ist nicht geheuer."

Wenn das Handeln einer Person z.B. ausschließlich auf ihre geschlechtsspezifische Erfahrungsdimension zurückgeführt wird („typisch Mann"), oder wenn es gar ausschließlich als Folge der Zugehörigkeit zu einer vorgestellten Gemeinschaft (etwa der „italienischen Nation") gesehen wird, kommt es zu einer totalen Identifizierung. Dann werden der Mensch und sein Handeln „als Beispiele einer Gleichförmigkeit definiert" (ebd., S. 205). Demgegenüber ist dann der „einzigartige, sich niemals wiederholende Charakter des Ereignisses oder der Person ... verloren gegangen" (ebd.). So wird eine „totale Identität" (ebd.) hergestellt (vgl. dazu auch Bohnsack/Nohl 2001).

Diese totalen Identifizierungen müssen nicht explizit sein, man muss z.B. nicht in betonter Form von „Türken" und „Deutschen" sprechen. Diese Unterscheidungen können auch in das habitualisierte Handeln von Menschen eingebunden sein. Wenn wir jemanden als „Frau" oder „Deutschen" identifizieren, kann dies ein in unseren Körper eingeschriebener, sozusagen unwillkürlicher Akt sein, der selbstverständlich – nachträglich – auch verbalisiert werden kann.

Im Folgenden möchte ich die totale Identifizierung eingehender untersuchen. Zunächst gehe ich auf jene Form ein, in der ein Mensch unter Bezug auf nur eine Dimension des Milieus, der er zugehörig ist, total identifiziert wird. Anhand dieses Beispiels lässt sich zudem zeigen, dass die totale Identifizierung nicht notwendig mit einem Diskriminierungshandeln einhergehen muss. Demgegenüber findet sich in dem Beispiel, das ich für jene Form heranziehe, in der ein Mensch aufgrund der Zugehörigkeit zu einer vorgestellten Gemeinschaft total identifiziert wird, eine Diskriminierungshandlung. Letztlich ist jedoch bei beiden Formen totaler Identifizierung Diskriminierung möglich.

**Totale Identifizierung als Reduktion auf eine Erfahrungsdimension**

Geht man davon aus, dass in zeitgenössischen Gesellschaften alle Menschen in mehr oder weniger mehrdimensionalen Milieus leben, d.h. dass sie u.a. generations-, geschlechts-, bildungs-, alters- und regionalspezifische konjunktive Erfahrungen machen, so ist es im gesellschaftlichen Verkehr zwischen den Milieus eine zentrale Frage, ob, wie und inwieweit man das Milieu des Interaktionspartners in seinen unterschiedlichen Dimensionen berücksichtigt.

Wie man nur eine Erfahrungsdimension des Interaktionspartners berücksichtigt und sich zugleich nicht bewusst ist, dass man die anderen Milieudimensionen nicht beachtet hat, wie sich also totale Identifizierung als Bezug auf nur eine Erfahrungsdimension gestaltet, möchte ich anhand eines empirischen Beispiels deutlich machen. In diesem Fall kommt es gleichwohl nicht zu einer Diskriminierung; interessanterweise erfährt Cevdet, ein Jugendlicher türkischer Herkunft, selbst Diskriminierung seitens der Person, die er total identifiziert. Cevdet analysiert das ihm rassistisch erscheinende Verhalten einer Berufsschullehrerin. Doch geht es mir hier nicht darum, ob und inwiefern das Verhalten der Berufsschullehrerin rassistisch ist. Vielmehr zeigt sich, dass Cevdet selbst die Lehrerin auf eine ihrer Erfahrungsdimensionen reduziert und damit total identifiziert:

Cevdet: Ich weiß nicht warum, aber irgendwie weiß nich also (1 Sek. Pause) ich kam mit ihr [der Berufsschullehrerin; AMN] nich klar und sie kam mit mir nich klar. (2 Sek. Pause) Sie hat immer gleich meine Firma benachrichticht wenn ich zu spät kam, oder wenn ihr irgendwas nich gepasst hat. Und meine Firma dann immer zu mir, ja weshalb warum dann meint ich so das liegt doch nich an mir es gibt zwei es gi- sind immer zwei Leute die dran schuld sind. Sie können doch nicht die ganze Schuld bei mir suchen. Nja hab ich zu ihm gesagt so ganz klipp und klar so ja wahrscheinlich bin ich ein Ausländer und drüben im Prinzip haben die ganz andere Einstellung. Weil die mit Ausländern nichts viel zu tun hatten. Zu Ostzeiten warn da die Fidschis gewesen, und dann zu zu der Wende die dann gegangen sind sind im Prinzip die ganzen Ausländer die ganzen Türken Araber (1 Sek. Pause) und der Konflikt dann im Prinzip die mussten ja teilweise im Prinzip ja so wie ich dir mal erzählt habe, die wurden in den Osten geschickt

# Diskriminierung, Macht und Partizipation | 205

mit dem Vorgrund so kennenlernen. Ja und wenn ich jetzt zum Beispiel selber en Deutscher bin und dann auf einmal geht die Mauer offen und ich wird innen Westen geschickt und bin in einer Berufsschule wo nur Ausländer zum großen Teil sind (1 Sek. Pause) na dann hab ich und ich kannte nie en Ausländer oder so dann sind ihre dummen Einstellungen.

Im Blickpunkt des Jugendlichen steht hier die Entstehung von diskriminierenden, „dummen Einstellungen". Cevdet arbeitet detailliert heraus, wie diese „Einstellungen" innerhalb der DDR-Sozialisation hätten entstehen können. Damit findet eine Dimension in den Erfahrungen der Berufsschullehrerin Berücksichtigung, wobei allerdings deutlich wird, dass der Jugendliche mit diesen Erfahrungen nicht sehr intensiv vertraut ist. Mit dieser *einen* Milieu- und Erfahrungsdimension wird dann aber das *gesamte* in Rede stehende Verhalten der Berufsschullehrerin (d.h. ihr Handeln gegenüber Cevdet) erklärt. Weitere mögliche Milieu- und Erfahrungsdimensionen wie die der Generation der Lehrerin oder ihre Geschlechtszugehörigkeit werden dabei nicht berücksichtigt.

In dieser totalen Identifizierung wird das gesamte Handeln einer Person (das ja durch mehrere Milieu- und Erfahrungsdimensionen strukturiert sein kann) ursächlich auf eine spezifische Milieudimension (hier: die DDR-Sozialisation) zurückgeführt. Wie im Beispiel deutlich wird, muss diese totale Identifizierung nicht notwendiger Weise der Ausgangspunkt von Diskriminierung sein. Sehr wohl *kann* an diesem Punkt aber Diskriminierung beginnen, etwa dort, wo Menschen nur vor dem Hintergrund ihrer Erfahrungen als Migranten oder als Frauen oder als Kinder gesehen werden.

**Totale Identifizierung als Reduktion auf eine vorgestellte Gemeinschaft**
Während im obigen Fall noch ein – wenngleich eindimensionaler – Bezug zur Erfahrung der klassifizierten Person vorhanden ist, fehlt in der nächsten Form, derjenigen der totalen Identifizierung als Reduktion auf eine vorgestellte Gemeinschaft, dieser Erfahrungsbezug vollständig. Im folgenden Beispiel geht diese Klassifizierung einer Person mit einer Diskriminierungshandlung einher. Ein Jugendlicher namens Duran berichtet hier von einer „Anzeige", die er auf einer Polizeistation erstatten wollte:

Duran: und=ich kam da an, und wollte halt äh:: halt nur Frage stellen wo ne Anzeige ob=ich ne Anzeige erstatten darf oder so, aber=ich wurde einfach überhört ich wurde einfach überhört ((Lachen)) und mir wurde einfach äh: die ham nach n' ähm Pass verlangt von mir, da meint=ich ich na ich hab kein deutschen Pass ich bin ein türkischer Mitbürger ich hab n' türkischen Pass und die meinten ja: ... da zeig mal ... uns ... dein Pass, weil da ham se mir erzählt dass sie das Recht haben jeden Ausländer hier irgendwie zu kontrollieren, [...] Und die Anzeige, wurde nich erstattet also ich konnte keine Anzeige machen. Weil die Erlaubnis nich kam. Und soweit ich weiß ist die Polizeirevier is ja is ja Polizisten dazu da egal welche Religion egal welche Nationalität dass man dahin gehen dass man ne Anzeige machen kann ... nach sein Recht fordern kann. Bloß das konnt=ich leider nich und da hab=ich bemerkt ich bin Türke ((Lachen)) ich bin Ausländer.

Duran antizipiert die Perspektive seines Gegenübers (wohl eines Polizisten), indem er sich als „türkischer Mitbürger" die Zugehörigkeit zu einer nur vorgestellten Gemeinschaft zuschreibt; daraufhin wird er durch die Polizei diskriminiert, die seine Identität nun nicht mehr wegen der Anzeige, sondern wegen seines Ausländerstatus überprüfen möchte. Demgegenüber klagt Duran – im Nachhinein – die Allgemeingültigkeit einer Ordnung und Moral ein, die über jeglicher religiöser oder ethnischer Zugehörigkeit stehe. „Egal welche Religion egal welche Nationalität", so sagt er, die Polizei hätte seine Anzeige entgegen nehmen müssen. Wenn Duran dann abschließend sagt, „da hab ich bemerkt ich bin Türke", so handelt es sich hier nicht (nur) um eine Selbstzuschreibung, sondern um die Explikation der totalen Identifizierung im Sinne einer Reduktion auf die Zugehörigkeit zu einer nur vorgestellten Gemeinschaft.

**Zusammenhänge zwischen totaler Identifizierung und Diskriminierung**
Wie schon in den beiden Beispielen, mit denen ich die unterschiedlichen Formen problematischer Klassifizierung erläutert habe, deutlich wurde, können totale Identifizierung und Diskriminierung miteinander verknüpft sein, müssen es aber nicht. In der folgenden Tabelle sind vier mögliche Zusammenhänge zwischen totaler Identifizierung und Diskriminierung aufgelistet, die es zu erläutern gilt:

**Tabelle 7:** Vier Zusammenhänge zwischen totaler Identifizierung und Diskriminierung

|  | Totale Identifizierung auf Basis der Konstruktion vorgestellter Gemeinschaften oder der Ausblendung von Milieudimensionen | | Keine oder nachträgliche totale Identifizierung |
|---|---|---|---|
| **Diskriminierung** | Habitualisierte Diskriminierung (1) | Reflektierte Diskriminierung (2) | Diskriminierung ohne totale Identifizierung (4) |
| **Keine Diskriminierung** | Totale Identifizierung ohne Diskriminierung (3) | | -/- |

**(1) Habitualisierte Diskriminierung:** Wenn die totale Identifizierung einer Person(engruppe) zum gewohnheitsmäßigen, impliziten Wissensbestand der Diskriminierenden gehört, dann kann dies mit einer ebenso habitualisierten Diskriminierungspraxis einhergehen. Eine der am stärksten habitualisierten Diskriminierungen findet sich im Gender-Bereich, in dem erst in den letzten Jahr-

zehnten lange Zeit gepflegte Selbstverständlichkeiten, wie sie etwa in bestimmten Berufsgruppen (und den entsprechenden Zugangsbeschränkungen) deutlich wurden („Kanzler", „Soldat"), aufgebrochen werden.
Dass Diskriminierung nicht nur auf reflektiertem Handeln basieren muss, sondern auch in das habituelle Handeln eingelassen sein und den Intentionen der Akteure sogar widersprechen kann, hat Anja Weiß (2013) in einer empirischen Studie mit dem bezeichnenden Titel „Rassismus wider Willen" herausgearbeitet. Die Forscherin hat im Rahmen von sog. „Reflexionstagen" Rollenspiele mit antirassistischen Initiativgruppen durchgeführt, diese aufgenommen und ausgewertet. Weiß zeigt, dass manche antirassistischen Aktivist(inn)en Rassismus vornehmlich als ein Problem der Arbeiterschicht sehen. Sie selbst grenzen sich von der Ungebildetheit der Arbeiterschicht, die letztendlich zu Rassismus führe, ab. Dabei unterläuft bestimmten antirassistischen Gruppen jedoch zugleich ein eigener „Rassismus wider Willen". Denn obgleich sie sich gegen Rassismus wenden, identifizieren die Antirassist(inn)en auch selbst die eingewanderten Minderheiten im Sinne totaler Identitäten, so etwa als homogene Gruppen oder als Angehörige niedriger Schichten. Zum Beispiel dort, wo ein „Ali" in das Rollenspiel als Beschäftigter der Universität eingeführt wird, er von den Mitgliedern einer antirassistischen Initiativgruppe aber sogleich nur als „Reinemachekraft" wahrgenommen wird (vgl. ebd., S. 271). Dass „Ali" Professor ist, kommt der Gruppe nicht in den Sinn. Sobald sie hierüber informiert wird, verliert „Ali" – in den Augen der Gruppe – seine Zugehörigkeit zur rassistisch diskriminierten Minderheit, wie sich dies in folgendem Ausspruch einer Teilnehmerin zeigt: „Auf einmal war er kein Türke mehr. Auf einmal war er ein Universitätsprofessor" (zit. n. ebd., S. 272). So formuliert die Gruppe implizit auch eigene Kriterien (etwa bezüglich der Bildung oder des Berufes), mit denen sie Angehörige dominierter Minderheiten total identifiziert und damit aus der eigenen Wir-Gruppe ausschließt. Wichtig ist hierbei, dass die von Weiß untersuchten antirassistischen Gruppen die total identifizierten Minderheitsangehörigen unreflektiert diskriminieren. Und nicht nur das: Ihre habitualisierte Handlungspraxis der Zuordnung von Minderheitsangehörigen in die Arbeiterschicht steht ihren erklärten – antirassistischen – Intentionen entgegen. Habitualisierte Diskriminierungen können insofern nicht nur jenseits von bewussten Absichten erfolgen, sondern ihnen auch zuwider laufen.

> Viele Gewalttaten der rechtsextremistischen Szene sind eine Manifestation reflektierter Diskriminierung. So wurde ein Mitglied des Berliner Abgeordnetenhauses am 19. Mai 2006 von zwei Männern niedergeschlagen, nachdem sie ihn mit den Worten „Scheißtürke" beleidigt hatten.

**(2) Reflektierte Diskriminierung:** Wo Diskriminierungen bewusst ausgeführt und mit Hilfe expliziter totaler Identifizierungen legitimiert werden, kann man von einer reflektierten Diskriminierung sprechen. Diese finden sich auch innerhalb von gesetzlichen Regelungen. So durften etwa in Deutschland bis 2012 Migrant(inn)en, die qua Staatsbürgerschaft als „Russen" oder „Iraner" gelten, nicht als Ärzte selbständig tätig werden, da nur Einheimische die hierfür notwendige Approbation erhalten konnten. Eine reflektierte Diskriminierung lag hier insofern vor, als dass nicht die (mehrdimensionale) Milieuzugehörigkeit der Mediziner/innen oder Elemente ihres persönlichen Habitus, in Form etwa von fachlichen Kompetenzen, in Betracht gezogen werden, sondern nur ihre Zugehörigkeit zu einer vorgestellten Gemeinschaft, über die die Staatsbürgerschaft Auskunft zu geben verspricht. Diese unterstellte Zugehörigkeit war dann die Basis, um diese Mediziner/innen anders zu behandeln als „Einheimische" (vgl. hierzu Weiß 2010).

Reflektierte Diskriminierung findet sich aber auch jenseits von gesetzlichen Regelungen etwa dort, wo total identifizierte Menschen als Heiratspartner/in ausgeschlossen werden oder keinen Zugang zu Freundeskreisen finden. Zum Beispiel gibt es viele Peergroups, die ethnisch, schicht- und geschlechtsspezifisch weitgehend homogen sind und dies auch offen verteidigen. Noch deutlicher ist die interaktiv hergestellte reflektierte Diskriminierung bei der Partnerwahl: Es gibt in Ländern mit religiös gemischter Bevölkerung dennoch nur wenig Ehen zwischen Christen und Muslimen. In Deutschland war es bis in die 1960er Jahre sogar problematisch, als Protestant eine Katholikin zu heiraten.

**(3) Totale Identifizierung ohne unmittelbare Diskriminierung:** Im alltäglichen Leben wie auch in der Öffentlichkeit, z.B. den *Medien* (vgl. dazu Räthzel 1997), kommt es immer wieder vor, dass Menschen total identifiziert werden, d.h. dass ihr Handeln als ausschließlich durch die Zugehörigkeit zu einer vorgestellten Gemeinschaft oder durch eine einzige Erfahrungsdimension motiviert gesehen wird. So wird in vielen Zeitungen bei negativen Berichten etwa die Staatsbürgerschaft oder ethnische Herkunft eines Täters nach vorne gerückt, ohne dass klar wäre, ob die Staatsbürgerschaft oder ethnische Herkunft für die Tat entscheidend war. Auch wenn es hier nicht zu einer Diskriminierung dieser Person/en kommt, sind diese totalen Identifizierungen problematisch: Sie können den Boden für Diskriminierungen in anderen Bereichen bereiten. Dies muss den Diskriminierenden nicht notwendiger Weise bewusst sein. Gerade die medial verbreiteten totalen Identifizierungen können die Basis auch für habitualisierte Diskriminierungen oder für die nachträgliche Legitimierung von Diskriminierung bieten.

> Der Begriff „Migrationshintergrund", der ursprünglich dazu eingeführt wurde, ethnische Etikettierungen in der Öffentlichkeit zu vermeiden, mutiert allmählich selbst zu einer totalen Identifizierung. In den Zeitungen, in denen früher von „türkischen" oder „arabischen" Jugendlichen die Rede war, wird die nationale Bezeichnung nunmehr durch „Jugendliche mit Migrationshintergrund" ersetzt, ohne dass sich der total identifizierende Bedeutungsgehalt wesentlich geändert hätte (dazu Mecheril/Rigelsky 2010).

Mit dem Verweis auf totale Identifizierungen in den Medien stellt sich die Frage, ob sich totale Identifizierungen auch auf der Ebene der Gesamtgesellschaft etablieren oder bereits etabliert haben? Paul Mecheril (2004, S. 190) etwa geht in Bezug auf Deutschland davon aus, dass wir in einer „*Dominanzgesellschaft* leben, in der die Differenz zwischen (Migrations-)Anderen und Nicht-Anderen als Über- und Unterordnungen der ‚kulturellen‘ Identitäten produziert, hingenommen und etwa mithilfe des Kulturbegriffs legitimiert wird" (H.i.O.). Dieses „rassistische Unterscheidungssystem" (ebd., S. 191) wirke als „Rahmen, in dem Gewohnheiten des Denkens und Handelns ermöglicht und nahe gelegt werden" (ebd., S. 198). Es ist m.E. eine empirische Frage, ob es in Deutschland und anderen Ländern, seien diese Einwanderungsländer oder auch von vorneherein ethnisch plural, derartige „rassistische Unterscheidungssysteme" gibt.

Rassismus kann dabei, ganz allgemein gesagt, als eine „hierarchische Gliederung der sozialen Welt" (Weiß 2001, S. 62) verstanden werden, die sich zwar auch in „rassistischen Praktiken und physischer Gewalt", vor allem aber in „symbolischen Reproduktionsformen" manifestiere. So könne „symbolische Gewalt zu einem stillschweigenden Bestandteil der dominanten Kultur werden" und Angehörige ethnischer Minderheiten diskriminieren. Weiß bezieht sich hier auf Pierre Bourdieus Konzept der symbolischen Gewalt, die sich auf „jene stumme Erfahrung der Welt als einer selbstverständlichen" stützt, der sich kaum jemand entziehen kann (Bourdieu 1993, S. 126). Derartige symbolische Gewalt findet sich selbstverständlich nicht nur im Rassismus, sondern auch dort, wo totale Identifizierungen im Bereich von Geschlecht oder Regionalität zu den Selbstverständlichkeiten einer Gesellschaft werden.

> *Symbolische Gewalt* wird auch dort ausgeübt, wo Menschen lediglich aufgrund ihrer dialektalen Sprache unmittelbar in die Kategorie der Ungebildeten eingeordnet und ihnen auf diese Weise Teilhabechancen verwehrt werden. Man denke hier an Personen mit einem starken Berliner oder sächsischen Akzent.

**(4) Diskriminierung ohne totale Identifizierung:** Es gibt Diskriminierungspraktiken, die allenfalls nachträglich mit totalen Identifizierungen verknüpft sind. Diese lassen sich vor allem als Diskriminierungseffekte beobachten: Man kann – etwa anhand von Schulstatistiken – feststellen, dass eine bestimmte soziologische Gruppe regelmäßig schlechter gestellt wird als andere soziologische Gruppen, ohne dass diese Gruppe in der Gesellschaft zuvor eindeutig identifiziert worden wäre. Das ‚katholische Arbeitermädchen vom Lande‘, das bis in die 1960er Jahre von gymnasialer Bildung weitgehend ausgeschlossen war, ist sicherlich solch ein Phänomen. Im Folgenden möchte ich eingehender untersuchen, wie es gerade im Kontext von Organisationen zu solchen und anderen Diskriminierungen kommen kann. Ich ziehe hierzu meine Überlegungen zum Zusammenhang von Milieu und Organisation, wie ich sie in Kapitel 6.3 angestellt habe, heran.

### Diskriminierung durch Organisationen

Diskriminierung kann interaktiv hergestellt werden, sie kann aber auch im organisatorischen Prozess zustande kommen. Wie vollziehen sich Diskriminierungen in Organisationen? Und wie ist zu erklären, dass Organisationen diskriminieren, ohne dass sie dies intendieren würden? Diese Fragen lassen sich unter Berücksichtigung einer Vielzahl von Personengruppen, die durch Organisationen diskriminiert werden können, diskutieren: Klient(inn)en, Verfahrensbetroffene, Schüler/innen, Antragsteller/innen, Entscheidungsträger/innen etc. Ich möchte hier jedoch nicht auf alle diese Adressat(inn)en von Organisationen eingehen, sondern beschränke mich auf jene, die hinsichtlich ihrer Mitgliedschaft in Organisationen diskriminiert werden. Die grundlegenden Mechanismen der Diskriminierung finden, so denke ich, auch bei der Schlechterstellung der anderen genannten Adressat(inn)en von Organisationen Anwendung.

Die Organisation unterscheidet zunächst einmal prinzipiell zwischen Mitgliedern sowie Nichtmitgliedern und bevorzugt erstere, indem sie sie überhaupt berücksichtigt (siehe Kapitel 6.3). Nichtmitglieder sind demgegenüber für die Organisation zunächst einmal gar nicht vorhanden, sie sind allenfalls als potentielle (zukünftige) Mitglieder relevant. Diese Unterscheidung zwischen Mitgliedern und Nichtmitgliedern ist für sich gesehen notwendig und unproblematisch. Nur dann, wenn die Unterscheidung zwischen Mitgliedern und Nichtmitgliedern dazu führt, dass Angehörige einer bestimmten soziologischen Gruppe benachteiligt werden, kann von einer Diskriminierung durch Organisationen gesprochen werden.

Als einen ersten Hinweis auf Diskriminierungspraktiken in Organisationen wird man sicherlich statistische Auffälligkeiten heranziehen können. Wenn Menschen, die als Angehörige einer bestimmten soziologischen Gruppe gelten können, regelmäßig (d.h. nicht im Einzelfall, sondern in größerer Zahl) benachteiligt werden, dann ist von einer Diskriminierung auszugehen.

Hat man solche Benachteiligung in Organisationen festgestellt, muss die weitere Untersuchung dann an den Handlungs- und Sinnstrukturen der Diskriminierungspraxis ansetzen. Das heißt, man fragt danach, *wie* die jeweilige Organisation diskriminiert. Dies ist zum einen eine *empirische* Frage und muss daher in jedem Einzelfall empirisch untersucht werden. Im Lichte der in diesem und im vorangegangenen Kapitel angestellten Überlegungen lassen sich indes *theoretisch* mehrere Formen der Diskriminierung unterscheiden.

### Formen der organisatorischen Diskriminierung

Zunächst einmal kann zwischen jenem Diskriminierungsprozess, bei dem es auf habitualisierte oder reflektierte Weise zu totalen Identifizierungen kommt, einerseits und Diskriminierung ohne totale Identifizierung andererseits unterschieden werden. Sodann muss in Rechnung gestellt werden, dass die Prozesse innerhalb einer Organisation auf unterschiedlichen sozialen Ebenen strukturiert werden (siehe Kapitel 6.3). Diskriminierung kann durch die formalen Regeln, die informellen Regeln in Organisationsmilieus, milieugeprägte Umgangsweisen mit formalen Regeln und durch das von der Organisation tolerierte milieubedingte Unterleben zustande kommen (Tabelle 8).

**Tabelle 8:** Formen der Diskriminierung in Organisationen

| Ebene der Diskriminierung | Totale Identifizierung der diskriminierten soziologischen Gruppe | Keine totale Identifizierung der diskriminierten soziologischen Gruppe |
|---|---|---|
| **formale Regeln** | Total identifizierende Diskriminierung durch formale Regeln (1) | Diskriminierung durch formale Regeln jenseits totaler Identifizierung (5) |
| **informelle Regeln des Organisationsmilieus** | Total identifizierende Diskriminierung durch informelle Regeln des Organisationsmilieus (2) | Diskriminierung durch informelle Regeln des Organisationsmilieus jenseits totaler Identifizierung (6) |
| **milieugeprägte Umgangsweisen mit formalen Regeln** | Total identifizierende Diskriminierung durch milieugeprägte Umgangsweisen mit formalen Regeln (3) | Diskriminierung durch milieugeprägte Umgangsweisen mit formalen Regeln jenseits totaler Identifizierung (7) |
| **toleriertes milieubedingtes Unterleben** | Total identifizierende Diskriminierung durch toleriertes milieubedingtes Unterleben (4) | Diskriminierung durch toleriertes milieubedingtes Unterleben jenseits totaler Identifizierung (8) |

Die in Tabelle 8 aufgestellten acht Formen der organisatorischen Diskriminierung möchte ich im Folgenden näher erläutern.

**(1) Total identifizierende Diskriminierung durch formale Regeln:** Organisationen haben *formale Regeln*, die manchen Menschen aufgrund totaler Identifizierungen (etwa in Bezug auf das Geschlecht) die Mitgliedschaft unmittelbar unmöglich machen. Zum Beispiel hinderte eine formale Regel der Organisation Bundeswehr über lange Zeit alle Frauen daran, „Dienst an der Waffe" zu leisten. Diese formale Regel der Organisation, wie sie in vielen anderen Armeen auch zu finden ist, zeitigte Diskriminierungseffekte, die sich dann auch statistisch nachweisen lassen (im Beispiel: im Jahre 1998 waren 0 % der Soldaten, die Dienst an der Waffe geleistet haben, Frauen). Ein weiteres Beispiel ist das Kopftuchverbot für Lehrerinnen an öffentlichen Schulen. Hier werden – in einigen Ländern der Bundesrepublik – Frauen lediglich aufgrund ihrer religiös kodierten Kleidung, ohne Ansicht ihrer pädagogischen oder sonstigen Fähigkeiten, vom Staatsdienst ausgeschlossen (vgl. Karakaşoğlu 2010).

**(2) Total identifizierende Diskriminierung durch informelle Regeln des Organisationsmilieus:** In der zweiten Form haben Organisationsmilieus *informelle Regeln*, die manchen Menschen aufgrund ihrer zugeschriebenen totalen Identitäten (etwa aufgrund ihres Migrationshintergrundes oder ihrer Schichtzugehörigkeit) die Mitgliedschaft unmittelbar unmöglich machen. Zum Beispiel macht eine solche informelle Regel des Organisationsmilieus der Grundschullehrerschaft – so lassen sich die Ergebnisse von Gomolla/Radtke (2002) auch interpretieren – es den Kindern von Migrant(inn)en regelmäßig schwer, Mitglied, d.h. Schüler/innen der Grundschule zu werden oder zu bleiben, da in diesem Organisationsmilieu Migrantenkindern per se Lernschwierigkeiten unterstellt werden. Oder – um ein Beispiel aus der Türkei zu nehmen – Kindern von neu (u.a. aus den kurdischen Siedlungsgebieten im Südosten des Landes) zugewanderten Arbeiterfamilien wird im Organisationsmilieu einer Grundschule per se unterstellt, dass sie nicht leistungsfähig seien (vgl. Somel 2011). Solcherlei total identifizierende Diskriminierung durch informelle Regeln kann habitualisiert sein und wird dann nicht reflektiert.

**(3) Total identifizierende Diskriminierung durch milieugeprägte Umgangsweisen mit formalen Regeln:** Hier gehen Organisationsmitglieder mit den formalen Regeln auf eine Weise um, die weitgehend der Perspektivität des eigenen (Herkunfts-)Milieus entspricht. Diese *milieugeprägten Umgangsweisen* verbinden sich mit totalen Identifizierungen und erschweren dann manchen Menschen aufgrund ihrer sozialen Zugehörigkeit unmittelbar die Mitgliedschaft. Eine derartige Form der Diskriminierung lässt sich z.b. im höheren Management von großen Unternehmen beobachten. Dort ist es Frauen zwar erlaubt, Managerin, z.B. Mitglied des Vorstandes zu werden. Wenn diese formale Regel jedoch in die Praxis umgesetzt wird, greifen die Selbstverständlichkeiten, die die männlichen Vorstandsmitglieder aus ihren Herkunftsmilieus mitbringen. Wenn dann in diesen konservativen Herkunftsmilieus Frauen vornehmlich als Hausfrauen oder bestenfalls als Sekretärinnen und andere Untergebene wahrgenommen und sie so total identifiziert werden, haben Frauen es – trotz der formalen Gleichberechtigung – regelmäßig schwerer, eine Managementkarriere zu machen.

**(4) Total identifizierende Diskriminierung durch ein von der Organisation toleriertes milieubedingtes Unterleben:** Wenn die den formalen Regeln zuwider laufenden Handlungspraktiken von Organisationsmitgliedern eines bestimmten Milieus durch die Organisation toleriert werden (etwa um sich der Kooperationsbereitschaft dieser Personen zu vergewissern), kann dies zur Folge haben, dass Menschen, die von dem das Unterleben strukturierenden Milieu total identifiziert werden, hierdurch von der Mitgliedschaft ausgeschlossen werden. Hier sind es zweifelsohne nicht die Regeln der Organisation, die diskriminieren. Doch muss auch jenes milieubedingte Unterleben, das alleine um der Kooperationsbereitschaft willen von der Organisation toleriert wird, der Organisation selbst zugerechnet werden. Diese Form der Diskriminierung findet sich etwa dort, wo in einem Jugendzentrum Heranwachsende aus Familien, die aus der Türkei eingewandert sind, dominieren und – ohne dass die Sozialpädagog(inn)en eingreifen würden – dafür sorgen, dass Jugendliche mit anderen Herkünften keinen Einlass finden. Oder wenn eine in einem Einwanderungsviertel liegende Schule toleriert, dass eine Gruppe von Bildungsbürger(inne)n ihre Kinder unter der Bedingung anmeldet, dass sie in eine – dann weitgehend homogene – Klasse kommen, von der die anderen – als „bildungsfern" und von „nichtdeutscher Herkunftssprache" bezeichneten Schüler/innen ausgeschlossen bleiben (vgl. Karakayali/zur Nieden 2013). Die totalen Identifizierungen werden hier in den Milieus jener generiert, die das Unterleben der Organisation prägen.

**(5) Diskriminierung durch formale Regeln jenseits totaler Identifizierung:** In der fünften Form haben Organisationen *formale Regeln*, die manchen Menschen aufgrund ihrer sozialen Zugehörigkeit (etwa aufgrund ihrer Schichtzugehörigkeit) die Mitgliedschaft *mittelbar* verunmöglichen. Dies geschieht immer dann, wenn diejenigen, die diese soziale Zugehörigkeit aufweisen, bestimmte Mitgliedschaftsbedingungen aufgrund ihrer Zugehörigkeit häufig nicht erfüllen können, ohne dass diese Mitgliedschaftsbedingung explizit auf diese Zugehörigkeit verweist. Wenn zum Beispiel eine Firma von allen Mitarbeiter(inne)n fordert, dass sie Vollzeit arbeiten, dann werden Frauen, die – wie alle einschlägigen Statistiken nachweisen – eher für Kinder Sorge tragen müssen als Männer und daher oft nur Teilzeit arbeiten können, regelmäßig benachteiligt, obgleich die formale Regel der Organisation nicht explizit Frauen ausschließt. In diesem Sinne handelt es sich hier um eine Diskriminierung ohne totale Identifizierung.

**(6) Diskriminierung durch informelle Regeln des Organisationsmilieus jenseits totaler Identifizierung:** Da formale Regeln immer konkretisiert werden müssen, wenn es gilt, sie in der Praxis anzuwenden, und da sich in der Anwendung formaler Regeln informelle Regeln herausbilden können, die das Organisationsmilieu der Organisation ausmachen, muss davon ausgegangen werden, dass Diskriminierungsprozesse auch durch diese informellen Regeln in Gang gesetzt werden können. Dies könnte etwa eine Erklärung für die Ergebnisse einer Untersuchung sein, die Towfigh et al. (2014) zum ersten juristischen Staatsexamen in einem bundesdeutschen Landgerichtsbezirk durchgeführt haben. Hier schnitten Frauen, selbst wenn man die Note der schriftlichen Prüfungen kontrolliert (also nur Personen mit denselben Noten miteinander vergleicht), in den mündlichen Prüfungen „hochsignifikant" schlechter ab als männliche Kandidaten (ebd., S. 20). Wenn man nicht davon ausgeht, dass die Prüfer/innen (meist sind es männliche Personen) die Kandidatinnen total identifizieren, also als Frauen diskriminieren, bieten Towfigh et al. folgende Erklärung an: Zwar sollen in der mündlichen Prüfung laut Gesetz ausschließlich die juristischen Fähigkeiten bewertet werden, doch hielten dem von den Forschern interviewte „erfahrene Prüfer" entgegen, „dass das Ablegen der Staatsexamina einer konkreten Berufsqualifikation (zum Richteramt) diene, so dass man die für die Berufsausübung erforderlichen Fähigkeiten in der Prüfung nicht unberücksichtigt lassen dürfe. Es gebe eben keine Rechtskenntnisse ‚an sich', sondern nur Kenntnisse in einer bestimmten Präsentationsform, und die schnelle und selbstsichere Reaktion auf ein auftauchendes Rechtsproblem sei eine wichtige richterliche Fähigkeit" (ebd., S. 26). Hier wird also – so ist anzunehmen – die formale Regelung (das Gesetz) von einem Organisationsmilieu von Prüfer(inne)n informell so ausgelegt, dass Fachkenntnisse nur im engen Zusammenhang mit einem entsprechenden kommunikativen Auftreten entsprechend gewürdigt werden. Wenn nun Examenskandidatinnen (aus welchen Gründen auch immer) dieses Auftreten regelmäßig weniger an den Tag legen als Kandidaten, so lässt sich von einer Diskriminierung durch die informellen Regeln im Organisationsmilieu sprechen, ohne dass es hier zu einer totalen Identifizierung von Frauen kommen muss.

**(7) Diskriminierung durch milieugeprägte Umgangsweisen mit formalen Regeln jenseits totaler Identifizierung:** Eine formale Regel kann geklärt werden, wenn Personen, die demselben Milieu angehören, aus dessen Perspektivität heraus praktisch mit der Regel umgehen. Nehmen wir als Beispiel hierfür den oft dokumentierten Fall, dass Lehrer/innen routinemäßig erwarten, dass Eltern ihre Kinder bei den Hausaufgaben unterstützen. Hier werden die formalen Regeln der Schule gemäß der Selbstverständlichkeiten jener Mittelschichtmilieus ausbuchstabiert, aus denen die Lehrer/innen stammen. Durch diesen herkunftsmilieugeprägten Umgang mit formalen Regeln der Organisation Schule kommt es – dies zeigt schon die klassische Studie von Bourdieu und Passeron (1973) – regelmäßig zur Diskriminierung von Kindern aus Unterschicht- und Arbeitermilieus, die nicht auf Elternhilfe hoffen können. Tanja Sturm zufolge ist es darüber hinaus sogar den „Benachteiligungen der vier Dimensionen" (sozioökonomische, geschlechter-, migrations- und behinderungsbedingte Heterogenität) gemeinsam, „dass sie wesentlich durch milieugeprägte Interpretationen formaler Regeln ... hervorgebracht werden". Es gibt in der Schule

> „Umgangsformen, mit denen die Schüler/innen der genannten sozialen Gruppen [gemeint sind Arme, Mädchen, Migrantenkinder, Behinderte; AMN] nicht in vergleichbarer Weise vertraut sind, sodass eine Passung zwischen ihnen und den Anforderungen zuweilen misslingt" (2013, S. 123).

In theoretischen Begrifflichkeiten ausgedrückt bedeutet dies insgesamt: Wenn Organisationsmitglieder aus bestimmten Herkunftsmilieus die Organisation dominieren und ihren milieugeprägten Umgang mit den formalen Regeln durchsetzen können, werden Menschen anderer Herkunftsmilieus in der Organisation benachteiligt oder gar aus ihr herausgedrängt.

**(8) Diskriminierung durch toleriertes milieubedingtes Unterleben jenseits totaler Identifizierung:** Wenn die den formalen Regeln zuwider laufenden Handlungspraktiken von Organisationsmitgliedern eines bestimmten Milieus durch die Organisation toleriert werden, kann dies zur Folge haben, dass Menschen, die nicht zu dem das Unterleben strukturierenden Milieu gehören, hierdurch von der Mitgliedschaft ausgeschlossen werden, auch ohne dass es zu einer totalen Identifizierung kommt. Hier sind es zweifelsohne nicht die Regeln der Organisation, die diskriminieren. Doch muss auch jenes milieubedingte Unterleben, das alleine um der Kooperationsbereitschaft willen von der Organisation toleriert wird, der Organisation selbst zugerechnet werden.

Alle acht Formen organisationaler Diskriminierung lassen sich nicht nur auf die Frage beziehen, ob jemand Mitglied einer Organisation werden kann; auch bei der Frage, wie jemand als Mitglied behandelt wird, welche Positionen er in einer Organisation erhält und welche Erwartungen in ihn gesetzt werden, wie er oder sie als Klient/in, Schüler/in, allgemein: als Adressat/in der Organisation behandelt wird, kann es zu Diskriminierungen kommen. Auch hier muss dann zwischen den acht Formen der Diskriminierung differenziert werden.

**Mehrdimensionalität von Diskriminierung**

Wenn man Diskriminierung als die regelmäßige Schlechterstellung von Angehörigen einer spezifischen soziologischen Gruppe *in Relation zu anderen Gruppen* versteht, so lässt sich – wie dies schon anhand der obigen Beispiele deutlich wurde – Diskriminierung nicht mehr auf ‚ethnische Diskriminierung' reduzieren. Mit den hier entfalteten Begriffen werden auch Benachteiligungen im Bereich von Gender, Generation, Alter, regionaler Herkunft etc. begrifflich fassbar. Denn Menschen können auch in Bezug auf ihr Geschlecht, Alter o.ä. schlechter gestellt werden. Diese Diskriminierungen können mit entsprechenden totalen Identifizierungen einhergehen.

Derartige Diskriminierungen müssen nicht immer trennscharf voneinander zu unterscheiden sein. Vielmehr kann es – gerade auch im Bereich der Pädagogik – zur Diskriminierung in mehreren Dimensionen kommen. Diese Diskriminierungen können dann einander überlappen. Die Diskriminierten erfahren hier eine *mehrdimensionale Diskriminierung*. Menschen können z.B. diskriminiert werden, weil ihnen eine totale Identität als Arbeiterkind und als „Kurde" zugeschrieben wird. Oder weil sie als Frauen und Angehörige eines bildungsfernen Milieus total identifiziert werden (siehe dazu auch Kapitel 5.3). Weil stets auch eine mehrdimensionale Diskriminierung in Frage kommt, müssen etwa statistische Auffälligkeiten bei bestimmten Personengruppen daraufhin überprüft werden, ob die Diskriminierung nur in einer Dimension (etwa in Bezug auf das Geschlecht) erfolgt, oder mit anderen Dimensionen überlappt. Insofern ist der (potentiellen) Mehrdimensionalität von Diskriminierung stets Rechnung zu tragen.

**Macht in Organisationen**

Diskriminierung durch Organisationen hängt mit der Ausübung von Macht zusammen. Allerdings sollte man nicht Diskriminierung und Macht unvermittelt gleichsetzen, da man dann nicht mehr zwischen ihnen unterscheiden kann. Aus diesem Grund muss zunächst herausgearbeitet werden, wie Macht in Organisationen funktioniert, ohne dass Menschen diskriminiert werden.

Macht wird in Organisationen dadurch ausgeübt, dass das Verhalten von Mitgliedern (und potentiellen Mitgliedern) entlang der Erwartungen der Organisation beobachtet und beurteilt wird. Die Verhaltenserwartungen der Organisation sind in den Regeln festgelegt. Das Handeln wird im „Code", d.h. innerhalb des Korpus der formalen Regeln, der informellen Regeln des Organisationsmilieus oder den milieugeprägten Umgangsweisen mit Regeln konkretisiert. Ich folge hier Ralf Bohnsack, der wiederum an Niklas Luhmanns Definition der Macht anknüpft:

> „Damit über das Handeln des Machtunterworfenen überhaupt im Machtkontext entscheidbar ist, muß dieses Handeln code-spezifisch – im Sinne des vom Machthaber gesetzten Code – interpretiert und formuliert bzw. uminterpretiert und umformuliert werden" (Bohnsack 1983, S. 78).

> *Macht* wird *geräuschlos* ausgeübt, wenn Lehrer/innen am Ende des Schuljahres nicht zögern, ihren Schüler(inne)n Noten zu geben, obgleich sie selbst vielleicht gegenüber der Benotung von Schülerleistungen skeptisch sind. Allein schon das Wissen darum, dass diejenigen, die keine Noten geben, disziplinarrechtlich belangt werden können, lenkt das Handeln der Lehrer/innen in die der Organisation Schule genehmen Bahnen.

Beispielsweise interpretieren Schulen das Handeln von Schüler(inne)n im binären Code ‚dem Lernen förderlich' – ‚dem Lernen abträglich'. Andere Aspekte des Schülerhandelns bleiben unberücksichtigt.

In diesem Moment ist es für den Machthaber egal, welche Intention der Handelnde mit seinem Handeln verfolgt. Macht macht die Organisation „unabhängig vom Willen des machtunterworfenen Handelnden" (Luhmann 1975, S. 11). Dabei ist es nicht notwendig, dass die Organisation Macht konkret ausübt; es reicht völlig aus, dass der Handelnde Beispiele aus der Vergangenheit der Organisation kennt, in der jene Macht ausgeübt hat, und folglich sein Handeln an den Erwartungen der Organisation ausrichtet (vgl. ebd., S. 13). Die Macht der Organisation funktioniert in diesem Sinne geräuschlos.

Wenn jedoch Menschen nicht im Rahmen der Erwartungen der Organisation handeln, dann erkundet die Organisation nicht die Hintergründe und Motive dieses Handelns, sondern begreift es ausschließlich als Abweichung von den eigenen Erwartungen.

> „Die Handlungsselektionen, also die spezifischen Handlungsentwürfe des Betroffenen, werden allein von dem für den Machthaber relevanten Erwartungssystem her wahrgenommen und erscheinen – indem sie aus diesem herausfallen – ... allein relevant als etwas, was der Machthaber vermeiden will" (Bohnsack 1983, S. 78).

Innerhalb der Organisation wird dann das Handeln des Organisationsmitglieds üblicher Weise als Regelverletzung (seien die Regeln formaler oder informeller Art) gesehen.

Hier greift dann eine weitere Bedingung der Macht. Um den Machtunterworfenen an der Ausführung seiner als Regelverletzung interpretierten Handlung (bzw. an deren Wiederholung) zu hindern, bedarf der Machthabende einer *Sanktionsmöglichkeit*:

> „Damit der Machtunterworfene die als Vermeidungsalternative des Machthabers interpretierbare Handlung nicht ausführt, somit dem Machthaber zu Willen ist, muß der Machthaber eine Handlungsalternative zur Verfügung haben, deren Realisierung beide, also nicht nur er selbst sondern auch der Machtunterworfene, vermeiden möchten – und zwar vergleichsweise eher oder mehr als der Machthaber" (ebd., S. 79).

Hier greift nun die Fähigkeit der Machthabenden, in ultima ratio (als letztes Mittel) die Mitgliedschaft des Organisationsmitglieds in Frage zu stellen bzw. zu suspendieren. Der Lehrer kann stets mit dem Schulverweis drohen, da dies eine Handlungsalternative ist, die der Schüler noch weniger als der Lehrer möchte. Macht beruht – folgt man Anthony Giddens – auf den allokativen und autoritativen Ressourcen des Machthabers.

> „Allokative Ressourcen beziehen sich auf Fähigkeiten – oder genauer auf Formen des Vermögens zur Umgestaltung –, welche Herrschaft über Objekte, Güter oder materielle Phänomene ermöglichen. Autoritative Ressourcen beziehen sich auf Typen des Vermögens zur Umgestaltung, die Herrschaft über Personen oder Akteure generieren" (Giddens 1988, S. 86).

> Ein Beispiel für die Wahrnehmung einer Handlung nach dem Code des Machthabers: Wenn ein Schüler seine Hausaufgaben nicht gemacht hat, wird dies vom Lehrer meist als ‚er hat seine Hausaufgaben nicht gemacht' bewertet, ohne dass die Motive und Hintergründe für diese Regelverletzung (z.B. fehlende Hilfe durch Eltern, zu viel Fernsehkonsum) erörtert würden.

In Organisationen bedingen allokative und autoritative Ressourcen einander. Die Kontrolle darüber, dass die Organisationsmitglieder sich an die formalen Regeln der Organisation halten (autoritative Ressource), wird über die Mitgliedschaft in der Organisation gesichert, die wiederum meist an die Vergabe materieller Güter an die Mitglieder (allokative Ressource) gebunden ist – letzteres vor allem über eine „ökonomische Nutzenkalkulation" (etwa ein Einkommen) und/oder über das „Karriereinteresse" (Luhmann 2000, S. 110). Unterhalb dieser ersten Ebene der Macht, in der es um Eintritt und Austritt der Mitglieder geht, geht es dann vornehmlich um autoritative Ressourcen.

**Macht und Diskriminierung**

Wenn Macht mit Diskriminierung verbunden ist, verliert – zumindest in einer demokratischen Gesellschaft – die Machtausübung ihre Legitimation. Macht kann auf zweierlei Weise mit Diskriminierung verknüpft sein: Zum einen können die Machtunterworfenen von den Machthabenden total identifiziert werden und auf diese Weise ihr Ausschluss aus der jeweiligen Organisation legitimiert werden (1). Zum anderen wird Macht auch schon dort ausgeübt, wo in einer Organisation dominierende Milieus die Angehörigen anderer Milieus benachteiligen (2).

**(1) Macht und totale Identifizierung:** Wenn nun machtunterworfene Mitglieder von Organisationen in ihrem Handeln von den organisationalen Erwartungen abweichen, so können diese Abweichungen – da die persönlichen Handlungsentwürfe der Machtunterworfenen nicht in Betracht gezogen werden – sehr leicht auf deren zugeschriebene totale Identität bezogen werden. Dann liegt es nahe, die abweichende Handlung als durch eine Milieudimension oder gar durch die Zugehörigkeit zu einer vorgestellten Gemeinschaft motiviert zu sehen, zumal wenn solche Konstruktionen totaler Identität gesellschaftlich (etwa im Nationalstaat) etabliert sind. Wo die Macht der Organisation also nicht geräuschlos funktioniert, kann es leicht zur totalen Identifizierung derjenigen kommen, die sich nicht der organisationalen Macht unterwerfen (wollen). Hier wird die

> „denunzierte Person rituell von dem Platz innerhalb der legitimen Ordnung entfernt bzw. sie muss als jemand definiert werden, die in Opposition zu ihr [zur Ordnung; AMN] steht. Sie muss ‚draußen' platziert werden, sie muss zum ‚Fremden' gemacht werden" (Garfinkel 1972, S. 207).

Die Migrantenkinder, deren schulische Gutachten Gomolla & Radtke (2002) analysiert haben, sind ein gutes Beispiel für Menschen, die nicht zu Organisationsmitgliedern, sondern zu Außenseitern und Fremden gemacht wurden. Dies beginnt bei der formalen Regel, dass die Unterrichtssprache Deutsch ist. Hierdurch werden die Erwartungen an die Mitglieder der Schule, d.h. an alle Schüler/innen, festgelegt. Wenn nun Kinder von dieser Regel abweichen und eine andere als die deutsche Sprache benutzen, dann sieht die Schule im Regelfall diese Muttersprachen nicht als eine zusätzliche Qualifikation, sondern als eine Abweichung von den formalen Verhaltenserwartungen. Es bleibt jedoch nicht bei der Definition als Abweichung; darüber hinaus kann die Schule die Motive für das abweichende Verhalten in der totalen Identität der Schüler/innen suchen. Sie macht auf diese Weise das Kind zum „Araber", der als Schüler dieser Schule nicht in Frage kommt.

> Ähnliche Machtbeziehungen hat Somel (2011) in einer empirischen Studie zu einer Istanbuler Primarschule aufgezeigt. Die Haltung der Lehrer/innen ist hier durch das Modell der Kleinfamilie, wie sie in der Mittelschicht typisch ist, geprägt. In einer Kleinfamilie zu leben, halten die Lehrer/innen daher für eine zentrale Bedingung schulischen Erfolgs. Kinder, die aus armen Großfamilien stammen und deren Eltern aus den östlichen Provinzen migriert sind, wird auf diese Weise jede Chance auf schulischen Erfolg von vornherein abgesprochen. Anstatt auf eine akademische Bildungskarriere werden sie für berufsbildende Schulen vorbereitet.

**(2) Macht und Milieudominanz:** In dem genannten Beispiel der Migrantenkinder in Deutschland wird zugleich auch durch das dominante Milieu der Schule Macht ausgeübt. Die in der gebildeten Mittelschicht beheimatete Lehrerschaft interpretiert das Verhalten der Migrantenkinder, die mehrheitlich aus der Arbeiterschicht stammen, vor dem Hintergrund ihres mittelschichtspezifischen Verhaltenscodes. Zum Beispiel wird die mangelnde Hausaufgabenhilfe durch die Eltern als Widerspruch zum Code des Mittelschichtmilieus der Lehrer/innen (die von elterlicher Unterstützung ausgehen) gesehen und somit ganz informell festgesetzt, dass elterliche Hausaufgabenhilfe Voraussetzung für den Schulerfolg ist. Die Motive der Eltern, ihren Kindern bei den Hausaufgaben nicht zu helfen, werden dann nicht weiter erörtert (seien diese in der mangelnden Vertrautheit mit dem Schulsystem oder einfach im Mangel an Zeit begründet). Vielmehr wird dieses so als ‚abweichend' festgestellte Verhalten der vorgestellten Gemeinschaft der Arbeitsmigrantenfamilien zugerechnet und zugleich – etwa durch die Verweigerung der Gymnasialempfehlung – sanktioniert. Beispiele für derartige Formen der Machtausübung finden sich nicht nur im Verhältnis zwischen dem Mittelschichtsmilieu der Lehrer/innen und dem Unterschichtsmilieu von Migrant(inn)en, sondern auch gegenüber einheimischen Arbeitermilieus.

Hier impliziert die Diskriminierung der einen soziologischen Gruppe die Macht der anderen. Denn die Angehörigen bestimmter Herkunftsmilieus können nicht nur besser von den Ressourcen der Organisationen (z.B. des Bildungswesens) profitieren, sondern eben auch den Umgang mit den formalen Regeln der Organisation dominieren. Es wird hier deutlich, dass Macht durchaus auch durch ein innerhalb der Organisation etabliertes Milieu ausgeübt werden kann, solange es diesem Milieu gestattet ist, seine milieugeprägten Umgangsweisen mit formalen Regeln zu pflegen.

Macht bleibt nicht auf Organisationen beschränkt, denn Organisationen sind in der Gesellschaft situiert. Wie aber wird Macht in der Gesellschaft ausgeübt? Und wie hängen gesellschaftliche Machtverhältnisse mit der Macht in Organisationen zusammen? Um diese Fragen zu klären, muss ich zunächst auf den Zusammenhang von Organisation und Gesellschaft eingehen, bevor ich mich mit dem Machtphänomen beschäftige.

**Organisation und gesellschaftliches Funktionssystem**

Die Heterogenität moderner Gesellschaften ist – wie ich in Kapitel 6.1 deutlich gemacht habe – nicht durch die Einwanderung hervorgebracht worden, sondern durch die Pluralität ihrer Milieus (von Einwanderern wie Einheimischen) bedingt. Doch lassen sich moderne Gesellschaften auch deshalb nicht als soziale Einheit begreifen, weil sie sich in viele soziale Systeme ausdifferenziert haben, die man als „gesellschaftliche Funktionssysteme" bezeichnen kann.

Folgt man Niklas Luhmann, so bilden sich „die wichtigsten und größten Organisationen innerhalb der [gesellschaftlichen; AMN] Funktionssysteme und übernehmen damit deren Funktionsprimate" (1998, S. 841). Zur Erinnerung (siehe auch Kapitel 4): Laut Luhmann ist es charakteristisch für jede moderne Gesellschaft, dass sie „ihre wichtigsten Teilsysteme im Hinblick auf spezifische Probleme bildet, die dann in dem jeweils zuständigen Funktionssystem gelöst werden müssen" (Luhmann 1987, S. 34). Dies impliziert dann aber, dass die Gesellschaft keine übergreifende Ordnung oder Rangordnung mehr hat, über die in die Funktionssysteme der Politik, Wirtschaft, Erziehung, Wissenschaft und andere hineingewirkt werden könnte.

> „An die Stelle einer solchen Rangordnung ... tritt die Regel, daß jedes Funktionssystem der eigenen Funktion den Primat gibt und von diesem Standpunkt aus andere Funktionssysteme, also die Gesellschaft im übrigen, als Umwelt behandelt" (ebd., S. 35).

Jedes gesellschaftliche Funktionssystem dient also einem bestimmten Zweck und richtet seine Operationen nach diesem aus. Das Bildungssystem dient der Bildung, im Wirtschaftssystem geht es um Profit, in der Politik um Macht, im Gesundheitssystem um Gesundheit. Keines dieser Systeme kann unmittelbar steuernd in die ‚Geschäfte' des jeweils anderen eingreifen. Nur innerhalb des jeweiligen Funktionssystems kann man – dann aber nach den Maßgaben der jeweiligen Funktion – gestalten. Von außen lässt sich kaum in das Bildungssystem oder in das Wirtschaftssystem hineinregieren.

Die gesellschaftlichen Funktionssysteme sind für uns zunächst abstrakte Gebilde, die man sich vorstellen, aber nicht sehen kann. Sie werden konkretisiert durch Organisationen, die jedoch keineswegs „alle Operationen des Funktionssystems an sich ziehen und als eigene durchführen" können (Luhmann 1998, S. 841), wie Luhmann dies am Beispiel der Erziehung deutlich macht: „Erziehung gibt es immer auch außerhalb von Schulen und Hochschulen" (ebd.). Und zugleich orientiert sich eine Organisation zumeist nicht nur an dem Funktionssystem, dem sie primär zugeordnet ist (z. B. die Schule am Erziehungssystem), sondern auch an anderen Funktionssystemen (etwa die Schule am politischen oder Wirtschaftssystem, vgl. Kuper 2001, S. 95).

Funktionssysteme und Organisationen unterscheiden sich allerdings in einem wesentlichen Punkt: „Funktionssysteme behandeln Inklusion, also Zugang für alle, als den Normalfall. Für Organisationen gilt das Gegenteil: sie schließen alle aus mit Ausnahme der hochselektiv ausgewählten Mitglieder" (Luhmann 1998, S. 844). Auf diese Weise können gesellschaftliche Funktionssysteme vollständig offen sein (z.b. können alle Menschen erzogen werden) und gleichzeitig Menschen durch ihre Organisationen unterschiedlich behandeln (nur manche bekommen das Abiturzeugnis).

Die funktionale Differenzierung der Gesellschaft in Teilsysteme und ihre Organisationen, wie sie Niklas Luhmann ausgearbeitet hat, reicht allerdings nicht aus, um Macht und Diskriminierung genauer zu beschreiben. Denn mit ihr kann nicht erklärt werden, warum bestimmte soziologische Gruppen in der Gesellschaft weniger Macht ausüben können als andere. Erst die Verknüpfung der funktionalen Differenzierung der Gesellschaft mit ihrer Milieudifferenzierung kann die ungleiche Verteilung von gesellschaftlicher Macht plausibel machen.

**Machtverhältnisse durch milieubedingt ungleiche Inklusion in Funktionssysteme und ihre Organisationen**

Wenn gesellschaftliche Funktionssysteme durch Organisationen konkretisiert werden, d.h. zu einer gesellschaftlichen Realität werden, richten sich diese Organisationen hauptsächlich an dem Code des jeweiligen gesellschaftlichen Funktionssystems aus. Dies bedeutet zugleich, dass auch die formalen Regeln der Organisation dem Code des jeweiligen Funktionssystems Rechnung tragen müssen. So zählt in der Schule der Code des Erziehungssystems (dem Lernen förderlich – dem Lernen abträglich), im Parlament der Code des politischen Funktionssystems (Macht – Ohnmacht), in einem Unternehmen der Code der Wirtschaft (Gewinn – Verlust).

Doch bedürfen die formalen Regeln, wie schon mehrfach dargelegt, der Übersetzung in die Praxis. Und diese Konkretisierungen – so meine These – orientieren sich nicht mehr an den Codes des jeweiligen gesellschaftlichen Funktionssystems, sondern an den im Organisationsmilieu oder im Herkunftsmilieu der Organisationsmitglieder herrschenden Orientierungen und selbstverständlichen Handlungspraktiken.

Menschen, die bereits weitgehend in die Organisationen gesellschaftlicher Funktionssysteme inkludiert sind, tragen – wie gezeigt – ihre Milieus (auch ohne ihren expliziten Willen) in diese Organisationen hinein und konkretisieren dessen formale Regeln. Derartige Konkretisierungen der Regeln haben – auch dies habe ich gezeigt – das Potenzial, diskriminierend zu wirken. Diese Diskriminierungen können entweder mit einer totalen Identifizierung der Diskriminierten einhergehen. Oder aber Menschen einer bestimmten soziologischen Gruppe finden schon deshalb keinen Zugang zu der Organisation, weil deren Eigenleben vollständig durch die informellen Regeln eines anderen, dominanten Milieus bestimmt wird.

> *Mehrdimensionale Machtungleichheiten* lassen sich besonders gut in Parlamenten beobachten. Hier ist nicht nur der Anteil der Mittelschichtsangehörigen besonders hoch (Schichtdimension), sondern innerhalb dieser findet man vornehmlich Männer (Geschlechterdimension) und hier wiederum vornehmlich solche aus der ethnischen Mehrheit (ethnische Dimension).

In dem Moment aber, wo Menschen (im Rahmen einer totalen Identifizierung oder aufgrund der Dominanz eines anderen Milieus) aus der Organisation ausgeschlossen sind (ethnische Minderheiten im Gesundheitswesen, Arbeiterkinder im Gymnasium, Frauen im höheren Management), setzt sich die Macht jener Milieus, die bereits gut in die Organisationen dieser Funktionssysteme inkludiert sind, wie von selbst fort. Denn das in die Organisation hereingetragene Milieu, dessen Umgangsweisen mit Regeln die Organisation dominieren, schließt in der Folgezeit durch seine Praktiken Gruppenfremde aus und sorgt auf diese Weise – möglicher Weise ohne Absicht – für die Dauerhaftigkeit seiner eigenen Dominanzstellung.

Dies lässt sich empirisch gut anhand der Organisation Schule im Funktionssystem der Erziehung zeigen. Hier ist es die Mittelschicht, die bereits die zentralen Positionen in der Organisation Schule eingenommen hat (vom Schulrat über den Direktor bis hin zu Lehrern und Elternbeiräten) und über die Regelkonkretisierungen die Erwartungen festlegen kann, die an potentielle Mitglieder angelegt werden. Auf diese Weise wird dafür gesorgt, dass Menschen, die diesen mittelschichtgeprägten Erwartungen nicht entsprechen, weil sie einer anderen soziologischen Gruppe angehören (etwa Kinder von Hilfsarbeitern oder Arbeitsmigranten), außen vor bleiben. Umgekehrt stellt das Mittelschichtmilieu allen Menschen, die ihm selbst zugehörig sind, das Wissen und die Kompetenzen zur Verfügung, die notwendig sind, um von den höheren Schulen inkludiert zu werden, da die informellen Regeln der höheren Schulen ohnehin vom Mittelschichtmilieu gemacht werden (vgl. Bourdieu/Passeron 1973).

Bedenkt man, dass auch die Milieus selbst keine monolithischen Gebilde, sondern in sich mehrdimensional (nach geschlechts-, migrations-, bildungs-, generations- und anderen spezifischen Erfahrungen) strukturiert sind, so ergeben sich hier „mehrdimensionale Ungleichheitsdimensionen" (Weiß 2004, S. 219), die an die Mehrdimensionalität von Diskriminierung, wie ich sie oben dargestellt habe, anknüpfen.

# Diskriminierung, Macht und Partizipation

> Ein Beispiel für die *Perpetuierung der Exklusion von Milieus* ist der Bezug staatlicher Transferleistungen, wenn er über Generationen hinweg stattfindet und die Kinder unter den Erwachsenen ihres Milieus gar keine Vorbilder mehr dafür finden, dass man mit guten schulischen Leistungen eine qualifizierte Arbeitsstelle erhalten kann. Hier findet in dem exkludierten Milieu allmählich eine Normalisierung der Arbeitslosigkeit, Gelegenheitsarbeit und des Bezugs von Transferleistungen statt.

Ebenso wie die Inklusion von Menschen aus bestimmen Milieus in eine Organisation letztere verändern kann, ebenso hat der Umstand, dass Menschen aus einem bestimmten Milieu in Organisationen besonders weitgehend inkludiert werden, Rückwirkungen auf jenes Milieu. Denn wenn diejenigen, die einem Milieu zugehörig sind, besonders weitgehend die allokativen und autoritativen Ressourcen einer Organisation nutzen können, kann sich auch die praktische Lebensform, die in diesem Milieu zu finden ist, verändern. Bessere Schulbildung der Milieuangehörigen führt ebenso zu Milieuveränderungen wie deren politische Repräsentation im Parlament.

Umgekehrt wird aber auch das Milieu jener Menschen beeinträchtigt, die aus Organisationen exkludiert werden. Es hat Folgen für das Milieu, wenn vermehrt Kinder aus diesem Milieu nur noch Hauptschulabschlüsse erzielen oder im Parlament keine VertreterIn dieses Milieus repräsentiert ist. Die Exklusion aus Funktionssystemen setzt sich fort, weil sie das exkludierte Milieu so verändert, dass dessen Inklusionschancen noch geringer werden.

### Partizipation als Strategie gegen mehrdimensionale Ungleichheiten

Wie nun aber lassen sich Diskriminierungen durch Organisationen und die mit ihnen verbundenen sozialen Ungleichheiten verhindern? Im Durchgang durch die unterschiedlichen Formen der Diskriminierung innerhalb und außerhalb von Organisationen sollte deutlich geworden sein, dass man es hier mit tief sitzenden, teilweise gar nicht bewussten, in jedem Fall aber nicht alleine mit Hilfe guten Willens veränderbaren Mechanismen zu tun hat. Aus diesem Grunde sind Bewusstseinsbildung, Aufklärung und auf die Erziehung reduzierte pädagogische Maßnahmen zwar wichtig, aber keineswegs ausreichend. Auch die Beobachtung und Skandalisierung der Ungleichbehandlung von Minderheiten (etwa im ‚ethnic monitoring' oder durch Gleichstellungsbeauftragte) alleine sind sicherlich keine hinreichende Lösung des Problems.

> Man hat in einigen Ländern – den USA und Großbritannien etwa – versucht, diese Form der Partizipation durch ein so genanntes ethnic monitoring zu sichern. Doch ein ethnic monitoring beobachtet nur den ethnischen Faktor, fragt aber nicht nach der Partizipation unterschiedlicher Geschlechter, Schichten, Generationen etc. Zur Förderung der allgemeinen Partizipation wird daher eher schon so etwas wie ein ‚*diversity monitoring*' benötigt, das verschiedene Kriterien (Schicht, Geschlecht, Alter, Ethnie) in ihr Beobachtungsraster aufnimmt.

Zusätzlich zur Beobachtung und Skandalisierung lässt sich der Diskriminierung in Organisationen des Erziehungs- und anderer Funktionssysteme m.E. dadurch begegnen, dass neben diejenigen, die bislang diese Organisationen dominiert haben, solche Menschen treten, die zu den diskriminierten Milieus gehören. Durch die *Partizipation* diskriminierter Milieuangehöriger kann Diskriminierungen vorgebeugt werden. Dies möchte ich ein wenig erläutern.

Wie ich etwa am Beispiel der Schule gezeigt habe, werden in den Organisationen, die die gesellschaftlichen Funktionssysteme repräsentieren, die formalen Regeln dieser Organisationen von denjenigen in der Praxis konkretisiert, die in diesen Organisationen bereits etabliert sind. Damit bleiben diese Organisationen zwar weiterhin ihrer eigentlichen Funktion und ihren formalen Regeln offiziell verbunden, doch werden sie in der Praxis von den Angehörigen bestimmter Milieus dominiert, die hier ihre Selbstverständlichkeiten durchsetzen.

Wenn im Fall der Schule eine Organisation von gebildeten Mittelschichten dominiert wird, dann kann dies unter der Hand sehr leicht zur Exklusion von Menschen aus anderen Milieus, etwa aus Arbeiterschichten, führen. Dies gilt nicht nur für das Bildungssystem, sondern auch für alle anderen Funktionssysteme und ihre Organisationen. Ihre allgemeinen Funktionen und formalen Regeln werden von jenen Menschen in der Praxis konkretisiert, deren Milieu die Organisation dominiert. Damit werden Personen anderer Milieus, die in den Organisationen nicht so gut repräsentiert sind, unter der Hand, aber eben doch systematisch, schlechter inkludiert.

Dem ist nicht Abhilfe zu schaffen dadurch, dass man auf den formalen Regeln der Organisationen besteht. Denn es ist gar nicht die böse Absicht derjenigen, die in diesen Organisationen ihre milieuspezifischen Selbstverständlichkeiten durchsetzen, dies zu tun. Sie müssen es geradezu tun, da die formalen Regeln nicht selbstexplikativ sind, sondern immer irgendwie in die Lebenspraxis übersetzt werden müssen (siehe dazu Kapitel 6.3).

Wenn Kinder aus ethnischen Minderheiten oder aus Arbeiterfamilien in der Schule benachteiligt werden, dann muss das also gar nicht unbedingt auf rassistischen Intentionen der Lehrerschaft beruhen. Benachteiligung und Diskriminierung finden schon dort statt, wo eine Organisation völlig ohne Absicht von einem Milieu dominiert wird, sodass ein anderes Milieu exkludiert wird.

Abhilfe könnte dadurch möglich werden, dass möglichst viele Menschen aus schlecht inkludierten Milieus (u.a. eben auch Migranten) von den Organisationen nicht nur als Mitglieder inkludiert werden und sozusagen als Zuschauer in „Publikumsrollen" (Stichweh 1988) verbleiben (etwa als Schüler), sondern auch an den Organisationen – und vor allem an ihren Entscheidungen und der Konkretisierung von formalen Regeln – partizipieren. Deswegen ist nicht nur die Inklusion aller Menschen in die Organisationen der gesellschaftlichen Funktionssysteme wichtig, sondern auch, welches Milieu die Entscheidungsträger/innen dieser Organisationen stellt.

> Das bildungspolitische Vorhaben, mehr Lehrpersonal ‚mit Migrationshintergrund' für die Schulen zu gewinnen (vgl. Georgi et al. 2011), mag z.T. dadurch motiviert sein, dass man ihnen einen besseren Bezug zu Schüler(inne)n mit ähnlichem sozialen Hintergrund zutraut. Doch könnte dies auch zu einer Verbesserung der *allgemeinen Partizipation* führen, falls hierdurch neue, inklusivere informelle Regeln in der Schule zur Geltung kommen.

Partizipation kann zwei Richtungen haben: Erstens geht es darum, dass Menschen aus allen Milieus möglichst gleichmäßig in den bestehenden Organisationen der unterschiedlichen Funktionssysteme vertreten sind. Dies ist nicht nur eine Frage der Verteilungsgerechtigkeit, sondern auch eine Frage der Inklusionsmöglichkeiten. Denn in dem Moment, zu dem die formalen Regeln der Organisationen der Konkretisierung in der Praxis bedürfen, sollten die praktischen Lebensformen und Selbstverständlichkeiten von Menschen aus möglichst vielen unterschiedlichen Milieus zum Zuge kommen, so dass keine Organisation von einem bestimmten Milieu dominiert wird. Diese Form der Partizipation nenne ich *allgemeine Partizipation*.

Zweitens geschieht Partizipation durch die Vertretung durchaus partikularer Interessen spezifischer Milieus. Gerade in dem Moment, in dem die vorgeblich ‚farbenblinden' Organisationen zu stark von spezifischen Milieus dominiert werden, so dass es einzelnen Menschen aus exkludierten Milieus nicht mehr gelingt, in diese Organisationen Eintritt zu finden, bedarf es der Artikulation partikularer Interessen, um gegen die bereits bestehenden Diskriminierungen durch nur scheinbar der Allgemeinheit verpflichtete Organisationen zu kämpfen. Das bedeutet, dass aus diesen exkludierten Milieus heraus Organisationen gegründet werden müssen. Ich nenne dies *partikulare Partizipation*. Damit in der Gesellschaft die Grenzen zwischen Milieus nicht durch Diskriminierung und ihr entgegen gesetzte partikulare Partizipation dauerhaft werden, sollte partikulare Partizipation nur als ein Zwischenschritt zur allgemeinen Partizipation verstanden werden.

Bei der Partizipation kommt es im Idealfall zu einer „Verschiebung dominanter Zugehörigkeitsordnungen" (Mecheril 2004, S. 223). Die durch Partizipation verursachte „beständige Unruhe" (ebd.) des Verschiebens stellt die Ordnung in Frage, innerhalb derer Organisationen (des Bildungswesens) immer schon durch bestimmte Milieus dominiert werden. Selbstverständlich hat es dann aber sowohl auf Interaktionen als auch auf den gesellschaftlichen Diskurs Rückwirkungen, wenn plötzlich ehemals aufgrund ihrer ‚illegitimen' Zugehörigkeit marginalisierte Menschen die Schulen der Stadt leiten. Mit einer solchen Form von „Diversity Management" (hierzu: Hormel/Scherr 2004, S. 203ff) steigt die Wahrscheinlichkeit, dass Organisationen Menschen unterschiedlicher Milieuzugehörigkeit adressieren können. Anstatt für die Assimilation von Personen aus exkludierten Milieus zu plädieren (d.h. dafür zu plädieren, dass sich die Exkludierten an die Erwartungen von Organisationen anpassen, die selbst durch spezifische, dominante Herkunftsmilieus geprägt sind), geht es also um Partizipation.

> *Partikulare Partizipation* liegt u.a. dort vor, wo Eltern und Pädagog(inn)en, die aufgrund ihrer Zugehörigkeit zu islamisch geprägten Milieus sich in öffentlichen Schulen nicht repräsentiert fühlen, eigene Privatschulen eröffnen.

**Partizipation und der Aufbau neuer inklusiver Organisationsmilieus**
Doch Partizipation ist kein Allheilmittel. Das wird deutlich, wenn man sich – weiterhin in theoretischer Absicht – die Frage stellt, was passiert, wenn Menschen unterschiedlicher Herkunftsmilieus den Umgang mit den formalen Regeln einer Organisation prägen.
Zur Erinnerung (siehe Kapitel 6.3): Wenn, da kein Herkunftsmilieu dominiert, niemand seine milieuspezifischen praktischen Umgangsweisen mit formalen Regeln in der Organisation durchsetzen kann, bilden sich in der – zunächst unsicheren und situativen – Anwendung formaler Regeln *informelle Regeln*. Sobald dann aber mehrere informelle Regeln von den Organisationsmitgliedern kollektiv geteilt und auf diese Weise soziale Regelmäßigkeiten aggregiert werden, kann man von einem *Organisationsmilieu* sprechen. In Organisationsmilieus sind all jene impliziten Wissensbestände, habituellen Handlungsweisen und informellen Regeln gelagert, die innerhalb der Organisation neu entstanden sind – dies im Unterschied zu jenen Selbstverständlichkeiten, die aus den Herkunftsmilieus tradiert werden.
Doch ist mit der Entstehung von Organisationsmilieus nicht bereits jeglicher Diskriminierung vorgebeugt. Denn Organisationsmilieus greifen unter Umständen in stärkerem Maße als Herkunftsmilieus auf Deutungsmuster, implizite und explizite Erwartungen und institutionalisierte Wissensbestände der Organisationsumwelt, seien diese aus der Pädagogik oder dem öffentlichen Diskurs, zurück. Da sie sich in der noch unsicheren Anwendung formaler Regeln konstituieren und insofern auf der Suche nach Orientierung für die Praxis der Organisation sind, nehmen die Organisationsmilieus möglicher Weise Deutungs-, Erwartungs- und Wissensangebote aus der Umwelt der Organisation bereitwilliger auf.
Diese Deutungs-, Erwartungs- und Wissensbestände gehen, wenn sie schon in der ersten, zögerlichen und unsicheren Anwendung formaler Regeln herangezogen werden, allmählich als habitualisierte und implizite Wissensbestände in die Organisationsmilieus ein, die sich ja aus den Regelmäßigkeiten der Anwendung formaler Regeln konstituieren. Hier kommt es nun darauf an, ob diese Wissensangebote eher dazu geeignet sind, Menschen aus unterschiedlichsten Milieus zu inkludieren, oder ob sie vornehmlich auf der (möglicherweise totalen) Identifizierung von Angehörigen bestimmter soziologischer Gruppen basieren. Der Pädagogik und der durch sie inspirierten Evaluationsforschung (vgl. Bohnsack/

Nentwig-Gesemann 2010) fällt daher bei der Formierung von möglichst inklusiven Organisationsmilieus eine große Aufgabe zu. Insbesondere stellen sich hier hohe Anforderungen an die Professionalisierung von Pädagogik.

## 6.5 Kollektive Zugehörigkeiten und pädagogische Professionalität

Nachdem nun die zentralen Annahmen der Pädagogik kollektiver Zugehörigkeiten – zur Unterscheidung von kulturellen Repräsentationen und mehrdimensionalen Milieus (Kapitel 6.1), zur interkulturellen Sozialisation, Lernen und Bildung (Kapitel 6.2), zu organisationstheoretischen Fragen (Kapitel 6.3) wie auch zu Diskriminierung, Macht und Partizipation (Kapitel 6.4) – herausgearbeitet sind, münden meine Ausführungen in einige Überlegungen zur Professionalisierung pädagogischen Handelns. Wenn ich diese hier umrisshaft skizziere, greife ich zugleich einige wichtige Punkte aus den vorangegangenen Seiten dieses Kapitels wieder auf. Zugleich knüpfe ich an die bislang entwickelten Theorien pädagogischer Professionalität (vgl. Combe/Helsper 1997; Kraul/Marotzki/Schweppe 2002) an, wobei es mir darum geht, auch die organisatorische Einbindung (vgl. Schütze 1997, Reh 2004 und die Beiträge in Helsper et al. 2008) der Professionalisierung pädagogischen Handelns und dessen Fundierung durch die Milieus der Handelnden zu berücksichtigen. Von besonderer Bedeutung für die folgenden Überlegungen war die Auseinandersetzung mit den Ansätzen von Oevermann (1997) und Schütze (1992), die ich hier allerdings zwecks besserer Lesbarkeit nicht in den Vordergrund rücke (siehe aber Nohl 2010).

**Die professionstheoretische Fragestellung**

Interkulturelle Sozialisation, Lernen und Bildung entfalten sich immer schon selbstläufig, d.h. sie sind auch jenseits pädagogischer Bemühungen und Organisationen zu finden. Pädagogik als Profession und organisierte Tätigkeit des Lehrens, Unterrichtens, Helfens, Beratens und Erziehens muss sich immer auf diese selbstläufigen Formen von interkultureller Sozialisation, Lernen und Bildung, die ich in Kapitel 6.2 ausführlich und anhand von empirischen Beispielen erläutert habe, beziehen (vgl. Oevermann 1997).

Dabei wird die professionelle Pädagogik erst dann tätig, wenn sie davon ausgehen kann/muss, dass die selbstläufige interkulturelle Sozialisation, Lernen und Bildung an ihre Grenzen gekommen sind. Dies ist der Moment, an dem die Pädagogik erstens Hilfe beim Hineinwachsen in von Interkulturalität geprägte Milieus und/oder Gesellschaften leistet (interkulturelle Sozialisation). Sie lehrt zweitens Wissen über fremde Kulturen und Kompetenzen im Umgang mit ihnen (interkulturelles Lernen). Und sie unterstützt die Edukand(inn)en drittens – in Form von Beratung und Erziehung – bei der Entfaltung eigener Orientierungen angesichts der Unübersichtlichkeit kulturpluraler Gesellschaften (interkulturelle Bildung). Ich bezeichne hier und im Folgenden die Sozialisand(inn)en, Lernenden und Sich-Bildenden zusammenfassend als Edukand(inn)en.

Alle genannten Tätigkeiten verweisen auf die übergreifende Funktion professionell-pädagogischen Handelns: *Die Katalysatorenfunktion bei der Entstehung des Neuen.* Es geht hier nicht so sehr um eine Initiationsfunktion, da die eigentlichen Impulse für die pädagogischen Grundprozesse meist von den Edukand(inn)en ausgehen – im Sinne der „Selbstthätigkeit" (Humboldt 1960, S. 237) –, dann aber von den Pädagog(inn)en entdeckt, intensiviert und gefördert werden können und sollten.

Dabei muss der Pädagoge/die Pädagogin stets im Auge behalten, dass sowohl die Milieus als auch die kulturellen Repräsentationen Bestandteile kulturpluraler Gesellschaften sind, in denen zudem noch vorgestellte Gemeinschaften existieren können (siehe zu diesen Begriffen Kapitel 6.1). Interkulturelle Sozialisation, Lernen und Bildung schöpfen idealer Weise immer aus der Vielfalt an Milieus, sind realiter aber oftmals mit kulturellen Repräsentationen wie auch vorgestellten Gemeinschaften verknüpft. Noch komplizierter wird die professionstheoretische Fragestellung, wenn man auch die Einbindung pädagogischen Handelns in Organisationen mit bedenken möchte (s.u.). Ich beschränke meine Überlegungen zum professionellen pädagogischen Handeln auf Fragen kultureller Pluralität und lasse damit eine Reihe anderer Fragestellungen unberücksichtigt.

**Konjunktive und kommunikative Sozialbeziehungen im pädagogischen Handeln**

Innerhalb des pädagogisch-professionellen Handelns werden zwei Formen von Sozialbeziehungen relevant, die bereits mit der Unterscheidung zwischen Milieu und kultureller Repräsentation eingeführt wurden: konjunktive und kommunikative Sozialbeziehungen. Während die konjunktive Sozialbeziehung die Existenz- und Wissensform *innerhalb* von Milieus umfasst, in denen die Menschen die Tätigkeiten, kulturellen Werke und wissensmäßigen „Gehalte in einer völlig konkreten, nur konjunktiv mitteilbaren perspektivischen Weise der existentiellen Gemeinschaft" haben, sind jene auch „imstande, in eine völlig abstrakte Beziehung zu diesen Realitäten zu gelangen" (Mannheim 1980, S. 296), wenn sie sie gegenüber solchen Personen, die nicht zu ihrem Milieu gehören, zu explizieren versuchen. Letzteres nennt Mannheim die „kommunikative Beziehung" (ebd., S. 288), in der die Gehalte in ihrer „ganz allgemeinen Funktion" (ebd.) wiedergegeben und damit von den konjunktiven Erfahrungen, innerhalb derer sie erworben wurden, abstrahiert werden. „Konjunktive Verständigung und Orientierung", so heißt es bei Bohnsack (1997, S. 57), bedeutet

# Kollektive Zugehörigkeiten und pädagogische Professionalität

„unmittelbares Verstehen der anderen im Medium von Gemeinsamkeiten der Handlungspraxis und des sozialisationsgeschichtlichen Erlebens. Kommunikative Verständigung und Orientierung beruht auf Interpretationen im Sinne des typisierenden Erfassens von Um-Zu-Motiven".

Im pädagogisch-professionellen Handeln muss man nun nicht nur damit rechnen, dass die Edukand(inn)en sowohl in konjunktiven als auch in kommunikativen Sozialbeziehungen leben. Vielmehr oszilliert die *pädagogische Beziehung* selbst zwischen Konjunktion und Kommunikation. Denn auch die Pädagog(inn)en sind ja einem Milieu mit seinen vielfältigen Erfahrungsdimensionen zugehörig. Darüber hinaus ist hier auch die organisatorische Anbindung pädagogischen Handelns mit zu bedenken.

**Interkulturelle Sozialisation, Lernen und Bildung zwischen konjunktiven und kommunikativen Sozialbeziehungen**

Der Bedeutung konjunktiver und kommunikativer Sozialbeziehungen für die pädagogischen Grundprozesse möchte ich nun im Einzelnen nachgehen.

**Interkulturelle Sozialisation:** Die Sozialisation der Edukand(inn)en ist von vorneherein immer mehrdimensional angelegt, d.h. sie wachsen immer schon innerhalb von konjunktiven Sozialbeziehungen in generations-, geschlechts-, alters-, migrationsspezifische und weitere Dimensionen von Milieus hinein. Allerdings bedeutet dies nicht, dass die Edukand(inn)en auch alle diese Dimensionen in ihrem Potential voll ausleben. In der Sozialisation können eine oder mehrere Milieudimensionen (etwa die als Migrantin oder als Jugendlicher) fokussiert, andere (etwa die des Geschlechts) an den Rand gedrängt sein – und dies kann sich zudem im Laufe der Biographie ändern. Damit deutet sich die pädagogische Aufgabenstellung schon an: *Hilfe zum Ausleben möglichst vieler Milieudimensionen.* Denn hierdurch werden die Handlungsmöglichkeiten im Leben der Edukand(inn)en vermehrt.

> Der erste Moment, zu dem man zur kommunikativen Explikation konjunktiven Erfahrungswissens genötigt wird, ist vermutlich derjenige, an dem ein Kleinkind sein Freispiel mit anderen Kindern (konjunktives Wissen) gegenüber den Eltern kommunikativ explizieren muss, wenn diese fragen: ‚Was macht Ihr da?' (vgl. hierzu: Nentwig-Gesemann 2002).

Interkulturelle Sozialisation vollzieht sich jedoch nicht alleine in den konjunktiven Sozialbeziehungen (obgleich sie hier ihren Ausgangspunkt hat). Vielmehr kommt es darauf an, diese konjunktiven Milieudimensionen auch adäquat über die Grenzen des eigenen Milieus hinweg zu repräsentieren. Diese kommunikative Explikation eigenen Erfahrungswissens – im Sinne einer kulturellen Repräsentation – kann sich nur dann vollziehen, wenn sie nötig wird, wenn nämlich die Edukand(inn)en auf Menschen treffen, mit denen sie nicht das Milieu vollständig teilen. Hier wird es nun für die Edukand(inn)en notwendig, jene nicht mit dem Gegenüber übereinstimmenden Milieudimensionen zu explizieren – zum Beispiel gegenüber einem Einheimischen zu explizieren, was es bedeutet, Migrant zu sein, oder gegenüber einer Frau zu explizieren, was es erfahrungsmäßig bedeutet, ein Mann zu sein.

Wenngleich die Einübung in die kommunikative Explikation eigener konjunktiver Erfahrungsbestände lebenszyklisch schon sehr früh beginnt, ist zu vermuten, dass dieser Vorgang nicht immer gelingt und nicht immer in adäquater Form vollzogen wird.

> In folgendem Beispiel, das einer Untersuchung von Heike Radvan (2010) entnommen ist, versucht ein Jugendpädagoge, verkürzende Selbstbeschreibungen von Jugendlichen mit einem Verweis auf deren mehrdimensionale Zugehörigkeiten zu irritieren. Als ein Jugendlicher seine Motivation, Selbstmordattentäter zu werden und in den Libanon zu gehen, damit begründet, „Araber" zu sein, erinnert er diesen an eine Reise, in deren Verlauf der Jugendliche sich als „cooler Neustädter" bezeichnet habe: „ich hab' Bezug genommen, als wir in Münster äh auf der Reise waren, die haben nicht gesagt, die sind coole Araber, sondern die hab'n gesagt, wir sind coole Neuköllner oder so was, wenn sie mit Mädels zum Beispiel irgendwie geflirtet hab'n". Der Pädagoge verweist auf ihre verschiedenen Zugehörigkeiten im Alltag und auf die damit verbundenen Chancen: „im Libanon ist das nich' so, im Flüchtlingslager hier und da, es is' nicht so und dein Leben ist hier, es geht um deine Zukunft" (zit. n. Radvan 2010, S. 228).

Die kommunikative Explikation eigener konjunktiver Erfahrungsbestände gilt dann als *misslungen*, wenn keinerlei Verbindung zwischen den konjunktiven Erfahrungen der Edukand(inn)en und ihren kommunikativen Selbstexplikationen zu finden ist, d.h. wenn sie in ihrer Selbstdarstellung lediglich auf die Zugehörigkeit zu einer vorgestellten Gemeinschaft (z.B. die einer Nation) zurückgreifen. *Nicht adäquat vollzogen* würde die kommunikative Explikation eigener konjunktiver Erfahrungsbestände dann, wenn die Edukand(inn)en nicht alle ihre Milieudimensionen explizieren, sondern in ihren Selbstexplikationen nur auf eine Milieudimension rekurrieren. Für diesen Fall lässt sich von einer totalen Identifizierung mit nur einer Dimension ihrer praktischen Lebensführung, ihres Milieus sprechen. Diese beiden Formen von totaler Identifizierung bilden das eine Ende eines Kontinuums, das sich zwischen konjunktiver Erfahrung und inadäquater bzw. misslungener Selbstexplikation aufspannt: Während die konjunktive Erfahrung selbst noch keine Vermittlungsleistung gegenüber Milieufremden darstellt, gibt es in der total identifizierenden Selbstexplikation zwar den Vermittlungsversuch, nur hat das, was vermittelt wird, nichts mehr mit den Erfahrungen der Vermittelnden zu tun. Professionelles pädagogisches Handeln zielt also – zusammengefasst – bezüglich der Sozialisation auf die *Hilfe* zum *Ausleben* und zur *kommunikativen Explikation* möglichst *vieler Milieudimensionen*.

**Interkulturelles Lernen:** Die Edukand(inn)en begegnen Personen, die (zumindest in einigen Dimensionen) einem anderen Milieu angehören. Dies ist dann nicht nur Gelegenheit zur kommunikativen Selbstexplikation eigener konjunktiver Erfahrung (s.o.), sondern auch zur Aneignung von Wissen über die anderen Milieus. Obgleich in diesen Milieus konjunktives Wissen vorliegt, haben die Edukand(inn)en als Milieufremde einen interpretativen Zugang zu diesen und erwerben insofern (zunächst) kommunikatives Wissen *über* die anderen Milieus. Dieses kommunikative Wissen abstrahiert notwendig von der Fülle konjunktiver Erfahrung, die es innerhalb des fremden Milieus gibt.
Allerdings gibt es sehr unterschiedliche Formen von Wissen über andere Milieus, ohne dass es ohne weiteres möglich wäre, das ‚richtige' Wissen zu definieren. Die Aufgabe der Pädagogik kollektiver Zugehörigkeiten liegt hier in der Aufklärung, Verbesserung, in der Verbreiterung und Kontrastierung der unterschiedlichen Wissensbestände über fremde Milieus.
Über den Erwerb kommunikativen Wissens hinaus (und mit ihm verknüpft) machen die Edukand(inn)en im Umgang mit den Personen, die einem anderen Milieu angehören, auch praktische Erfahrungen. Sie werden sozusagen in den Umgang mit Fremden, z.B. in eine interpretative Haltung eingeübt. Hier mehren sie ihr Können im Sinne eines praktischen Know-hows, das in ihren eigenen Habitus eingeschrieben wird. Wenngleich es wohl nicht möglich ist, *den* richtigen Weg zur Aneignung von Wissen über andere Milieus festzulegen, liegt in der Aufklärung, Verbesserung und Kontrastierung unterschiedlicher interpretativer Zugänge zum Fremden doch eine wichtige Aufgabe der Pädagogik kollektiver Zugehörigkeiten. An diesem Punkt wird deutlich, dass beim Lernen – wie schon bei der Sozialisation – die konjunktive und die kommunikative Ebene nur analytisch zu trennen, in der sozialen Praxis aber immer schon ineinander verwoben sind. Während in Bezug auf die Sozialisation die kommunikative Explikation auf der konjunktiven Erfahrung aufruht (denn diese gilt es ja zu explizieren), verhält es sich beim Lernen umgekehrt: In der kommunikativen Beziehung zu Milieufremden, d.h. im interpretativen Zugang und der Aneignung von Wissen über die Milieufremden bzw. in der Praxis der Begegnung mit Milieufremden entsteht ein habitualisiertes, konjunktives Können im Umgang mit Milieufremden.
Kommunikatives Wissen über fremde Milieus und konjunktives Können im Umgang mit fremden Milieus kann man lehren und unterrichten. Dieses interkulturelle Lehren und Unterrichten wird dort notwendig, wo kommunikative Wissensbestände aufgebaut wurden/werden, die den konjunktiven Erfahrungen der Milieufremden nicht entsprechen (auf gut Deutsch: wo Vorurteile existieren), bzw. dort, wo Edukand(inn)en Milieufremde total identifizieren (als eine

inadäquate Form des Könnens). Hier müssen die professionellen Pädagog(inn)en adäquateres, den konjunktiven Erfahrungen der Milieufremden eher entsprechendes Wissen und angemessenere Umgangsweisen *lehren* und *unterrichten*.

**Interkulturelle Bildung:** Die Edukand(inn)en beschränken sich nicht darauf, die Dimensionen ihres eigenen Milieus voll auszuleben und kommunikativ zu explizieren (interkulturelle Sozialisation) sowie in eine kommunikativ-interpretative Beziehung zu den konjunktiven Erfahrungen von Milieufremden zu treten und diese interpretative Haltung zu habitualisieren (interkulturelles Lernen); nein, sie können sich auch von den ihnen fremden Milieus existentiell, d.h. als neue Komponente ihrer konjunktiven Erfahrung, betreffen lassen. In diesem Fall werden die fremden Milieus für die Edukand(inn)en orientierungsrelevant. Dies bedeutet, dass sie dieses Fremde in ihr eigenes Milieu, ihre eigenen Handlungsorientierungen aufnehmen, gleich ob sie sich auf die (einzelnen) Milieudimensionen negativ oder positiv beziehen. Soweit man den Fall der völligen Assimilation an das fremde Milieu ausschließt, werden hier die Handlungsorientierungen des eigenen Milieus mit den Handlungsorientierungen des fremden Milieus *relationiert*, d.h. in einen Bezug zu diesen gebracht. Hier kann aus dem ganz praktischen Arrangement zwischen eigenem und fremdem Milieu eine neue Lebensorientierung entstehen.
Diese Entstehung neuer Lebensorientierungen aus dem Arrangement verschiedener alter Milieus ist zunächst eine Frage der Praxis und der konjunktiven Erfahrung. Doch lässt sich zeigen, dass diese zunächst praktische Neuentstehung von Lebensorientierungen von einer kommunikativen Explikation dieser neuen Orientierungen begleitet wird. Es ist sogar zu vermuten, dass hier nicht nur die kommunikative Selbstexplikation, sondern auch die kommunikative Anerkennung/Validierung durch Fremde eine hohe Bedeutung für die Entstehung neuer Handlungsorientierungen hat (vgl. Nohl 2006, S. 146-154 u. Rosenberg 2014). Erst wenn meine neue Form praktischer Lebensführung auch von anderen Menschen anerkannt wird, kann sie sich stabilisieren. Für diesen Prozess der existentiellen Aufnahme fremder Milieus, ihre Relationierung mit dem alten eigenen Milieu und die Entstehung einer neuen Lebensorientierung, der eng mit der kommunikativen Ebene verwoben ist, steht hier der Begriff der interkulturellen Bildung. Ebenso wie Sozialisation und Lernen findet auch interkulturelle Bildung oftmals selbstläufig, ohne Eingriff oder auch nur Beobachtung durch die Pädagogen statt. Doch ist die existentielle Aufnahme milieufremder Handlungsorientierungen in das eigene Milieu ein höchst riskanter Prozess. Das Risiko ist hier ein dreifaches: (1) Es bieten sich keine Anlässe für die existentielle Aufnahme des Fremden in das Eigene oder aber diese werden nicht genutzt. (2) Das praktische Arrangement zwischen fremden und eigenen Handlungsorientierungen erweitert nicht das Handlungspotential, sondern verengt es oder macht gar handlungsunfähig. (3) Die kommunikative Explikation und die kommunikative Validierung durch

andere finden nicht statt. Alle drei Elemente des Risikos können zugleich Ansatzpunkte für pädagogisches Handeln im Sinne von Beratung und Erziehung sein.

## Professionelle Beziehung der Pädagog(inn)en zu den Edukand(inn)en

Begreift man die interkulturelle Sozialisation, Lernen und Bildung als Ziele pädagogischen Handelns, so lassen sich diese Ziele sowohl über die Beziehung der Pädagog(inn)en zu den Edukand(inn)en als auch über soziale Arrangements erreichen, die von den Pädagog(inn)en inszeniert werden. Die Pädagog(inn)en können also zum einen darauf setzen, dass ihre eigene Interaktion mit den Edukand(inn)en der vollständigen Sozialisation, dem Lernen und der Bildung förderlich sind, sie werden aber auch andere soziale Arrangements inszenieren.

So können sie die Edukand(inn)en in Kontakt mit Gruppen bringen, in denen sie eigene, bislang nicht ausgelebte Milieudimensionen nunmehr fokussieren können (interkulturelle Sozialisation); z.B. können sie einen christlichen Jugendlichen, der in einer religiös weitgehend ‚unmusikalischen' Klasse ist, in eine christliche Jugendgruppe einladen. Oder sie können die Edukand(inn)en mit Gruppen zusammen bringen, in denen sie auf differente Milieudimensionen treffen und über diese kommunikatives Wissen erwerben und den Umgang mit ihnen erlernen können (interkulturelles Lernen); z.B. können sie ein Treffen zwischen Migrantenkindern und einheimischen Kindern organisieren. Auch kann dieses Zusammentreffen zwischen Menschen unterschiedlicher Milieus, sofern es eine praktische, existentielle Aufnahme des fremden Milieus in das eigene darstellt, eine Hilfestellung zur Findung neuer Orientierungen sein (interkulturelle Bildung).

In allen diesen sozialen Arrangements wie auch in der Interaktion mit dem Pädagogen selbst sind *zwei Gegensatzpaare* von hoher Bedeutung: Erstens die *Übereinstimmung* hinsichtlich einer Milieudimension versus der *Differenz* in einer anderen Milieudimension und zweitens die *konjunktive Sozialbeziehung* mit ihrem praktischen, habituellen Wissen versus die *kommunikative Sozialbeziehung* mit ihrem expliziten Wissen.

Wenn im pädagogischen Handeln interkulturelle Sozialisation, Lernen und Bildung gefördert werden sollen, dann darf es in der pädagogisch-professionellen Beziehung (wie auch in den von Pädagog(inn)en inszenierten sozialen Arrangements) weder zu einer völligen Übereinstimmung in allen Milieudimensionen noch zu einer diesbezüglichen völligen Differenz kommen. Die Pädagog(inn)en müssen also stets darauf achten, dass in den Interaktionen der Edukand(inn)en mit ihnen selbst oder innerhalb von sozialen Arrangements sowohl übereinstimmende als auch differierende Milieudimensionen vorhanden sind und ausgelebt werden können (z.B. Übereinstimmung hinsichtlich der Geschlechterdimension, aber Differenz hinsichtlich der Generationsdimension, siehe nachfolgende Abbildung 14, S. 234):

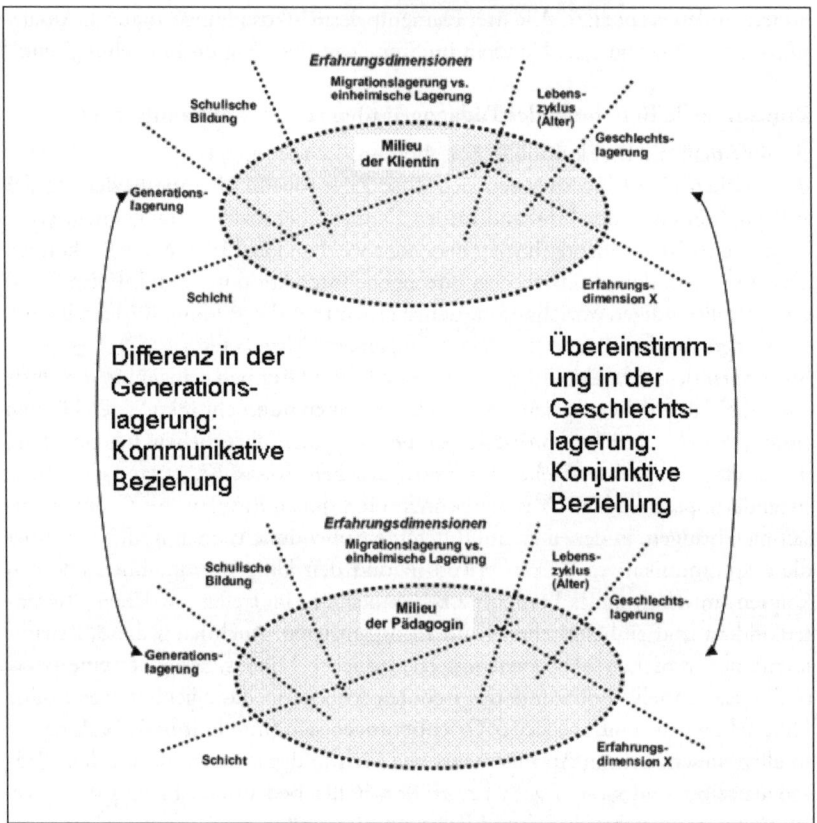

**Abbildung 14:** Professionelles Arrangement zwischen Konjunktion und Kommunikation

Es kann aber nicht darauf vertraut werden, dass das bloße Vorhandensein einer Differenz oder einer Übereinstimmung bereits der interkulturellen Sozialisation, dem Lernen oder der Bildung förderlich ist. Dies gilt insbesondere dann, wenn Menschen sich innerhalb einer Gruppe begegnen, die eine einzige, aber sehr herausgehobene Milieudimension als übergreifende Gemeinsamkeit hat (z.b.: Männergruppe, Migrantengruppe, Jugendclique), die alle anderen differierenden Milieudimensionen überlagert und überschattet. In diesem Fall kann durch die Pädagog(inn)en ein Impuls (z.b. ein Film, ein Gegenstand, eine Problemstellung etc.) gegeben werden, der die jeweils auszulebende differierende Milieudimension (z.b. die geschlechtsspezifische) anspricht. Man kann z.b., wenn Migrantinnen und weibliche Einheimische ständig über migrationsbezogene Unterschiede diskutieren, aber die Gemeinsamkeiten hinsichtlich ihrer geschlechtsspezifischen

Erfahrungen vergessen, diese Mädchengruppe in Kontakt mit einer (ebenfalls hinsichtlich des Migrationshintergrundes gemischten) Jungengruppe bringen und auf diese Weise den Mädchen nahelegen, auch ihre geschlechtsspezifischen Gemeinsamkeiten, die sie von den Jungen unterscheiden, zu reflektieren. Selbiges gilt natürlich umgekehrt für den Fall, dass die differierende Milieudimension im Vordergrund steht, während die gemeinsame Milieudimension im Schatten bleibt.

Es ist charakteristisch für dieses Ausleben aller – übereinstimmenden und differierenden – Milieudimensionen, dass die Pädagog(inn)en um dieser Notwendigkeit schon wissen (und idealer Weise sie selbst auch schon ausleben), während die Edukand(inn)en dies noch tun sollen. Doch dürfen die Pädagog(inn)en in dieser asymmetrischen Beziehung ihre Überlegenheit nicht ausspielen, sondern müssen den Edukand(inn)en einen allmählichen Einstieg in das für sie unbekannte Terrain ermöglichen.

**Zwischen konjunktivem Milieu und totaler Identifizierung**

Die pädagogische Beziehung (und auch die Interaktion der Edukand(inn)en in pädagogisch inszenierten sozialen Arrangements) umfasst – wie erwähnt – immer sowohl die konjunktive Ebene als auch die kommunikative Ebene. Sofern man davon ausgeht, dass Edukand(inn)en und Pädagog(inn)en nie völlig übereinstimmen, aber auch nie völlig differieren (sich fremd sind), gibt es stets ein Ineinander und Nebeneinander von konjunktiver und kommunikativer Beziehung. Allerdings ist das Changieren zwischen konjunktiver Erfahrung und kommunikativer Explikation nur die *erste Stufe* dieses Gegensatzpaares. Denn potenziert wird diese Gegensätzlichkeit noch dadurch, dass nicht jede kommunikative Explikation ohne weiteres der ihr zu Grunde liegenden konjunktiven Erfahrung angemessen ist.

Auf einer *zweiten Stufe* des Gegensatzpaares finden wir insofern die mehrdimensionale konjunktive Erfahrung einerseits und die totale kommunikative Identifizierung mit nur einer Dimension praktischer Lebensführung andererseits. Der Edukand präsentiert sich dann selbst z.B. lediglich als „Mann", als „Ägypter" oder als „Arbeiter", vernachlässigt aber die jeweils anderen Milieudimensionen, etwa die Zugehörigkeit zur 68er Generation, zur Stadtbevölkerung etc. Oder der Edukand sieht Personen fremder Milieus nur in einer Dimension unter Vernachlässigung der anderen Milieudimensionen. Selbiges gilt für die Pädagog(inn)en, welche die Edukand(inn)en bzw. sich selbst auf eine einzige Milieudimension reduzieren, z.B. auf die ethnische Zugehörigkeit. In beiden Fällen handelt es sich um eine totale Identifizierung, da die Person total mit einer Dimension identifiziert wird, obwohl ihr Milieu in sich mehrdimensional ist.

Unter Umständen können sowohl die Edukand(innen) als auch die Pädagog(innen) auf totale Identifizierungen zurückgreifen. Eine Pädagogin berichtet: „wir habn jetzt seitm Sommer Jüngere, die sind so acht bis zwölf, ja die sind dazu gekommen und det sind allet ausländische Jugendliche, also meistens von den Jüngeren, ick sach mal dazu Kinder, die sind jetzt, ach würd ick sagen, alle so Balkan, um det mal so ja so zu umschreiben, meistens Albaner und dann sind äh von fünfzehn, sach ick mal, bis neunzehn, zwanzig, so det Älteste wat wir habn, des is so der Hauptanteil der Jugendlichen hier (.), dann davon, würd ick jetzt mal sagen, nach also allet seitm Sommer sich wieder n bisschen verändert hat so also fünfzig Prozent Russlanddeutsche und die andern fünfzig Prozent Albaner ehm ja Bosnier" (zit. n. Radvan 2010, S. 114). Und an anderer Stelle heißt es: „wir haben Kurden auch einige Kurden so türkische, det hörn se ja nich gern aber von der türkischen Seite und (.) ich weeß gar nich ausm Irak habn mer auch welche also (2), na aber wie gesagt allet Kurden ja, ick möchte det betonen, det is ihnen sehr wichtig" (zit. n. ebd., S. 162).

Eine weitere Steigerung des Gegensatzpaares liegt auf der *dritten Stufe* vor. Hier besteht die Gefahr, dass die Edukand(inn)en von den Pädagog(inn)en auf die Zugehörigkeit zu einer vorgestellten Gemeinschaft reduziert werden oder sich selbst gegenüber den Pädagog(inn)en als einer solchen vorgestellten Gemeinschaft zugehörig präsentieren. Der Gegensatz von konjunktivem Milieu und kommunikativer Explikation ist bei dieser Konstruktion vorgestellter totaler Identitäten auf die Spitze gebracht.
In Fällen der totalen Identifizierung ist es die Aufgabe der Pädagog(inn)en, selbst zu angemesseneren Explikationen fremder Milieus zu gelangen und in der Kommunikation mit den Edukand(inn)en zu eruieren, inwieweit deren kommunikative Selbstexplikation in ihrer konjunktiven Erfahrung basiert ist, und mit ihnen zusammen sich den Erfahrungen kollektiver Zugehörigkeit, d.h. den Milieus, wieder anzunähern.

**Organisationen und pädagogische Professionalität**

Es ist charakteristisch für das professionelle pädagogische Handeln, dass es meist nicht in Form eines freien Berufes, sondern in *Organisationen* vollzogen wird. Insofern wird das Handeln von Pädagog(inn)en nicht nur durch ihre eigene Milieuzugehörigkeit, sondern auch durch die in der Organisation zentralen Regeln, seien sie formal, informell oder milieugeprägte Regelmäßigkeiten, strukturiert. Es gehört zur Professionalisierung pädagogischen Handelns dazu, dass nicht nur seine Verbundenheit mit den Milieus der Pädagog(inn)en, sondern auch seine organisatorische Dimension nicht als selbstverständlich hingenommen werden und implizit bleiben, sondern reflektiert werden muss (vgl. hierzu Helsper et al. 2008). Dies zielt nicht darauf, die milieu- und organisationsspezifischen Fundamente pädagogischen Handelns aufzuheben, sondern darauf, für die Folgen dieser Fundierung zu sensibilisieren.

# Kollektive Zugehörigkeiten und pädagogische Professionalität

Eine mögliche Folge der organisatorischen Fundierung pädagogischen Handelns ist, dass diejenigen, denen das pädagogische Handeln dienen soll, zugleich – und u.U. gegen die Intentionen der Pädagog(inn)en – zum Opfer *organisatorischer Diskriminierung* werden. Wie in Kapitel 6.4 erläutert, kann es in Organisationen auf vielfältige Weise zu Diskriminierungen kommen, seien diese unmittelbar oder mittelbar: Formale Regeln, informelle Regeln der Organisationsmilieus, milieugeprägte Umgangsweisen wie auch toleriertes milieubedingtes Unterleben können für bestimmte Bevölkerungsgruppen diskriminierend wirken.

Statt zu diskriminieren sollten die Organisationen den Bezug auf die Milieus der Edukand(inn)en pflegen. Hier ist es zur Förderung interkultureller Sozialisation, des Lernens und der Bildung hilfreich, wenn sich pädagogische Organisationen nicht nur auf *eine* Erfahrungsdimension im Milieu ihrer Klient(inn)en und Edukand(inn)en beziehen, sondern dazu beitragen, dass jene *möglichst viele* ihrer Erfahrungsdimensionen ausleben können. Zudem bedarf es eines Mischungsverhältnisses von Milieubezug und milieuübergreifenden, kommunikativen Sozialbeziehungen.

> Eine wichtige Funktion der öffentlichen Schulen ist es, Lernort für Kinder und Jugendliche aus unterschiedlichen Milieus zu sein. Dies ist nicht nur für die Herstellung gleicher Bildungschancen wichtig, sondern auch für die Begegnung zwischen den Milieus und damit für deren gesellschaftliche Inklusion.

Die formalen Regeln stellen hier sicher, dass die Organisation sich nicht ausschließlich auf ein Milieu bezieht, sondern (zumindest prinzipiell) einen milieuübergreifenden Charakter hat. Letztlich bilden die formalen Regeln auch das Scharnier der Organisation zu den sie umgebenden Organisationen und den gesellschaftlichen Funktionssystemen. Die Organisationen ermöglichen durch diesen Allgemeinheitscharakter es den Edukand(inn)en, über ihr eigenes Milieu hinauszuwachsen. Sie vermögen jene nicht nur mit anderen Milieus in Kontakt zu bringen (insofern eine Organisation mit Allgemeinheitscharakter niemals sich nur auf ein, sondern stets auf mehrere Milieus bezieht), sondern nötigen sie auch zu einer kommunikativen Explikation ihrer milieuspezifischen, konjunktiven Erfahrungen.

Sturm (2013, S. 133) sieht – unter besonderem Bezug auf behinderte Schüler/innen – hier zudem die Möglichkeit, dass die Inklusion in eine gemeinsame Schule selbst zu einer konjunktiven „Erfahrung des reflektierten und egalitären Miteinanders von Differenz und Gemeinsamkeit" wird. Noch unterhalb der ursprünglichen Differenzen zwischen unterschiedlichen Milieus und ihren Dimensionen könne sich hier „ein kontinuierliches Wechselspiel von Inklusion in und Exklusion aus konkreten unterrichtlichen und schulischen Interaktionsbezügen entfalten, das sich durch gegenseitiges Lernen voneinander und übereinander auszeichnet". Hier würden situative „Momente von Zugehörigkeit und Nichtzuge-

hörigkeit" erzeugt, „die lernend und bildend überwunden werden können" (ebd.; vgl. auch Wagner-Willi/Sturm 2012).
Gerade weil Organisationen mit ihrer Regelstruktur vom Prinzip her milieuübergreifend sind und weil in ihnen Menschen unterschiedlicher Milieus aufeinander treffen, sind sie ein geeigneter Ort, um die kommunikative Explikation der konjunktiven Erfahrungen und Wissensbestände eigener und fremder Milieus einzuüben und neue konjunktive Erfahrungen, die alle Beteiligten umfasssen, zu machen. Dies ist eine weitere Folge der organisatorischen Einbettung pädagogisch-professionellen Handelns, die es zu reflektieren und zu nutzen gilt.

**Rekonstruktion milieuspezifischer Erfahrungen**

Wenn es in der Pädagogik kollektiver Zugehörigkeiten immer wieder darum geht, wie Menschen mit ihren mehrdimensionalen milieuspezifischen Erfahrungen leben und welche Bedeutung diese für interkulturelle Sozialisations-, Lern- und Bildungsprozesse haben, dann ist es für die Professionalisierung pädagogischen Handelns unabdinglich, einen angemessenen empirischen Zugriff auf die mehrdimensionalen Milieus zu haben, denen die Edukand(inn)en zugehörig sind. Da es um die Spezifik eines jeden Milieus geht, wäre es hier unangemessen, an dieses mit vorgefertigten Erwartungen und Hypothesen heranzutreten und es subsumtionslogisch (also im Sinne einer Unterordnung des Besonderen unter das Allgemeine) an bereits vorhandenen Maßstäben zu messen. Der Eigentümlichkeit der Milieus kommt man – ähnlich wie es für den Bezug auf Biographien vorgeschlagen wird (vgl. Schütze 1993) – am ehesten mit einer *rekonstruktiven* Herangehensweise auf die Spur.

Da wir es jedoch nie alleine mit Milieus, sondern auch mit deren kulturellen Repräsentationen zu tun haben, sind die Anforderungen an die rekonstruktiven Leistungen professioneller Pädagog(inn)en hoch: Sie müssen nicht nur die in der öffentlichen Repräsentation hervorgehobenen Elemente der Kultur berücksichtigen, sondern sich auch einen analytischen Zugang zu den Milieus schaffen. Während die kulturellen Repräsentationen im Bereich kommunikativen, milieuübergreifenden Wissens angesiedelt und daher leicht nachvollziehbar (bzw. sogar auf leichte Nachvollziehbarkeit angelegt) sind (man denke nur an das Kopftuch oder die Tracht der Nonnen), macht es das Spezifische der Milieus aus, dass das in ihnen zu findende konjunktive Wissen zunächst einmal nur innerhalb des Milieus ohne Weiteres verstanden werden kann, d.h. selbst-verständlich ist. Wie bereits mehrfach erwähnt, sind die Milieuangehörigen aber auch nicht notwendiger Weise in der Lage, ihr milieuspezifisches, konjunktives Wissen kommunikativ zu explizieren. Die Milieuangehörigen wissen nicht, „was sie da eigentlich alle wissen", sie verfügen „somit über ein implizites Wissen …, welches ihnen reflexiv nicht so ohne weiteres zugänglich ist" (Bohnsack et al. 2007a, S. 11).

Der professionelle Pädagoge ist daher darauf angewiesen, diese praktische und vorreflexive Ebene des Kulturellen – im Rahmen *methodisch kontrollierten Fremdverstehens* – selbst zu rekonstruieren (vgl. Liebau 1992, S. 169). Deshalb ist gerade in der Pädagogik kollektiver Zugehörigkeiten eine fundierte Ausbildung in empirisch-rekonstruktiven Methoden wichtig, die es später den Praktiker(inne)n ermöglichen wird, ihr methodisches Know-how in abgekürzter Form zu nutzen (vgl. hierzu: Marotzki et al. 2006, Kap. 5; Schütze 1993).

Ohne an dieser Stelle darauf eingehen zu können, mit welchen Erhebungs- und Auswertungsmethoden sich pädagogisch Handelnde vertraut machen sollten, möchte ich im Folgenden zwei für die Pädagogik kollektiver Zugehörigkeiten wichtige Komponenten einer *rekonstruktiven Erkenntnishaltung* deutlich machen. Ich stütze mich dabei vor allem auf den Ansatz der *dokumentarischen Methode* (vgl. Bohnsack 2014; Bohnsack et al. 2007b; Nohl 2012), die – vermittelt über die praxeologische Wissenssoziologie – enge Bezüge zur Pädagogik kollektiver Zugehörigkeiten aufweist.

### Rekonstruktive Erkenntnishaltung zwischen kommunikativen und konjunktiven Sozialbeziehungen

Interkulturelle Pädagog(inn)en beschäftigen sich mit Personen aus unterschiedlichen Kulturen, welche nicht nur als konjunktive Erfahrung im Milieu fundiert, sondern immer schon thematisch und diskursiv repräsentiert sind. Für die wissenschaftliche Interpretation solcher empirischer Daten, aber auch für die Diagnosen von pädagogischen Praktiker(inne)n, ergibt sich hier ein methodisches Problem: die kulturellen Repräsentationen sind sauber von den Milieus zu trennen.

Insbesondere dürfen kulturelle Repräsentationen für die professionellen Pädagog(inn)en nicht handlungsleitend sein. Das heißt, sie müssen die kulturellen Repräsentationen ihrer Edukand(inn)en zwar berücksichtigen, ihre Rekonstruktion muss aber hierüber hinausgehen und das hinter den Repräsentationen liegende Milieu einbeziehen. Denn die in einer interkulturellen Diskussion mobilisierten kulturellen Repräsentationen können nicht schon *Ergebnis*, sondern nur der *Gegenstand der Analyse* sein (vgl. Bommes 1996 u. Hamburger 1999a; dazu: Bohnsack/Nohl 2001). Ganz praktisch gesprochen: Wenn im Zuge eines Konflikts sich der Besucher einer kulturpädagogischen Einrichtung als „Deutscher" bezeichnet, würde es die pädagogische Intervention in eine Sackgasse führen, ihn auch lediglich als Deutschen zu behandeln. Erst wenn die pädagogisch Handelnden verstanden haben, was eine solche Selbstetikettierung als „Deutscher" im Rahmen des Milieus dieser Edukand(inn)en bedeutet, eröffnen sich ihnen neue Handlungsoptionen.

> Eine Pädagogin beschreibt ihre ersten Wahrnehmungen von Schimpfworten und Überlegungen, damit umzugehen: „und merkte dann auf dem Schulhof oder auch hier in der Einrichtung gibt es eben Beschimpfungen Du Opfer das war ganz groß, als ich anfing, haben sich alle gegenseitig mit Du Opfer beschimpft und ich hab überlegt, wie gehe ich damit um [...] als dann aus Du Opfer irgendwann Du Jude wurde, hab ich noch mal kritischer drüber nachgedacht" (zit. n. Radvan 2010, S. 200). Heike Radvan hat in einer Untersuchung zum Umgang von Jugendpädagog(inn)en mit antisemitischen Äußerungen gezeigt, wie wichtig hier schon die unterschiedlichen Beobachtungshaltungen der Professionellen sind. Besonders vorteilhaft erscheint eine „rekonstruktive Beobachtungshaltung" (2010, S. 201), zu denen die Jugendpädagogin in dem Moment anhebt, als sie nicht sofort interveniert, sondern zunächst „nachgedacht" hat. Denn nur diese ermöglichen dann auch „praxeologische Interventionen" (ebd., S. 221), die auf die Funktionalität der Antisemitismen im Leben der Jugendlichen zielen und diese zu verändern suchen.

Auch total identifizierende Fremdrepräsentationen, die z.B. in Schimpfwörtern ihren Ausdruck finden, können von Pädagog(inn)en aufgegriffen und auf ihren milieuspezifischen Kontext hin rekonstruiert werden. Auf diese Weise werden die hinter dem Gebrauch von Fremdrepräsentationen stehenden konjunktiven Erfahrungen, die mit den fremdrepräsentierten Personen nichts zu tun haben müssen, sichtbar.

Der Zugang zu diesen Milieus und ihren Erfahrungsdimensionen ist – und dies gilt für Forschende und pädagogisch Handelnde gleichermaßen – möglich, wenn die Edukand(inn)en ihre Erfahrungen, d.h. ihre praktischen Handlungs- und Erleidensprozesse frei und ausführlich schildern können. Hierfür eignen sich insbesondere Erzählungen und Beschreibungen; aber auch in anderen textuellen oder visuellen Daten können milieuspezifische Erfahrungen artikuliert werden.

Es kommt nun darauf an, nicht nur zu beachten, *was* die Edukand(inn)en an Erfahrungen gemacht haben, sondern *wie* sie diese verarbeitet haben. Erst die Art und Weise, wie, d.h. in welchem Orientierungsrahmen, Menschen die Themen, Aufgaben und Probleme ihres täglichen Lebens bewältigen, d.h. wie sie sich orientieren, gibt Aufschluss über ihre Milieus (vgl. Bohnsack 2014, S.33ff).

**Die Rekonstruktion der Mehrdimensionalität von Milieus**

Obgleich die Milieus in den Schilderungen der Edukand(inn)en oftmals als homogene und geschlossene Formationen erscheinen mögen, sind sie doch durch unterschiedliche Erfahrungsdimensionen strukturiert. Auch diese *Mehrdimensionalität* der Milieus gilt es in der *rekonstruktiven Erkenntnishaltung* professionalisierter Pädagog(inn)en zu verankern. Ist es bei der Sichtung eines Einzelfalls noch schwierig, diese Milieudimensionen zu erkennen, so ermöglicht der *Vergleich* unterschiedlicher Fälle eine mehrdimensionale Sichtweise. Zwei Fälle mögen sich hinsichtlich einer Erfahrungsdimension ähneln, in einer zweiten Erfahrungsdimension aber unterscheiden. Diese zweite Erfahrungsdimension kann wiederum eine Gemeinsamkeit mit einem dritten Fall darstellen.

Wenn man zwei Jungen, von denen der eine einheimisch, der andere Migrant ist, miteinander vergleicht, liegt es nahe, dass zunächst die migrationsspezifischen Unterschiede auffallen. Zieht man ein einheimisches Mädchen hinzu, werden nun auch geschlechtsspezifische Kontraste (zwischen Jungen und Mädchen) und Gemeinsamkeiten (zwischen den beiden Jungen) sichtbar. Dass alle drei hinsichtlich ihres Alters Gemeinsamkeiten aufweisen, wird sich dann im Vergleich mit jungen Männern/Frauen zeigen.

Um mehrere Dimensionen der Milieus von Edukand(inn)en rekonstruieren zu können, ist es wichtig, dass professionelle Pädagog(inn)en mit einer gewissen Vielfalt an Edukand(inn)en befasst sind. Nur wenn sich zwischen den Edukand(inn)en Unterschiede wie auch Gemeinsamkeiten zeigen (z.B. Unterschiede hinsichtlich des Geschlechts, Gemeinsamkeiten hinsichtlich des Lebensalters), lassen sich unterschiedliche Dimensionen ihrer Milieus (Geschlecht und Jugend) erfassen. Wer nur mit dem städtischen Arbeitermädchen katholischen Glaubens zu tun hat, sieht die genannten Dimensionen (Religion, Klasse, Geschlecht, Region) letztlich nicht, da erst der Vergleich mit katholischen bildungsbürgerlichen Mädchen in der Stadt etwa darauf aufmerksam macht, dass es Unterschiede hinsichtlich der Klasse gibt, aber auch Gemeinsamkeiten hinsichtlich der Religion, des Geschlechts und der Region (siehe hierzu auch das empirische Beispiel zu Vergleich und Mehrdimensionalität in Kapitel 6.1).
Indem sie die Mehrdimensionalität der Milieus von Edukand(inn)en rekonstruktiv explizieren, zeigen die professionellen Pädagog(inn)en die immanenten Kontingenzen des jeweiligen Falles auf: Die Mehrdimensionalität des Falles bedeutet, dass nicht nur die von den Edukand(inn)en (in ihren kulturellen Repräsentationen) fokussierten, sondern auch andere Dimensionen eine Ressource für ihr Handeln sein können. Da diese anderen Dimensionen sich ja gleichfalls in der Handlungspraxis der Edukand(inn)en wieder finden, muss pädagogisches Handeln hier nicht milieufremd sein, sondern kann (zunächst) auf die den Edukand(inn)en bzw. ihren Milieus eigenen Ressourcen zurückgreifen, wenn interkulturelle Sozialisation-, Lern- und Bildungsprozesse gefördert werden sollen.

**Vermittlung von Allgemeinem und Besonderem über Typisches**

Dass die Milieus der Edukand(inn)en zwar je spezifisch, aber nicht einzigartig und unvergleichbar sind, sondern durch geschlechtsspezifische, bildungs-, generations-, migrationstypische und andere Erfahrungsdimensionen strukturiert sind, hat für ein zentrales Problem pädagogischen Handelns eine hohe Bedeutung: Im pädagogischen Handeln treffen stets *Allgemeines* und *Besonderes* aufeinander, ohne dass sie ineinander aufgehen würden. In den Professionalisierungstheorien wird dies als grundlegende Antinomie (vgl. Helsper 1997) bzw. Paradoxie (vgl. Schütze 1997) pädagogischen Handelns bezeichnet. Dies möchte ich im Folgenden kurz erläutern.

Das Allgemeine pädagogischen Handelns umfasst insbesondere die wissenschaftlichen Theorien und pädagogischen Methoden der Pädagog(inn)en einerseits und die bürokratischen Abläufe ihrer Organisation andererseits. Letztere lassen sich noch einmal nach formalen Regeln, den informellen Regeln der Organisationsmilieus sowie den milieugeprägten Umgangsweisen mit formalen Regeln unterscheiden.

Während die genannten Aspekte dadurch einen Allgemeinheitscharakter besitzen, dass sie beanspruchen, sich auf viele unterschiedliche Anwendungsfälle und Situationen zu beziehen, erscheinen die Edukand(inn)en und ihre Problemlagen als spezifisch. Zwischen dem skizzierten Allgemeinen und dem Besonderen des Falles muss nun vermittelt werden – und hierbei bezieht sich die Pädagogik kollektiver Zugehörigkeiten auf die Mehrdimensionalität der Fälle und der hinter ihnen stehenden Milieus.

Im Unterschied zu den o.g. Professionalisierungstheorien ist zunächst einmal nicht davon auszugehen, dass in Bezug auf jede neue Edukandin, mit der die Pädagog(inn)en befasst sind, erneut allgemeines Wissen und der besondere Fall der Edukandin einander diametral gegenüber stehen. Vielmehr können die professionellen Pädagog(inn)en ja auf ihr *empirisches Erfahrungswissen*, das sie in der Analyse/Diagnose vorangegangener Fälle (Edukanden) erworben haben, aufbauen. Dieses empirische Erfahrungswissen kann dazu genutzt werden, zwischen allgemeinem Wissen und Einzelfall zu vermitteln.

Notwendig ist dafür aber eine bestimmte Struktur des empirischen Erfahrungswissens. Verbliebe dieses empirische Wissen der Pädagog(inn)en in einer Aneinanderreihung von Einzelfällen, dann ergäbe sich für die Pädagog(inn)en lediglich die Möglichkeit zu überprüfen, ob der neue Edukand einem vorangegangenen Fall gleicht und in der Folge dieser neue Fall unter den alten Fall – mit allen Konsequenzen für die pädagogischen Handlungsstrategien – subsumierbar ist. Zum Beispiel könnte eine neue Schülerin daraufhin beobachtet werden, ob sie dieselben Erfahrungen macht wie frühere Schülerinnen, die dem Lehrer schon bekannt sind. So würden die jeweils alten Fälle zum Allgemeinen und die jeweils neuen Fälle zum subsumierbaren Besonderen gemacht.

Wenn aber die professionellen Pädagog(inn)en ihr empirisches Wissen nicht fallbezogen aufbauen, sondern entlang der von ihnen rekonstruierten Milieudimensionen ihrer Edukand(inn)en, so ergibt sich eine andere Struktur des empirischen Wissens. Die Milieudimensionen sind dann die strukturgebende Basis des empirischen Wissens. Da die Rekonstruktion der Milieudimensionen nicht nur auf einem Fall aufbaut, sondern mehrere umfasst, muss notwendig schon vom Einzelfall abstrahiert und das *Typische jeder Milieudimension* herausgearbeitet werden (etwa typische konjunktive Erfahrungen von Frauen, von Migranten, von Jugendlichen etc., vgl. zur Typenbildung: Bohnsack 2007). Statt – um an das o.g. Beispiel anzuknüpfen – die neue Schülerin als Gesamtfall mit allen alten Fällen zu vergleichen, könnte der Lehrer versuchen, bei der neuen Schülerin geschlechtstypische, aber auch alterstypische Aspekte, zu denen er bereits empirisches Wissen (aufgebaut) hat, zu erkennen. Zugleich mag er neue Aspekte, die noch nicht als typisiertes empirisches Wissen vorliegen, entdecken.

Wenn nun die professionellen Pädagog(inn)en mit diesem empirischen, in *mehrdimensionalen Typiken* angeordneten Wissen auf den Einzelfall eines neuen Edukanden treffen, werden sie diesen Einzelfall nicht mehr unter allgemeines Wissen oder bereits bekannte Fälle vollständig subsumieren müssen; gleichwohl werden sie aber in dem neuen Einzelfall solche (Elemente von) Dimensionen finden, die ihnen bereits aus ihren empirischen Typen her bekannt sind. Andere Aspekte des neuen Einzelfalls werden ihnen demgegenüber unbekannt sein und dazu dienen, ihr empirisches Wissen zu erweitern. Auf diese Weise wird es ihnen dann auch möglich sein, jeden neuen Fall in bestimmten Dimensionen mit ihren alten Fällen in Verbindung zu bringen, in anderen Dimensionen aber auch die Kontraste zu den alten Fällen zu sehen. Dieses Ineinander von *Kontrast* und *Übereinstimmung* (das wir ja schon aus den Überlegungen zu Sozialisation, Lernen und Bildung sowie zu konjunktiven und kommunikativen Sozialbeziehungen kennen) vermag es, zwischen Allgemeinem und Besonderem zu vermitteln.

Die rekonstruktive Erkenntnishaltung mit ihrer Beachtung impliziter Wissensbestände und konjunktiver Erfahrungen der Edukand(inn)en sowie ihre Analyse und Typisierung unterschiedlicher Erfahrungsdimensionen ist eine zentrale Grundlage der Professionalisierung pädagogischen Handelns. In der Pädagogik kollektiver Zugehörigkeiten übernimmt das pädagogische Handeln die Funktion des Katalysators bei der Entstehung des Neuen. Das pädagogische Handeln umfasst erstens die Hilfe beim Hineinwachsen in von Interkulturalität geprägte Milieus bzw. Gesellschaften (interkulturelle Sozialisation), zweitens die Lehre von Wissen über fremde Kulturen und Kompetenzen im Umgang mit ihnen (interkulturelles Lernen), und unterstützt die Edukand(inn)en drittens – in Form von Beratung und Erziehung – bei der Entfaltung eigener Orientierungen angesichts der Unübersichtlichkeit kulturpluraler Gesellschaften (interkulturelle Bildung). Dabei nutzt professionalisiertes pädagogisches Handeln seine Einbindung in die pädagogischen Organisationen und in die Milieus von Pädagog(inn)en wie Edukand(inn)en, indem es mit dem Kontrast von konjunktiver, praktischer Erfahrung und deren kommunikativer Explikation spielt. In diesem Sinne sind kollektive Zugehörigkeiten ein Potential für Sozialisations-, Lern- und Bildungsprozesse.

## Zusammenfassung und Literaturvorschläge:

*Die Pädagogik kollektiver Zugehörigkeiten fasst Kultur auf mehreren Ebenen: Die kollektiven Formen praktischer Lebensführung, wie sie in „Milieus" vorliegen, können gegenüber Milieufremden expliziert werden, sodass „kulturelle Repräsentationen" entstehen. Wo diese Explikationen keinen Bezug zu den milieuspezifischen Erfahrungen haben, kann von „vorgestellten Gemeinschaften" gesprochen werden. Milieus sind in sich mehrdimensional angelegt, d.h. sie weisen Erfahrungsdimensionen auf, die spezifisch für Geschlecht, Generation, Migration oder andere Zusammenhänge sind. Angesichts dieser Vielfalt solcher mehrdimensionalen Milieus in der Gesellschaft entfalten sich interkulturelle Sozialisations-, Lern- und Bildungsprozesse diesseits und jenseits pädagogischen Handelns und pädagogischer Organisationen. Dabei ist der Bezug von pädagogischen Organisationen auf die Milieus ihrer Adressat(inn)en auch deshalb wichtig, weil gerade hier Diskriminierung, Macht und Partizipation virulent werden. Alle diese Aspekte der Pädagogik kollektiver Zugehörigkeiten werden dann innerhalb der Professionalisierung pädagogischen Handelns zueinander in Beziehung gestellt.*

*Zum vertieften Verständnis der Pädagogik kollektiver Zugehörigkeiten sei folgende Literatur der Lektüre empfohlen:*

Nohl, A.-M. (2001): Migration und Differenzerfahrung. Junge Einheimische und Migranten im rekonstruktiven Milieuvergleich. Opladen
*In diesem Buch finden sich das Konzept der mehrdimensionalen Milieus und viele der empirischen Beispiele, die in diesem Kapitel herangezogen werden.*
Bohnsack, R. (2014): Rekonstruktive Sozialforschung. Opladen (9. Auflage)
*Hier wird die Methodologie, die der Pädagogik kollektiver Zugehörigkeiten unterliegt, in Abgrenzung zu anderen Ansätzen rekonstruktiv-qualitativer Forschung dargestellt.*
Sturm, T. (2013): Lehrbuch Heterogenität in der Schule. München
*In diesem Lehrbuch wird die Pädagogik kollektiver Zugehörigkeiten aufgegriffen und für die Belange einer Inklusionspädagogik weiter ausgearbeitet.*
Nohl, A.-M. (2011): Pädagogik der Dinge. Bad Heilbrunn
*Als Teil einer allgemeinen Pädagogik – jenseits interkultureller Fragestellungen – werden hier zentrale Themen der Pädagogik kollektiver Zugehörigkeiten auf die Frage bezogen, wie Menschen mit materiellen Dingen lernen, sozialisiert werden und sich bilden.*

# 7 Literatur

Adams, D. W. (1988): Fundamental Considerations: The Deep Meaning of Native American Schooling, 1880-1900. In: Harvard Educational Review, Vol. 58, No. 1, S. 1-28
Allan, R./Hill, B. (1995): Multicultural Education in Australia: Historical Development and Current Status. In: Banks, J. A./Mc Gee Banks, C. A. (Hg.): Handbook of Research on Multicultural Education. New York, S. 763-777
Almeida, D. (1997): The hidden half: A history of Native American women's education. In: Harvard Educational Review. Vol. 67, No. 4, S. 757-772
Anderson, B. (2005): Die Erfindung der Nation. Frankfurt am Main/New York
Apitzsch, U. (1999a): Biographieforschung und interkulturelle Pädagogik. In: Krüger, H.-H./Marotzki, W. (Hg.): Handbuch erziehungswissenschaftliche Biographieforschung. Opladen, S. 471-486
Apitzsch, U. (1999b): Traditionsbildung im Zusammenhang gesellschaftlicher Migrations- und Umbruchsprozesse. In: Dies. (Hg.): Migration und Traditionsbildung. Opladen, S. 7-20
Auernheimer, G. (2003): Einführung in die interkulturelle Pädagogik. Darmstadt
Auernheimer, G. (2013) (Hg.): Interkulturelle Kompetenz und pädagogische Professionalität. Wiesbaden (4. Auflage)
Bade, K.J. (2012): Nach Sarrazin – Hintergründe, Ursachen und Wirkung einer deutschen Debatte. In: Schneiders, Th. G. (Hg.): Verhärtete Fronten. Wiesbaden: Springer VS, S. 119-124
Banks, J. A. (2007): Race, Culture, and Education. London/New York: Routledge
Baros, W. (2006): Neo-Assimilation: Das Ende des Konzeptes der Interkulturellen Öffnung? In: Otto, H.-U./Schrödter, M. (Hg.): Soziale Arbeit in der Migrationsgesellschaft. Sonderheft 8 der Neuen Praxis. Lahnstein, S. 61-70
Baumert, J./Schümer, G. (2001): Familiäre Lebensverhältnisse, Bildungsbeteiligung und Kompetenzerwerb, in: Deutsches PISA-Konsortium (Hg.): PISA 2000. Opladen, S. 323-407
Bernstein, B. (1970): Soziale Struktur, Sozialisation und Sprachverhalten. Amsterdam
Biesta, G. (1995): Pragmatism as a Pedagogy of Communicative Action. In: Garrison, J. (Hg.): The New Scholarship on Dewey. Dordrecht, S. 273-290
Bohnsack, R. (1983): Alltagsinterpretation und soziologische Rekonstruktion. Opladen
Bohnsack, R. (1989): Generation, Milieu und Geschlecht – Ergebnisse aus Gruppendiskussionen mit Jugendlichen. Opladen
Bohnsack, R. (1993): Kollektivvorstellungen und konjunktiver Erfahrungsraum. Unveröffentlichtes Manukript. Berlin
Bohnsack, R. (1997): „Orientierungsmuster". In: Schmidt, F. (Hg.): Methodische Probleme der empirischen Erziehungswissenschaft. Baltmannsweiler, S. 49-61
Bohnsack, R. (1998): Milieubildung. Pädagogisches Prinzip und empirisches Phänomen. In: Böhnisch, L./ Rudolph, M./Wolf, B. (Hg.): Jugendarbeit als Lebensort. Weinheim, S. 95-112
Bohnsack, R. (2007): Typenbildung, Generalisierung und komparative Analyse. In: Ders./ Nentwig-Gesemann, I./Nohl, A.-M. (Hg.): Die dokumentarische Methode und ihre Forschungspraxis. Wiesbaden, S. 225-253
Bohnsack, R. (2014): Rekonstruktive Sozialforschung. Einführung in Methodologie und Praxis qualitativer Forschung. Opladen (9. Auflage)

Bohnsack, R./Nentwig-Gesemann, I./Nohl, A.-M. (2007a): Einleitung: Die dokumentarische Methode und ihre Forschungspraxis. In: Dies. (Hg.): Die dokumentarische Methode und ihre Forschungspraxis. Wiesbaden, S. 9-27
Bohnsack, R./Nentwig-Gesemann, I./Nohl, A.-M. (2007b) (Hg.): Die dokumentarische Methode und ihre Forschungspraxis. Wiesbaden
Bohnsack, R./Nentwig-Gesemann, I. (2010, Hg.): Dokumentarische Evaluationsforschung. Opladen
Bohnsack, R./Loos, P./Schäffer, B./Städtler, K./Wild, B. (1995): Die Suche nach Gemeinsamkeit und die Gewalt der Gruppe – Hooligans, Musikgruppen und andere Jugendcliquen. Opladen
Bohnsack, R./Nohl, A.-M. (1998): Adoleszenz und Migration. Empirische Zugänge einer praxeologisch fundierten Wissenssoziologie. In: Bohnsack, R./Marotzki, W. (Hg.): Biographieforschung und Kulturanalyse. Opladen, S. 260-282
Bohnsack, R./Nohl, A.-M. (2001): Ethnisierung und Differenzerfahrung: Fremdheiten der Identität und des Habitus. In: Zeitschrift für qualitative Bildungs-, Beratungs- und Sozialforschung, H. 1, S. 15-36
Bolte, K. M. (1967): Deutsche Gesellschaft im Wandel. Opladen
Bommes, M. (1996): Die Beobachtung von Kultur. Die Festschreibung von Ethnizität in der bundesdeutschen Migrationsforschung mit qualitativen Methoden. In: Klingemann, C./Neumann, M./Rehberg, K.-S. (Hg.): Jahrbuch für Soziologiegeschichte 1994. Opladen, S. 205-226.
Bommes, M. (1999): Migration und nationaler Wohlfahrtsstaat. Opladen
Bommes, M./Radtke, F.-O. (1993): Institutionalisierte Diskriminierung von Migrantenkindern In: Zeitschrift für Pädagogik, 39. Jg., H. 3, S. 483-497
Boos-Nünning, U./Neumann, U./Reich, H.-H./Wittek, F. (1984): Krise- oder Krisengerede? Von den Pflichten einer illegitimen Wissenschaft. In: Reich, H.-H./Wittek, F. (Hg.): Migration, Bildungspolitik, Pädagogik. Essen, S. 7-33
Bourdieu, P. (1974): Zur Soziologie der symbolischen Formen. Frankfurt am Main
Bourdieu, P. (1991): Die feinen Unterschiede. Frankfurt am Main
Bourdieu, P. (1993): Sozialer Sinn. Frankfurt am Main
Bourdieu, P./Passeron, J.-C. (1973): Grundlagen einer Theorie der symbolischen Gewalt. Frankfurt am Main
Breitenbach, E. (2000): Mädchenfreundschaften in der Adoleszenz. Eine fallrekonstruktive Untersuchung von Gleichaltrigengruppen. Opladen
Brumlik, M./Leggewie, C. (1992): Konturen der Einwanderungsgesellschaft: Nationale Identität, Multikulturalismus und „Civil Society". In: Bade, K.-J. (Hg.): Deutsche im Ausland – Fremde in Deutschland. München, S. 430-442
Buck, Günther (1989): Lernen und Erfahrung – Epagogik. Darmstadt
Bukow, W. D./Ottersbach, M. (1999) (Hg.): Der Fundamentalismusverdacht. Plädoyer für eine Neuorientierung der Forschung im Umgang mit allochthonen Jugendlichen. Opladen
Bukow, W.-D./Llaryora, R. (1988): Mitbürger aus der Fremde – Soziogenese ethnischer Minoritäten. Opladen
Bundesamt für Migration und Flüchtlinge (2013): Curriculum für einen bundesweiten Orientierungskurs. Nürnberg
Çağlar, A. N. (1990): Das Kultur-Konzept als Zwangsjacke in Studien zur Arbeitsmigration. In: Zeitschrift für Türkeistudien. 3. Jg., H. 1, S. 93-105
Claessens, D. (1972): Familie und Wertsystem. Eine Studie zur „zweiten, sozio-kulturellen Geburt" des Menschen und der Belastbarkeit der „Kernfamilie". Berlin
Clancey, W. J. (1993): Situated Action. A Neuropsychological Interpretation – Reponse to Vera and Simon. In: Cognitive Science 17, S. 87-116
Cohn-Bendit, D./Schmid, Th. (1993): Heimat Babylon Das Wagnis der multikulturellen Demokratie. Hamburg

# Literatur

Combe, A./Helsper, W. (1997) (Hg.): Pädagogische Professionalität. Frankfurt am Main

Crenshaw, Kimberlé (2013): Die Intersektion von „Rasse" und Geschlecht demarginalisieren: Eine Schwarze feministische Kritik am Antidiskriminierungsrecht, der feministischen Theorie und der antirassistischen Politik. In: Lutz, H./Herera Vivar, M. Th./Supik, L. (Hg.): Fokus Intersektionalität. Wiesbaden, S. 35-58

Czock, H. (1993): Der Fall Ausländerpädagogik. Erziehungswissenschaftliche und bildungspolitische Codierung der Arbeitsmigration. Frankfurt am Main

Czock, H./Radtke, F.-O. (1984): Sprache – Kultur – Identität. Die Obsession der Migrationspädagogen. In: Stüwe, G./Peters, F. (Hg.): Lebenszusammenhänge von Ausländern und pädagogische Problematik. Bielefeld, S. 37-79

Dewey, J. (1980): Human Nature and Conduct. In: Boydston, J.A. (Hg.): John Dewey – The Middle Works, 1899-1924, Vol. 14: 1922. Carbondale, S. 1-230

Dewey, J. (1986a): Qualitative Thought. In: Boydston, J.A. (Hg.): John Dewey – The Later Works, 1925-1953, Vol. 5: 1929-1930. Carbondale, 243-262.

Dewey, John (1986b): How We Think. In: Boydston, J.A. (ed.): John Dewey - The Later Works, 1925-1953, Vol. 8: 1933, Carbondale: Southern Illinois University Press, 105-352

Dewey, J. (1987): Art as Experience. In: Boydston, J.A. (Hg.): John Dewey – The Later Works, 1925-1953, Vol. 10: 1934. Carbondale, S. 1-352

Diehm, I./Radtke, F.-O. (1999): Erziehung und Migration. Stuttgart/Berlin

Dirim, I. (1998): „Var mi lan Marmelade?" Türkisch-deutscher Sprachkontakt in einer Grundschulklasse. Münster/New York

Ecarius, J. (1998): Biographie, Lernen und Gesellschaft. Erziehungswissenschaftliche Überlegungen zu biographischem Lernen in sozialen Kontexten. Aus: Bohnsack, R./Marotzki W. (Hrsg.): Biographieforschung und Kulturanalyse. Opladen. S. 129-151.

Einig, M. (2005): Modelle antirassistischer Erziehung. Möglichkeiten und Grenzen, mit Pädagogik ein gesellschaftliches Problem zu bekämpfen. Nordhausen

El-Mafaalani, A. (2012): BildungsaufsteigerInnen aus benachteiligten Milieus. Habitustransformationen und soziale Mobilität bei Einheimischen und Türkischstämmigen. Wiesbaden

Emmerich, M./Hormel, U. (2013): Heterogenität – Diversity – Intersektionalität. Zur Logik sozialer Unterscheidungen in pädagogischen Semantiken der Differenz. Wiesbaden

Engel, R. (2004): Die ‚Diversität' des Diversity Managements. Geschichte und Landkarten. In: Hersteiner. Fachzeitschrift für Managemententwicklung. H. 2, S. 15-18

Essed, Ph./Mullard, Ch. (1991): Antirassistische Erziehung. Felsberg

Essinger, H. (1984): Vorwort. In: Freie Universität Berlin. Die Praxis Interkultureller Erziehung. Berlin, S. 3-6

Essinger, H. (1986): Annäherung an eine Theorie und Praxis Interkultureller Erziehung. In: Tumat, A.-J. (Hg.): Migration und Integration. Sulzberg, S. 237-245

Essinger, H./Graf, J. (1984): Interkulturelle Erziehung als Friedenserziehung. In: Essinger, H./Ucar, A. (Hg.): Erziehung in der multikulturellen Gesellschaft. Sulzberg, S. 15-34

Essinger, H./Ucar, A. (1984) (Hg.): Erziehung in der multikulturellen Gesellschaft. Sulzberg

Faulstich-Wieland, H./Faulstich, P. (2008) (Hg.): Erziehungswissenschaft. Reinbek

Feagin, J. R./Booher Feagin, C. (1986): Discrimination American Style – Institutional Racism and Sexism. Malabar, Florida

Felden, H. v. (2003): Bildung und Geschlecht. Zur Verknüpfung von Bildungs-, Biographie- und Genderforschung im Diskurs der (Post)Moderne. Opladen

Fend, H. (2009): Neue Theorie der Schule. Wiesbaden

Flitner, W. (1966): Das Selbstverständnis der Erziehungswissenschaft in der Gegenwart. In: Ders.: Gesammelte Schriften Bd. 3. Paderborn u.a., S. 310-349

Figueroa, P. (1995): Multicultural Education in the United Kingdom: Historical Development and Current Status. In: Banks, J. A./Mc Gee Banks, C. A. (Hg.): Handbook of Research on Multicultural Education. New York, S. 778-800

Franger, G./Kneipp, H. (1984): Miteinander leben und feiern. Ausländische und deutsche Kinder feiern Feste. Frankfurt am Main

Frey, S. (1997): Mehrsprachigkeit im Klassenzimmer. In: Gogolin, I./Neumann, U. (Hg.): Großstadt-Grundschule. Münster, S. 148-175

Fromme, J. (2001): Irritation als ein zentrales Motiv für Lernen und Bildung. In: Vierteljahresschrift für wissenschaftliche Pädagogik 77, S. 409-428

Fürstenau, S./Gomolla, M. (2009a) (Hg.): Migration und schulischer Wandel: Unterricht. Wiesbaden.

Fürstenau, S./Gomolla, M. (2009b) (Hg.): Migration und schulischer Wandel: Elternbeteiligung. Wiesbaden.

Fürstenau, S./Gomolla, M. (2011) (Hg.): Migration und schulischer Wandel: Mehrsprachigkeit. Wiesbaden.

Fürstenau, S./Gomolla, M. (2012a) (Hg.): Migration und schulischer Wandel: Leistungsbeurteilung. Wiesbaden.

Fürstenau, S./Gomolla, M. (2012b): Vorwort. In: Dies. (Hg.): Migration und schulischer Wandel: Leistungsbeurteilung. Wiesbaden, S. 7-11.

Garcia, E. E. (1995): Educating Mexican American Studens. In: Banks, J. A./Mc Gee Banks, C. A. (Hg.): Handbook of Research on Multicultural Education. New York, S. 372-387

Garfinkel, H. (1972): Conditions of Successful Degradation Ceremonies. In: Manis, J. G./Metzer, B. N. (Hg.): Symbolic Interaction. Boston, S. 201-208

Gebauer, G./Wulf, C. (1998): Spiel, Ritual, Geste. Mimetisches Handeln in der sozialen Welt. Reinbek b. Hamburg

Georgi, V./Ackermann, L./Karakaş, N. (2011): Vielfalt im Lehrerzimmer. Selbstverständnis und und schulische Integration von Lehrenden mit Migrationshintergrund in Deutschland. Münster u.a

Geulen, D./Hurrelmann, K. (1980): Zur Programmatik einer umfassenden Sozialisationstheorie. In: Hurrelmann, K./Ulich, D. (Hg.): Handbuch der Sozialisationsforschung. Weinheim, S. 51-67

Giddens, A. (1988): Die Konstitution der Gesellschaft. Frankfurt am Main/New York

Gildemeister, R./Wetterer, A. (1992): Wie Geschlechter gemacht werden – Die soziale Konstruktion der Zweigeschlechtlichkeit und ihre Reifizierung in der Frauenforschung. In: Knapp G. A./Wetterer, A. (Hg.): Traditionen – Brüche. Freiburg, S. 201-254

Goffman, E. (1973): Asyle. Über die soziale Situation psychiatrischer Patienten und anderer Insassen. Frankfurt am Main

Goffman, E. (1975): Stigma. Über Techniken der Bewältigung beschädigter Identität. Frankfurt am Main

Gogolin, I. (1994): Der monolinguale Habitus der multilingualen Schule. Münster/New York

Gogolin, I. (2000): Minderheiten, Migration und Forschung. In: Dies./Nauck, B. (Hg.): Migration, gesellschaftliche Differenzierung und Bildung. Opladen, S. 15-35

Gogolin, I./Neumann, U. (1997) (Hg.): Großstadt-Grundschule. Eine Fallstudie über sprachliche und kulturelle Pluralität als Bedingung der Grundschularbeit. Münster

Gomolla, M. (2005): Schulentwicklung in der Einwanderungsgesellschaft: Strategien gegen institutionelle Diskriminierung in England, Deutschland und in der Schweiz. Münster

Gomolla, M./Radtke, F.-O. (2002): Institutionelle Diskriminierung. Die Herstellung ethnischer Differenz in der Schule. Opladen

Götze, L./ Pommerin, G. (1986): Ein kulturtheoretisches Konzept für interkulturelle Erziehung. In: Borrelli, M. (Hg.): Interkulturelle Pädagogik. Baltmannsweiler, S. 110-126

Greeno, J. G. et al. (1997): Theories and Practices of Thinking and Learning to Think. In: American Journal of Education 106, S. 85-126

# Literatur

Griese, H. M. (1984): Kritisch-exemplarische Überlegungen zur Situation und Funktion der Ausländerforschung und einer verstehenden Ausländerpädagogik. In: Ders. (Hg.): Der gläserne Fremde. Leverkusen, S. 43-58

Gümen, S. (1996): Die sozialpolitische Konstruktion „kultureller" Differenzen in der Bundesdeutschen Frauen- und Migrationsforschung. In: Beiträge zur feministischen Theorie und Praxis, H. 42, S. 77-89

Habermas, J. (1981): Theorie kommunikativen Handelns. Frankfurt am Main (2 Bde.)

Hamburger, F. (1984): Erziehung in der Einwanderungsgesellschaft. In: Griese, H.M. (Hg.): Der gläserne Fremde. Opladen, S. 59-70.

Hamburger, F. (1999a): Zur Tragfähigkeit der Kategorien. „Ethnizität" und „Kultur" im erziehungswissenschaftlichen Diskurs. In: Zeitschrift für Erziehungswissenschaft 2, H. 2, S. 167-178

Hamburger, F. (1999b): Von der Gastarbeiterbetreuung zur Reflexiven Interkulturalität. In: IZA, H. 3-4, S. 33-38

Hamburger, F. (2000): Reflexive Interkulturalität. In: Kolbe, F.-U./Tippelt, R. (Hg.): Pädagogische Praxis und erziehungswissenschaftliche Theorie zwischen Lokalität und Globalität. Frankfurt am Main u.a., S. 191-200

Hamburger, F./Seus, L./Wolter, O. (1984): Über die Unmöglichkeit, Politik durch Pädagogik zu ersetzen. In: Griese, H. M. (Hg.): Der gläserne Fremde. Leverkusen, S. 32-42

Hamburger, F. (2006): Konzept oder Konfusion? Anmerkungen zur Kulturalisierung in der Sozialpädagogik. In: Otto, H.-U./Schrödter, M. (Hg.): Soziale Arbeit in der Migrationsgesellschaft. Sonderheft 8 der Neuen Praxis. Lahnstein, S. 178-192

Hamburger, F. (2009): Abschied von der Interkulturellen Pädagogik. Plädoyer für einen Wandel sozialpädagogischer Konzepte. Weinheim

Harant, S. (1987): Schulprobleme von Gastarbeiterkindern. In: Reimann, H./Reimann, H. (Hg.): Gastarbeiter. Opladen, S. 243-263

Heitmeyer, W./Müller, J./Schröder, H. (1996): Zukunft in der Abkehr? In: DIE ZEIT vom 23. August, S. 11-13

Heitmeyer, W./Müller, J./Schröder, H. (1997): Verlockender Fundamentalismus. Frankfurt am Main

Helsper, W. (1997): Antinomien des Lehrerhandelns in modernisierten pädagogischen Kulturen. In Combe, A./Helsper, W. (Hg.): Pädagogische Professionalität. Frankfurt am Main, S. 521-569

Helsper, W./Busse, S./Hummrich, M./Kramer, R.-T. (2008, Hg.): Pädagogische Professionalität in Organisationen. Wiesbaden

Helsper, W./Krüger, H.-H. (2010) (Hg.): Einführung in Grundbegriffe und Grundfragen der Erziehungswissenschaft. Opladen

Helsper, W./ Kramer, R.-T./Thiersch, S. (2013): Orientierungsrahmen zwischen Kollektivität und Individualität. In: Loos, P./Nohl, A.-M./Przyborski, A./Schäffer, B. (2013) (Hg.): Dokumentarische Methode. Grundlagen – Entwicklungen – Anwendungen. Opladen, S. 111-140

Hentges, G. (2010): Integrations- und Orientierungskurse. In: Dies./Hinnenkamp, V./Zwengel, A. (Hg.): Migrations- und Integrationsforschung in der Diskussion. Wiesbaden: Springer VS, S. 23-77Herwartz-Emden, L. (1997): Die Bedeutung der sozialen Kategorien Geschlecht und Ethnizität für die Erforschung des Themenbereiches Jugend und Einwanderung. In: Zeitschrift für Pädagogik. 43. Jg., H. 6, S. 895-913

Hoff, G. R. (1995): Multicultural Education in Germany: Historical Development and Current Status. In: Banks, J. A./Mc Gee Banks, C. A. (Hg.): Handbook of Research on Multicultural Education. New York, S. 821-838

Höhne, Th./Kunz, Th./Radtke, F.-O. (2000): „Wir" und „sie". Bilder von Fremden im Schulbuch. Forschung Frankfurt, Wissenschaftsmagazin der Goethe-Universität, H. 2, S. 16-25

Höhne, Th./Kunz, Th./Radtke, F.-O. (2006): Bilder von Fremden. Was unsere Kinder aus Schulbüchern über Migranten lernen sollen. Frankfurt a.M.

Hoff, G. R. (o.J.): Zur Geschichte und Begründung interkultureller Erziehung. In: Institut für Bildung und Kultur (Hg.): Gemeinsam Erleben. o. O., S. 85-104
Hohmann, M. (1989): Interkulturelle Erziehung – eine Chance für Europa? In: Hihmann, M./Reich, H. H. (Hg.): Ein Europa für Mehrheiten und Minderheiten. Münster/New York, S. 1-32
Hohmann, M./Reich, H. H. (1989) (Hg.): Ein Europa für Mehrheiten und Minderheiten. Diskussionen um interkulturelle Erziehung. Münster/New York
Hormel, U. (2008): Diversity und Diskriminierung. In: Sozial Extra 32 (11/12), S. 20-23
Hormel, U./Scherr, A. (2004): Bildung für die Einwanderungsgesellschaft. Wiesbaden
Hormel, U./Scherr, A. (2009): Bildungskonzepte für die Einwanderungsgesellschaft. In: Fürstenau, S./Gomolla, M. (Hg.): Migration und schulischer Wandel: Unterricht. Wiesbaden, S. 45-60
Hormel, U./Scherr, A. (2010) (Hg.): Diskriminierung. Wiesbaden
Humboldt, W. v. (1960): Theorie der Bildung des Menschen. In: Ders.: Werke I. Stuttgart, S. 234-240
Hummrich, Merle (2009): Bildungserfolg und Migration. Biografien junger Frauen in der Einwanderungsgesellschaft. Wiesbaden (2. Auflage)
Joas, H. (1999): Pragmatismus und Gesellschaftstheorie. Frankfurt am Main
Joas, H./Knöbl, W. (2004): Sozialtheorie. Zwanzig einführende Vorlesungen. Frankfurt am Main
Kalpaka, A./Räthzel, N. (1994) (Hg.): Die Schwierigkeit, nicht rassistisch zu sein. Leer
Karakaşoğlu, Y. (2010): Islam als Störfaktor in der Schule. In: T. G. Schneiders (Hg.): Islamfeindlichkeit. Wiesbaden: Springer VS, S. 289-304
Kelek, N. (2005): Die fremde Braut. Köln
Kiesel, D. (1996): Das Dilemma der Differenz – Zur Kritik des Kulturalismus in der Interkulturellen Pädagogik. Frankfurt am Main
Koall, I./Bruchhagen, V. (2004): Managing Diversity. Ansätze und Zumutungen zum Umgang mit Vielfalt in der Organisation. In: Hernsteiner. Fachzeitschrift für Managemententwicklung. H. 2, S. 4-9
Koller, H.-Chr. (2002): Bildung und kulturelle Differenz – Zur Erforschung biographischer Bildungsprozesse von MigrantInnen. In: Kraul, M./Marotzki, W. (Hg.): Biographische Arbeit. Opladen, S. 92-116
Koller, Hans-Christoph (2008): Grundbegriffe, Theorien und Methoden der Erziehungswissenschaft. Stuttgart: Kohlhammer
Kottmann-Mentz, C. (1984): Saziye lernt Deutsch und Türkisch. Bericht über einen koordinierten deutsch-türkischen Leselehrgang. In: Essinger, H./Ucar, A. (Hg.): Erziehung in der multikulturellen Gesellschaft. Baltmannsweiler, S. 61-90
Kraul, M./Marotzki, W./Schweppe, C. (2002) (Hg.): Biographie und Profession. Bad Heilbrunn
Krüger-Potratz, M./Lutz, H. (2002): Sitting at a Crossroads. Rekonstruktive und Systematische Überlegungen zum wissenschaftlichen Umgang mit Differenzen. In: Tertium Comparationis, 8. Jg., H. 2, S. 81-02
Krüger-Potratz, M./Puskeppeleit, J. (Hg.) (1999): Bildungspolitik und Migration. Band I: Texte und Dokumente zur Beschulung ausländischer Kinder und Jugendlicher 1950-1999. Münster/ New York
Kuper, H. (2001): Organisationen im Erziehungssystem. In: Zeitschrift für Erziehungswissenschaft 4(1), S. 83-106
Leggewie, C. (1990): Multikulti. Spielregeln für die Vielvölkerrepublik. Nördlingen
Leiprecht, R. (2008): Diversity Education und Interkulturalität in der Sozialen Arbeit. In: Sozial Extra 32 (11/12), S. 15-19
Lenz, I. (1996): Grenzziehungen und Öffnungen. Zum Verhältnis von Geschlecht und Ethnizität zu Zeiten der Globalisierung. In: Dies./Germer, A./Hasenjürgen, B. (Hg.): Wechselnde Blicke. Opladen, S. 200-228
Lenzen, D. (1999): Jenseits von Inklusion und Exklusion. Disklusion durch Entdifferenzierung der Systemcodes. In: Zeitschrift für Erziehungswissenschaft, 2. Jg., H. 4, S. 545-555

# Literatur

Liebau, E. (1992): Die Kultivierung des Alltags. Das pädagogische Interesse an Bildung, Kunst und Kultur. Weinheim/München
Lomawaima, K. T. (1995): Educating Native Americans. In: Banks, J. A./Mc Gee Banks, C. A. (Hg.): Handbook of Research on Multicultural Education. New York, S. 331-347
Loos, P. (1999): Zwischen pragmatischer und moralischer Ordnung. Der männliche Blick auf das Geschlechterverhältnis im Milieuvergleich. Opladen
Loos, P./Nohl, A.-M./Przyborski, A./Schäffer, B. (2013) (Hg.): Dokumentarische Methode. Grundlagen – Entwicklungen – Anwendungen. Opladen
Luhmann, N. (1964): Funktionen und Folgen formaler Organisation. Berlin
Luhmann, N. (1975): Macht. Stuttgart
Luhmann, N. (1987): Soziologische Aufklärung 4. Beiträge zur funktionalen Differenzierung der Gesellschaft. Opladen
Luhmann, N. (1990): Die Wissenschaft der Gesellschaft. Frankfurt am Main
Luhmann, N. (1998): Die Gesellschaft der Gesellschaft. Frankfurt am Main. (2 Bde.)
Luhmann, N. (2000): Organisation und Entscheidung. Opladen
Luhmann, N. (2002): Das Erziehungssystem der Gesellschaft. Frankfurt am Main
Lutz, H. (2001): Differenz als Rechenaufgabe? Über die Relevanz der Kategorien Race, Class und Gender. In: Dies./Wenning, N. (Hg.): Unterschiedlich verschieden. Opladen, S. 215-230
Lutz, H./Wenning, N. (2001): Differenzen über Differenz. Einführung in die Debatten. In: Dies. (Hg.): Unterschiedlich verschieden. Opladen, S.11-24
Mannheim, K. (1964a): Das Problem der Generationen. In: Ders. (Hg.): Wissenssoziologie. Neuwied, S. 509-565
Mannheim, K. (1964b): Beiträge zur Theorie der Weltanschauungsinterpretation. In: Ders. (Hg.): Wissenssoziologie. Neuwied, S. 91-154
Mannheim, K. (1980): Strukturen des Denkens. Frankfurt am Main
Mannheim, K. (1985): Ideologie und Utopie. Frankfurt am Main
Marotzki, W. (1990): Entwurf einer strukturalen Bildungstheorie. Weinheim
Marotzki, W./Nohl, A.-M./Ortlepp, Wolfgang (2006): Einführung in die Erziehungswissenschaft. Opladen
McCall, L. (2005): The Complexity of Intersectionality. In: Signs: Journal of Women in Culture and Society 30 (3), S. 1771-1800
Mead, G. H. (1980): Gesammelte Aufsätze. Bd. 1. Frankfurt am Main
Mead, G. H. (1983): Gesammelte Aufsätze. Bd. 2. Frankfurt am Main
Mecheril, P. (2002): „Kompetenzlosigkeitskompetenz". Pädagogisches Handeln unter Einwanderungsbedingungen. In: Auernheimer, G. (Hg.): Interkulturelle Kompetenz und pädagogische Professionalität. Opladen, S. 15-34
Mecheril, P. (2004): Einführung in die Migrationspädagogik. Weinheim/Basel
Mecheril, P. (2006): Die Unumgänglichkeit und Unmöglichkeit der Angleichung. Herrschaftskritische Anmerkungen zur Assimilationsdebatte. In: Otto, H.-U./Schrödter, M. (Hg.): Soziale Arbeit in der Migrationsgesellschaft. Sonderheft 8 der Neuen Praxis. Lahnstein, S. 124-140
Mecheril, P./Rigelsky, B. (2010): Nationaler Notstand, Ausländerdispositiv und die Ausländerpädagogik. In: Riegel, Chr./Geisen, Th. (Hg.): Jugend, Zugehörigkeit und Migration. Wiesbaden, S. 61-80
Merz, F. (2000): Einwanderung und Identität. In: DIE WELT, Nr. 244 vom 25. Oktober
Meyer, J.W./Rowan, B. (2009): Institutionalisierte Organisationen. Formale Struktur als Mythos und Zeremonie. In: Koch, S./Schemmann, M. (Hg.): Neo-Institutionalismus in der Erziehungswissenschaft. Wiesbaden, S. 28-56
Meyer-Drawe (2008): Diskurse des Lernens. München
Miles, R. (1993): Racism after „race-relations". London/New York
Mittelstrass, J. (2002): Bildung und ethische Masse. In: Killius, N./Kluge, J./Reisch, L. (Hg.): Die Zukunft der Bildung. Frankfurt am Main, S. 151-170

Mohr, I.-Chr. (2006): Islamischer Religionsunterricht in Europa. Lehrtexte als Instrumente muslimischer Selbstdarstellung im Vergleich. Bielefeld

Morgan, G. (2006): Memory and marginalisation – Aboriginality and education in the assimilation era. In: Australian Journal of Education, Vol. 50, no. 1, S. 40-49

Müller, H. (1974) (Hg.): Ausländerkinder in deutschen Schulen. Stuttgart

Nentwig-Gesemann, I. (1999): Krippenerziehung in der DDR. Alltagspraxis und Orientierungen von Erzieherinnen im Wandel. Opladen

Nentwig-Gesemann, I. (2002): Gruppendiskussionen mit Kindern. Die dokumentarische Interpretation von Spielpraxis und Diskursorganisation. In: Zeitschrift für qualitative Bildungs-, Beratungs- und Sozialforschung 3, H.1, S. 41-63

Neufert, S. (1974): Soziale Auswirkungen der Ausländergesetzgebung. In: Müller, H. (Hg.): Ausländerkinder in deutschen Schulen. Stuttgart, S. 16-26

Niedermeyer-Ansaloni, S. (1974): Schule und Umwelt der italienischen Grund- und Hauptschüler. In: Müller, H. (Hg.): Ausländerkinder in deutschen Schulen. Stuttgart, S. 42-49

Nieke, W. (2000): Interkulturelle Erziehung und Bildung. Wertorientierungen im Alltag. Opladen

Nieke, W. (2008a): Interkulturelle Erziehung und Bildung. Wertorientierungen im Alltag. Wiesbaden (3. Auflage)

Nieke, W. (2008b): Identitätsentwicklung junger Menschen – Bildung als Selbstbildung. In: Böhlert, K. (Hg.): Von der Delegation zur Kooperation. Wiesbaden, S. 95-112

Nohl, A.-M. (1996): Jugend in der Migration – Türkische Banden und Cliquen in empirischer Analyse. Baltmannsweiler

Nohl, A.-M. (2000): Migrationslagerung und Differenzerfahrung. Vergleichende Milieurekonstruktionen zu männlichen Jugendlichen aus einheimischen und zugewanderten Familien in Berlin und Ankara. Dissertation. Freie Universität Berlin

Nohl, A.-M. (2001): Migration und Differenzerfahrung. Junge Einheimische und Migranten im rekonstruktiven Milieuvergleich. Opladen

Nohl, A.-M. (2003): Ethnisierungserfahrungen Jugendlicher – Zur vergleichenden Rekonstruktion sozialer Probleme in der Einwanderungsgesellschaft. In: Groenemeyer, A./Mansel, J. (Hg.): Die Ethnisierung von Alltagskonflikten. Opladen, S. 69-88

Nohl, A.-M. (2006): Bildung und Spontaneität. Phasen biographischer Wandlungsprozesse in drei Lebensaltern – empirische Rekonstruktionen und pragmatistische Reflexionen. Opladen

Nohl, A.-M. (2008): Interkulturelle Kommunikation. Verständigung zwischen Milieus in dokumentarischer Interpretation. In: Cappai, G. (Hg.): Forschung unter Bedingungen kultureller Fremdheit. Wiesbaden, S. 281-305

Nohl, A.-M. (2010): Pädagogische Professionalität und interkulturelle Pädagogik. In: Baros, Wassilios/Hamburger, Franz/Mecheril, Paul (Hg.): Zwischen Praxis, Politik und Wissenschaft. Die vielfältigen Referenzen Interkultureller Bildung. Berlin: Regener, S. 186-197

Nohl, A.-M. (2012): Interview und dokumentarische Methode. Anleitungen für die Forschungspraxis. Wiesbaden (4. Auflage)

Nohl, A.-M. (2013): Relationale Typenbildung und Mehrebenenvergleich: Neue Wege der dokumentarischen Methode. Wiesbaden

Nohl, A.-M./Rosenberg, F.v./Thomsen, S. (2014): Bildung und Lernen im biographischen Kontext. Wiesbaden

Nohl, A.-M./Somel, R.N. (2014): Education and Social Dynamics: An Organizational Analysis of Curriculum Change in Turkey. Buchmanuskript

Oevermann, U. (1991): Genetischer Strukturalismus und das sozialwissenschaftliche Problem der Erklärung der Entstehung des Neuen. In: Müller-Doohm, S. (Hg.): Jenseits der Utopie. Frankfurt am Main, S. 267-336

# Literatur

Oevermann, U. (1997): Theoretische Skizze einer revidierten Theorie professionalisierten Handelns. In: Combe, A./Helsper, W. (Hg.): Pädagogische Professionalität. Frankfurt am Main, S. 70-182
Ortmann, G. (2003): Regel und Ausnahme. Frankfurt am Main
Ortmann, G./Sydow, J./Windeler, A. (1997): Organisation als reflexive Strukturation. In: Ortmann, G./Sydow, J./Türk, K. (Hg.): Theorien der Organisation. Opladen, S. 315-354
Peirce, Ch. S. (1967): Schriften I. Zur Entstehung des Pragmatismus. Frankfurt am Main
Peirce, Ch. S. (1970): Schriften II. Vom Pragmatismus zum Pragmatizismus. Frankfurt am Main
Pfaff, N./Hummrich, M./Rademacher, S. (2012) (Hg.): Kulturvergleichende Qualitative Forschung. Schwerpunkt der Zeitschrift für Qualitative Forschung 13 (1-2), S. 5-208
Phoenix, A./Pattynama, P. (2006): Intersectionality. In: European Journal of Women's Studies 13(3), S. 187-192
Prawat, R. S. (1999): Dewey, Peirce, and the Learning Paradox. In: American Education Research Journal 36, No. 1, S. 47-76
Prengel, A. (1993): Pädagogik der Vielfalt. Verschiedenheit und Gleichberechtigung in Interkultureller, Feministischer und Integrativer Pädagogik. Opladen
Radtke, F.-O. (1985): Der Konzern der Vermittler. Oder: Wen fördert die Ausländerpädagogik. In: Informationsdienst zur Ausländerarbeit , H. 4, S. 20-30
Radtke, F.-O. (1990): Multikulturell – Das Gesellschaftsdesign der 90er Jahre? In: IZA. H. 4, S. 27-34
Radtke, F.-O. (1992): Multikulturalismus – vier Formen der Ethnisierung. In: Bade, J. K. (Hg.): Aktuell-Kontrovers. Ausländer, Aussiedler, Asyl in der Bundesrepublik Deutschland. Hannover, 149-152
Radtke, F.-O. (1995): Interkulturelle Erziehung. Über die Gefahren des pädagogisch halbierten Anti-Rassismus. In: Zeitschrift für Pädagogik, 41. Jg., H. 6, S. 853-864
Radvan, H. (2010): Beobachtung und Intervention im Horizont pädagogischen Handelns. Eine empirische Studie zum Umgang mit Antisemitismus in Einrichtungen der offenen Jugendarbeit. Bad Heilbrunn
Räthzel, N. (1997): Gegenbilder – Nationale Identität durch Konstruktion des Anderen. Opladen
Räthzel, N. (2000) (Hg.): Theorien über Rassismus. Argument-Sonderband 258, Hamburg/Berlin
Reckwitz, A. (2010): Unscharfe Grenzen. Perspektiven der Kultursoziologie. Bielefeld
Reh, S. (2004): Abschied von der Profession, von Professionalität oder vom Professionellen? In: Zeitschrift für Pädagogik, 50 Jg., H. 3, S. 358-372
Riegel, Chr. (2010): Intersektionalität als transdisziplinäres Projekt: Methodologische Perspektiven für die Jugendforschung. In: Dies./Scherr, A./Stauber, B. (Hg.): Transdisziplinäre Jugendforschung. Wiesbaden, S. 65-89
Rommelspacher, B. (2010): Islamkritik und antimuslimische Positionen am Beispiel von Necla Kelek und Seyran Ateş. In: T. G. Schneiders (Hg.): Islamfeindlichkeit. Wiesbaden: Springer VS, S. 447-469
Rosenberg, F. v. (2014): Lern- und Bildungsprozesse im Kontext kultureller Pluralität. Wiesbaden
Sargut, S. (1974): Zur Sozialisation der Kinder türkischer Emigranten in Schule und Familie. In: Müller, H. (Hg.): Ausländerkinder in deutschen Schulen. Stuttgart, S. 28-41
Schäffer, B. (2003): Generation, Medien, Bildung. Medienpraxiskulturen im Generationenvergleich. Opladen
Schedler, P./Glastra, F. (2000): Adult Education between Cultural Assimilation and Structural Integration. Settlement programmes for 'newcomers' in The Netherlands. In: Compare, Vol. 30, No. 1, S. 53-66
Scherr, A. (2001): Interkulturelle Bildung als Befähigung zu einem reflexiven Umgang mit kulturellen Einbettungen. In: Neue Praxis, Nr. 4, S. 347-357

Schneiders, Th. G. (2012): Die dunkle Seite der Islamkritik. Darstellung und Analyse der Argumentationsstrategien von Henryk M. Broder, Ralph Giordano, Necla Kelek, Alice Schwarzer und anderen. In: Ders. (Hg.): Verhärtete Fronten. Wiesbaden: Springer VS, S. 77-96

Schondelmayer, A.-Chr. (2010): Interkulturelle Handlungskompetenz: Entwicklungshelfer und Auslandskorrespondenten in Afrika. Eine biographisch-narrative Studie. Bielefeld

Schrader, A./Nikles, B. W./Griese, H. M. (1976): Die Zweite Generation. Sozialisation und Akkulturation ausländischer Kinder in der Bundesrepublik. Kronberg

Schulze, Th. (2006): Biographieforschung in der Erziehungswissenschaft – Gegenstandbereich und Bedeutung. In: Krüger, H.-H./Marotzki, W. (Hg.): Handbuch erziehungswissenschaftliche Biographieforschung. Wiesbaden, S. 35-57

Schütze, F. (1992): Sozialarbeit als bescheidene Profession. In: Dewe, B./Ferchhoff, W./Radtke, F.O. (Hg.): Erziehen als Profession. Opladen, S. 132-171

Schütze, F. (1993): Die Fallanalyse. Zur wissenschaftlichen Fundierung einer klassischen Methode der Sozialen Arbeit. In: Rauschenbach, Th./Ortmann, F./Karsten, J.E. (Hg.): Der sozialpädagogische Blick. Weinheim/München, S. 191-221

Schütze, F. (1997): Organisationszwänge und hoheitsstaatliche Rahmenbedingungen im Sozialwesen: Ihre Auswirkungen auf die Paradoxien professionellen Handelns. In: Combe, A./Helsper, W. (Hg.): Pädagogische Professionalität. Frankfurt am Main, S.183-275

Shakush, M. (2010). Der Islam im Spiegel der Politik von CDU und CSU. In: T. G. Schneiders (Hg.): Islamfeindlichkeit. Wiesbaden: Springer VS, S. 363-376

Somel, N. (2011): Soziologische Dimensionen des Zusammenhangs von Ethnizität und Bildung in der Türkei. In: Nohl, A.-M./Pusch, B. (Hg.): Bildung und gesellschaftlicher Wandel in der Türkei. Würzburg, S. 243-263

Somersan, S. (2004): Sosyal Bilimlerde Etnisite ve Irk [Ethnizität und Rasse in den Sozialwissenschaften]. Istanbul.

Spotti, M. (2011): Ideologies of Success for Superdiverse Citizens: the Dutch Testing Regime for Integration and the Online Private Sector. In: Diversities, Vol. 13, No. 2, S. 39-52

Stichweh, R. (1988): Inklusion in Funktionssysteme der modernen Gesellschaft. In: Mayntz, R. et al. (Hg.): Differenzierung und Verselbstständigung. Frankfurt am Main/New York, S. 261-293

Streblow, C. (2005): Schulsozialarbeit und Lebenswelten Jugendlicher. Ein Beitrag zur rekonstruktivlebensweltorientierten Evaluationsforschung. Opladen

Strube, H.H. (1973): Gastarbeiter. Analyse und Planung – Sekundarstufe 1. Frankfurt am Main

Sturm, T. (2013): Lehrbuch Heterogenität in der Schule. München

Taylor, Ch. (1993): Multikulturalismus und die Politik der Anerkennung. Frankfurt am Main

Towfigh, E./Traxler, C./Glöckner, A. (2014): Zur Benotung in der Examensvorbereitung und im ersten Examen. In: Zeitschrift für Didaktik der Rechtswissenschaft, H. 1, S. 8-27

Tönnies, F. (1926): Gemeinschaft und Gesellschaft. Grundbegriffe der reinen Soziologie. Berlin

Tsianos, V.S./Karakayali, J. (2014): Rassismus und Repräsentationspolitik in der postmigrantischen Gesellschaft. In: Aus Politik und Zeitgeschichte 64 (13-14), S. 33-39

Treibel, A. (1999): Migration in modernen Gesellschaften: soziale Folgen von Einwanderung, Gastarbeit und Flucht. Weinheim u.a.

Üstel, F. (1999): Yurttaşlık ve Demokrasi [Staatsbürgerschaft und Demokratie]. Ankara

Vink, J. (1974): Außerschulische Fördermaßnahmen für ausländische Kinder. In: Müller, H. (Hg.): Ausländerkinder in deutschen Schulen. Stuttgart, S. 127-142

Wagner, B. (2007): Die Erstförderung von Neuzuwanderern in der Bundesrepublik Deutschland. Perspektiven von Fremdsein und Statuspassage. Frankfurt/Main.

Wagner-Willi, M. (2005): Kinder-Rituale zwischen Vorder- und Hinterbühne. Der Übergang von der Pause zum Unterricht. Wiesbaden

# Literatur

Wagner-Willi, M./Sturm, T. (2012): Inklusion und Milieus in schulischen Organisationen. In: Zeitschrift für Inklusion-online.net, Nr. 4

Walgenbach, K. (2011): Intersektionalität als Analyseparadigma kultureller und sozialer Ungleichheiten. In: Bilstein, J./Ecarius, J./Keiner, E. (Hg.): Kulturelle Differenzen und Globalisierung. Wiesbaden, S. 113-130

Weber, M. (1972): Ethnische Gemeinschaften. In: Ders.: Wirtschaft und Gesellschaft. Tübingen, S. 234-244

Weiß, A. (2013): Rassismus wider Willen. Wiesbaden (2. Auflage)

Weiß, A. (2004): Unterschiede, die einen Unterschied machen. Klassenlagen in den Theorien von Pierre Bourdieu und Niklas Luhmann. In: Nassehi, A./Nollmann, G. (Hg.): Bourdieu und Luhmann. Frankfurt am Main, S. 208-232

Weiß, A. (2010): Die Erfahrung rechtlicher Exklusion. Hochqualifizierte MigrantInnen und das Ausländerrecht. In: Nohl, A.-M./Schittenhelm, K./Schmidtke, O./Weiß, A. (Hg.): Kulturelles Kapital in der Migration. Wiesbaden, S. 123-137

Winker, G./Degele, N. (2009): Intersektionalität. Zur Analyse sozialer Ungleichheiten. Bielefeld

Wittpoth, J. (1994): Rahmungen und Spielräume des Selbst. Frankfurt am Main

Wulf, Christoph (1998): Bildung als interkulturelle Aufgabe. In: Borelli, M./Ruhloff, J. (Hg.): Deutsche Gegenwartspädagogik. Baltmannsweiler, S. 41-55

Yuval-Davis, N. (2006): Intersectionality and Feminist Politics. In: European Journal of Women's Studies 13(3): S. 193-209

Zeitler, S./Heller, N./Asbrand, B. (2012): Bildungsstandards in der Schule. Eine rekonstruktive Studie zur Implementation der Bildungsstandards. Münster

Zimmer, J. (1984): Interkulturelle Erziehung. Eine konkrete Utopie? In: Essinger, H./Ucar, A. (Hg.): Erziehung in der multikulturellen Gesellschaft. Sulzberg, S. 237-239